新编21世纪财务管理系列教材

财务分析学

第4版

Financial Analysis

宋　常　编著

中国人民大学出版社
·北京·

图书在版编目（CIP）数据

财务分析学/宋常编著．—4版．—北京：中国人民大学出版社，2018.1
新编21世纪财务管理系列教材
ISBN 978-7-300-25385-5

Ⅰ.①财… Ⅱ.①宋… Ⅲ.①会计分析-教材 Ⅳ.①F231.2

中国版本图书馆CIP数据核字（2018）第007050号

新编21世纪财务管理系列教材
财务分析学（第4版）
宋 常 编著
Caiwu Fenxixue

出版发行	中国人民大学出版社		
社　　址	北京中关村大街31号	**邮政编码**	100080
电　　话	010－62511242（总编室）		010－62511770（质管部）
	010－82501766（邮购部）		010－62514148（门市部）
	010－62515195（发行公司）		010－62515275（盗版举报）
网　　址	http://www.crup.com.cn		
	http://www.ttrnet.com（人大教研网）		
经　　销	新华书店		
印　　刷	北京七色印务有限公司	**版　　次**	2007年7月第1版
规　　格	185 mm×260 mm　16开本		2018年1月第4版
印　　张	19.5	**印　　次**	2020年12月第5次印刷
字　　数	374 000	**定　　价**	39.80元

前 言

随着经济环境的日益复杂与文化生态的异质多样，作为环境与运作之微观主体即公司等组织，为谋求生存与发展，须在感性认知与悟性思索的基础上进行理性谋划与果敢决策，并致力于细节审视的持续性改进和远见度测的开放性经营，且需要加强彼此间的合作与互利，在合作中竞争，在互利中共赢。与此同时，世界经济呈现多样化、全球化及一体化的发展态势，金融市场也渐具规范化、国际化及透明化的活性特质。财务分析是组织经营管理的重要组成部分，是专业性、技术性及实践性都很强的一项综合性工作。财务分析学既是一门应用科学，又是一门交叉学科，充分借鉴和合理吸收了管理学、经济学、金融学及统计学等多学科领域的相关知识。

研究和开展财务分析有助于探寻与回归财务本真，还原或重构在财务报表等经济信息中隐含或显现的客观现实，有利于为组织的经营管理者、投资者、债权人、供应商、经销商以及其他利益相关者总结和了解公司等组织之过往情况，评估与把握现时情形，预测及规划未来情势，以及为做出科学、正确的决策提供相关可靠的信息支持及数据支撑。因此，财务分析业已成为组织拓展网络集群、深敛业务内涵、凝练文化合力、促成动态和谐、维持长期竞合存续、确保又好又快发展的不可或缺之理性实践与典雅艺术，并日益凸显其重大的耗散效应，彰显出重要的应用价值。

从目前国内外教学实践和同类教材编排情况看，有关财务分析内容的选择与安排不尽相同，有些差别还很大，盖因作者对于具体实践的了解、核心视角的把握、财务分析的认知、分析内容的构思及编撰著述的风格不同所致。客观地说，对财务分析内容的不同选择和编排，均有既定的现实基础与理论逻辑，从而有其一定的合理性，不存在孰优孰劣的问题。不过，作为创造和传播知识与文明的重要载体，教材应有利于学校等教育机构及教学单位增强其人才培养、科学研究、社会服务以及文化传承、知识创新的能力。仅从教育学和人才培养的角度分析，教材、课程及学科是三位一体的。教材的编写既要适应学科发展的趋势，又要符合课程设置的要求，更要满足人才培养的需要；不仅如此，还要重视同一本教材内容的前后联系以及与其他相关教材之间的内在关联。教材的内容既要自成一体，又要兼容并蓄，更要开放可展；既应阐述基本原理，又应明晰基本方法，更应论及新近成果。因此，教材无对错，唯适用尔！

从适用的角度分析，教材应符合教学的相应层次，适宜教学的主体和对象，便于教、易于学，教材的内容应具有实用价值。比如，以财务会计为核心的分析，应侧重于阐述会计报表与会计政策选择等内容；以财务管理为核心的分析，应侧重于阐述证券估价和风险评估等内容；以管理会计为核心的分析，则应侧重于阐述经济活动及经营业绩等内容。又如，基于外部利益相关者视角的分析，应侧重于阐述收益回报和风险评估等内容；基于内部利益相关者视角的分析，应侧重于阐述价值创造和经营绩效等内容。再如，围绕核心线索进行多维度的分析，则应侧重于阐述筹资方案选择、投资分析报告以及沿着诸如“战略——会计——财务——前景”之类的思辨路径与分析逻辑等内容。

此外，本书的内容还有利于“启发式的教学”，体现了一个重要的理念，即“问题导向的学习”，通过在教材中安排适当的思考、练习及案例来实现。在教与学的实践中，除了选用的教材要与学生层级相适应，教师还应针对不同层次的学生安排教学重点。比如，针对本科生，教师应重点培养其学习兴趣，并引导学生学习掌握这门课程的基本原理与基本方法。针对工商管理专业硕士（MBA）和会计专业硕士（MPAcc），教师则应重点介绍有关基本理论在具体实践中的应用情形，力求用通俗易懂的语言和严谨可溯的逻辑来阐述理论观点，总结实践经验，注重案例教学；同时，对于这两类不同的学员，在培养目标和侧重点上也应有所区别，即对于MBA学员应侧重于培养和引导其在树立理念和掌握框架的基础上把握技术细节的能力，对于MPAcc学员则应侧重于培养和引导其在把握技术细节的基础上树立理念并掌握框架的能力。针对其他类型的教学对象，道同理通，亦可参考借鉴。

国内现存有关财务分析的教材及其他相关文献，大都不同程度地存在视角较狭窄、体系不完备、分析欠透彻、阐述不充分等不足或缺陷。比如，把财务分析简单地归结为财务报表分析，将分析重点置于财务指标的堆砌及单纯的数字比较，未能反映财务指标所确指的经济实质与本质内涵；又如，有些教材既没有充分重视客观存在的信用风险、财务危机等衍生内容及其拓展分析，也没有严谨阐述日益重要的财务预警、价值创造等重要模型及其深度构建，更没有真正建立和全面阐述多视角、宽领域、多层面的静态与动态相结合的综合性财务分析体系。凡此种种，显然都已严重背离当今财务分析领域的理论创新与学术发展，更难将之用于支持和推动组织的财务管理的实践探索与价值创造。鉴于此，我们不揣浅陋，借鉴诸家之长，集结众人之力，试图做些初步探索，尝试编写本书，权当抛砖引玉，并希冀不久的将来有更多经典教材问世。

本书紧紧围绕组织的经营活动与财务活动，深度跟进财务分析的理论前沿和新型实践，系统探讨财务分析学整体框架及重点领域，深入阐述财务分析学的主要内容和重要方法，全面构建现代财务分析理论与方法体系。全书分为 9 章，第 1 章对财务分析进行了总括性阐述；第 2 章至第 9 章基于财务分析的不同内容及侧重点，分别就组织的偿债能力、盈利能力、营运能力、发展能力、成本费用、风险信用、财务综合和财务预警等进行了系统深入的分析与阐述。“授人以鱼，莫如授人以渔。”本书特别重视引导和培养读者的财务分析能力，各章节都深入浅出地阐述了财务分析主体利用财务信息与非财务信息在分析、评价组织的财务状况与经营成果的过程中宜采用的思路和方法，以及其他需要注意的事项，让读者了解创新的财务理念和系统的分析方法，旨在提高读者的财务分析水平与职业判断能力。

在本次修订过程中，我们继续坚持理论联系实际，努力遵从和秉持“传承与创新并重，国内与国际结合，原理与实务并蓄，分析与判断兼容，定性与定量统一”的务实原则及撰写风格，尽力引导读者利用有限的财务信息与非财务信息进行相关决策分析及职业判断。本书具有以下主要特点：

（1）实用性和全面性。注重理论与实务的结合，除了系统介绍理论知识外，还结合例题或案例进行具体分析，对财务指标、重要模型等做了详细阐释，力求内容全面、方法系统、阐述透彻、深入浅出，有助于读者对相关知识点的掌握及系统性内容的把握，并达至集腋成裘、厚积薄发。

（2）引导性与启发性。重视“问题导向的学习”和“启发式的教学”的需要，各章后均安排了适量的思考与练习题，并根据章节内容配以相应的案例，且对原有案例进行了全面修订、改进和补充。案例大多源于我国的组织实践，取材集中、选例经典、贴近实际，既有成功经验的介绍，也有失败教训的汲取。重点在于强调分析问题的角度与方法，意在培养读者主动思考的习惯，并增强其独立判断的能力。

（3）新颖性和开放性。强调对财务分析理论与实践的新理念、新知识、新方法和新经验的总结、借鉴及吸收，在保持体系完整的基础上，本书兼容并蓄、开放包容，可持续吸纳和充实新知。例如，引入了财务预警分析方法，介绍了国务院国有资产监督管理委员会近年来颁布实施的《中央企业综合绩效评价实施细则》和《中央企业负责人经营业绩考核暂行办法》等内容，尤其对取代原有的净资产收益率或权益报酬率并成为中央企业业绩考核的核心指标——经济增加值（EVA），单独安排一节做了较为充分的阐述。不仅为读者介绍现有的财务理论与实践，而且为读者提供新的知识及规制，指明具体的分析评价路径，引导读者逐渐培养并形成专业的思维方式。

（4）情景性与国际性。紧密结合经济环境与文化背景，立足于国内实际，着眼于国际现实。例如，根据国内外经济环境与客观现实，为强化企业财务风险预警管理，安排了“财务预警分析”一章，重点阐述财务预警系统的内涵与构成，以及财务预警分析的主要方法及其应用；又如，本书阐述的财务分析内容，主要吸收并借鉴了现代经济学、管理学、金融学及统计学等学科的相关内容和研究方法，以便为提取、加工、生成、分析及利用财务报表数据与指标等财务信息，提供新的分析思路及论述规范。

（5）传承性及创新性。加强对传统财务分析理论与方法的全面梳理、提炼及继承，充分学习、借鉴和吸收国内外同类教材的合理内核，认真分析、总结并汲取国内外财务分析实践的有益经验；同时，加强对现代财务分析理论与方法的深度研究、拓展及创新，紧密结合外部环境和内在条件，重构财务分析理论框架与方法体系，紧密联系实际，再造财务分析新兴知识体系，高度集成并果敢吸纳多学科最新成果，构建财务分析学新近科学体系。

需要指出的是：我们组织并进行教材的再次修订，主要动因和依据无外乎有三：其一，近些年来，随着国内经济持续、稳定、健康发展，组织的内部治理不断健全和完善，组织间合作日益活跃且相互间竞争渐趋激烈，而始发于美国并蔓延至全球的金融危机、爆发于希腊且影响深远的欧洲主权债务危机等，使得经济与金融等不确定性和风险进一步加大，市场等外部环境日趋复杂，作为经营管理重要组成部分的用于风险预警和规划控制、价值创造与绩效评价、决策参与及投融资支持的财务分析凸显迫切而重要；与此同时，随着经济全球化趋势进一步加强，各国、地区及区域间经济相互依存且关系日益密切，国家间会计及审计准则逐渐趋同且持续变革，我国企业的会计报表、财务指标及考评办法等有关规制不断修订。这在客观上要求对现行财务分析理论与方法进行全面、系统、深入的研究、充实和完善，并成为本次修订的一个重要的动因和依据——外部环境（危机、风险、竞争及变革）使然。其二，理论来源于实践，并用于指导实践，理论知识的丰富需要不断从实践工作中汲取有益的营养，从而更好地用于指导实践活动。作为一本适用教材，《财务分析学》在承接既有知识与理论成果的同时，还需借鉴新近知识和实践经验，因而也必须不断从自己和他人的业务实践与教学实践中汲取营养，并加以消化和吸收，进而在继承中发展，在创新中成长。唯有不断修订完善，持续吐故纳新，《财务分析学》才能成为一本经典适用的精品教材，从而更好地指导、分析实践，培养专业人才，服务经济社会。不仅如此，作为信息产品、知识经验及文明成果的集成与载体，教材本身具有提供信息、宣传知识、传播文明、培养人才及服务社会等诸多功用，因而教材的编著者肩负着重要的职业责任、历史责任和社会责任，需要具备应有的向善良知、职业道德及敬业精神，并具有强烈的为读者和社会服务、服务好读者与社会，以及促进社会主义文化大发展、大繁荣的使命感。这是本次修订的另一个重要的动因和依据——自身职业（向好、道德、责任及使命）驱然。其三，自《财务分析学》第三版修订以来，我们又收到一些兄弟院校及广大读者的反馈意见，大都给予了积极肯定的评价，也提出了一些有价值的建议，这对我们既是一份厚爱和鼓励，更是一种促进与鞭策。这是本次修订的又一个重要的动因和依据——读者市场（意见、建议、鼓励及鞭策）促然。

本书可做高等院校财经类与管理类专业的教学与研究之用，也可作为投资者、债权人、经营管理人员、财务咨询及其他中介服务人员等学习和掌握财务分析技能的自学用书及培训教材。

在本次修订的过程中，我们参阅了国内外诸多相关文献，在此，谨对有关的作者表示由衷的敬佩和谢意！先后参与本书编写及修订的有：宋常（中国人民大学）、李广子（中国社会科学院）、韩非池（北京大学）、陈关亭（清华大学）、陈宋生（北京理工大学）、吕兆德（北京师范大学）、赵懿清（首都经济贸易大学）、胡冰清（中国科技大学）、宋晨（牛津大学）、周梦欣（哈佛大学）、周宇（哥伦比亚大学）、王奇波（国家电网）、周春芳（华能国际）、疏安建（中信证券），以及中国人民大学的徐国伟、薛菲、李晓楠、陈胤默、李雪婷、张江凯、王丽娟、李飘、聂明谏等。全书由宋常总体设计并负责总纂。

“千帆竞过皆有憾，但愿此舸渡他人。”尽管我们心向完美，并竭尽全力为之，但因自身水平有限及受制于其他主客观条件，书中恐存不足甚或错误，恳请广大读者提出意见，继续给予批评指正，以便日后进一步完善。

宋 常

目 录

第 1 章

概　论

学习目标

本章主要阐述财务分析的主体、目的、内容及方法等。通过本章的学习应掌握：

- 财务分析的产生和发展
- 财务分析的主体与目的
- 财务分析的主要内容
- 财务分析的基本方法

1.1　财务分析的产生和发展

财务分析是特定主体为实现一定目的，以企业或公司的财务报表及其他有关资料为依据，运用科学合理的方法，对企业的财务状况与弹性、经营成果与绩效、营运水平与效率、商业信用与风险、发展趋势与潜力，以及财务总体情况进行的系统化分析和专业性评价的综合性实践活动。

客观的探究发现，财务分析的理论与实务已有近百年的历史。一般来说，财务分析的初始形态是财务报表分析，产生于 19 世纪末 20 世纪初，是由美国银行界倡导的。当时，美国经济发展迅速，企业规模不断扩大，资本日渐积聚集中，股份公司纷纷建立；与此同时，市场环境日趋复杂，企业竞争日益加剧，一些企业破产消亡，经济危机时有发生。在这种情况下，企业贷款需求不断扩大，借贷资本在企业资本中的比重日益提高，而银行贷款不能收回的风险也随之加大。为此，银行家不能再像以往那样只根据企业经营者个人的信用品质来进行贷款决策，而需要了解企业的经营情况和财务状况，调查和分析企业的信用状况与财务实力，以评价与判断企业的偿付能力及违约风险，从而要求企业提供反映其财务状况的财务报表，作为其考察、评价企业信用状况的主要依据。因此，当时的财务分析主要是为银行服务的信用分析。

随着人类实践探索的深入与认识水平的提高，人们逐渐发现财务报表及其提供的数据资料存在一定的局限性，仅仅依据财务报表资料有时难以正确判断企业的真实情况与偿债能力，于是在实践中创造了基于财务报表的比率分析法等多种技术方法。值得指出的是，20世纪20年代以后，经过较为认真的研究与总结，银行界的亚历山大、沃勒等发表了有关财务报表分析和信用分析的论文，财务分析从此成为一个相对独立的学科，且在此后的研究与实践中不断发展，成为一门多层次、宽领域、全方位的科学。

资本及债务市场的形成与发展，使企业筹资的范围日益扩大，非银行债权人和股权投资者日益增多，社会公众也进入了资本市场与债务市场，投资者需要更广泛、更丰富的信息资料，财务报表分析由主要为贷款银行服务扩展到为所有的资金提供者服务，财务分析的内容由信用状况、财务风险及偿债能力扩展到筹资结构、利润分配及盈利能力等，从而形成了较为完备的外部财务分析体系。

股份公司纷纷设立并发展起来以后，所有权与经营权分离下的受托经管责任关系得以确立并普遍存在，经营管理者为改进内部经营管理，增强公司的盈利能力与偿债能力，以取得投资者和债权人的信任与支持，他们需要并开发了内部财务分析，从而使财务分析由外部分析扩展到内部分析，分析主体由外部利益相关者扩展到内部经营管理者。比如，日本的财务分析就经历了由信用分析到投资分析乃至经营分析等发展阶段。由此，财务分析从以银行等金融机构为主体的偿债及风险等信用分析，扩展到以企业的投资者为主体的收益及盈利等投资分析，进一步发展到以公司的经营管理者为主体的效率及发展等经营分析。在财务分析的主体、目的及内容由单一化向多元化、简单化向复杂化的发展过程中，财务分析的方法自比较分析、比率分析的简单分析法向多因素、多变量的复杂分析法演变，财务分析的程序也从事后分析向事前、事中及事后相结合的全过程分析发展。与此同时，作为一个独立的学科和一门特定的科学，财务分析也在不断发展且日臻完善。在理论与实务上，财务分析对经营决策起到了积极的指导和支持作用，并且日益专业化、科学化。有些国家还出现了专司财务分析的机构和人员，如美国的注册财务分析师（chartered financial analyst，CFA），专门从事投资分析和信用分析，为现有及潜在的债权人及投资者服务。

我国财务分析的建立与发展的历史较短。新中国成立以前，由于经济不发达，技术又落后，西方财务会计虽有所引进，但缺乏建立和发展我国财务分析的条件。新中国成立后，为适应当时的经济发展需要，广大经营管理人员积极学习经济管理知识和经验。20世纪50年代初期，苏联专家、学者将企业经济活动分析作为“有计划领导和管理社会主义企业的重要方法”引入我国。最初，在我国东北地区的铁路系统中开展经济活动分析，建立了有关会计制度，自上而下地检查分析企业生产财务计划的执行情况，全面系统地考核评价经济核算与经济管理及其效果，促进企业从“供给制”向“经济核算制”转变。

同时，自中国人民大学开始，我国陆续在财经类高等院校开设了企业经济活动分析的相关课程。例如，我国最早的经济活动分析教材，就是由中国人民大学著名会计审计专家、教育家阎金锷教授等学者于20世纪50年代在学习苏联经验的基础上，联系我国实际编写的。不仅如此，他们还利用多种教学形式，在各地的厂矿领导和管理人员尤其是计划、统计及财会人员中系统地普及经济活动分析的理论知识，推广经济活动分析的成功经验；另外，国务院经济主管部门也积极倡导并大力推动财务分析与其他经济活动分析。在多方共同努力下，终于在我国建立起了包括财务分析在内的企业经济活动分析理论与实务。经过几年的实践与发展，在有些经济部门和企业中积累了开展生产、财务等分析的较系统的经验，建立了企业内部的经济活动分析制度，并成为企业计划管理制度的重要组成部分。1955年，国务院颁布了《国营企业决算报告编送办法》，对企业应当报送的财务成本等会计信息提出了明确的要求，并且规定企业应在进行财务成本分析的基础上编报财务情况说明书，重点说明企业流动资金和固定资产的利用情况，以及成本、损益变动的原因。这些要求与规定为在我国计划经济条件下广泛开展企业财务分析提供了有利的条件，奠定了较好的基础。国民经济各部门的国营企业，依据国家统一规定建立了经济活动分析制度，有些企业还建立了厂部、车间及班组分级的经济活动分析体系与责任制度，明确规定由财会部门负责财务成本分析。从经济活动分析的历史发展过程来看，企业经济活动分析的建立与开展，曾对保证经济计划的执行和改进经济管理发挥过积极作用。

党的十一届三中全会以后，企业经济活动分析在经历了十年的停顿之后得以恢复，并在改革开放中得到了发展。1985年，《中华人民共和国会计法》颁布实施，明确规定会计机构、会计人员负有考核分析财务预算、财务计划的执行情况的重要职责，有力地推动了财务分析的理论研究与实务探索。1991年中央工作会议提出要将经济工作的重点转移到调整结构和提高经济效益上来，防止片面追求产值和速度，忽视经济效益的现象；同时提出在工业企业的考核上要淡化产值指标，强化效益指标。1992年以后，我国的经济体制和国有企业管理体制改革发生了质的飞跃。1993年党的十四届三中全会明确提出要建立和完善社会主义市场经济体制，国有企业改革的方向是建立适应市场经济体制要求的现代企业制度。随之，我国企业财会制度于1993年也实施了重大改革，财政部在结合我国实际并借鉴国际经验的基础上，制定了新的财务报告体系，建立了新的财务评价指标，强化了财务管理的分析评价功能，为在我国建立和开展新的财务分析创造了一定条件，奠定了法规基础。

党的十五届四中全会明确指出，在社会主义市场经济条件下，企业应按照现代企业制度的要求，真正成为法人实体和市场竞争主体，从而为企业发展及财务分析提供压力和动力。为了适应政府职能转变的需要，加强国有企业监管，强化企业财务监督，1999 年财政部、国家经贸委、人事部及国家计委联合颁布了《国有资本金效绩评价规则》及其操作细则；2002 年，财政部、国家经贸委、中央企业工委、劳动和社会保障部及国家计委等部门对此进行了修订，颁布了《企业效绩评价操作细则（修订）》，修订后的评价体系和评价制度从定性分析和定量分析相结合的角度，采用较为客观的统一标准和分层剖析及递进修正的方法，按照多目标规划原理，运用数理统计对企业财务及经营绩效（业绩与效率）开展多因素（效益、营运、偿债、发展等）及多层次（基本、修正、评议等）的计分评价，使企业绩效评价方法技术体系进一步完善。

为规范开展中央企业综合绩效评价工作，国务院国有资产监督管理委员会于 2006 年制定了《中央企业综合绩效评价实施细则》；随后，国务院国资委又颁布了《中央企业负责人经营业绩考核暂行办法》，并于 2010 年 1 月 1 日起正式施行。在《中央企业负责人经营业绩考核暂行办法》中，明确了以经济增加值指标取代原有的净资产收益率或权益报酬率指标，并成为中央企业业绩考核的核心指标。上述这些都标志着新型的以财务分析为主的企业绩效评价体系和评价制度在我国正式建立，也为建立和完善新型的企业财务分析体系和绩效管理制度提供了有利条件。在这种情况下，不同主体可以从不同的角度对企业的财务状况等进行分析与评价。在财务分析的产生和发展过程中，人们的实践活动不断拓展，积累了较多有益的经验，有关的理论研究也日趋深入，并取得了一些积极的成果。无疑，这些法规、经验及成果为建立新型的财务分析学提供了可能，也表明在我国开展专门的企业财务分析的时机基本成熟。

1.2 财务分析的主体与目的

财务分析的主体是与企业有现存或潜在的利益关系，为实现具体目的并基于特定需要，对企业进行财务分析的组织及个人。一般来说，财务分析的主体有企业的经营管理者、投资者、债权人、供应商、经销商、政府部门、中介机构及社会公众等。不同主体对企业进行财务分析，其一般目的是总结过去业绩、衡量现时状况及预测未来发展趋势，但其具体目的和各自需要不尽相同，因而分析与评价的角度（如局部或整体、短期或长期、结构或趋势、战略或策略等）和重点（如偿债能力、盈利能力、营运能力、发展能力等）也有所不同。

1. 经营管理者

在财产所有权与经营权分离的情况下，经营管理者受托从事经营管理，负有资产合理使用及资本保全增值之责，要有效地对企业进行计划与控制，需要进行财务分析，以支持其财务决策，改善经营管理，履行受托责任。

2. 投资者

基于现代企业理论与委托代理理论，投资者将企业作为一种投资工具，通过提供经济资源或财产作为财富之用以图回报。投资者要了解公司盈利情况或盈利可能性，以及盈利趋势曲线的稳定性，且以委托者身份择聘和考评管理者，需要进行财务分析，以支持其投资决策、经理选择及股利政策安排。

3. 债权人

在企业成长过程中，债权人往往是主要的合作者，银企关系是极为重要的财务关系。债权人要了解企业的信用状况、风险情况及偿债保障，评价其流动性、风险性及盈利性，从而判断所提供资产的安全性与获取收益的可能性，需要进行财务分析，以支持其信贷决策。

4. 供销商

根据契约理论，现代企业是一系列契约的集合。在市场经济高度发达、信用关系普遍存在的情况下，供应商和经销商是企业价值链中的两个主要节点，企业与两者的契约关系是基于利益的重要商业信用关系。他们要了解企业的信用状况、风险情况及履约程度，需要进行财务分析，以支持其购销决策。

5. 政府部门

政府部门，尤其是监管机构（如税务机关、审计机关等）要了解企业的财务实力、收入水平、就业状况、法规遵循及纳税情况等，需要进行财务分析，以支持其宏观决策。

6. 中介机构

经济社会越发展，中介服务越重要，企业与中介机构的关系也就越紧密。提供审计、评估、咨询等专门服务的中介机构，要了解企业的财务状况、经营成果、管理效率及发展趋势，需要进行财务分析，以支持其评价、估值、鉴定、判断等业务及相关决策。

7. 社会公众

随着经济发展、企业成长及市场成熟，社会公众的市场意识不断增强，其理财与消费等行为也趋于理性。无论作为投资者还是消费者，他们都要了解企业的财务状况、经营成果、成长潜力及售后服务等情况，需要进行财务分析，以支持其投资决策和消费选择。

1.3 财务分析的内容及方法

在财务分析产生和发展的过程中，财务分析的内容也日益充实和丰富，分析方法不断得以改进和更新，逐步形成较为完善的财务分析框架及方法体系。

1.3.1 财务分析的主要内容

不同主体基于不同的目的，其分析的侧重点虽有所不同，但总的分析内容无外乎偿债能力分析、盈利能力分析、营运能力分析及发展能力分析。

1. 偿债能力分析

偿债能力是指企业对债权人权益或其担负的长短期债务的保障程度。它主要取决于企业资产的流动性及变现的可能性，即企业拥有或控制的可以转变为现金的资产数额、需要将资产变现的时间及资产变现价值，也取决于企业的紧急筹资能力。而这些又取决于企业的营运水平与管理效率，最终取决于企业的资产配置及资金调度能力。

2. 盈利能力分析

盈利能力是指企业获取收益及利润的可能性与对投资者报酬的保障程度。它主要取决于企业获取的收益数额与构成、正常营业状况下核心业务的盈利性及其持续性，也取决于企业的现金流量。而这些又取决于企业的营运水平与管理效率，最终取决于企业的资产组合及资本利用能力。

3. 营运能力分析

营运能力是指企业配置资产、调度资金及利用资本的有效程度与控制风险的可能性。它主要取决于企业管理层的资源及其配置效率，也取决于企业经营与财务的战略和策略。企业营运能力的高低，既影响其偿债能力与盈利能力，也影响其风险水平及发展能力。此处的风险水平是指企业在特定条件下于某一期间内，获取收益或发生损失或应对财务困境的可能性。

4. 发展能力分析

发展能力是指企业实现盈利、保持盈利的持续程度及价值增长的可能性。它主要取决于企业的科技水平与核心竞争力，也取决于企业的财务弹性、经营绩效、管理风格、风险水平、资产规模、生命周期等。

上述四个方面是财务分析的主要内容，它们彼此独立，又相互影响，共同构成财务分析的基本框架。当然，不同主体根据自身的需要，其分析的侧重点不尽相同，分析内容也有所取舍或增减。

1.3.2 财务分析的基本方法

作为企业财务管理的重要组成部分，财务分析是一项专业性、技术性、实践性都很强的工作，其方法恰当与否影响财务分析的结果及其相关性与合理性。财务分析方法有助于重新构造在财务报表中隐含的经济现实，减少决策过程中的不确定性。当然，不同主体基于不同的目的可能会采用不同的分析方法，但都必须学会计算与分析结果，更要学会对来自财务报表及其分析的数据（原始数据与生成信息）进行有效的评价，以便从中获益。通常，财务分析的基本方法包括比较分析法、比率分析法及趋势分析法。

1. 比较分析法

比较分析法是指把主要项目或指标数值及其变化与设定的标准进行对比，以确定差异，进而分析、判断及评价企业经营与财务等状况的一种方法。通过比较分析，人们可以发现差距，寻找成因，据以评价和判断形势，因而它是一种原理最基本、应用最广泛的分析方法。

按照分析对象的不同，比较分析法可以分为：

（1）绝对数比较分析法。采用这种方法，一般是先编制比较财务报表（如比较资产负债表和比较利润表等），然后将报表中各项目的数额与设定的比较对象加以比较，以观察、了解其增加或减少的绝对数额等情况。

（2）绝对数增减变动分析法。采用这种方法，实际上是在比较财务报表内，通过增设“增减变动金额”专栏，来具体计算并明确列示各项目之间的差额。

（3）百分比增减变动分析法。采用这种方法，通常是在比较财务报表内，通过增设“增减变动百分比”专栏，来计算并列示各项目的增减变动百分比，以消除规模变动等因素的影响，提供或寻找更多有用的数据与信息。

在比较分析法中，比较、评价的标准有：

（1）绝对标准。这是指被广泛接受、公认的标准或目标标准。

（2）行业标准。这是指以企业所在行业的特定指标数值作为比较、评价的标准。例如，同行业公认的标准指标、同行业的先进水平指标、同行业的平均水平指标等。

（3）历史标准。这是指以企业在不同时期的指标数值作为比较、评价的标准。例如，历史最高（好）水平、历史同期数、上期实际数、本期计划（或预算）数等。

需要指出的是，采用比较分析法进行财务分析时，应注意以下几个问题：

（1）要注意比较的全面性。既要进行绝对指标比较分析，又要进行相对指标比较分析；既要进行横向比较分析，又要进行纵向比较分析；既要与公认标准进行比较分析，又要与目标标准进行比较分析。只有这样，才能避免片面性，进而得出正确结论。

(2) 要注意比较指标之间的可比性，以及同类指标在企业之间的可比性。即相互比较的指标必须在具体内容、计算口径、时间跨度、计价基础及计算方法等方面保持一致。

(3) 要注意结合基数金额并参考绝对数金额，以正确计算和理解变动百分比。就基数金额而言，有时其对变动百分比的计算影响很大，计算结果容易引起误解。例如，当基数金额为负数时，就无法计算出有意义的百分比变动值，因为变动百分比的符号与绝对增减金额的符号相反，对此应取变动百分比的相反数。又如，当基数金额为零时，不管实际金额是多少，变动百分比都趋于无穷大，事实上也不能算出百分比变动值；即使基数金额有数值，若分析期没有数值，百分比变动值也会减少100%；当基数金额太小时，绝对数金额较小的变动可能会导致较大的变动百分比。此时，应放弃使用百分比增减变动分析法，仅分析绝对数金额的变动情况。实际上，在计算百分比时，基数金额的不同会得出与其实际重要性不相符的百分比变动。例如，以1 000为基数，百分比变动50%，通常就不如以100 000为基数的相同百分比变动重要。因此，要保持对数据的恰当理解，并对数据变动的相对重要性作出正确的判断，就必须参考绝对数金额。

2. 比率分析法

比率分析法是指利用项目指标间的相互关系，通过计算比率来观察、分析及评价企业经营及财务等情况的一种方法。通过比率分析，人们可以发现各项数据的联系及变动趋势，有时还能把某些用绝对数不可比的指标转化为用相对数可比的指标，从而比财务报表中的各项具体数据更重要、更有意义。例如，甲、乙两个公司年营业利润均为100万元，其营业收入分别为5 000万元和1 000万元。若从营业利润的绝对数来看，两个公司的经营成果相同；但从其相对数来分析，甲公司营业利润率为2%，乙公司营业利润率为10%，甲公司明显不及乙公司。运用比率分析法进行财务分析，在西方已有近百年的历史，是一种备受欢迎且应用广泛的分析方法。

按照分析内容的不同，比率分析法可以分为：

(1) 相关比率分析法。采用这种方法，主要是把同一时期的两个性质不同但又相关的指标数值加以对比，计算比率，据以进行分析和评价。例如，将经营现金净流量与流动负债对比，计算净现金流量负债比，据以在一定程度上判断企业短期偿债（支付）的可能性；又如，将净利润与所有者权益（或股东权益）对比，计算净资产收益率（或权益报酬率），据以从特定角度揭示企业的获利水平与盈利能力。

(2) 构成比率分析法。采用这种方法，主要是通过计算某项指标各个组成部分占总体的比重，分析其构成情况及变化，从而揭示部分与整体的关系及变化趋势。例如，将各资产项目分别与总资产项目进行比较，计算各项资产占总资产的比重，可据以分析与评价资产组合或资产结构，乃至资产流动性和风险水平等；又如，将各损益项目与营业收入或总利润进行比较，计算各项损益或各类损益占营业收入或总利润的比重，可据以分析与评价收益结构或盈利重点，乃至盈利水平和发展潜力等。鉴于前例中的比率指标所涉及的数据均取自资产负债表，故在西方统称为资产负债表比率；同理，后例中的比率指标统称为利润表比率。

具体来说，在分析资产负债表时，常用的方法是将资产、负债与所有者权益（或股东权益）总额分别设定为100%，再把各类中的具体项目表示为占各自总额的百分比；同样，在分析利润表时，一般将营业收入设定为100%，其他损益项目分别表示为营业收入的百分比。由于报表中的具体项目合计（或代数和）为100%，因此该分析技术产生了结构百分比财务报表。

鉴于报表项目的排列顺序与人们通常自上而下的阅读习惯一致，结构百分比财务报表分析也称“垂直分析法”，可以用来调查和了解财务报表的内部结构，如资产组合、筹资结构等。在实际工作中，这种分析方法往往很有用。例如，在评价流动资产的流动性时，可将结构百分比资产负债表分析延伸到检查流动资产这一特定子类中存货所占比例；又如，在评价企业的盈利性时，可通过结构百分比利润表来了解各费用项目（除所得税费用外）占营业收入的比例；再如，为了解和评价资产、负债、费用及其他财务报表类别各组成部分的比例变动，可进行纵向比较，也就是将一个公司结构百分比报表进行即期比较（当然，在解释结构百分比时，尚需查看实际数字及其计算基础，以便慎重、合理地解释其变动趋势）；更为有用的是，将其用于横向比较，也就是将一个公司的结构百分比报表与同业竞争者或行业结构百分比报表进行比较，以发现项目结构和分布差异，进而调查和了解个中缘由。当然，结构百分比报表不能反映被分析公司的相对规模，因此这种分析技术也有一定的局限性。

需要指出的是，采用比率分析法进行财务分析时，应注意以下几个问题：

(1) 比率及比率分析有利于提供关于公司财务状况的信息与征兆，能够揭示某些重要关系与比较基础，但其作用常常被误解，重要性也往往被夸大。因此，用来计算比率的有关项目指标之间必须有某种内在联系，存在直接和重要的关系，否则，比率及比率分析就毫无意义。比率的计算仅仅是代数运算，其所表达的也只是两个数量之间的数学关系（如200与100的比率表示为比例2∶1或比值2）。从财务分析的角度看，一个比率要有意义，就必须在经济上有直接和重要的关系。例如，一件物品的售价与其成本之间就有直接且重要的关系，因而营业成本与营业收入比率即销售成本率就是一个有意义的比率；相反，运输成本（发生额）与有价证券（余额）之间无明显关系，因此这两者的比率就几乎没有意义，也无分析价值。

（2）在计算和运用比率时，务必确定所用数字的正确性与一致性，也必须了解、分析及评价对比率具有影响及潜在影响的因素，包括公司内部运营状况、重大经济事件、行业因素、管理政策及会计方法等。例如，当存货采用后进先出法计价且价格呈现上升趋势时，作为分子的存货被低估从而导致流动比率被低估；又如，一些养老金负债经常不入账，仅在附注中披露，所以在计算负债权益比率及类似比率时，要确认这些负债并调整比率，并根据一致性要求对其他比率做相应调整，比如因忽略养老金负债而低估了养老金费用，从而需要在比率计算中调整净利润数字。

（3）在计算和运用比率时，要确保比率的有用性。一般来说，比率的有用性依赖于在比率计算中所用数字的质量，例如，一个公司内部控制或监管机制不能确保产生或生成的数字可信或可靠，那么比率计算的结果也就同样不可信或不可靠；同时，比率的有用性也依赖于对比率的理解与解释能力，这也使得比率分析富有挑战性。在解释具体的比率时一定要慎重，因为影响分子的因素可能与影响分母的因素具有相关性，甚或分子与分母之间存在共生性。例如，公司通过削减研究与开发费用等成本来调整管理费用与销售收入的比率，从而提高短期盈利水平，但是，这种成本降低可能会影响盈利水平的提高，若导致长期销售收入或市场份额下降，则将极大地损害公司的前景和发展能力。对此，在运用比率时必须据实解释。由于不少比率与其他比率具有共同的重要变量，因而分析某一情况时也必须计算所有可能比率；另外，在绝大多数情况下，比率及其分析本身其实并不重要，只有将之与前期比率、预定标准及竞争者水平进行比较才有解释意义。事实上，比率的可比性往往与其变化趋势一样重要。

3. 趋势分析法

趋势分析法是指利用企业连续多期财务报表的数据资料，将各期实际资料与基期历史资料进行对比，计算每一期各项目对基期同一项目的趋势百分比，或计算趋势比率及指标，以形成一系列具有可比性的百分比或指数，从而揭示各期经营及财务等情况变化的性质、方向、速度及程度的一种方法，其重要意义在于能够有力地洞察指标变化背后所揭示的管理哲学、经营政策及财务动机。

通常，采用趋势分析法要编制绝对数或相对数的比较财务报表，即将连续多期的同一财务报表并列在一起加以比较分析，来计算定基或环比的趋势百分比。其计算公式如下：

$$\text{定基百分比(或比率)}=\frac{\text{本期金额}}{\text{基期金额}}\times 100\% \tag{1-1}$$

$$\text{环比百分比(或比率)}=\frac{\text{本期金额}}{\text{上期金额}}\times 100\% \tag{1-2}$$

鉴于比较财务报表的排列特征与人们通常从左至右的阅读习惯，这种方法又称为“水平分析法”，常用的有：

（1）年度变动分析法。采用这种方法时，要比较两期或两期以上的财务报表，以分析同一项目的年度变化（包括绝对数变动与百分比变动），还要比较年度数额与数年均值（消除错误或不正常的波动），以揭示某一特定期间的不寻常事项。

（2）指数趋势序列分析法。采用这种方法时，要在消除了不重要项目之后为每一个项目选定一个基期，并且用一个指数（如100等）来表示，但无须具体分析每一个项目。当然，在具体使用该方法的过程中仍需慎重，因为有些不足归因于公司及行业因素的变动。

需要指出的是，采用趋势分析法进行财务分析时，应注意以下几个问题：

（1）要分清主次与轻重缓急，抓住重点进行分析。财务报表中的项目较多，实际上并不总是需要分析每一个项目，其重要程度也不相同，应努力剔除不重要的项目，有重点地加以分析。此外，在评价当前财务状况变动时，比较现金流量表往往较为有用。

（2）在使用指数趋势序列法并解释百分比变动时，要注意随时间变化可能出现的会计准则应用上的不一致，并尽可能予以调整；同样，对于来自不同公司的财务数据应该加以标准化，有时需要进行调整使之具有可比性或增强其可比性。

（3）在具体进行财务分析、解释及评价时，可以利用绝对数进行比较，也可以利用相对数进行比较，有时将两者结合起来使用效果会更好；另外，还应当考虑行业特征、业务类型、公司性质及周期变化等因素，谨慎地解释分析趋势或比较结果。

本章小结

本章主要阐述了财务分析的产生和发展、财务分析的主体与目的，以及财务分析的内容及方法等。

财务分析是特定主体为实现一定目的，以企业或公司的财务报表及其他有关资料为依据，运用科学合理的方法，对企业的财务状况与弹性、经营成果与绩效、营运水平与效率、商业信用与风险、发展趋势与潜力，以及财务总体情况进行的系统化分析和专业性评价活动。财务分析产生于19世纪末20世纪初，其初始形态是财务报表分析；随后，财务分析逐渐发展成为一门独立的科学且日臻完善。

财务分析的主体是指与企业有现存或潜在的利益关系，为实现具体目的并基于特定需要，对企业进行财务分析的组织及个人。一般包括企业经营管理者、投资者、债权人、供应商和经销商、政府部门、中介机构及社会公众等。不同主体对企业进行财务分析的具体目的和各自需要不尽相同，因而其分析与评价的角度（如局部或整体、短期或长期、结构或趋势、战略或策略等）和重点（如偿债能力、盈利能力、营运能力、发展能力等）也有所不同。

财务分析的内容包括偿债能力分析、盈利能力分析、营运能力分析及发展能力分析等；财务分析的基本方法包括比较分析法、比率分析法、趋势分析法等。比较分析法作为一种原理最基本、应用最广泛的分析方法，具体包括绝对数比较分析法、绝对数增减变动分析法、百分比增减变动分析法；比率分析法包括相关比率分析法及构成比率分析法；趋势分析法则包括年度变动分析法和指数趋势序列分析法。

术语与公式

一、名词术语

财务分析	财务分析主体	偿债能力分析
盈利能力分析	营运能力分析	发展能力分析
比较分析法	绝对数比较分析法	绝对数增减变动分析法
百分比增减变动分析法	绝对标准	行业标准
历史标准	比率分析法	相关比率分析法
构成比率分析法	趋势分析法	定基百分比
环比百分比	年度变动分析	指数趋势序列分析

二、主要公式

$$\text{定基百分比（或比率）}=\frac{\text{本期金额}}{\text{基期金额}}\times100\%$$

$$\text{环比百分比（或比率）}=\frac{\text{本期金额}}{\text{上期金额}}\times100\%$$

思考与练习

一、思考题

1. 如何理解财务分析的起源和发展？
2. 财务分析学包括哪些主要内容？
3. 财务分析有哪些基本的方法？各种方法的特点是什么？

二、案例题

ZJ 公司曾是一家自上市后始终保持着良好经营业绩的企业：总资产规模从上市前的 2.66 亿元发展到 2016 年末的 28.38 亿元，增长了近10倍；上市后企业财务业绩一直维持着较高的水平，2014—2016 年的有关数据如表 1-1 所示。

表 1-1　ZJ 公司 2014—2016 年有关数据

	2014 年	2015 年	2016 年
净资产收益率	28.9%	29.3%	19.8%
每股收益	0.82 元	1.15 元	0.97 元

ZJ 公司连续三年的净资产收益率、每股收益等指标均位于上市公司的前列，作为一家传统的农业和食品加工企业，能够取得如此骄人的业绩确实出乎意料。

2016 年 ZJ 公司的资产负债表如表 1-2 所示。

表 1-2　ZJ 公司资产负债表

2016 年 12 月 31 日　　单位：万元

项　目	金　额	项　目	金　额
流动资产：		流动负债：	
货币资金	16 714.41	短期借款	9 979.50
交易性金融资产	0.00	应付账款	2 965.20
应收票据	0.00	应付票据	0.00
应收股利	0.00	应付职工薪酬	506.04
应收利息	0.00	预收账款	1 207.75
应收账款	857.18	其他应付款	32 716.65
其他应收款	2 033.53	应交税费	7 995.09
预付账款	67.14	应付股利	490.63
存货	23 638.41	应付利息	0.00
待处理流动资产净损失	0.00	一年内到期的非流动负债	0.00
一年内到期的非流动资产	0.00	其他流动负债	210.48
其他流动资产	0.00	流动负债合计	56 071.34
流动资产合计	43 310.67	非流动负债：	
非流动资产：		长期借款	2 030.00
可供出售金融资产	0.00	应付债券	6 300.51
持有至到期投资	0.00	长期应付款	898.56
长期股权投资	0.00	递延所得税负债	462.97
投资性房地产	0.00	非流动负债合计	9 692.04
固定资产	194 526.88	负债合计	65 763.38
工程物资	221.18	股东权益：	
在建工程	22 153.54	股本	44 603.92

续前表

项　目	金　额	项　目	金　额
固定资产清理	0.00	资本公积	34 081.06
无形资产	4 832.64	盈余公积	38 676.72
长期待摊费用	18 719.29	未分配利润	100 480.11
其他非流动资产	0.99	少数股东权益	160.00
递延所得税资产	0.00	股东权益合计	218 001.81
非流动资产合计	240 454.52		
资产总计	283 765.19	负债与股东权益总计	283 765.19

说明：根据现行财务报表列报规定，部分项目的名称和列示内容应有一定的变化，作者已做了微调。

进一步分析这个“业绩神话”，对照同业平均水平即可发现，2016年ZJ公司的流动资产占资产总额的百分比为15.3%，约为同业平均值的1/3；存货占流动资产百分比为54.6%，比同业平均值高出约3倍；固定资产占资产总额百分比为68.6%，比同业平均值高出1倍多；另外，根据公司产品明细账，可以发现ZJ公司的在产品占存货百分比高于同业平均值1倍。ZJ公司的在产品占存货百分比和固定资产占资产总额百分比都异常地高于同业平均水平。同时，ZJ公司有一个奇特的财务组合，其应收账款回收期明显低于同业平均水平，主营业务收入异常地高于同业平均水平，而短期偿债能力在同类企业中却是最低的。从ZJ公司的资产结构来看，从2013年开始，资产规模迅速扩大，与之相对应的流动资产却逐年下降，这说明其整个资产规模是由固定资产带动的，公司的在产品占存货百分比和固定资产占资产总额百分比异常地高于同业平均水平。较早关注该事件的某大学研究员在一份内部刊物上发表文章，呼吁“应立即停止对ZJ公司发放贷款”，引起银行高层的关注。不久，相关银行即停止对该公司发放新的贷款，公司资金链断裂，更多的问题也随之浮出水面。

资料来源：新浪财经新闻，财务报表来自证券之星网站。已做了微调。

要求：根据上述资料，分析下列问题：

(1) 本案例中的财务分析主体有哪些？其财务分析目的有何不同？

(2) 该案例中的财务分析采用了什么方法？其具体特点是什么？

第 2 章

偿债能力分析

学习目标

本章主要阐述偿债能力分析的有关内容。通过本章的学习应掌握：

- 短期偿债能力分析的概念
- 短期偿债能力分析的常用指标及方法
- 长期偿债能力分析的概念
- 长期偿债能力分析的常用指标及方法

2.1 短期偿债能力分析

短期偿债能力是指企业对短期债权人权益或其担负的短期债务的保障程度，主要取决于企业资产的流动性与变现力。一般来说，企业资产的流动性与变现力是指在无须大幅度让价的情况下，资产产生或转换为现金的可能性。它反映短期内企业资产变现的时间及变现价格的确定性，尤其是流动资产转变为现金的速度，以及这种转化所导致的流动资产价值缩水的程度，从而影响乃至决定企业的短期偿债能力。事实上，也可以将短期偿债能力理解为：企业以充足的现金流入满足现金流出需要的能力，其中包括对意外的流入减少或流出增加的考虑。严格来说，未来的现金流入是资产流动性及短期偿债能力最好的指示器。从长远的观点来看，它在很大程度上反映企业财务的稳健程度即财务稳健性，其本身却受制于盈利能力，最终取决于营运水平和管理效率。因此，进行短期偿债能力分析，对于债权人、投资者及经营管理者等利益相关者都具有极其重要的意义，它是企业财务分析的重要组成部分。

在具体的财务分析中，短期偿债能力的分析与评价主要根据财务报表，尤其是资产负债表，并结合其他相关资料，将短期债务与可得到的用于偿还这些债务的短期资金来源进行比较，并通过计算一些偿债能力比率指标来判断企业目前的偿付能力及在困难时保持偿付的能力。在用于分析短期偿债能力的比率指标中，常用的有以下几种。

2.1.1 流动比率

流动比率（current ratio）是指企业的流动资产与流动负债的比率。由于其原理的易理解性、计算的简单性及数据的可得性，流动比率逐渐成为短期偿债能力比率指标。它表明企业每单位流动负债有多少流动资产作为偿还的保证，反映企业动用可以在短期内产生或转换为现金的流动资产偿还到期流动负债的能力。其计算公式如下：

$$流动比率=\frac{流动资产}{流动负债} \tag{2-1}$$

公式中的分子即流动资产，包括现金、有价证券、应收票据、应收账款和存货等，公式中的分母即流动负债，包括应付票据、应付账款、其他应付款、应交税费及一年内到期的非流动负债等。不少分析者认为，企业的流动比率指标越高，说明企业资产流动性越好，反映企业短期偿债能力越强，债权人的本息权益越有保障。流动比率较高，表明企业拥有的流动资产较多，或者营运资本（working capital），即流动资产减去流动负债后的净额较多，能够应对资金流动不平衡或其他紧急情况以及偿还短期债务甚至部分长期债务，还表明企业可以变现的资产数额较大，债权人遭受风险损失的可能性较小，并且企业具有的亏损缓冲能力（即抵御在清算等特殊情况下非现金资产价值缩水的能力）和应对不确定性与突发事件（如罢工和意外损失导致暂时不利的现金流）等方面的能力较强。当然，这些都是建立在企业清算假设之上的。但在持续经营的情况下，由于流动资产和流动负债都具有可再生性，因而上述理解或解释是静态的、狭隘的、不恰当的，甚至是不切实际的。

根据诸多企业的长期实践所形成的经验规则（rule of thomb），一般推断认为流动比率为2∶1比较适宜，此时企业的财务基础较为稳固。但2∶1只是经验值，不同企业流动比率的确定还要结合企业自身的情况。如果流动比率指标过低，表明企业可能存在短期偿债能力较弱，偿还短期债务会发生困难等问题；相反，如果流动比率指标过高，则表明企业可能存在闲置浪费、配置欠佳、资金使用效率不高、利用效果不好等问题。

[例2-1]

某加工制造企业2016年末流动资产为16 100 000元，流动负债为8 000 000元；2015年末流动资产为14 200 000元，流动负债为6 800 000元。这两年年末的营运资本和流动比率指标的计算与分析如下：

2016 年末营运资本＝16 100 000－8 000 000＝8 100 000(元)

2015 年末营运资本＝14 200 000－6 800 000＝7 400 000(元)

$$2016\text{ 年末流动比率}=\frac{16\,100\,000}{8\,000\,000}=2.012\,5$$

$$2015\text{ 年末流动比率}=\frac{14\,200\,000}{6\,800\,000}=2.088\,2$$

从营运资本的角度看，该企业这两年均有一定数额的营运资本，其短期偿债能力较强。不仅如此，2016 年末企业的营运资本比 2015 年末还增加了 700 000 元（8 100 000－7 400 000），表明企业短期偿债能力有所增强。对此，尚需结合企业的生产经营规模、流动资产结构及其他有关指标等因素的变化，进行深入的考察，以作出合理的评价。

根据流动比率指标分析，该企业这两年的流动比率都超过了经验规则所推断认定的公认标准，反映其具有较强的短期偿债能力。但是，2016 年末营运资本较 2015 年末有所增加的同时，流动比率却有所下降。对此，还需要结合企业的流动资产周转情况、流动资产结构变化，以及流动负债数量与结构及其变化等进一步分析其变动的原因和性质。

需要指出的是，在进行具体的财务分析时，应注意以下几点：

第一，要注意分析流动资产的结构。流动资产结构是指流动资产各组成部分之间的关系及各项流动资产在流动资产总额中所占的比重，表明企业流动资产的具体分布状况和各项目占用资金的份额。分析流动资产的结构或组合情况，主要是考察流动资产各项目的比例关系，了解与评价各项目所占比重及其合理性，以确定重点项目与重点资产，进而恰当地评价资产的流动性和短期偿债能力，从而抓住关键问题，完善资产组合，改进资产管理。

第二，要注意分析具体项目的流动性。事实上，流动比率指标只能用来粗略地衡量流动性与短期偿债能力，并没有考虑流动资产中各个具体项目的流动性和质量。一般来说，一个流动资产主要由现金和有价证券构成的企业，其流动性要比一个拥有同等数额的流动资产，且流动资产主要由现金和未到期应收账款构成的企业强；而一个流动资产主要由现金和未到期应收账款组成的企业，其流动性又比一个拥有同等数额的流动资产，且流动资产主要由存货组成的企业强。因为在资产变现的时间或变现价格的确定性方面，通常有价证券比应收账款流动性好、变现力强，而应收账款又较存货流动性好、变现力强；资产变现时间主要取决于周转速度，变现价格的确定主要取决于资产质量，两者最终都取决于市场发育程度和企业管理效率。在分析流动比率时，流动负债的质量也很重要，而流动负债的质量主要取决于其偿付的紧迫性。事实上，并非所有流动负债都需要立即偿还。例如，各种应交税费大多须立即偿还；但对与企业有长期合作关系的那些供应商的债务，在供应商对其业务具有依赖性并且需要估价，而企业又处于财务困境的情况下，很有可能被推迟支付或者重新协商。

第三，要注意分析流动负债的结构。流动负债结构是指流动负债各组成部分之间的关系及各项流动负债在流动负债总额中所占的比重，表明企业流动负债的分布状况和各项目提供资金的数额。分析流动负债的结构或组合情况，主要是了解和判断流动负债各项目对短期债务的影响及其权重。在分析流动比率指标时，需要对不同性质的流动负债分别加以考察，分析流动负债的数额及结构对流动资产需要程度的具体影响。对于因短期借款或商业信用形成的负债项目，以及因结算程序所形成的负债项目，都需企业用资产加以偿还，以维系信用关系和维护企业信誉；但是在具体偿付的过程中，不同的流动负债项目仍有先后之别，企业可以区分轻重缓急，进行有序、合理的安排。

第四，要注意分析流动比率的恰当性。在大多数情况下，人们仅根据计算出来的流动比率指标本身是无法断定其高低的，因而要将之与同行业平均的流动比率、本企业历史的流动比率进行比较，以确定其恰当性，进而据以评价资产的流动性，判断企业的短期偿债能力。需要指出的是，前已提及的较为适宜的流动比率2∶1，在具体分析流动比率时，虽可作为一个参考比率，但事实上它只是一个经验比率，在理论上仍无法加以论证；另外，与行业平均的流动比率相比，虽然不一定能够揭示出企业财务状况的好坏，但有助于发现企业是否偏离标准。当明显偏离标准或出现“危险信号”时，分析者需要判断其产生的领域，并探寻其背后的原因。从分析的角度看，为支持决策，需要财务指标具有预测含义或应用价值。但流动比率指标是对企业在某个时点用于偿还流动负债的可用资源的静态（存量）的相对计量，而当期现金存量与未来现金流入并没有逻辑上的因果关系；况且，前者与企业的现有经营水平几乎无关，没有什么预测含义，后者又取决于诸如销售、利润、现金支出及商业环境的变化等多种因素，而流动比率指标本身并没有考虑这些因素。

第五，要注意分析人为因素的影响。一般来说，如果会计人员技术水平较低，可能导致财务报表不真实，从而导致数据中存在过失性差错；如果会计人员技术水平较高，但不当利用会计政策来调整报表项目，则可能使数据中存在故意性错误，如对存货计价由先进先出法不恰当地改为后进先出法从而影响期末存货的计价结果。有时甚至出现极端的情形，即在财务报表编制前，采取某些策略与方法，人为地制造出一种比现实情况更令人满意的财务状况。这就是比率操纵或报表粉饰，分析者必须加以提防。例如，某企业于2017年6月30日有流动资产3 136 000元与流动负债1 600 000元，流动比率为1.96（即3 136 000/1 600 000）。该企业的外部审计师即将到达，企业欲在下一周取得一项短期借款，而银行十分关注企业的流动性，并把流动比率指标作为判断企业短期偿债能力的主要依据。于是，企业推迟一些购买业务，并用出售有价证券所得到的现金支付应付账款 766 000 元，流动比率则变为 2.84 [即(3 136 000－766 000)/(1 600 000－766 000)]。显然，通过一次提前付款，流动比率指标大幅提高。若将其与流动比率的经验数据相比，则可推断此前流动性差、短期偿债能力弱，而现时流动性好、短期偿债能力强。但是，如果企业经营依旧，管理如常，那么其流动性实际上并没有好转，短期偿债能力也未增强。也就是说，企业通过一次提前付款，其财务指标及其昭示的经济意义向好，而事实上企业的财务状况并没有改善。

第六，要注意分析企业的经营特点及其所在行业的特性。在主要依据财务报表及其派生的财务比率进行财务分析时，即使企业没有使用仔细斟酌的方法来人为地改善财务状况，年末财务报表也往往会描绘得比年度中其他时点的情况更好。例如，某公司管理层在临近期末时非常规性地敦促回收应收账款，并将之用于偿还流动负债，从而提高流动比率指标。又如，某企业以季节性低点为期末设立其会计年度，此举也许并非为了欺诈，而是为了更容易地进行存货盘点。但是，此时现金存量也许因存货购买预期而处于全年的最高点，应付账款却处于全年的最低点，其结果自然是此时的流动比率和速动比率均高于年度其他时点值。再如，一个企业若在 7 月的经营旺季经历了信用困难，则它在 12 月出现较高的流动比率指标很有可能会产生误导。因此，财务分析者要注意了解和考察企业的经营特点，尤其是季节性特征。鉴于此，包括经营管理者在内的分析者，要了解和使用月份或季度偿债能力比率指标的平均数，以消除极端值对简单算术平均数的影响；其他分析者为使企业管理层的比率操纵及报表粉饰等行为变得更加困难，也需要了解和判断企业短期的平均流动性及其合理性。

另外，不同的行业因其特性差别而在流动性方面有所不同。比如，生产性行业的流动性通常较商业性行业要差，而金融服务业的流动性往往比加工制造业要好。当然，在进行具体的财务分析时，尚需结合盈利性等因素进行分析。比如，企业所在行业本身流动性就较高，而所分析的企业尽管流动比率指标相对较低，但基本上其盈利性还是良好的；相反，虽然所分析的企业流动比率指标相对于本行业也许较高，但其盈利性实际上很差。对此，就需要结合行业特性作较为全面、深入的分析，以便合理地判断和评价其流动性与短期偿债能力。

第七，要注意分析和利用财务报表以外的资料及情况。在现实经济生活中，尚有一些财务报表本身没有反映出来的因素或情况，也会有利或不利地、较小或较大地影响企业的流动性及短期偿债能力。对此，财务分析者应予以关注和重视，并尽可能多地了解有关的资料及情况，以便进行较为全面的分析，作出较为合理的判断和评价。

由于某些有利因素的存在或影响，企业实际的流动性、变现力及短期偿债能力，可能比财务报表项目及其生成的比率指标所反映的情况要好一些。例如，银行已同意、企业未办理贷款手续或未使用的银行贷款限额即“授信额度”（open lines of credit），是企业可动用的银行贷款指标。作为现金的替代品，它和备用信用计划都可随时用来增加企业现金，增强支付能力；但它并不反映在财务报表中，不参与流动比率指标的计算，有时仅存在于企业的财务状况说明书中。又如，企业经过慎重考虑，决定将一些长期资产很快出售变为现金，从而增强其短期偿债能力。再如，企业在长期的业务往来中若形成了良好的声誉，即使在短期偿债方面出现困难，只要筹资环境不是特别恶劣，也可以凭借其良好的声誉快速地筹措到资金，较快地解决资金短缺问题，从而增加短期偿债的可能性。另外，仅在财务报表附注中披露的很可能给企业带来经济利益的或有资产，也有助于增强短期偿债能力。

由于某些不利因素的存在或影响，企业实际的流动性、变现力及短期偿债能力，可能比财务报表项目及其生成的比率指标所反映的情况要差一些。例如，未在财务报表中反映、充其量只在财务报表附注中披露的或有负债，包括已贴现商业承兑汇票形成的或有负债、未决诉讼及仲裁形成的或有负债、为其他单位提供债务担保形成的或有负债等，是有可能发生的债务。这些或有负债一旦成为事实上的债务，将加大企业的偿债压力，减弱企业的短期偿债能力。因此，在财务分析中必须判断和确定所有最终支付可能性很大的近期债务，而这些都没有列入企业的流动负债。

严格来说，在分析流动资产的流动性及变现力时，还应该判断和评价企业的销售趋势。通常，当销售处于上升期时，存货易于转化为现金；反之，当销售处于下降期时，则不利于甚至会阻碍存货向现金转化。作为资金来源的流动负债，主要取决于企业的销售水平。例如，就应付账款项目而言，由于产生应付账款的购货行为是销售的函数，因此，应付账款会随着销售的变化而变化。只要销售保持稳定或增长，流动负债的支付就是一个再融资问题。在这种情形下，流动比率指标的各个构成部分几乎没有提供该方面信息，其对于未来现金流量的影响也未得到反映，而且计算流动比率指标时涉及的流动负债也没有包括预期的现金支付，例如，采购、借贷、租赁、建筑合同或养老金合同下的义务或“承诺”等。

第八，要注意流动比率指标在各期间的变动情况，并谨慎地加以观察与解释。这是因为流动比率指标的变动未必意味着企业的流动性及经营业绩的变化，对此需要结合经济周期的规律性加以分析。一般而言，在经济成长时期，企业应交税费的增加会降低流动比率指标；在经济扩张时期，往往需要更大规模的营运资本，从而在流动性上出现“因繁荣而导致的拮据”，这也会降低流动比率指标。例如，某公司第1年流动资产300万元，流动负债100万元，营运资本200万元，流动比率为3∶1；而第2年流动资产600万元，流动负债

400 万元，营运资本仍是 200 万元，但流动比率为 1.5：1，较第 1 年下降了 50%，这就是因繁荣而产生了拮据。相反，在经济衰退时期，企业可能继续偿还流动负债，而存货和应收账款越积越多，最终导致流动比率指标上升。尚需指出的是，在分析企业短期资产的流动性和偿债能力时，必须认识到现金流量预测和预计财务报表的重要性。

2.1.2　速动比率

速动比率（quick ratio），也称酸性测试比率（acid-test ratio），是指企业的速动资产与流动负债的比率。这是比流动比率更严格的用于检测企业短期流动性和偿债能力的指标，表明企业每单位流动负债有多少速动资产可作为偿还的保证，反映企业动用可以在短期内迅速产生或转换为现金的流动资产偿还到期流动负债的能力。其计算公式如下：

$$\text{速动比率}=\frac{\text{速动资产}}{\text{流动负债}} \tag{2-2}$$

式中，速动资产包括现金、有价证券、应收票据、应收账款以及其他应收款项等，存货、预付款项等不应计入其中。

在计算速动资产指标时，之所以要从流动资产中扣除存货项目，主要是因为：(1) 存货较其他流动资产项目容易被操纵；(2) 存货往往是流动资产中流动性较差及变现较慢的部分，通常需要经过产品出售和账款收回两个阶段才能转换为现金；(3) 存货可能包括因不适销对路而难以变现的产品；(4) 有些存货可能已经毁损报废但尚未处理；(5) 部分存货可能已经抵押给债权人或已作抵押处理；(6) 存货大都是基于稳健性考虑而采用成本与市价孰低法计量，并列报于财务报表中的，但可能存在成本与合理市价相差悬殊等问题。至于预付款项和待摊费用等，本质上属于费用，同时又具有资产的性质，不能产生或转换为现金，因而也不应计入速动资产。另外，在财务分析中，必须警惕有些企业在流动性不佳时，可能会将一些其他项目列入待摊（或预付）费用。在不希望企业用变卖存货等办法还债，以及排除使人产生种种误解因素的情况下，把存货、预付款项和待摊费用等从流动资产中扣除，用现金、有价证券、应收票据及应收账款等可以迅速变现的速动资产与到期的流动负债进行比较，更能恰当地衡量企业的短期偿债能力。

一般情况下，速动比率指标越高，说明流动性越好，反映企业现时偿债能力越强，债权人的权益或利益越有保障。实际上，在分析企业短期流动性和偿债能力时，可将速动比率指标视为流动比率指标的一种延伸与补充，并可用作流动比率指标的辅助指标，二者的作用是相同的。有时，企业的流动比率指标虽然较高，但流动资产中易于变现、可用来立即偿付的资产很少，此时速动比率指标较低，企业的短期偿债能力依然较弱。因此，相比而言，速动比率指标更能准确地反映企业短期的流动性、变现力及偿债能力。

根据诸多企业在长期实践中所形成的经验规则，一般推断认为速动比率为1∶1比较适宜，此时企业的财务基础较为稳固。如果速动比率指标过低，说明企业的短期偿债能力存在问题；反之，如果速动比率指标过高，则说明企业拥有过多的货币性资产，相应地会失去一定的盈利性，即失去一些有利的投资及获利机会。当然，这只是一般的看法，在实际工作中，并没有标准统一的速动比率。

[例2-2]

沿用例2-1的资料。该企业2016年末流动资产中货币资金为1 800 000元，交易性金融资产为1 000 000元，应收账款为2 600 000元，存货为10 700 000元；流动负债中短期借款为4 600 000元，应付账款为2 400 000元，其他应付款为1 000 000元。2015年末流动资产中货币资金为1 600 000元，交易性金融资产为2 000 000元，应收账款为2 400 000元，存货为8 200 000元；流动负债中短期借款为4 000 000元，应付账款为2 000 000元，其他应付款为800 000元。这两年年末的速动比率指标的计算与分析如下：

$$
\begin{aligned}
\text{2016年末速动比率} &= \frac{1\,800\,000+1\,000\,000+2\,600\,000}{8\,000\,000} \\
&= \frac{16\,100\,000-10\,700\,000}{8\,000\,000} \\
&= 0.675
\end{aligned}
$$

$$
\begin{aligned}
\text{2015年末速动比率} &= \frac{1\,600\,000+2\,000\,000+2\,400\,000}{6\,800\,000} \\
&= \frac{14\,200\,000-8\,200\,000}{6\,800\,000} \\
&= 0.882\,4
\end{aligned}
$$

根据速动比率指标分析，该企业这两年的速动比率均未达到经验规则所推断认定的公认标准，且2016年该指标比2015年更低，结合流动比率指标不难发现，该企业虽然这两年的流动比率都较高，但因流动资产组合中存货所占比重过大，以致其短期偿债能力并不理想。对此，企业需着力采取有效措施加以调整和扭转。

严格来说，在运用速动比率指标进行具体的财务分析时，还应结合行业特性，因为不同行业的速动比率会有一些甚至很大的差别。再者，企业的结算方式与营销政策也会影响速动比率指标，从而导致不同企业的速动比率指标有所不同。例如，大量采用现销方式的商品流通企业，几乎没有应收账款，其速动比率指标低于或远远低于1∶1也是很正常的。速动资产中的各项目，尤其是有价证券和应收账款，其质量高低对短期流动性与变现力的影响也很大，进而影响现时的偿债能力。在有效市场假设（efficient markets hypothesis，EMH）下，有价证券几乎是现金的替代品或称“准现金”，因而其流动性与变现力不会有太大问题。至于应收账款，则应谨慎地加以分析，因为它不一定都能够产生或转换成现金，实际的坏账损失可能比计提的坏账准备要多；此外，季节性变化及周期性因素，可能使财务报表中的应收账款数额不能反映其平均水平。作为潜在现金来源的应收账款，除了在清算或非正常转让的情况下，分析者还应当注意其再生性，因为一笔应收账款的收回有时因一个新信用的产生而得以实现。因此，现有的应收账款水平并不能反映未来现金流入量。对于上述情况及有关因素，外部分析者不易察觉或了解，但财务人员有可能知悉或对此做出恰当、合理的估计。

值得指出的是，企业的速动比率指标还应该与行业平均值相比较，以发挥其积极作用。当然，有时企业的速动比率和流动比率与行业平均值比较后，结果是令人满意的；但是，它们没有或无法说明应收账款和存货的实际水平是否很高。如果应收账款或存货的数额很大，则会影响财务分析者对企业短期的流动性、变现力及偿债能力最初的判断与印象。因此，财务分析者需要深入研究这两项比率的具体内容，分别检查流动资产与速动资产的规模、结构及质量，从而进一步研究应收账款和存货（这将在第 4 章中做进一步的分析和阐述，从而形成关于企业短期流动性、变现力及偿债能力的完整印象与最终意见）。

2.1.3　现金比率

现金比率（cash ratio）是指企业的现金类资产与流动负债的比率。它能够反映企业的立即偿债能力，但没有考虑流动资产和流动负债的再生性。财务分析者可将现金比率看作流动比率和速动比率的补充与延伸，是对企业短期资产的流动性、变现力及偿债能力更为严格的计量，是比流动比率和速动比率更加直接、更为严格的指标。其计算公式如下：

$$现金比率=\frac{现金类资产}{流动负债} \tag{2-3}$$

式中，现金类资产也称类现金资产（near-cash assets），包括企业所拥有的货币资金和持有的有价证券，是速动资产扣除应收账款后的余额。应收账款存在发生坏账的可能性，某些到期的应收账款也不一定能按时收回，因此，从速动资产中扣除应收账款再计算得出的现金比率基本上能反映企业立即偿债的能力。这里需要说明的是：其一，对现金比率指标还有一种理解与诠释，即作为计量流动资产的流动性程度的指标，它是现金类资产与流动负债的比率，该比率较高则表明短期流动性较大、变现力较强；其二，现金管理的效率与水平影响企业的现金需求；其三，应注意那些对现金类资产的可能限制。当然，在一般情况下，企业不可能也不必保留过多的现金类资产，以致拥有过高的现金比率。因为现金比率过高意味着企业通过流动负债所筹集的资金未能得到合理运用，而是以盈利性低的现金类资产形式存在。若果真如此，企业则需要合理调整资产结构，提高资金使用效果。

[例2-3]

沿用例2-2的资料。该企业2016年末流动资产中有货币资金（现金）1 800 000元、交易性金融资产（有价证券）1 000 000元，2015年末流动资产中有货币资金（现金）1 600 000元、交易性金融资产（有价证券）2 000 000元。这两年年末现金比率指标的计算与分析如下：

$$2016\text{年末现金比率}=\frac{1\,800\,000+1\,000\,000}{8\,000\,000}=0.35$$

$$2015\text{年末现金比率}=\frac{1\,600\,000+2\,000\,000}{6\,800\,000}=0.529\,4$$

根据现金比率指标分析，该企业这两年的现金比率都较高，尤其是2015年，其现金比率已超过0.5，这表明企业现金类资产较多，短期偿债能力较强，同时也说明企业资产使用效率不高。对此，企业需要在2016年的基础上进一步有效地运用现金类资产，合理调整和安排资产组合，提高资金的使用效果与效益。

需要指出的是，企业通常将超过预防性储备的现金投资于有价证券从而形成投资性证券，其回报水平往往比等值现金的回报水平高得多，且通常被认为可以用来偿还流动负债。在财务报表中，投资性证券多以公允价值列报，故其可变现净值的估计工作常被忽视或免除。然而，在财务分析中必须注意，离资产负债表日越远，其公允价值变动（未作记录）的可能性就越大。在金融市场不发达，或金融市场发达但有价证券市价波动较大，以及市价明显低于成本且不可逆转等情况下，作为现金替代品的有价证券往往难以转换为已知金额现金或者其价值变动风险大，因而现金类资产并不能等同于直接支付能力，据此进行的分析与评价就可能不符合实际情况，有夸大企业短期流动性、变现力及偿债能力的可能。不仅如此，由于流动比率、速动比率及现金比率均属静态指标，又都不能确认现金流量对偿还到期债务的重要性，因而应寻求计量流动性的动态指标。

鉴于此，应根据现金流量表并结合其他有关资料，计算出现金或现金流量，并与流动负债进行比较，以便更好地反映或衡量企业短期偿债能力。据此，可派生出超现金比率，这是一个能够反映企业直接支付能力的指标。其计算公式如下：

$$超现金比率=\frac{超现金资产}{流动负债} \tag{2-4}$$

式中，超现金资产从理论上说即现金及现金等值，但在实践中，更多的是指经营现金净流量，即经营活动的现金流入量与现金流出量的差额。这里的现金是指企业库存现金和可以随时用于支付的银行存款及其他货币资金，因而指定用途的或 1 年期以上的定期存款通常不包括在内（提前通知金融机构即可支取的除外）。至于现金等值（国内有人不严格地称之为“现金等价物”），则是指企业持有的期限短（比如不超过 3 个月）、流动性好、易于转换为已知金额的现金、价值变动风险小的投资。一般推断认为，超现金比率为 1∶1 较好，因为此时的超现金比率表明企业具有真实的直接支付能力。基于动态计算与期间分析的考虑，将一个期间的经营现金净流量与该期间的流动负债相比，计算现金流量比率指标，更有利于反映和分析企业的短期流动性及偿债能力。实际上，在不少企业中，该比率指标等于或高于 0.4 即属正常。当然，分析者还要结合企业的经营特点及其所处行业的特性等因素，进行具体的判断与评价。

[例 2-4]

沿用例 2-3 的资料。该企业 2016 年超现金资产（经营现金净流量）为 2 649 600 元，2015 年超现金资产（经营现金净流量）为 2 588 760 元，行业超现金比率为 0.401 3。这两年年末超现金比率指标的计算与分析如下：

$$2016\text{ 年末超现金比率}=\frac{2\,649\,600}{8\,000\,000}=0.331\,2$$

$$2015\text{ 年末超现金比率}=\frac{2\,588\,760}{6\,800\,000}=0.380\,7$$

根据超现金资产（经营现金净流量）指标分析，该企业这两年的超现金比率均低于行业标准，且 2016 年比 2015 年更低，这说明企业短期资产的流动性、变现力及真实的短期偿债能力并不像前述指标所显示的那么强。对此，企业需进一步考察外部环境的变迁及市场的有效性，尤其要分析有价证券的质量和数量的变化，以查明其原因并采取相应的改进措施。

由此看来，上述几个比率指标可在不同程度上用于分析和评价企业的短期流动性、变现力及短期偿债能力。按照阐述的先后顺序，通常后者较前者更为严格、更加谨慎；在用于评价变现资产时，后者较前者规模更小、质量更好。但是，从计算公式（或表达式）来看，每次变化的仅仅是分子，而分母并未改变或未加以同时考察。事实上，流动负债中各个具体项目的偿还期虽然都是在未来1年（含1年）或者超过1年的一个营业周期内，但其偿还仍有轻重缓急、时间先后之别，因此，上述比率指标仍有一定的局限性。即使是现金比率和超现金比率指标，也未必能全面、真实地反映企业财务基础的稳固程度和短期偿债能力。

2.1.4 现金到期债务比率

现金到期债务比率（cash-due debt ratio）是指企业的经营现金净流量与到期债务的比率。这是一个最为严谨、最能说明企业短期内有无“支付不能”可能的指标，因而最能真实地反映企业当前财务基础的稳固程度和未来短期的财务弹性。与前述其他比率指标相比，现金到期债务比率在反映企业短期的流动性、变现力、偿债能力及财务弹性等方面都更加接近经济现实。其计算公式如下：

$$现金到期债务比率=\frac{经营现金净流量}{到期债务} \tag{2-5}$$

式中，到期债务指本期到期的债务，包括本期应付票据和本期到期的长期债务。通常，这两种债务是不能展期的，且须如数偿还，故称这类硬性约束的债务为到期债务。

[例2-5]

沿用例2-4的资料。该企业2016年末流动负债中本期应付票据为1 850 000元，本期到期的长期债务为1 400 000元；2015年末流动负债中本期应付票据为1 300 000元，本期到期的长期债务为1 500 000元。这两年年末现金到期债务比率指标的计算与分析如下：

$$2016年末现金到期债务比率=\frac{2\,649\,600}{1\,850\,000+1\,400\,000}=0.815\,3$$

$$2015年末现金到期债务比率=\frac{2\,588\,760}{1\,300\,000+1\,500\,000}=0.924\,6$$

根据现金到期债务比率指标分析，该企业这两年的现金到期债务比率都不太令人满意，这表明该企业当前的财务基础并不十分稳固，短期偿债能力尚需加强，尤其是2016年比2015年还有所降低。对此，企业需结合到期债务的数量和结构，深入分析经营现金净流量及其变化，以提高其实际支付水平及短期偿债能力。

此外，在进行具体的财务分析时，还应注意某些限制条件可能导致的影响。例如，当长期借款加速条款（long-term loan acceleration clause）存在时，企业若未能偿还当期应付的分期付款部分，则会导致应付款（债务）全部到期。

在分析企业的短期流动性、变现力及短期偿债能力时，除了要运用上述比率指标或分析工具外，还需做一些重要的定性分析。要特别注意分析企业的财务弹性，即企业已经或准备采取措施以应对资金流动意外中断的能力，包括以各种渠道借款的能力、提高权益资本的能力、出售和重新配置资产的能力，以及调整经营水平和方向以适应环境变化的能力等。另外，要高度重视公司管理层的讨论与分析报告（management discussion and analysis，MD&A），它对分析者很有帮助，因为它所涉及的流动性和短期偿债能力，包括可能影响企业产生足够现金能力的已知趋势、需求、责任或不确定性。若发现短期偿债能力很弱及流动性极差或严重不足，公司管理层必须讨论业已采取的行动方案或计划实施的补救措施。对影响流动性的所有重要的、未使用的流动资产来源，都必须明确并加以描述。据此，财务分析者可以更多地了解和考察企业的财务状况，以便合理地分析与评价企业的短期流动性、变现力及短期偿债能力。

2.2 长期偿债能力分析

前已述及的比率指标，其计算和讨论主要是依据资产负债表，并结合现金流量表等资料，大多从短期、静态的角度进行的。事实上，企业是一个有机的法人实体和市场竞争主体，其经营与财务活动是持续不断的。因此，还需要从长期、动态的角度对之进行考察与评价，长期偿债能力分析即应如此。

与短期偿债能力分析相同，企业的长期偿债能力分析与评价也主要依据财务报表及其他相关资料，将长期债务与可得到的用于偿还这些债务的长期资金来源进行比较，通过加工整理得到的一些比率指标来衡量和判断企业未来的偿付能力及在身处困境时保持偿付的能力。

分析与评价企业的长期偿债能力，也就是从长远的观点出发，动态地考察和判断企业能否按照事先约定的条件还本付息。从用于偿债的资金来源看，其物质保证是企业的资产及其价值增值，偿债的资金来源则是企业经营与理财的收益或利润。在正常情况下，企业不可能长期依靠变卖资产或没有现金保证的收益及利润来偿还长期债务。因此，企业的长期流动性、稳健性及偿债能力是与其获利水平及盈利能力密切相关的（关于获利水平及盈利能力问题，将在第 3 章详细分析与阐述）。

2.2.1 资产负债率

资产负债率（asset-liability ratio），也称负债比率或举债经营比率（debt

ratio)，是指企业的负债总额与资产总额的比率。它表明来自债权人资金形成的资产占企业总资产的比重，以及在企业清算时对债权人利益的保障程度。其计算公式如下：

$$资产负债率=\frac{负债总额}{资产总额} \tag{2-6}$$

公式中的分子即负债总额，不仅包括流动负债与非流动负债，还包括递延所得税负债、可赎回优先股等其他负债。流动负债作为一个整体的资金来源，其所提供的资金经常为企业所占用，可以视同长期性资本来源的一部分，并且基于稳健性考虑将流动负债与其他负债均计入分子之中。公式中的分母即资产总额，是资产价值总额扣除累计折旧、减值准备及坏账准备后的净值。在计算与运用该比率指标的过程中，大都是参照账面价值资料，有时也采用市价数据。

资产负债率指标对于不同的分析主体而言，有着不同的分析作用与评价意义。

首先，就债权人来说，他们最关心的是贷款的安全程度，也就是能否按期收回本金及获取利息。从对债权人利益的保障程度看，如果权益性投资者提供的资本占资产总额的比例较小，则风险主要由债权人负担，对债权人利益的保障程度就较低。因此，债权人希望资产负债率指标越低越好。当然，对潜在债权人来说，该比率指标为零时未必一定好。资产负债率指标低，说明企业偿债有保证，债权人的贷款或利益就不会有很大的风险（损失）。

其次，就权益性投资者而言，他们最关心的是投资的收益水平，也就是能否获取预期的收益。由于企业的负债资本和权益资本在经营过程中共同发挥作用，甚至发挥相同的作用，因而投资者也关注负债资本的成本，即全部资本利润率是否高于负债资本的利率。当全部资本利润率高于负债资本的利率时，对权益性投资者就有利；反之，当全部资本利润率低于负债资本的利率时，对权益性投资者会不利，因为此时要用权益性投资者的利润或收益来弥补债权人的利息或利益。因此，在全部资本利润率超过负债资本的利率的情况下，资产负债率指标越高越好；反之，则该指标越低越好。

最后，从经营管理者的角度看，他们最关心的是其经营管理的业绩与效率，也就是能否实现并保持合理的资产组合与资本结构。从一定意义上说，资产负债率指标也意味着企业对债权人资本的利用程度。如果资产负债率指标过低，说明企业举债很少，甚至几乎不举债，此时企业的筹资风险较小或几乎没有筹资风险，但也说明企业利用债权人资本从事经营活动的能力较差或很差，并且要付出较高的资本成本，也表明经营管理层比较保守，对未来信心不足。反之，如果资产负债率指标过高，说明企业利用债权人资本极多，表明经营管理层敢于冒险，但在现时清算意义上意味着企业的筹资风险较大或很大，在未来预期意义上意味着可能超出债权人的心理承受程度，从而难以再进行负债性筹资和持续经营。鉴于此，企业应当审时度势、全面分析，在进行有关决策时要充分估计并权衡预期的收益与风险，优化资产组合及资本结构，取得满意的经营管理绩效。理论上认为，资产负债率不宜超过 50%。如果资产负债率超过 50%，意味着风险较大，尤其是当资产负债率超过 100%时，说明企业资不抵债或无力支付，有可能濒临倒闭和发生财务无力偿付（finance failure）的情况。在现实经济生活中，企业的资产负债率并无统一的标准，应视行业特性、企业经营特征、信用状况和管理风格、周期规律以及外部环境等因素而定。也就是说，企业应根据具体情况灵活地确定其负债程度，努力保持适度的资产负债率。

[例 2-6]

某企业 2016 年末流动资产为 16 100 000 元，非流动资产为 29 900 000 元；流动负债为 8 000 000 元，非流动负债为 5 000 000 元；2015 年末流动资产为 14 200 000 元，非流动资产为 25 800 000 元，流动负债为 6 800 000 元，非流动负债为 4 000 000 元。这两年年末资产负债率指标的计算与分析如下：

$$\begin{aligned}2016\text{ 年末资产负债率}&=\frac{8\ 000\ 000+5\ 000\ 000}{16\ 100\ 000+29\ 900\ 000}\\&=\frac{13\ 000\ 000}{46\ 000\ 000}=0.282\ 6\text{（或 }28.26\%\text{）}\end{aligned}$$

$$\begin{aligned}2015\text{ 年末资产负债率}&=\frac{6\ 800\ 000+4\ 000\ 000}{14\ 200\ 000+25\ 800\ 000}\\&=\frac{10\ 800\ 000}{40\ 000\ 000}=0.27\text{（或 }27\%\text{）}\end{aligned}$$

根据资产负债率指标分析，该企业这两年的资产负债率都不高（均低于 50%），这表明企业的长期偿债能力较强，有利于保障债权人的利益，增强其对企业出借资金的信心；与此同时，资产负债率较低也表明企业对债权人资本的利用程度不高，财务杠杆的作用发挥不充分。对此，企业需要综合考虑收益、成本及风险等因素，适度增加负债资本，进一步优化债务结构，提高盈利水平。

2.2.2　产权比率

产权比率（equity ratio），也称债务股权比率（debt-equity ratio），是指企业的负债总额与业主权益的比率。其计算公式如下：

$$\text{产权比率}=\frac{\text{负债总额}}{\text{业主权益}}\tag{2-7}$$

公式中的分子即负债总额，包括非流动负债与流动负债。在具体的财务分析中，有时也将优先股考虑在内。因为相对于一般投资人或普通股股东来说，特别投资人或优先股股东有优先求偿权，并且其收益或股利（息）往往固定，从而使得优先股属于混合性证券，有时便将优先股视同负债计入分子或负债总额中。公式中的分母即业主权益，也称所有者权益或股东权益，若将优先股视同负债并计入负债总额，则分母中不包括优先股权益。当然，债权人更倾向于使用该比率的倒数，并将之理解为企业每单位负债有多少业主权益作为后盾或保障。

作为衡量长期流动性及偿债能力的重要指标，产权比率揭示负债资本与权益资本的比例关系，因而能够说明正常情况下债权人权益受到投资人权益的保证程度，或在企业清算时对债权人利益的保障程度，也能说明企业基本的财务结构或资本结构及其稳固程度。当然，对此也不能一概而论，应结合周期变化及物价变动等因素进行具体分析。例如，在经济衰退或企业处于低迷时期，降低产权比率有利于减轻利息负担，减少风险损失；在经济繁荣或企业处于成长时期，提高产权比率能够发挥举债经营的积极作用，有利于增加额外收益，获得风险报酬。又如，在通货膨胀的情况下，企业多举债有利于把风险损失转嫁或转移出去；相反，在通货紧缩的情况下，企业少举债较为有利。

一般而言，产权比率指标高，说明企业的基本财务结构与资本结构具有高风险、高收益的特性；反之，产权比率指标低，则说明企业拥有低风险、低收益的基本财务结构和资本结构。应当指出，产权比率指标往往随企业的经营性质和现金流量的变化而变化。例如，现金流量较为稳定的电子企业，其产权比率通常比现金流量极不稳定的机械制造企业的产权比率要高。此外，将一家企业的产权比率进行横向及纵向比较，一般能反映出该企业的信用价值与筹资风险及其变化趋势。

[例2-7]

沿用例2-6的资料。该企业2016年末业主权益为33 000 000元，负债总额为13 000 000元；2015年末业主权益为29 200 000元，负债总额为10 800 000元。这两年年末产权比率指标的计算与分析如下：

$$2016\text{年末产权比率}=\frac{13\ 000\ 000}{33\ 000\ 000}$$

$$=0.393\ 9\text{（或}39.39\%\text{）}$$

$$2015\text{年末产权比率}=\frac{10\ 800\ 000}{29\ 200\ 000}$$

$$=0.369\ 9\text{（或}36.99\%\text{）}$$

根据产权比率指标分析，该企业这两年的产权比率均不高，同前述资产负债率指标相互印证，表明企业的长期偿债能力较强，对债权人利益的保障程度较高；与此同时，产权比率不高也表明企业对债权人资本的利用程度较低，资本结构不甚合理。对此，企业需要结合其经营战略、财务目标及风险水平等，采取灵活有效的调整措施，优化资本结构，增强偿债能力。

在实际工作中，不少财务分析者逐渐发现并认识到，企业拥有的无形资产（如商标权、专利权及非专利技术等）大多流动性差、变现力弱，不一定能够用于偿还债务。鉴于此，为谨慎起见，通常将无形资产视为不能用于偿债的资产，并从计算产权比率指标公式的分母中扣除，从而衍生出有形净值债务率指标。有形净值债务率是指企业的负债总额与有形净值的比率。其中，有形净值是业主权益减去无形资产净值后的差额，说明投资人拥有所有权意义上的有形资产净值。但应明确的是，资产负债表上所列示的无形资产也影响权益，这种将无形资产（净值）从业主权益中扣除的调整方式将使权益（税后）下降。显然，如此做法是不公平的，也过于保守。该比率指标实质上是产权比率指标的延伸，更为谨慎地反映了在企业清算时债权人利益受投资者权益的保障程度。一般来说，该比率指标越低越好。从前述原理中不难发现，资产负债率与产权比率具有相通的意义和相似的目的，两者可以相互补充，均通过显示企业债务筹资的比例来突出债务筹资对企业的重要性。同样，可以将长期负债与资本总额进行对比，以生成长期负债资本比率，突出长期债务筹资对资本结构的相对重要性，并可将之用于分析企业的长期流动性及偿债能力。对该比率指标的要求，不同行业也有所不同。比如，在制造业中，此项比率指标一般不宜超过 35%，而在铁路及公用事业中，该比率指标不超过 50%往往较为合理。

2.2.3　利息保障倍数

利息保障倍数（interest coverage ratio），也称已获利息倍数（times interest earned ratio），是指企业生产经营所获得的利润与利息支出的比率。它反映企业在一定期间支付利息的能力，并认定利息是唯一需要以收益来偿付的固定性支出。其计算公式如下：

$$利息保障倍数=\frac{利润}{利息支出} \tag{2-8}$$

公式中的分子即利润，包括净利润、所得税及利息费用，称为息前税前利润或息税前利润（earning before interest and tax，EBIT）。在企业的利润表中，净利润和所得税费用的数据都可以直接得到，但利息费用没有单列项目而是计入了财务费用。在特定期间即分析期内，企业若没有大量的筹资活动，也没有或几乎没有汇兑损益，则可用利润表中的财务费用替代分子中的利息费用。当然，即便如此，财务费用也只是利息费用的近似值，因为财务费用中还包括该期间的日常利息收入。公式中的分母即利息支出，是指本期发生的全部应计（付）利息，不仅包括计入财务费用的利息费用（即费用化利息），还包括计入长期性资产成本的资本化利息。必须明确的是，利息支出不同于利息费用，其原因主要有：应付利息的变动不在利息费用之中；被资本化的利息不在利息费用之中；溢价或折价的摊销等。当然，在缺乏信息的情况下，人们无法从资本化的利息中计算利息支出，此时利息费用就是利息支出较好的替代。

[例2-8]

沿用例2-7的资料。该企业2016年利润总额为8 400 000元、所得税为2 100 000元、财务费用为600 000元，2015年利润总额为8 000 000元、所得税为2 000 000元、财务费用为400 000元；自2003年以来的各年度中，企业的利息保障倍数指标最低为4.59倍，其所在行业的利息保障倍数通常为3～5倍。另外，该企业在2015年与2016年举债都较少，且市场利率较低。这两年利息保障倍数指标的计算与分析如下：

$$2016\text{年利息保障倍数}=\frac{8\,400\,000+600\,000}{600\,000}=15(\text{倍})$$

$$2015\text{年利息保障倍数}=\frac{8\,000\,000+400\,000}{400\,000}=21(\text{倍})$$

根据利息保障倍数指标分析，该企业这两年的利息保障倍数都过高，不仅几倍于近年来企业的最低数，而且大大超过了行业的指标值，这表明企业具有较强的偿付负债利息的能力；与此同时，过高的利息保障倍数也表明企业过于谨慎与保守，影响其获利水平和盈利能力。对此，企业需要根据以往的经验，并结合行业的情况及特点，认真权衡风险与收益，合理地判断、设定、调整及保持其利息保障倍数。

从支付或偿还的角度看，无论是费用化利息还是资本化利息，最终都要支付或偿还。事实上，企业为避免破产也必须确保利息的支付，因而利息保障倍数指标的重点是衡量企业支付利息和避免破产的能力。比如，某企业利息保障倍数指标为4.25，与行业平均值4相比，说明其支付利息的能力强。实际上，该比率指标也能够显示出企业筹措资金的能力。国际上不少评级机构，如穆迪公司和标准普尔公司都广泛使用此项比率指标。一般认为，只要该比率指标足够大，企业就有足够的能力偿付利息；否则，企业就难以偿付利息。就企业来说，要合理确定利息保障倍数，就需要将该指标与本行业平均水平、其他企业的指标进行比较；同时，基于稳健性考虑，还需要把本企业连续多期（年）的该项指标加以比较，并选择指标值最低的期间（年）数据作为标准，以保证最低的利息偿付能力及其评价的合理性。另外，企业的长期债务会随着时间的推移而不断转化为流动负债，需要动用流动资产来偿还。因此，结合利息保障倍数指标，测算长期负债与营运资本（即流动资产减去流动负债）的比率，有利于分析和判断企业的长期流动性及偿债能力。通常，只要保持长期债务不超过营运资本，就不会出现因时间推移而导致流动资产小于流动负债的情况，从而使所有债权人都能够感觉到其权益或利益有足够的保障。

在具体的财务分析中，分析者既需要深知企业用于付息的是现金而不是收益，因而有必要结合现金流量加以评价；又需要牢记企业长期的获利水平和盈利能力是其现金流量以及偿债能力和筹资能力得以保障的主要源泉或重要条件。因此，财务分析者必须了解收益与固定性支出的关系及其在公式中的具体调整。在计算可用于偿付固定性支出的收益时，必须考虑非常利得与损失、优先股股利、少数股东权益、所得税、固定性支出的收回及收益水平等；在计算固定性支出时，必须考虑利息支出、资本化利息、租赁负债隐含的利息、控股子公司优先股股利支付要求、本金偿付要求、固定性支出偿付担保和其他的固定性支出等。

必须指出，利息保障倍数或已获利息倍数是一种简单的计量指标，没有考虑上述有关公式中分子及分母的调整，因而其在财务分析与评价上具有一定的局限性。不仅如此，此项比率指标只是衡量债权人的利息收益受企业经营收益的保障程度，不足以说明债权人的全部权益是否得到保证。换言之，该项比率指标的应用，本身隐含着一个基本的假定条件，即债权人的"权"（如贷款本金）能够得到投资人的"权"（如股本）的充分保证；或者说，不考虑或短期不需要考虑本金的偿还问题。事实上，从现金流出的角度看，本金的偿还与利息的支付一样艰巨。例如，在租赁业务中，偿还本金与支付利息的义务必须同时履行。但是，在计算利息保障倍数指标时，之所以不考虑或短期不需要考虑本金的偿还问题，主要是因为：第一，收益与固定性支出的比率是以盈利为基础的。如果该比率处于有利水平，在偿付的义务到期时，企业可以通过重新筹资来履行偿付义务。因此，这些义务未必需要依靠盈利所赚取的资金来履行。第二，如果企业的产权比率指标可以接受，它可以重新筹措到相当于本金金额的资金。第三，如果把偿还本金的要求纳入固定性支出，则会导致重复计算。例如，假设企业用折旧回收的资金偿还债务本金，那么只有在盈利或盈亏平衡的情况下折旧才能回收；况且，利息保障倍数指标中的收益所强调的是从经营中获得的可用于支付固定性支出的现金。第四，并非所有的债务合约都要求建立偿债基金或有类似的偿债义务，因而将偿还本金的要求纳入固定性支出不合适。对此，财务分析者需要了解各种债务的偿付要求及期限，并分析与评价其对企业长期流动性及偿债能力的影响。因此，通过借新债还旧债的办法来延缓债务，或者用当期经营所得现金来偿还债务等各种假定，都是极其危险、非常有害的。

在现实经济生活中，企业除了支付利息外，还有一些主要的或重要的支付款项，如分期偿还的本金、支付的优先股股利和租金等，往往具有固定的特性。因此，可以将已获利息倍数指标加以扩展以形成一类或一系列的利息保障倍数，从而比已获利息倍数指标更具有广泛性、实用性及现实性。例如，固定性费用利息保障倍数的计算公式如下：

$$\text{固定性费用利息保障倍数}=\frac{\text{息税前利润}+\text{租金}}{\text{利息}+\text{租金}+\text{优先股股利}/(1-\text{税率})} \quad (2-9)$$

通常，该项比率指标可以用来估计、分析及评价企业支付所有固定性费用及类似费用的能力。

2.2.4 现金全部债务比率

现金全部债务比率（cash-total debt ratio）是指企业的经营现金流量与负债总额的比率。其计算公式如下：

$$\text{现金全部债务比率}=\frac{\text{经营现金流量}}{\text{负债总额}} \quad (2-10)$$

该比率指标表明企业经营活动所得现金对全部债务的支付保障程度，反映企业的长期偿债能力。从某种意义上说，它对于人们理解、分析及评价现金到期债务比率、资产负债率等指标具有一定的修正或补充作用。

[例2-9]

沿用前述有关资料，可计算和分析该企业2016年和2015年这两年的现金全部债务比率指标如下：

$$2016\text{年现金全部债务比率}=\frac{2\,649\,600}{13\,000\,000}=0.203\,8$$

$$2015\text{年现金全部债务比率}=\frac{2\,588\,760}{10\,800\,000}=0.239\,7$$

根据现金全部债务比率指标分析，该企业这两年的现金全部债务比率都不高，这表明其实际支付水平较低甚至很低，真实的长期偿债能力未必像前述有些指标所反映的那样强。对此，企业需要分析债务的性质、规模、期限及结构，结合经营现金流量及其构成与变化，采取有效的改进措施和办法，以提高其实际支付水平，增强长期偿债能力及财务弹性。

同理，也可用企业的经营现金流量与前述固定支出或固定性费用进行对比，以反映和评价企业对固定支出或固定性费用的真实支付能力。在分析企业长期偿债能力时，企业的经营现金流量对支付固定支出、固定性费用及全部债务等具有极端的重要性，但财务分析者还需要考察和评价企业经营现金流量的永久性或持续性。例如，企业折旧的收回先于任何利润赚取过程，因此，加回到净利润中的折旧要比净利润更具有永久性或持续性。需要指出的是，加回折旧是基于下列假定，即折旧回收的现金可以用于偿还债务。当然，这仅在短期内有效。若从长期的角度分析，回收的现金必须用于设备更新与技术改造，除非出现那种不需要更新改造的极端情形。经营性营运资本中，各项目是否持续波动往往难以估计，而与营运资本联系最紧密的当属营业收入，而非现金流量（税前）。因此，营运资本的稳定性强于经营现金流量。

偿债能力应指一个企业的财务弹性（或称财务适应性、财务灵活性）及偿还债务的可能性。事实上，企业全部的经营活动，包括筹资、投资及经营等都会影响偿债能力，因而偿债能力取决于经营绩效。在长期流动性及偿债能力分析中，应当重点考虑的是企业的资本结构与盈利能力。资本结构本质上是指企业的筹资渠道及其经济属性，而盈利能力最终是指企业从全部的经营活动中获取现金的能力。短期偿债能力分析和长期偿债能力分析，两者在原理上有某些相同或相通之处，但在方法上有着明显的不同，这主要是因为分析短期偿债能力时所考虑的时间跨度小，人们可以较为合理准确地预测现金流量，而对长期偿债能力的分析所考虑的时间跨度大，不确定性因素多或不确定程度大，人们难以准确可靠地预测现金流量。因此，在分析企业的长期流动性及偿债能力时，人们更多地运用概括性计量手段而非精确的计量工具。

从资本结构角度看，企业的筹资方式既有风险大、期限短的负债性筹资，也有风险小、期限长的权益性筹资，还可以进一步细分出诸多筹资方式。企业通过各种方式所筹集的资金都投入到资产中，而资产是债权人（如贷款人）的次级担保，有些贷款由特定的资产担保，其他资产则是对无担保贷款人的总体保障。诸多因素使得不同的资产、不同的筹资渠道及其不同的资本结构具有不同的风险，从而对企业的长期偿债能力具有不同的但都很重要的作用与影响。通常，用负债资金替代权益资金会形成高风险的资本结构。例如，用于筹集杠杆型买断（buyout）所需资金的债券（称垃圾债券），其利息偿付能力只有少量的盈利作为保障，从而形成高风险的资本结构，该种债券既具有债券的安全性，更具有权益的风险性。在具体的财务分析中，要遵循实质重于形式（substance over form）的原则，注重风险与报酬的均衡关系。

从盈利能力角度分析，以盈利为基础的比率指标往往是计量和反映企业偿债能力最重要、可靠的指示器，尽管盈利能力强的企业有可能会因资产构成不合理而面临短期偿债困难等问题，但企业盈利的持续性及长期盈利能力依然是企业现金流量以及偿债能力和举债能力得以保障的主要源泉或重要条件。换言之，企业的盈利是其偿付长期本息所需资金的最理想、可靠的来源，是支付利息与其他固定性费用的尺度。收益的稳定性及走势是衡量企业在现金短缺时借款能力的重要参考，也是评价企业摆脱财务困境能力的主要依据。在分析与评价企业长期偿债能力时，要注意计算比率指标所采取的方法，以及盈利与现金流量的跨期表现。在具体方法上，专家倾向于较严格的习惯做法，从而要求较低的盈利标准，即用非持续经营、非常项目、会计政策变更累计影响之前的盈利来计算与评价有关财务指标，但在计算和评价若干期（年）平均偿债能力指标时，可将非持续经营、非常项目及会计政策变更累计影响都考虑进去。至于可接受的偿债能力标准，则要能够代表人们承受与预期收益相应的风险的能力。一般来说，一个企业或一个行业的稳定性越高，其可接受的偿债能力指标值就越低，因而要注意收益的波动性并重视盈利的持续性。例如，无论经济状况是否景气，公用事业基本不受影响，因此较低的偿债能力指标也是可以接受的；相反，周期性较强的机械制造业，受经济波动的影响较大，且可能导致企业业绩收益剧烈波动，因而需要较高的偿债能力指标值。

本章小结

偿债能力分析包括短期偿债能力分析和长期偿债能力分析。

短期偿债能力是指企业对短期债权人权益或其担负的短期债务的保障程度，主要取决于企业资产的流动性与变现力。短期偿债能力的分析与评价主要根据财务报表，尤其是资产负债表，结合其他有关或相关的资料，将短期债务与可得到的用于偿还这些债务的短期资金来源进行比较，并通过计算出的一些偿债能力比率指标来判断企业目前的偿付能力及在困难时保持偿付的能力。常用的短期偿债能力比率指标有流动比率、速动比率、现金比率、现金到期债务比率等。

长期偿债能力分析是从长期、动态的角度对企业偿债能力进行的考察与评价。分析与评价企业长期偿债能力，也就是从长远的观点出发，动态地考察和判断企业能否按照事先约定的条件还本付息。常用的长期偿债能力比率指标有资产负债率、产权比率、利息保障倍数、现金全部债务比率等。财务分析应将企业作为一个有机的法人实体和市场竞争主体，从短期（静态）及长期（动态）两个方面进行分析，以综合衡量和判断企业未来的偿付能力及在困境时保持偿付的能力。

术语与公式

一、名词术语

短期偿债能力	流动比率	速动比率

现金比率　现金类资产　超现金比率
现金到期债务比率　长期借款加速条款　长期偿债能力
资产负债率　产权比率　利息保障倍数
息税前利润　现金全部债务比率

二、主要公式

$$流动比率=\frac{流动资产}{流动负债}$$

$$速动比率=\frac{速动资产}{流动负债}$$

$$现金比率=\frac{现金类资产}{流动负债}$$

$$超现金比率=\frac{超现金资产}{流动负债}$$

$$现金到期债务比率=\frac{经营现金净流量}{到期债务}$$

$$资产负债率=\frac{负债总额}{资产总额}$$

$$产权比率=\frac{负债总额}{业主权益}$$

$$利息保障倍数=\frac{利润}{利息支出}$$

$$固定性费用利息保障倍数=\frac{息税前利润+租金}{利息+租金+优先股股利/(1-税率)}$$

$$现金全部债务比率=\frac{经营现金流量}{负债总额}$$

思考与练习

一、思考题

1. 短期偿债能力与长期偿债能力有何区别?
2. 分析短期偿债能力的指标主要有哪些?
3. 流动比率与速动比率各有哪些优缺点?
4. 分析长期偿债能力的指标主要有哪些?
5. 资产负债率对不同主体有何不同意义?

二、计算题

1. 某企业 2016 年流动负债 250 万元，流动资产 500 万元，其中应收票据 60 万元，存货 100 万元，预付款项 10 万元，应收账款 200 万元。

要求：计算该企业 2016 年的流动比率和速动比率。

2. A企业2015年和2016年的有关收益数据如表2-1所示。

表2-1　A企业2015年和2016年的有关收益数据表　单位：万元

项　目	2015年	2016年
利润总额	8 232	8 284
利息支出	1 724	1 421
所得税	2 058	2 071

要求：

(1) 计算A企业2015年和2014年息税前利润。

(2) 计算A企业2015年和2014年利息保障倍数。

(3) 分析A企业利息保障倍数的变化及其原因。

3. B公司的流动资产由速动资产和存货组成。2016年年末流动资产余额为300万元，流动比率为3，速动比率为1.2，非流动负债余额为200万元，现金全部债务比率为1.5。

要求：

(1) 计算B公司2016年年末流动负债余额。

(2) 计算B公司2016年年末存货余额。

(3) 计算B公司2016年经营现金流量。

三、案例题

K公司是一家压缩机制造行业的上市公司。主要从事压缩机的研发、生产及销售，主要产品包括活塞式空气压缩机、螺杆式空气压缩机及其相关零部件。公司以设计、生产节能压缩机产品为主，以节能水平为核心设计指标，公司压缩机产品的节能水平处于行业前列。

2017年3月，K公司使用自有资金和银行贷款，收购海外私人有限股份公司——S公司100%的股权。S公司的主要经营范围是空气压缩机的销售及维修。收购完成后，S公司成为K公司的全资子公司。收购S公司符合K公司积极开拓海外市场、构建海外营销渠道、扩大海外销售规模的目的，有利于K公司进一步加快开拓海外市场，提升海外销售在营业收入中的占比，培育新的营业收入来源和利润增长点。为评估K公司收购前的偿债能力，相关的主要财务指标如表2-2所示。

表2-2　K公司的主要财务指标

主要财务比率	2016年	2015年	2014年
净资产收益率（%）	55.99	43.19	31.53
资产负债率（%）	60.49	54.11	61.85
流动比率	0.81	1.03	0.83
速动比率	0.43	0.67	0.47

由有关资料得知，同类财务指标的行业平均数据如表2-3所示。

表 2-3　　通用设备制造业的行业评价数据

年份	2016年	2015年	2014年
资产负债率（%）	50.62	52.33	53.18
流动比率	1.57	1.46	1.35
速动比率	1.15	1.03	0.84

资料来源：张先治．财务分析教学案例．大连：东北财经大学出版社，2006；Wind资讯深度资料。均做了微调。

要求：

（1）根据表2-2，分析K公司主要指标在2014—2016年间的变化。

（2）结合表2-2及表2-3，分析并评价K公司这三年的偿债能力。

第 3 章

盈利能力分析

学习目标

本章主要阐述基于投资者和经营管理者不同角度的企业盈利能力分析的方法。通过本章的学习应掌握：

- 投资者盈利能力分析的指标及相互间关系
- 利润质量分析的方法
- 盈利持续性分析的内容
- 盈利预测分析的内容

盈利能力（profitability）通常是指企业获取报酬及利润的潜力或可能性。盈利是企业经营与理财的出发点和归宿，是其生存与发展的条件及保证。从利益相关者角度看，利润既是投资者获得投资报酬、债权人收取本息的来源，又是评价经营管理者工作绩效的主要依据，也是职工集体福利增加和其他利益增长的重要保障。因此，利润是众多利益相关者关注的重点，对企业盈利能力的分析具有十分重要的意义。本章主要从投资者及经营管理者角度加以阐述，即分别以报酬和利润为基础分析企业的盈利能力。

3.1 投资者盈利能力分析

严格来说，企业的盈利能力很难确定与衡量，至今尚无一种方法能够明确告知人们企业是否具有较高的盈利性。通常，作为会计计量结果的利润，反映了企业在某一期间的收入与成本之差，这些收入和成本产生于已发生的各种交易、事项。因此，财务分析据此最多只能衡量和评价当前或既往的会计利润，无法分析与判断未来的盈利性。事实上，不少商业机会与理财活动都是以牺牲当前利润来换取未来利润的，如新技术、新产品大都有很高的初始费用，其初始利润往往较少，盈利性较低，因而当前利润不足以甚至无法反映未来的盈利性。另外，会计利润存在较多的人为假设，受人为因素的影响较大。不仅如此，会计利润本身也未能给出一个用于比较的尺度或标准，更未考虑资金时间价值和风险报酬等因素及其影响。从经济意义上说，只有当企业的盈利性大于投资者要求的必要报酬率时，才能说明企业具有较强的盈利能力，而依据会计利润显然无法作出这种比较。在现实经济生活中，不同时点上的等量利润，其经济价值是不同的（即不等值），主要是由于受到时间、物价、风险等因素（变动）的影响。比如，当两个企业的风险明显不同时，如果仅依据它们的当期会计利润相同便得出其盈利性相同的结论，无疑是错误的。

然而，作为利益相关者，尤其是投资者和经营者在很大程度上需根据会计利润来进行盈利能力分析。一般来说，会计意义上的收入、毛利及净利都是用于计量企业业绩的重要指标，但都不是单独使用的，这是因为各项业绩指标之间和企业的商业行为之间存在依赖性与互动性。例如，收入的增量只有在促使收益增长时才具有实际意义，销售量及其增长也是如此。在评价销售利润率或净利润时，只有与投入资本联系起来，才有可能得出恰当的意见或结论。比如，100万元的利润在企业投入资本分别为200万元和2亿元时，其评价结果是不同的。总之，在评价和判断盈利能力时，需要进行综合分析。本节仅从投资者角度阐述基于报酬的盈利能力分析。

3.1.1　投资回报率

投资回报率（return on investment，ROI）或称投资报酬率、投入资本报酬率，是收益与投入资本的比率，表明投入资本的获利水平或盈利能力。其计算公式如下：

$$投资回报率=\frac{收益}{投入资本}\times 100\% \quad (3-1)$$

投资回报率是分析者尤其是投资者用来衡量和判断盈利能力的主要指标，可以使人们从投入资本的角度来比较企业的业绩，或比较企业相对于资本投资风险的报酬率，从而反映或确定一个企业偿还债务、获取投资回报、经营成功及筹集资金的程度或能力。该指标不考虑投入资本的资金来源的特性，但在管理绩效评价、盈利能力分析、盈利预测及计划与控制方面很有用。

由于不同分析者的视角及观点不同，其计算公式也不相同，因而对如何计算公式中的各项指标并无统一的标准，也无完全一致的意见，但它包含并应用了普遍可接受的收益和筹资水平等基本概念。

就公式中的分母（即投入资本）来说，使用不同的计量范围，反映了分析者或使用者的不同观点；投入资本的不同内涵，也表明投入资本对于不同使用者及其解释的相关程度不同。一般而言，一个企业或公司的投入资本，广义上包括流动负债、非流动负债、优先股权益及普通股权益；狭义上指优先股权益和普通股权益，即股东权益或所有者权益；有时，仅指普通股权益。

若将全部资金来源（即负债与所有者权益）作为基数来衡量与判断企业的获利水平或盈利能力（报酬率），而全部资金来源与总资产在数量上是相等的，则该报酬率也可以简单地以总资产作为基数来计算和使用，从而形成（总）资产报酬率。这是经营效率的相应计量指标，有利于评估和预测经营业绩，也可以用来分析和判断企业的盈利性（获利水平及盈利能力）。

若将长期资金来源（即非流动负债和所有者权益）作为基数来衡量和判断企业的盈利性，则意味着排除了流动负债，从而形成长期资本报酬率，其目的是集中分析长期资金的债权人和股东（狭义投资人）的报酬率。

若将投入资本定位于普通股权益资本，则表明以权益资本为中心来计算和分析投资报酬率，或者以权益资本报酬率为基础进行盈利性分析，从而形成普通股权益报酬率。

在计算投入资本报酬率时，必须严格区分企业的投入资本与投资者的投入资本，两者是不同的（除非投资者以账面价值获得企业的有价证券）。在分析投入资本报酬率时，应关注的是企业的投入资本报酬率而不是投资者个人的投入资本报酬率，因为基于理财主体的假定，盈利性是指企业的盈利性，它主要取决于经营效率与管理效能。当然，从产权归属及终极利益上说，企业是投资人设立的，企业盈利性的强弱最终会影响投资人的利益，因而投资者的投入资本报酬率也很重要。

不管如何认定投入资本，分析者都要将会计期间的收益与投入资本进行比较。通常，一个期间的投入资本是用企业在该期间可用的平均资本来计算的，以反映投入资本的占用与变化。较常用的方法是把年初和年末的投入资本相加再除以 2，但在选择自然经营年度而非日历年度的某些行业企业里，该种计算得出的是最低投入资本而非真正的平均投入资本。较准确的方法是把该年每月末的投入资本相加再除以 12。因此，在计算和运用平均数时务必小心。

另外，计算与分析投入资本报酬率时，主要依据的是财务报表及相关项目的账面价值资料而非市场价值资料。但是，由于某些资产（如商誉、人力资源等）没有在财务报表中确认，其账面价值不全面；企业的收益有时会因使用过于谨慎的会计原则而被延迟确认，其账面价值不完整；加之市场价值有时与分析目的更为相关，因而更合理可靠的做法是运用市场价值资料。在市场不发达或市场价值资料难以取得的情况下，必须以财务报表为主要依据，同时对相关项目数据加以调整。就公式中的分子即收益（或报酬）而言，主要取决于或对应于对投入资本的认定。也就是说，如果将投入资本认定为企业的全部资金来源（即负债与权益资本），那么在计算其报酬率或资产报酬率时，应该用息税前利润（EBIT）。如果将投入资本认定为企业的长期资金来源（即长期负债和权益资本），那么在计算长期资本报酬率时，应该用不包括费用化利息的息税前利润（或 EBIT 扣除费用化利息），因为长期负债所筹资金大多作长期使用，其利息大都予以资本化，从而形成资产价值的一部分。然而，由于费用化利息与资本化利息等资料在财务报表中不容易直接找到，而利息费用（或支出）均可假定是由长期负债孳生的，因此在具体计算和运用该比率时，往往不扣除费用化利息。如果将投入资本认定为普通股权益资本，那么在计算普通股权益资本报酬率时，应该用扣除了利息费用和优先股股利之后的净利润（即息税后利润）；更何况，优先股属混合性证券，其股利往往事先约定，即为固定股利，甚至是累积股利。

对于大型企业或企业集团而言，计算合并收益时应扣除属于少数股权的投资收益，以便其与不包括少数股东权益的权益资本（即投入资本）相对应，进而计算投入资本报酬率。但是，在计算资产报酬率时，由于分母的数据资料（即投入资本）取自合并资产负债表，包括母公司及子公司的全部资产，因此分子即收益（或报酬）也应该包括全部收益，即不需要扣除属于少数股权的投资收益。此外，在确定分子即收益时，是否扣除所得税也是值得注意的问题。有人认为应当扣除所得税，主要有以下几个原因：(1) 所得税是一项费用；(2) 不同期间所得税税率可能会变化从而影响该比率的纵向可比性；(3) 考评经营绩效要与纳税筹划效果相区分；(4) 企业亏损时将亏损向后结转会增加计算的复杂性和对结果的理解难度等。也有人主张不扣除所得税，因为所得税实际减少了企业的收益，故在计算报酬率尤其是股东权益报酬率时应当包括所得税。鉴于此，收益中是否扣除所得税要视分析者的目的而定。

3.1.2　资产报酬率

资产报酬率（return on assets，ROA）也称资产收益率，是收益与资产的比率，反映资产的获利程度，表明企业全部资本的收益水平。其计算公式为：

$$\text{资产报酬率}=\frac{\text{收益}}{\text{资产}}\times 100\% \tag{3-2}$$

该比率是衡量企业投入资本的盈利性指标，可以用来反映和评价企业资产的综合利用效果，从而衡量企业的管理绩效与盈利水平；也可用于盈利性预测或服务于企业的计划与控制，有助于企业作出战略决策和行动计划。

一般情况下，公式中的分母用平均数，即平均总资产，使得分母（时点指标）与分子（期间指标）具有时间上的同步性、计算上的一致性、相互间的可比性及分析上的适用性；公式中的分子既可用息税前利润，也可用净利润。如果分子用净利润，分母用平均总资产，那么资产报酬率就是资产净利率。该比率是一个综合性指标，既可用来分析与评价资产利用的综合效果及其影响因素

（如单价、单位成本、作业量、资金量等），又可用来衡量和判断企业的经营情况与管理水平，从而促使企业增收节支、扩展营业规模、提高盈利水平、加速资金周转。

分析者有时需要考虑是否需要对总资产基数加以调整，主要有以下三点。

（1）调整非生产性资产。从内部管理与控制的角度分析，假定企业管理层对未投入经营的投入资本不负有盈利的责任，则应当从投入资本或总资产基数中剔除非生产性资产，如闲置设备、在建工程、过剩存货、过剩现金及递延费用（或支出）。从外部委托经营及评估整体绩效的角度分析，企业管理层对其委托的全部资金都必须谨慎地加以使用，可以将不会带来经济利益的资产处理掉，以偿还债务或支付股利。如果有理由持有这些资产或投资，则无理由将之排除在总资产之外。况且，在长期盈利性得益于这些资产或投资的情况下，资产报酬率在长期意义上应反映此益处。从这种角度看，外部分析人员不应该出于资产的非生产性或不能带来经济利益而将之剔除。

（2）调整无形资产。如果无形资产的摊余价值超过其未来使用价值，那么应把无形资产从投入资本中剔除。当然，只有在信息充分、证据充足且存在对价值的怀疑时，这种调整才是合理的。

（3）调整累计折旧。关于投入资本（基数）中是否应当包括累计折旧的问题，应该视分析的目的与重点而定。如果分析的目的和重点是为了管理而注重对独立的生产单位及其经营管理进行内部控制，那么投入资本（基数）中应当包括累计折旧。在资产的预计使用年限内，在其始终保持良好工作状态的情况下，把报酬率评估与净资产联系在一起是不恰当的；否则，在连续的期间内，收益（或报酬）是与一个不断减少的投入资本数额（累计折旧不断增多）相比较的，这样即使收益（或报酬）稳定，投入资本报酬率也会不断提高，从而不能反映公司的真实业绩，也不能形成比较跨年度资产盈利性的合理基础。此外，加上累计折旧还有利于减弱通货膨胀对资产历史成本计量的影响，而物价水平调整只有在对财务报表进行重新编制时才是合理的。如果分析的目的与重点是为了评价而关注整个公司的经营业绩，那么投入资本（基数）中不应当包括累计折旧。其理由主要有三：1）这有利于使投入资本报酬率指标的分子与分母在计算口径上保持一致，因为计算收益或报酬时也需要扣除折旧费用；2）资产的维护与修理费用通常会随着使用年限的增加而增多，这往往又能抵销投入资本（基数）的下降；3）可折旧资产价值的下降所导致的投入资本报酬率的提高，大多会被新的可折旧资产抵销，因为新的可折旧资产是通过折旧中补偿的资本购置的，并且也会赚取收益或报酬。

为了进一步分析公司业绩，需要将资产报酬率分解为与销售利润率相关的有意义的组成部分，因为销售利润率对于计量与评价公司盈利能力具有重要的意义，是企业经营业绩的主要体现。资产报酬率可以分解为：

$$资产报酬率=销售利润率\times资产周转率 \tag{3-3}$$

$$\frac{收益}{资产}=\frac{收益}{销售收入}\times\frac{销售收入}{资产} \tag{3-4}$$

式（3-3）中，销售利润率可用来衡量企业以较低的成本或较高的价格提供产品与劳务的能力及评价企业相对于销售收入的盈利性，而资产周转率（或称为资产利用率）可用来衡量企业使用资产的强度和评价企业利用资产获取销售收入的有效性。显然，企业可以通过提高销售利润率和资产周转率来提高资产报酬率。然而，由于竞争的存在，企业很难同时做到这两点，往往只能在二者中选择其一。以零售企业为例，通常邮购商店的销售利润率低而资产周转率高，高级珠宝商店的销售利润率高而资产周转率低。

对资产报酬率的分解有助于揭示企业的战略活动和评价企业的财务策略，这对财务分析非常有用。

[例3-1]

甲、乙、丙公司资产报酬率的有关资料如表3-1所示。

表3-1　资产报酬率不同分解路径　单位：元

指标＼公司	甲	乙	丙
销售收入	5 000 000	10 000 000	10 000 000
利润总额	500 000	500 000	100 000
资产平均总额	5 000 000	5 000 000	1 000 000
销售利润率（%）	10	5	1
资产周转率（次）	1	2	10
资产报酬率（%）	10	10	10

从表3-1可以看出，10%的资产报酬率来源于一系列的销售利润率与资产周转率的组合。甲公司通过相对较高的销售利润率与相对较低的资产周转率获得了10%的资产报酬率；相反，丙公司通过相对较低的销售利润率与相对较高的资产周转率获得了10%的资产报酬率；而乙公司以相对于甲公司一半的销售利润率与两倍的资产周转率也获得了10%的资产报酬率。将这三个公司进行比较可以发现，要提高盈利能力，甲公司应集中提高资产周转率，丙公司应主要提高销售利润率，而乙公司应同时致力于提高销售利润率和资产周转率。当然，上述分析是基于销售利润率与资产周转率相互对立的假设，但两者通常是相互关联、互相依赖的。事实上，当固定成本很高时，提高资产周转率也会提高销售利润率，因为在企业的某个特定水平上，成本增加的比例不如收入增加的比例大。

在具体分析时，必须评价成功管理和其他业绩改进因素实现的可能性。对于资产周转率低的公司，应主要分析是否存在效率低下或无效率的资产，是否存在需要处理的闲置资产，是资产运营效率低还是资产使用效率低。为此，可以考虑通过增加销售、减少投资或两者兼施来改进资产周转率，进而提高资产报酬率。对于销售利润率低的公司，应集中分析是否存在低效率的机器设备和不盈利的生产线，有无过多的销售费用和管理费用，有无高额固定成本的剩余生产能力或不当的生产方法。为此，需要通过增加投资等来提高销售利润率进而维持或提高资产报酬率。比如，一个销售企业准备向客户提供更加宽松的信用条件，由于应收账款比销售收入增长更快，其资产周转率可能会下降，从而需要提高销售利润率来确保资产报酬率不下降。有时，消费品位和技术的变化也使得企业需要增加投资，以便为销售提供资金，从而提高销售利润率来维护资产报酬率。有人认为，高销售利润率是高质量收益的标志。然而，销售利润率不能直接用来衡量企业的盈利能力，还需结合企业的经营特点及其所处行业的特性做具体分析，最终的检验标准应当是投入资本报酬率。比如，商业企业的销售利润率较低，而服务性企业的销售利润率较高，但这并不能直接说明二者盈利能力的强弱。又如，在资产主要为存货的折扣商店，往往以较低的销售利润率来获取较高的资产周转率（薄利多销）；相反，在资本密集型的行业企业（如钢铁、化工及汽车等），通常有大量的投资与较低的资产周转率，因而必须有较高的销售利润率。另外，还应结合周期特性加以分析。单个年份或较短期间的报酬率或高或低，其分析结论有误导的可能，因此应计算多年或较长期间的报酬率并且最好跨越一个商业周期。需要指出的是，保持较高的资产报酬率是公司成长与管理有效的重要标志，但销售利润率和资产周转率都不可能无限地增长。因此，通过外部筹资和（或）内部筹资（留存收益）来增加资产（或投资），对未来的盈利增长非常必要。对权益投资者而言，因为不存在偿还的承诺，所以最为相关的是普通股权益报酬率或称净资产收益率。

3.1.3 权益报酬率

权益报酬率（return on equity，ROE）也称普通股权益报酬率或净资产收益率，是收益与净资产的比率，反映净资产的获利程度，表明普通股权益资本的收益水平。其计算公式为：

$$权益报酬率=\frac{收益}{净资产}\times 100\% \tag{3-5}$$

权益报酬率是所有比率中综合性最强、最具代表性的一个指标，也是资本估价时所需考量的关键因素。该比率反映股东账面投资额的盈利能力，并经常用于同行业中两个或更多公司之间的比较。通常，较高的权益报酬率反映出公司抓住了较好的投资机会，并且对费用实施了有效的管理。但是，若公司持有比行业标准高的债务水平，则较高的权益报酬率可能是过高的财务风险带来的结果。

一般情况下，公式中的分子即收益为净利润。在存在优先股的情况下，分子应为属于普通股股东的盈余，即净利润扣除优先股股利后的余额。公式中的分母通常为平均的普通股权益。因此，普通股权益报酬率表述为：

$$普通股权益报酬率=\frac{净利润-优先股股利}{平均普通股权益} \tag{3-6}$$

事实上，运用两个经常在财务报表上披露的指标（数值）也可以计算普通股权益报酬率，即

$$普通股权益报酬率=\frac{每股盈余(基本)}{每股账面价值} \tag{3-7}$$

以这种方法计算该指标时，若存在溢价销售的可转换债券，且持有者主要注重其可转换特性，尤其在公司可以强制执行转化并使之停止流通的情况下，可转换债券可作为权益资本的等价物处理。显然，这里的分子、分母都是按年末股份数计算的，因此有人主张普通股权益报酬率也可按年末数计算。在股份制企业，期末股东对当期利润拥有同等的权利，在增加股份时新股东要超面值缴入资本以获得同股同权的地位。例如，中国证监会在其发布的《公开发行股票公司信息披露的内容与格式准则第二号：年度报告的内容与格式》中就规定：

$$净资产收益率=\frac{净利润}{年度末股东权益}\times 100\%$$

在计算该指标时，分母除了用平均股东权益或期末的普通股权益外，有时也用期初的普通股权益。前已提及，普通股权益报酬率是资本估价时所需考量的关键因素。从权益投资者（即向企业提供资金以获得企业所有权，且风险和报酬不确定的人）的角度分析，他们并不享有法定权利要求确定的股利或资产分配，但非常关心三种主要报酬，即当前股利、特别分配（如认股权）及资本利得（从未来股价升值中获得）。当然，最终决定股利和市价的依然是收益。它作为股利和留存收益（盈余）的来源，连同预期收益都是决定股价的主要因素。决定股价的理论基础是现值理论，股利政策是正确定价的依据，因为只有支付给投资者股利才能提高其消费水平。不过，在普通股定价中，不论设定的假设和所做的预测多么合理、正确，始终存在对市场确认的依赖，即依赖于市场对人们所做评价的最终确认。

根据现值理论，在某一时点上的股票价值（V_t），是所有预期股利以某一个恰当利润率折现的现值之和。用公式表达如下：

$$V_t=\frac{D_{t+1}}{(1+k)}+\frac{D_{t+2}}{(1+k)^2}+\cdots+\frac{D_{t+n}}{(1+k)^n}+\cdots \tag{3-8}$$

式中，D_{t+n}是第（$t+n$）年的股利；k 是折现率或投资者要求的必要报酬率。

根据会计上的净利润关系，在第 t 期期末普通股权益的账面价值（BV_t），等于第 t 期期初或第（$t-1$）期期末普通股权益账面价值加第 t 期内的净利润 NP_t 减第 t 期内宣布的股利 D_t，即

$$BV_t = BV_{t-1} + NP_t - D_t \tag{3-9}$$

若从股利（D）的角度重新表达上述净盈余关系，并以此代替股票定价模型中的 D，则可得到另一个等价的股票定价模型，即

$$V_t = BV_t + \frac{NP_{t+1} - (k \times BV_t)}{(1+k)} + \frac{NP_{t+2} - (k \times BV_{t+1})}{(1+k)^2} + \cdots + \frac{NP_{t+n} - (k \times BV_{t+n-1})}{(1+k)^n} + \cdots \tag{3-10}$$

该模型中折现的重点在于一系列的剩余收益［$NP-(k \times BV)$］，即企业报告的收益超出预期收益的部分。如果企业的盈利能力超出股东要求的水平（即剩余收益为正），那么企业的价值增加；反之，则企业的价值减少。该模型表明权益投资者并不需要将分析的重点置于对未来股利的估计上，只要集中预测未来收益即可。当然，预测未来收益也有其自身的不确定性。上述模型都需要确定折现率（k）的恰当水平，这很大程度上取决于其所包含的风险，进而依赖于财务报表分析质量。

以会计信息为基础的股票定价模型，可以用普通股权益报酬率（ROE）来表述，即

$$V_t = BV_t + \frac{(\mathrm{ROE}_{t+1} - k)BV_t}{(1+k)} + \frac{(\mathrm{ROE}_{t+2} - k)BV_{t+1}}{(1+k)^2} + \cdots + \frac{(\mathrm{ROE}_{t+n} - k)BV_{t+n-1}}{(1+k)^n} + \cdots \tag{3-11}$$

该模型表明，ROE 大于 k 的公司，公司的价值超过账面价值。其中，ROE 等于普通股股东可获得的净利润（盈余）除以期初的普通股权益。也就是说，这里的普通股权益报酬率是用普通股权益的期初数计算的。

类似于分解资产报酬率，将普通股权益报酬率分解为几个部分，对财务分析非常有用。

$$\frac{\text{净利润}-\text{优先股股利}}{\text{平均普通股权益}} = \frac{\text{净利润}-\text{优先股股利}}{\text{销售收入}} \times \frac{\text{销售收入}}{\text{平均资产}} \times \frac{\text{平均资产}}{\text{平均普通股权益}} \tag{3-12}$$

即

$$\text{普通股权益报酬率} = \text{销售净利率} \times \text{资产周转率} \times \text{普通杠杆率} \tag{3-13}$$

式中，销售净利率反映每单位销售收入中扣除所有费用和求偿数（包括优先股股利）后留给普通股股东的部分比率，也有人称之为调整后的销售利润率；普

通杠杆率是指普通股股东杠杆率，即通过向普通股股东筹资所获得的资产与全部资产的比例，它等于$\frac{1}{1-\text{资产负债率}}$，也有人称之为权益倍数或权益乘数。另外，还可以将普通股权益报酬率分解为含有资产报酬率等变量的乘积。

$$\frac{\text{净利润}-\text{优先股股利}}{\text{平均普通股权益}}=\frac{\text{净利润}+\text{利息}(1-\text{税率})+\text{少数股权收益}}{\text{平均资产}}\times\frac{\text{净利润}-\text{优先股股利}}{\text{净利润}+\text{利息}(1-\text{税率})+\text{少数股权收益}}\times\frac{\text{平均资产}}{\text{平均普通股权益}} \tag{3-14}$$

即
$$\text{普通股权益报酬率}=\text{资产报酬率}\times\text{收益杠杆率}\times\text{普通杠杆率} \tag{3-15}$$

式中，收益杠杆率是普通股股东可获得收益与债权人及全部股东可获得收益之比。

显然，资产报酬率（ROA）与普通股权益报酬率（ROE）之间最重要的区别在于财务杠杆。从普通杠杆率（其值通常大于 1）来看，似乎财务杠杆总能扩大 ROE，事实上，只有当 ROA 大于债务利率时才会如此。另外，尚需指出的是，ROE 不同于普通股股东的投资报酬率（ROSI），前者多用账面价值计量，而后者关键依赖于市场的股价。通常，股东投资不是以账面价值而是以数倍于账面价值的价格（成本）购买股票，因而购买股票支付的价格在确定 ROSI 中起着重要作用。

$$\text{股东投资报酬率}=\frac{\text{股利}+\text{收益再投资的市场价值}}{\text{股票价格}} \tag{3-16}$$

[例 3-2]

举例说明 ROSI 的计算及其与 ROE 的区别，如表 3-2 所示。

表 3-2　　股东投资报酬率的计算

净利润（每股）	6 元
现金股利（每股）	2 元
市净率（P/B）	2
普通股权益账面价值（每股）	60 元
收益再投资的市场价值（每股）	4 元

$$\text{普通股权益报酬率(ROE)}=\frac{6}{60}\times100\%=10\%$$

$$\text{普通股股东的投资报酬率(ROSI)}=\frac{2+(6-2)}{2\times60}\times100\%=5\%$$

在计算 ROE 时，通常假设市场利用了其报告的盈余再投资；但对普通股股东而言，在计算 ROSI 时获得一个合理的假设是很重要的，该假设是市场以多少股价盈余再投资。对权益资本证券的估价，必须包括财务报表和市场价格两方面的分析，并且要知道收益并不总是导致股利的增长或更高的股价，公司的价值和股票价值间的差距尤为重要。正因为如此，有时对财务报表的分析可能揭示某公司管理良好且基本可靠，但其股价被高估，因而决定投资该公司可能并非好的决策；相反，有时通过财务报表分析认定一家公司绩效不优，但该公司可能是一个好的投资对象，因为其股价被低估了。

3.1.4 每股收益

每股收益（earning per share，EPS）也称每股盈余，是当期（如本年）净收益与期末（如年末）普通股股份总数的比值，表明普通股的获利水平。其计算公式为：

$$\text{每股收益}=\frac{\text{净收益(盈余)}}{\text{普通股股数}} \tag{3-17}$$

它是衡量公司尤其是上市公司的盈利能力比较重要的财务指标之一。正确计算与合理使用该项指标，对于分析与评价公司的盈利能力至关重要。

首先，必须正确计算每股收益指标。为此，在计算每股收益时应注意以下四个主要问题：(1) 在公司发行不可转换优先股的情况下，该指标的分子应当是净利润扣除优先股享有的股利（优先股股利）后的余额（盈余），同时，分母应当是总股份数扣除优先股股份数后的普通股股份数。(2) 在公司发行普通股与不可转换优先股之外还发行了可转换证券（如可转换优先股、可转换债券等）的情况下，若投资者行使其有关权利将会增加普通股，从而稀释每股收益（即导致每股收益变小），因而应按国际惯例计算该指标，并说明计算方法和参照依据，其具体计算过程如表 3-3 所示。(3) 在分析期间（如年度中）普通股发生增减变化的情况下，该指标的分母应当是按月计算的加权平均普通股股数。其计算公式为：

$$\text{加权平均普通股股数}=\frac{\sum(\text{普通股股数}\times\text{在外月数})}{12} \tag{3-18}$$

式中的普通股股数均为发行在外的，即不包括可能存在的库存股。在外月数是指发行已满一个月的月份数，也就是说，发行当月不计入在外月数。(4) 在编制合并报表的情况下，(集团）公司应使用合并报表数据与分部报告资料来计算每股收益指标。

表 3-3 是基本每股收益和稀释每股收益的计算过程。

其次，需要合理使用每股收益指标。为此，在使用每股收益时应注意以下几点：(1) 每股收益没有说明企业利润发生的时间，没有考虑资金时间价值，也不反映或没有有效地反映股票所含有的风险，而且容易导致企业追求短期利

表 3-3　　基本每股收益和稀释每股收益的计算过程列示　　金额单位：元

项目	序号	本年数	上年数
归属于母公司股东的净利润	1	34 629 472.95	40 119 989.09
归属于母公司的非经常性损益	2	1 688 316.70	2 961 506.81
归属母公司股东、扣除非经常性损益后的净利润	3＝1－2	32 941 156.25	37 158 482.28
年初股份总数	4	60 000 000.00	60 000 000.00
公积金转增股本或股票股利分配等增加股份数（Ⅰ）	5		
发行新股或债转股等增加股份数（Ⅱ）	6	20 000 000.00	
增加股份（Ⅱ）下一月起至年末的累计月数	7	8	
因回购等减少股份数	8		
减少股份下一月起至年末的累计月数	9		
缩股减少股份数	10		
报告期月数	11	12	12
发行在外的普通股加权平均数	12＝4＋5＋6×7÷11－8×9÷11－10	73 333 333.33	60 000 000.00
基本每股收益（Ⅰ）	13＝1÷12	0.47	0.67
基本每股收益（Ⅱ）	14＝3÷12	0.45	0.62
已确认为费用的稀释性潜在普通股利息	15		
转换费用	16		
所得税税率	17		
认股权证、期权行权、可转换债券等增加的普通股加权平均数	18		
稀释每股收益（Ⅰ）	19＝[1＋(15－16)×(1－17)]÷(12＋18)	0.47	0.67
稀释每股收益（Ⅱ）	19＝[3＋(15－16)×(1－17)]÷(12＋18)	0.45	0.62

资料来源：整理自某上市公司年度财务报告，已做了微调。

益的行为。(2) 为评价公司的相对盈利性，可以将不同公司股票的每股收益进行比较。但应强调的是，不同公司股票的每股收益不等，其所含有的每股账面价值（净资产）和每股市价不同，即换取每股收益的投入量不同，因而在一定意义上又限制了不同公司股票每股收益间的比较。这就是说，比较不同公司的每股收益，其可比程度是有限的。(3) 可以把公司在不同时期的每股收益进行比较，以了解公司盈利能力的变化趋势，也可以将每股收益的实际值与预期值加以比较，以掌握公司的管理绩效。（4）每股收益多，往往是多分股利的前提，但不一定意味着股利多分，要看公司的股利分配政策与支付股利的能力，这集中体现在股利支付率上。

最后，可以适当延伸有关分析，以克服每股收益指标的某些局限性。为此，在延伸分析每股收益时，应注意分析股利支付率、每股净资产、市盈率（P/E）、市净率（P/B），以及市盈率与市净率相结合的情况。

3.2 经营者盈利能力分析

上一节主要从投资者的角度阐述了以报酬为基础的盈利能力分析。本节侧重分析以利润为基础的盈利能力，主要从经营管理者角度分析与评价利润质量、盈利持续性及盈利预测等。

3.2.1 利润质量

对利润质量的界定至今仍无完全相同的看法与标准，会计与财务上的认定也不尽一致。

1. 会计的利润质量

作为以财务为主的经济核算信息系统，会计及其核心在于计量（或确认与计量）。从会计的角度看利润质量，关键也在于利润质量的计量，它起因于比较不同公司间收益的需要和确定以利润为基础估价的利润质量差异的期望。通常认为，决定或构成利润质量的主要因素有经营风险、会计政策及其运用等。经营风险与利润一般是对称或均衡的关系。作为影响利润质量的主要因素，它包括经营周期和其他经营实体对利润水平、利润稳定性、利润来源和利润可变性的影响。当然，经营风险并非简单地由企业管理层的意愿决定，但管理层通过实施科学的管理战略并娴熟地运用合理的管理策略是可以降低这种风险的。从会计政策的角度分析，影响利润质量的是管理层在选择可接受的会计政策时是否拥有决定权及自由决定的能力。如果管理层在会计政策的选择与运用上有决定权，那么它可以通过调整酌量性费用（如广告费、修理费、维护费及研发费等）与收入的发生时间来影响其认定，从而决定收益的金额，达到调节或操纵报告利润质量的目的。显然，这与决策相关，比如决定计提较多或充分的减值准备既可能是为了进行资产再投资，也可能是为了保持和提高盈利能力。事实上，那些受时间影响而与经营状况、商业环境不相关的收益会降低利润质量。因此，对此进行分析就是要透视管理层在会计政策的选择与运用上的意图和动机。在自由决定能力方面，管理层可能是稳健或保守的，也可能是乐观的。稳健的决定与做法，如采用与价格上涨相关的后进先出法（LIFO）和加速折旧法（ADM）会减少高估收益和追溯调整的可能性；但是，主张过度的稳健虽然可以暂时提高利润质量，却降低了长期意义上收益的可信度和相关性。因此，对此进行分析需要剖析管理层的倾向与态度。

一般来说，广告费支出中的绝大部分会对未来期间产生影响。因此，在某些情况下，管理层可以在不影响当期销售收入的同时削减广告费支出，但长期的销售业绩很可能受到影响。鉴于此，对广告费的分析应重点考察其逐年变动情况或趋势，并评价该变动对未来销售和利润质量的影响。通常有两种评价方法：一种是计算某一正常年份的变动百分比并作为基数，将其与销售收入变动百分比、毛利变动百分比及利润变动百分比进行比较；另一种是计算广告费支出与销售收入的比率，并考察不同期间该比率的变化情况，以揭示公司对某种特定促销战略的依赖程度。当然，也可以计算广告费与总销售费用的比率，从而区分广告与其他促销手段产生的变动。不仅如此，将之与同业竞争者的变动比率进行比较，还可以预测市场对公司产品的接受程度和确定本公司所应做出的促销努力。对修理费和维护费，管理层往往享有一定的或相当大的自由决定权，对此，可以对比这些费用水平与相关的作业水平，以测定这些费用是否处于正常的和必需的水平或是否被操纵用于影响利润质量与股价。比如，将维修费与维护费同经营活动水平（销售净额等）进行对比，计算的比率是非常有价值的。当然，这是基于没有重大存货变动的情况；否则，就需要按销售价格估计期末、期初存货价值并把这部分价值分别调增和调减销售收入。又如，把维修费与维护费同投资活动水平（不包括土地的固定资产净值等）进行比较，并与确定的标准相对照，以调整折旧年限。至于研究与开发费用，通常数额巨大且多为固定费用，对未来经营业绩的影响较大，是反映公司未来绩效的关键，也是财务分析中较难解释与评价的。从一定意义上说，研究活动是一种结果不确定（或无保证）的高度投机性活动，其成功的关键在于如何运用管理技巧和高新科技。因此，不能仅根据数额的大小来分析和评价研究活动，应结合定性因素与定量因素，既要加以定量分析，又要进行定性评价。从定性的角度看，应重点分析研究质量（包括组织及其人员的素质、领导者的背景与声望和研究的商业适用性等），公司的自发研究相对于政府等外部发起的研究来说，更有可能与公司的目标相一致。从定量的角度看，要计算出可以产生未来收益的当期研究与开发费用，并将研究与开发费用同销售增长、获利潜能、新产品增加及固定资产购置联系起来加以分析；或者计算研究与开发费用同销售收入的比率，并通过趋势百分比分析和比率分析来评价研究与开发费用的逐年变动情况。

通常，有关利润方面的信息主要来自利润表，因而利润表分析对于评价利润质量尤为重要。但是，由于报表之间存在内在的勾稽关系，利润质量分析也可以在资产负债表中找到思路，因而资产负债表分析对于以利润为基础的分析是一个重要的补充。之所以认为资产负债表中资产与负债的价值与利润质量之间存在相关性，是因为这些价值最终会被确认为费用（除现金、持有至到期投资及土地外）。一般来说，当资产被高估和（或）负债被低估时，累计的收益也同时被高估；相反，当资产被低估和（或）负债被高估时，累计的收益也同时被低估。这在稳健主义和股权并购会计惯例中可以得到印证。从另一个角度看，与评价利润质量相关的资产负债表分析，也可以以揭示与不同资产未来价值实现有关的风险为基础。也就是说，对资产的风险分析可以为评价利润质量提供信息。

利润质量不仅受企业内部因素的影响，而且受外部因素的影响。外部因素有很多，例如外汇管制、币值变动、政治环境、金融形势、文化习俗，以及利润来源的稳定性与可信度等。比如，海外利润的质量就受资金汇回国内的难易程度、地方风俗、物价水平、社会状况、监管机制等因素的不确定性影响。

2. 财务的利润质量

从财务的角度看利润质量，主要是分析和评价报告利润与公司绩效之间的相关性。一般来说，如果利润能如实反映公司绩效，那么利润质量较高；反之，如果利润不能很好地反映公司绩效，则利润质量不高。通常，主要是分析利润的构成，尤其是经营利润（或营业利润）占全部营业收入的比重；利润（包括利润总额与净利润）的现金含量；已收现利润与未收现利润的相对程度（比例关系）。

以利润为基础的盈利性分析，应主要围绕企业的营业活动评价其利润的质量与持续性。事实上，利益相关者都很重视企业生产经营业务的盈利性，因为这是分析以报酬为基础的盈利能力的重要基础，也是同业中各企业比较经营业绩和考察管理水平的主要依据。因此，分析与评价企业营业活动的盈利性具有十分重要的意义。一般来说，可通过下列指标进行分析。

（1）营业利润率。营业利润率也称销售利润率，是收益与营业收入的比率，表明营业活动的获利水平或获利能力。其计算公式如下：

$$营业利润率=\frac{收益}{营业收入}\times 100\% \qquad (3-19)$$

这是分析者尤其是经营者用来衡量和判断盈利能力的主要指标，是广义的营业利润率。就公式中的分子即收益（利润）来说有四种计算口径：其一是毛利润（简称毛利），即营业收入与营业成本之差，它是形成盈利的基础；其二是净利润（简称净利），即整体意义上的利润，它是综合经营成果与盈利的集中体现；其三是营业利润，即营业层面的利润，包括主营业务利润与其他业务利润，它是净利润中很重要的基本组成部分；其四是主营业务利润，它是净利润中的核心部分，也是形成企业核心竞争力与盈利增长的关键。就公式中的分母即营业收入而言，一般为营业收入扣除折扣、销售折让及退回后的净额，即营业收入净额或营业净收入。不同口径的分子与分母组合，生成不同的指标，即营业毛利率、营业净利率及营业利润率等。

营业毛利率的计算公式是：

$$营业毛利率=\frac{营业毛利}{营业收入}\times 100\% \tag{3-20}$$

该指标表明每单位营业收入扣除相关营业成本后，尚有多少可用于弥补期间费用并形成盈利。它是企业营业净利润的基础，没有足够高的营业毛利率便不能实现盈利或无盈利性。由于该指标具有明显的行业特性，因此在分析利用该指标时应当结合企业所处的行业特点、经营周期等因素，并将之与行业平均值、行业先进水平进行比较，以评价企业的盈利性及企业在同行业中所处的位置，进一步分析盈利差距及其成因，从而找出挖掘潜力、提高盈利能力的途径。

营业净利率的计算公式是：

$$营业净利率=\frac{净利润}{营业收入}\times 100\% \tag{3-21}$$

该指标表明每单位营业收入带来的净利润额。可以看出，净利润额与营业净利润率呈正相关关系。因此，企业要保持或提高营业净利率，在扩大营业收入的同时，还必须相应增加净利润，从而需要不断改进其经营管理。为此，需将营业净利率分解为营业毛利率、营业税金率、营业成本率等，以便发现企业经营管理中的薄弱环节，进而为采取相应的措施提供依据。

营业利润率的计算公式是：

$$营业利润率=\frac{营业利润}{营业收入}\times 100\% \tag{3-22}$$

该指标表明每单位营业收入创造的营业利润。从分子、分母的口径来看，该指标仅涉及企业的营业活动，不涉及投资活动与营业外收支，从而有利于说明企业的增产增收情况和盈利水平。

从某种意义上看，主营业务利润率是狭义的营业利润率指标。其计算公式如下：

$$主营业务利润率=\frac{主营业务利润}{主营业务收入}\times 100\% \tag{3-23}$$

该指标表明每单位主营业务收入提供的主营业务利润，即企业经营活动最核心的盈利水平，没有足够高的主营业务利润率就无法形成企业的营业利润及最终盈利。主营业务利润率高，说明企业产品定价合理，商品附加值大，营销策略正确，也说明企业的主营业务市场竞争力强，发展潜力大，盈利水平高。不仅如此，该指标还反映了企业主营业务利润对营业利润及最终盈利水平的贡献大小和影响程度。因此，主营业务利润是从企业主营业务的盈利性方面对净资产利润率和其他的营业利润率指标的进一步补充。它既有利于企业实施主辅业务分离经营，维持和培育核心竞争力，也有利于分析者判断企业有无成长性及盈利的可持续性。

（2）成本费用利润率。成本费用利润率也称成本利润率和费用利润率，是收益与成本费用的比率，表明企业为取得利润而付出的代价。其计算公式如下：

$$成本费用利润率=\frac{净利润}{成本费用总额}\times 100\% \tag{3-24}$$

这是反映国内企业生产经营过程中耗费与所得关系的指标。成本费用利润率越高，说明企业为取得收益（成就）所付出的代价（努力）越小，成本费用控制得越好，企业的盈利能力越强。该指标能直接反映企业增收节支、增产节约等情况。因此，企业任何生产销售的增加和成本费用的节约都能提高企业的盈利能力，它有利于分析者从企业支出方面衡量以利润为基础的盈利能力，并补充评价企业的收益质量，也有利于企业发现和挖掘降低成本费用的潜力。

（3）营业现金比率。营业现金比率也称销售现金比率，是经营现金净流量与营业收入（或销售额）的比率，反映营业收入的质量（现金含量）高低。其计算公式如下：

$$营业现金比率=\frac{经营现金净流量}{营业收入} \tag{3-25}$$

营业现金比率是用于分析收益质量的主要指标之一，也是间接评价营业（或销售）所得现金的一个重要指标，其数值越大，说明营业收入质量越高，营业活动的风险越小。前已述及收益与经营风险的关系，经营环境、管理战略、营业周期、物价水平等各种因素共同影响企业的经营风险。经营风险越大，收益越不稳定，现金含量就越少，收益质量也就越低。

（4）净利润现金比率。净利润现金比率是经营现金净流量与净利润的比值，反映净利润的质量（现金含量）高低。其计算公式如下：

$$净利润现金比率=\frac{经营现金净流量}{净利润} \tag{3-26}$$

这是用来分析总体收益质量的主要指标之一，也是间接衡量偿付风险与派现能力的主要尺度。净利润现金比率反映每单位净利润所含有的经营现金净流量，其数值越大，说明净利润质量越高，企业偿付风险越小，派现能力越强。当然，在具体工作中还应适当结合每股现金流量（即经营现金净流量与普通股股数之比）、每股现金股利和现金股利保障倍数（即每股现金流量与每股现金股利之比）加以分析与评价。

（5）现金营运指数。现金营运指数是经营现金净流量与经营所得现金的比值，用于反映收益质量（收现程度）与业绩实效。其计算公式如下：

$$现金营运指数=\frac{经营现金净流量}{经营所得现金} \tag{3-27}$$

式中，经营所得现金为经营活动净收益与非付现费用（如折旧）之和。若现金营运指数小于1，则说明收益质量较差。也就是说，有一部分收益尚未收到现金，而未收现收益的质量低于已收现收益的质量。不仅如此，比值小于1的现金营运指数还说明企业为取得同样的收益却占用了更多的营运资本，付出了更大的代价。换言之，同样的收益代表着较差的业绩。当然，在具体分析时，通常要使用连续多年的数据资料，以便作出较全面、合理的评价。

（6）净收益营运指数。净收益营运指数是经营净收益与全部净收益（或综合收益）的比值，表明企业的收益质量与收益能力。其计算公式如下：

$$净收益营运指数=\frac{经营净收益}{净收益} \tag{3-28}$$

式中，经营净收益为净收益与非经营收益之差。净收益营运指数既可用于横向比较，也可用于纵向比较，从而可以用来评价一个公司的收益能力和质量。一般来说，当净利润逐年上升而经营利润逐年下降，或经营利润虽在上升但与同行业相比上升的趋势仍较慢时，说明企业的收益质量越来越差，收益能力降低或相对降低。事实上，有些企业的非经营收益主要源于非主营业务，如资产处置和证券交易等，而这些业务的非主营性与低持续性，决定了由这些业务带来的非经营收益不能代表或说明企业的收益能力。此外，在运用该指标进行分析和评价时，不能仅仅依据某一年的资料，而应当使用连续多年的数据，以便得出较恰当、合理的意见和结论。

3.2.2　盈利持续性

在盈利能力分析中，不仅要评价盈利的质量，而且要分析盈利的持续性并区分不同的组成部分。为此，要提防利润操纵或收益均匀化，重点分析收益水平、收益趋势和收益构成（特别是体现收益稳定性和可预见性的部分）。

通常，利润表和其他披露的信息是盈利能力分析的原始起点和依据。在收益的构成方面，有人主张在企业管理层对“正常经营活动”作出解释的基础上把利得（gains）或损失（loses）计入或不计入收益，也有人主张把大多数利得或损失反映在当期的收益中。从会计实务的角度看，一般不倾向于重编前期收益。但在财务分析中，常常要利用重编和调整的收益信息及其他信息，包括：（1）含有持续经营收益、非持续经营收益、非常利得和损失、会计政策变更的累积影响数等分类信息的利润表；（2）其他财务报表和附注；（3）管理层对财务报表的评论；（4）管理层讨论与分析报告（MD&A）等。

重编的目的在于把收益的各组成部分重新分类整理，以便为分析提供更有意义的分类信息和更加相关的表现形式；调整的目的则在于把收益的各组成部分归入最合适的期间，以便为评价提供更多有用的可比信息与更为必要的收益估值。在决定把某一部分从其所在期间报告中调整出去时，采用的办法多为转移至前或平均分摊。但要认识到，转移至前的做法并不能补救前期差错产生的影响，而平均分摊的做法虽有利于评价盈利能力却无助于判断收益趋势。

1. 盈利持续性的确定

在收益重编与调整后，应从盈利变动性、盈利趋势、利润操纵及激励机制等方面来确定盈利的持续性，并分别从周期和长期的角度对盈利持续性加以评价。

（1）从盈利变动性来看，由商业周期导致的波动性收益常常会引起股价波动，从而不能获得稳定性水平较高的收益。当然，在分析与评价盈利变动性对盈利持续性的影响时，还应在更大的时间跨度内进行，因为仅对有限个期间进行盈利性分析与评价会存在一定局限性。为此，至少要考虑两种信息：一是从最近的商业周期中选用最小的收益值，它反映了对最坏情况的一种预测，有助于进行高风险因素的敏感性分析；二是使用5～10年的收益数据来计算平均的收益值，它可以消除不稳定因素、非常因素及周期因素的影响，有助于评价盈利持续性。

（2）从盈利趋势来看，一个反映稳定增长趋势的收益，往往包括关于公司当前和未来业绩的良好信息（周期性、成长性、防御性及效率性），因而在大多数情况下它是受欢迎的。当然，在分析与评价盈利趋势对盈利持续性的影响时，还应重视分析财务信息失真、会计政策变更及企业并购等对盈利趋势和股价的影响。一般而言，有追溯力的前期利润调整对证券价格影响不大，而收益趋势对股价影响较大。也就是说，如果一个公司发生并报告亏损，那么该亏损的存在对于股价就如同其亏损金额一样重要。

（3）从利润操纵来看，它是通过利用选择和运用会计政策的自主权来达到报告特定业绩目的的，虽不影响实际的业务，但会影响信用的重建和费用在各期的分摊，进而影响收益在各期间的波动性与盈利的持续性。因此，在分析与评价中要特别注意下列一些利润操纵的手法与形式：1）会计假设或方法的变动；2）非常（非正常/非经常）利得和损失的抵销（旨在消除对盈利趋势产生的负面影响）；3）在本期业绩不佳时对经营性资产或无形资产价值的冲减；4）在本期业绩较差时把未来期间的成本和损失提前到本期加以确认（旨在减少未来收益所应承担的代价）；5）在各期之间重新分配收益或进行似是而非的错误表述等。

（4）从激励机制来看，对管理层的激励与约束会对会计计量和报告产生影响，诱发利润操纵。当然，在利润操纵的初始通常是压低报告利润，这为未来期间产生收益创造机会或为未来业绩较差年份使用此前隐匿的收益提供了可能。因此，在分析与评价时必须认识到可能存在的利润操纵甚至收益错报，知悉管理层面对的激励与约束，搜集有关收益组成部分及管理层解释的相关信息，判断公司进行利润操纵的动机（如均匀化或调整报告利润），以便正确评价公司盈利的持续性。

2. 非常项目的盈利持续性

盈利的持续性对于确定盈利能力与盈利预测都很重要，而评价收益和损失的持续性及确定偶然、非常项目的持续性尤为关键。通常，非常项目被认为是对报告数字的调整和对业绩的解释，并能传递管理层对事件的看法，从而有利于确认和评价管理层有无操纵非常项目的动机。为此，可将非常项目分为三大类，即偶然的经营性项目、重复发生的非经营性项目及偶然的非经营性项目。

偶然的经营性项目与正常的（商业）经营活动有关，但不经常发生或者其发生不可预见。其实，偶然与重复发生均属频率概念，两者间并无一个被广泛认可的界定。比如，某个可以产生利得或损失的经常事项被认为是重复发生的，而某个不可预见的事项（不经常发生）被认定为是偶然发生的。但某个不经常发生却可预测的事项，就难以区分应属于偶然事项还是重复发生事项。同样，正常的（商业）经营活动有时也难以严格区分。比如，某家商店的营业收支是由其经营活动产生的，但其出售有价证券取得的收益往往是非经营利得或损失。事实上，上述的区分很大程度上取决于人们对经营活动的认识与限定。因此，在分析偶然的经营性项目时，必须确定这些项目内在的非经常性和其不具备重复发生的特性，并将之视为报告期间的经营成果。也正因为如此，需要把分析可重复发生事项的重点置于若干年的平均水平上，以便合理地进行盈利预测或评价盈利能力。

重复发生的非经营性项目具有非经营特征和重复发生的特性。在财务报表中，它们被列示于非常项目下。但是，这些项目通常是由管理层的计划活动引起的，并对未来财务预测产生影响，因而应当包括在当期的业绩中。

偶然的非经营性项目，通常是由外部的、非故意的、不可计划的事件所致，一般不在正常的经营范围内。它们不重复发生且不可预测，但并非完全不可预见。在财务报表中，它们被作为非常项目确认，且不包括在当期的业绩中。但是，从未来的角度看，这些项目应当是企业长期业绩的组成部分。

在分类确定非常项目的持续性的基础上，需确定和评价这些项目对企业资源和管理绩效评价的影响。非常项目对企业资源会产生影响，且金额越大影响也越大。一项利得会使企业资本增加，从而增加未来期望报酬；一项损失会导致企业资本减少，进而使未来期望报酬减少。因此，在预测盈利能力和评价获利水平时，需分析非常项目的影响及致因事件发生的可能性。不仅如此，非常项目还会对管理绩效评价产生影响。非常项目常常被认为同正常的（商业）经营活动之间缺乏联系，因而在评价管理绩效时通常不考虑这些项目。然而，非常项目因其具有非正常性特征，且金额往往较大，能够反映管理层的能力，因而在评价管理绩效时需要给予更多关注。此外，在商业竞争环境下，常态很难长期维持，股东支付管理层薪酬就是为了使之能预测非常项目，最大限度地避免事故发生，以取得良好的业绩。现有的分析技术与方法，可以部分地预测非常项目和特殊项目（非持续经营项目），并且可以提供关于未来盈利能力的信息。

3.2.3 盈利预测

盈利预测是对企业盈利能力的预计和测算，包括对收益组成结构的分析和对未来盈利水平的评价。它是财务分析和估价的一个重要组成部分。盈利预测需要依赖以前各期收益的所有可用信息和恰当有效的信息分解技术。虽然盈利预测依靠的是对未来的理性预期，但预测过程也必须是有依据的，须依赖当期和过去的证据，从而需要分解数据以使用不同生产线或部门的资料。由于不同生产线或部门的风险性、盈利性及成长性不尽相同，故相互间业绩差异客观存在，而财务报表的总括性信息往往掩盖了这种差异。参见下面的例子。

[例3-3]

某企业既从事家电生产，又为客户提供服务，近5年的收益情况如表3-4所示。

表3-4　　某企业2012—2016年收益情况表　　单位：万元

项目	2012年	2013年	2014年	2015年	2016年
家电产品	2 000	1 900	1 800	1 400	1 000
客户服务	300	500	700	1 200	1 800
收益合计	2 300	2 400	2 500	2 600	2 800

从总体来看，企业收益逐年递增，但收益各组成部分的情况存在差异。客户服务收益连年增长，且增速不断加快；而家电产品收益却不断下降，且降幅逐渐加大。可见，不同收益具有不同的统计特性，年度收益增长通常呈现随机性。因此，可信的盈利预测应该是在分析收益组成部分并虑及所有可用信息（包括MD&A）的基础上作出的，而不是简单地根据过去的收益增长趋势类推得到的。此外，预测也有别于推断和预计。推断通常假设趋势是持续的，并机械地把该趋势投射到未来，以设定预期；而预计主要是依靠假设，但有些假设的可能性并不一定很大。在财务分析中，为提高盈利预测的可靠性，通常使用投入资本报酬率来检验盈利预测的合理性。如果预测与过

去业绩或同行业水平相去甚远，那么应重新评价预测过程和预测结果，并剖析预测差异的成因，尤其要重视分析影响收益的管理质量、资产管理水平及财务状况等。

需要指出的是，任何预测性信息都包含风险和不确定因素，并受各种重要因素变动的影响，比如消费偏好和消费者行为变化、经济状况变动、竞争和定价的影响，以及汇率变动等。因此，受不可预见的事件或环境的影响，盈利预测可能被证实与真实情况有较大差异。对此，需要通过连续监控与预测相对应的业绩水平，并经常根据目前的商业状况和最近业绩（累计数往往是监控企业最近业绩的有效标准）来修改预测方法和修正盈利预测结果，以克服各种不确定因素的影响。事实上，预测的可靠性是相对的，也是有限的，而且主要取决于信息的取得和作出的假设。应当承认，企业管理层作出的预测有别于外部分析人士作出的预测。特定利益相关者究竟是使用内部还是外部的预测资料，要根据对这些预测所依据的假设的评价情况而定。

对监控业绩来说，根据使用者的需要设计并按季度对外披露的中期财务报告，通常是非常有价值的信息来源。它对于修正盈利预测的结果和与其有关的估计都很有用，有助于使用者更好地理解公司的商业活动及估计各报告期企业活动的趋势。

在评价盈利预测时，要着重分析或评价以下五个方面。

（1）预测基本假设的合理性。赖以作出盈利预测的基本假设，是对企业未来经营业绩可能产生影响的主要因素的条件限定。只有在基本假设限定合理的条件下，盈利预测的编制基础与方法才是成立的，预测结果才有一定的可信度。为此，盈利预测假设要与预测结果相关，并充分披露主要的影响因素及在预测期间可能发生变动的重要因素，以提示使用者注意盈利预测假设变动对预测结果的可能影响。

（2）预测编制基础的真实性。一般而言，盈利预测的编制基础包括历史业绩、商业状况及市场环境等。出于真实性的考虑，用于反映企业业绩的财务报表若经过审计，则作为盈利预测编制基础更为合适。如果财务报表未经审计，则应在预测信息披露时予以说明。市场环境方面的信息最好取自权威性的资料，并有出处。对于那些无法直接取得而需估算的资料，则应说明估算的方法及依据。

（3）预测信息资料的相关性。这是盈利预测信息及其评价的关键所在。相关性要求从信息需求者的角度出发，提供的盈利预测信息应能满足其决策需要。为此，盈利预测及其信息披露，在时间跨度与内容详简等方面都应考虑相关性的要求。一般来说，越接近决策期的信息越具有相关性，披露的预测信息越充分，其相关性也越强。

(4) 预测信息资料的可靠性。与历史财务信息相比，盈利预测信息的可靠性较差，但仍不可忽视盈利预测信息的可靠性及其重要性，因为只有在相关性的基础上重视可靠性，盈利预测信息的可信度才能得到保证，市场对其需求也才会持久。否则，虚假盈利预测信息将导致失信，即失去投资者的信任与信心，也不利于市场的健康发展。众所周知，任何对未来事项的预测与估计都会产生一定的偏差，但这种偏差不能过大，应落在一个允许的范围内。也就是说，盈利预测信息应具有相对的可靠性。

(5) 预测政策披露的充分性。通常，编制盈利预测所用的会计政策必须与过去编制财务报表使用的会计政策一致。当然，在侧重点和方法上可能会有一些差异。因此，应将编制盈利预测所使用的重要会计政策予以披露，并进一步揭示可能存在的会计政策变更及其影响。

需要明确的是，上述盈利预测及其评价，不仅有利于鉴别利润质量与判断盈利能力，而且有助于衡量盈利的持续性、分析企业的效率性及成长性。

本章小结

盈利能力一般是指企业获取报酬及利润的潜力或可能性。本章主要从投资者及经营管理者角度，分别以报酬与利润为基础分析企业的盈利能力。

从投资者角度进行的盈利能力分析，通常以报酬为基础。投资回报率是从投资者角度进行盈利能力分析的常用指标之一，可以使人们从投入资本的角度来比较企业的业绩，或比较企业相对于资本投资风险的报酬率，从而反映或确定一个企业偿还债务、获取投资回报、经营成功及筹集资金的程度或能力。资产报酬率是衡量企业投入资本的盈利性指标，可以用来反映和评价企业资产的综合利用效果，从而衡量企业的管理绩效与获利水平。净资产收益率是收益与净资产的比率，反映净资产的获利程度，表明普通股权益资本的收益水平。它是所有比率中综合性最强、最具有代表性的一个指标，也是资本估价时所需考量的关键因素。每股收益是当期（如本年）净收益与期末（如年末）普通股股份总数的比值，表明普通股的获利水平。

以利润为基础的盈利能力分析，主要是从经营管理者角度分析与评价利润质量、利润持续性，并进行利润预测的。从会计与财务的不同角度对利润质量进行分析，其方法也不尽相同。以利润为基础的盈利性分析，主要围绕企业的营业活动评价其利润的质量与持续性。通常使用的指标有营业利润率、成本费用利润率、营业现金比率、净利润现金比率、现金营运指数及净收益营运指数等。对利润持续性的分析，主要应提防利润操纵或收益均匀化，分析收益（利润）水平、收益趋势和收益构成。盈利预测需要依赖以前各期收益的所有可用信息和恰当有效的信息分解技术，它是对企业盈利性的预计和测算；盈利预测包括对收益组成部分的分析和对未来盈利水平的评价，它是财务分析和估价的重要组成部分。

术语与公式

一、名词术语

盈利能力	投资回报率	资产报酬率
权益报酬率	普通杠杆率	权益乘数
每股收益	加权平均普通股股数	营业利润率
营业毛利率	营业净利率	成本费用利润率
营业现金比率	净利润现金比率	现金营运指数
净收益营运指数		

二、主要公式

$$投资回报率=\frac{收益}{投入资本}\times 100\%$$

$$资产报酬率=\frac{收益}{资产}\times 100\%$$

$$资产报酬率=销售利润率\times 资产周转率$$

$$\frac{收益}{资产}=\frac{收益}{销售收入}\times\frac{销售收入}{资产}$$

$$权益报酬率=\frac{收益}{净资产}\times 100\%$$

$$普通股权益报酬率=\frac{净利润-优先股股利}{平均普通股权益}$$

$$普通股权益报酬率=\frac{每股盈余（基本）}{每股账面价值}$$

用股利表达的股票定价模型：

$$V_t=\frac{D_{t+1}}{(1+k)}+\frac{D_{t+2}}{(1+k)^2}+\cdots+\frac{D_{t+n}}{(1+k)^n}+\cdots$$

用普通股账面价值和净利润表达的股票定价模型：

$$V_t=BV_t+\frac{NP_{t+1}-(k\times BV_t)}{(1+k)}+\frac{NP_{t+2}-(k\times BV_{t+1})}{(1+k)^2}+\cdots+\frac{NP_{t+n}-(k\times BV_{t+n-1})}{(1+k)^n}+\cdots$$

用 ROE 表达的股票定价模型：

$$V_t=BV_t+\frac{(\text{ROE}_{t+1}-k)BV_t}{(1+k)}+\frac{(\text{ROE}_{t+2}-k)BV_{t+1}}{(1+k)^2}+\cdots+\frac{(\text{ROE}_{t+n}-k)BV_{t+n-1}}{(1+k)^n}+\cdots$$

$$\frac{净利润-优先股股利}{平均普通股权益}=\frac{净利润-优先股股利}{销售收入}\times\frac{销售收入}{平均资产}\times\frac{平均资产}{平均普通股权益}$$

即　　普通股权益报酬率＝销售净利率×资产周转率×普通杠杆率

$$\frac{净利润-优先股股利}{平均普通股权益}=\frac{净利润+利息(1-税率)+少数股权收益}{平均资产}\times\frac{净利润-优先股股利}{净利润+利息(1-税率)+少数股权收益}\times\frac{平均资产}{平均普通股权益}$$

即　　普通股权益报酬率＝资产报酬率×收益杠杆率×普通杠杆率

$$股东投资报酬率=\frac{股利+收益再投资的市场价值}{股票价格}$$

$$每股收益=\frac{净收益(盈余)}{普通股股数}$$

$$加权平均普通股股数=\frac{\sum(普通股股数\times在外月数)}{12}$$

$$营业毛利率=\frac{营业毛利}{营业收入}\times100\%$$

$$营业净利率=\frac{净利润}{营业收入}\times100\%$$

$$营业利润率=\frac{营业利润}{营业收入}\times100\%$$

$$主营业务利润率=\frac{主营业务利润}{主营业务收入}\times100\%$$

$$成本费用利润率=\frac{净利润}{成本费用总额}\times100\%$$

$$营业现金比率=\frac{经营现金净流量}{营业收入}$$

$$净利润现金比率=\frac{经营现金净流量}{净利润}$$

$$现金营运指数=\frac{经营现金净流量}{经营所得现金}$$

$$净收益营运指数=\frac{经营净收益}{净收益}$$

思考与练习

一、思考题

1. 用于盈利能力分析的指标主要有哪些？
2. 在计算与分析投资回报率时，投入资本应如何确定？
3. 资产报酬率与公司业绩有何直接联系？它可分解成哪些指标加以分析？
4. 经营者盈利能力分析包括哪些主要内容？
5. 会计利润质量与财务利润质量有何不同？

二、计算题

1. 某上市公司 2015 年流通在外的普通股为 1 000 万股，2016 年 4 月 1 日增发新股 300 万股，2016 年 6 月 2 日经批准购回本公司股票 140 万股，2016 年的净利润为 500 万元，派发现金股利 50 万元。

要求：计算该公司 2016 年的每股收益（EPS）。

2. 某公司 2016 年有关的财务资料如表 3－5 所示，该公司适用的所得税税率为 25%。

表 3－5　谷一公司 2016 年有关的财务资料　　单位：万元

项目	金额
资产总额	8 000
权益总额	3 000
销售收入	6 700
销售成本	5 500
管理费用	460
利息费用	310
经营活动现金净流量	100

要求：

(1) 根据上述有关资料，计算谷一公司 2016 年的销售毛利与净利润。

(2) 计算资产报酬率、营业利润率、成本费用利润率和净利润现金比率。

三、案例题

1. 案例 1

KOMO 公司成立于 1992 年 8 月，是一家民营的商业零售企业。公司初创时，营业面积仅 800 平方米，职工 112 人，销售额 754 万元，利润 71.63 万元。在商业竞争日趋激烈的情况下，公司以综合连锁店形式拓展新市场，坚持管理创新，公司效益稳中有升。现今，公司已发展成为以百货、超市、电器三大业态为主业，涉足酒店、食品、电子器材、劳保等领域的一家大型区域性商业零售连锁企业。

近年来，随着新业态的发展和外资企业入驻，KOMO 公司所面临的市场竞争更加激烈。零售市场的毛利进一步下降，公司净利润难以同步增长。面对如此严峻的考验，KOMO公司也快速跟进市场变化，积极调整经营战略。通过利用互联网打造自身特色，将传统百货与互联网结合，公司为消费者开拓了一种快捷方便的服务模式。同时，KOMO公司牢牢把握核心方向，坚持专业化发展。进一步完善了物流配送体系，加强专业化的零售运营服务，努力提升综合实力和可持续发展能力，以引领区域商贸业发展。

经营战略调整后，KOMO公司近三年的主要财务指标及各个指标的行业均值如表3-6所示。

表3-6　KOMO公司2014—2016年主要财务指标及各指标行业均值表

财务指标（%）	2014年		2015年		2016年	
	KOMO公司	行业均值	KOMO公司	行业均值	KOMO公司	行业均值
销售净利率	2.43	2.39	2.49	2.45	2.67	2.31
销售毛利率	14.55	13.86	14.97	13.81	16.49	13.41
成本费用利润率	2.52	2.47	2.58	2.51	2.77	2.46
净资产收益率	21.11	14.39	23.31	10.17	24.57	8.62
总资产报酬率	6.86	5.13	7.10	3.57	7.92	3.01

资料来源：中国财经网有关信息以及Wind资讯上市公司深度资料，已做了微调。

要求：

(1) 分析KOMO公司以上财务指标在2014—2016年间的变化趋势。

(2) 结合行业平均值，评价KOMO公司经营战略调整的成效及其原因。

2. 案例2

凯德公司主要从事旅游、高科技的投资，经营入境旅游、国内旅游、公民自费出境旅游业务，开展高科技产品开发和技术服务、旅游资源配套开发等业务。旅行社业务是公司的主营业务，也是公司经营的核心业务；此外，公司还积极拓展福利彩票、房地产、景区投资和酒店等多项业务。凯德公司近两年的部分财务数据如表3-7所示。

表3-7　凯德公司2015—2016年部分财务资料　单位：万元

项目	2015年	2016年
营业收入	2 304 683	2 793 022
利润总额	50 587	29 061
利息支出	19 583	17 403
息税前利润	70 170	46 464
平均总资产	1 981 327	2 589 085

资料来源：袁天荣．企业财务分析．北京：机械工业出版社，2013．已做了微调。

要求：

(1) 计算凯德公司2015年和2016年的核心盈利指标，并分析其变化趋势。

(2) 分析并评价凯德公司2016年盈利较2015年的变化情况及其主要原因。

第 4 章

营运能力分析

学习目标

本章主要阐述营运能力分析的内容。通过本章的学习应掌握：

- 资产组合及其影响因素
- 资本结构及其影响因素
- 资产组合和资本结构对风险与收益的影响
- 动态营运能力分析的主要内容

营运能力是指企业配置经济资源、安排资本结构及调控流动资金的水平与潜力。从静态角度看，营运能力主要表现为资产组合状况、资本结构情况及其对收益与风险的影响；从动态角度看，营运能力则主要表现为利用资产的有效程度，西方称之为开工率（activity ratio），即开工程度。

4.1 静态营运能力分析

静态营运能力分析，主要是指考察和评价企业资产组合的有效性、资本结构的合理性及其对企业收益与风险的影响。

4.1.1 资产组合及其影响因素

资产组合指企业资产中各种资产之间的比例关系，尤其是流动资产与非流动资产之间的比例关系。在资产总额不变的情况下，资产组合也就是流动资产与非流动资产在总资产中各自所占的比重，它是企业营运资本管理政策的一个重要内容。通常，包括固定资产、无形资产及对外长期投资在内的非流动资产反映企业的生产经营规模，其在一定期间内往往保持不变。非流动资产如果发生变化，必然会导致流动资产的变动，从而影响资产组合状况。从一定意义上说，企业的资产组合及其变动，主要取决于企业流动资产在总资产中所占的比重及其变化情况。

企业资产组合受诸多因素影响，主要有以下几个方面。

（1）企业的行业特性。企业所处的行业不同，其行业特征与经营范围也有所不同，企业在经营中的流动资产与非流动资产之间的比例及资产组合自然会有差异。例如，处于资本密集型行业的企业，其流动资产所占比重一般比处于劳动密集型行业的企业低；又如，处于生产周期长的行业的企业，其流动资产所占比重较生产周期短的行业的企业高；再如，分别处于金融、电信、医药、商业、冶金及旅游等行业的企业，其流动资产所占比重往往也是依次由高到低排列的。对于大部分企业而言，由于流动资产的主要组成部分是应收账款和存货，而它们的占用水平又主要取决于企业生产经营所处的行业领域，因此行业特征或行业差别是影响企业资产组合的重要因素。

（2）企业的营业规模。从理论与实践的角度看，企业的营业规模对企业资产组合也有重要的影响。一般来说，企业的营业规模越大，生产能力越强，其机械化程度与自动化水平就越高，从而在固定资产等非流动资产方面的投资也就越多。不仅如此，与营业规模较小的企业相比，营业规模较大的企业更具有较强的筹资能力和抗风险能力，为谋取更多的盈利而愿意承担更大的风险，即使出现财务困难，也更容易迅速筹集资金，其占用的流动资产可以相对较少，而更多地使用固定资产等。

（3）企业的经营环境。企业的经营活动受诸多因素的影响，如利息率、通货膨胀、科技进步、社会信用等。这些影响因素及其变化，都会影响企业的经营活动与资产组合状况。例如，当利息率上升或处于较高水平时，企业为了减少利息支出，减轻财务负担，往往尽可能减少在流动资产方面的投资，降低流动资产在全部资产中所占的比重；反之，当利息率下降或处于较低水平时，企业一般不采取上述举措，而是维持或提高流动资产在全部资产中所占的比重。又如，在通货膨胀的情况下，企业一般尽可能占用他人资金和减少他人占用本单位资金，从而影响企业的流动资产占用及其与非流动资产的比例。再者，随着科学技术的不断进步，商业竞争的日趋激烈，为培育其核心竞争力并保持成长性，企业也逐渐加大对固定资产、无形资产等非流动资产的投资力度，从而导致流动资产在全部资产中的占比不断下降。

（4）企业的风险偏好。无论是不同行业的企业之间还是同行业的不同企业之间，其资产组合都有一定的差异，其中一个重要原因是企业管理者的风险偏好（即对风险的态度）不同。一般而言，偏好高风险的企业，其流动资产占总资产的比重较低；偏好低风险或回避风险的企业，其流动资产所占比重则较高。一个企业持有的流动资产，通常包括生产经营的正常需要量和保险储备量两部分。偏好高风险的企业，其实际保险储备一般低于正常保险储备（水平）；

反之，企业的实际保险储备大都高于正常保险储备（水平）。也就是说，从保险储备的角度，也可以判别企业的风险偏好及其资产组合状况。

受上述诸多因素的影响，不同企业的资产组合状况存在差异。但是，总体来说，企业资产组合状况可大致分为三种类型，即稳健型、冒险型及适中型。

稳健型资产组合，有时也称保守型资产组合，即企业在确定其持有的流动资产的数量时，根据同业惯例和以往经验，在正常需用量与保险储备量的基础上，再加上一部分额外的储备量，以便降低风险。例如，某企业以往的经验表明，一般情况下，实现营业额 100 万元所需流动资产为 30 万元，其中的 20 万元为正常需用量，10 万元为合理的保险储备量。现企业基于规避风险的考虑，为实现预计的营业额 100 万元安排了 40 万元的流动资产。显然，企业较以往采取了稳健或保守的资产组合。这种资产组合的结果是风险较小，但收益水平也较低。

与之几乎相反的是冒险型资产组合，有时也称激进型资产组合，即企业在确定其持有流动资产的数量时，根据同业惯例和以往经验，只安排正常生产经营的需用量，不安排或安排很少的保险储备量，以便提高收益水平。承上例，该企业假定为实现预计的营业额 100 万元仅安排了 20 万元的流动资产。相比而言，企业资产的流动性在整体上降低了，从而增大了风险，但有望增加收益。也就是说，这种资产组合的结果是风险较大，但收益水平有可能较高。

介于上述稳健型资产组合与冒险型资产组合之间的则是适中型资产组合，也称中庸型资产组合。企业在确定其持有流动资产的数量时，根据同业惯例和以往经验，在保证正常生产经营需用量的基础上，为防不测再适当地安排一定的保险储备量，即合理的保险储备量。与上述两种资产组合相比，适中型资产组合的结果是，风险及收益均较适中。这也是企业在正常情况下安排的一种资产组合。

在其他因素不变或相对不变的情况下，由于不同的资产组合导致不同的风险与收益水平，因此企业应根据其经营和理财目标，综合考虑各种影响因素，认真权衡风险与收益，以确定合理的资产组合。

4.1.2　资本结构及其影响因素

资本结构指企业资金中各种资金之间的比例关系，在性质上可认为是权益资金与债务资金的比例关系，在时间上可指短期资金和长期资金的比例关系。它是企业营运资本管理政策的又一重要内容，也是筹资决策的核心。如果基于对经营资源配置与使用的认知而从投资角度将资产组合理解为某种意义上的投资过程或投资组合，那么从筹资角度也可以把资本结构理解为筹资过程或筹资组合。但是，筹资组合既不同于资产组合，也不同于资本组合。在实际工作中，有的企业将它们混用的做法是不可取的。从效率性分析的角度看，这里的资本结构多指短期资金与长期资金之间的比例关系。

企业资本结构受诸多因素影响，主要有以下几个方面。

（1）财务目标。财务目标对企业的资本结构安排影响较大。一般来说，关于企业的财务目标主要有三种观点，即利润最大化、股东财富最大化及公司价值最大化。利润最大化目标要求企业的财务活动应尽可能多地获得利润，而企业的筹资、投资及收益分配等活动都会影响到利润这项综合性数量指标。当然，这里的利润一般是指企业所得税后利润即净利润，而非所得税前利润、息税前利润及营业利润等。在该目标导向下，企业在安排其资本结构的决策中，要在适度风险的基础上合理设定债权资本比例，尽可能降低资本成本，以提高企业的净利润水平。股东财富最大化目标则要求在资本市场有效假设的前提下，公司的财务活动应最大限度地提高股票的市场价值，因此需要在风险适当的情况下合理安排债权资本比例，尽可能降低资本成本，以便通过增加公司业绩（如每股盈余等）来提高公司股票的市场价格。至于公司价值最大化目标及其对资本结构的作用，很大程度上综合了上述两种目标的影响。该财务目标要求公司在适度风险的条件下，合理确定债权资本比例，以便通过股权资本价值与债权资本价值来增加公司的总价值。由此看来，上述三种财务目标有其相同或相通之处，但它们之间及其对资本结构的影响仍存在一定差异。

（2）投资者动机。从投资者角度看，企业的投资者有两类，即股权投资者和债权投资者。总的来说，它们对企业进行投资都是为了获取投资收益，但其投资动机仍有不同。通常，债权投资者对企业的投资，其动机主要是在按期收回本金的条件下获取一定的利息收益。而股权投资者对企业的投资，其基本动机是在保证或保全资本金的基础上获得一定的权利收益，并使其投资价值不断增值，有时还具有控制被投资企业的意图。无疑，投资者的不同动机对其投资的性质与期限、资本结构及其价值基础都具有重要影响。因此，企业在决定资本结构时必须考虑投资者的动机，合理安排股权资本和债权资本、短期资金与长期资金之间的比例关系。

（3）债权人态度。通常，企业在决定资本结构并付诸实施之前，往往要考虑债权人乃至信用评级机构的态度和意见。如果企业安排的债权资本比例较高，银行等债权人未必提供资金支持，或者在提供资金时附加较为严格的条件，如较高的利率或担保抵押等。因此，债权人的态度对于企业资本结构的安排具有较大的影响。

（4）经营者行为。从控制权的角度看，经营者有时为把握其对企业的控制权，尽可能采用债务筹资的方式来筹集资金，从而增加债权资本并提高其在企业全部资本中所占比重；从规避风险的角度分析，经营者尽可能少采用债务筹资的方式筹集资金，从而降低债权资本在企业全部资本中所占比重。更为现实的情况是，经营者将控制权、财务风险及杠杆利益等多种因素综合起来加以考虑，以确定债权或股权筹资方式及不同资本之间的比例。

(5) 财务实绩与前景。在企业财务实绩与前景良好的情况下，企业更有可能利用外部资金，并倾向于采用债务筹资方式筹集资金；在企业财务实绩与前景不佳的情况下，企业主要依赖内部资金，利用留存收益等增加股权资本。

此外，税收法规政策、企业所处的行业特征及金融市场环境等因素，也会在不同程度上影响资本结构。不仅如此，上述各种因素还影响长期资金与短期资金的比例关系。

4.1.3 资产组合和资本结构对风险与收益的影响

从长期资产和短期资产所需资金支持的角度来看，资产形成和资金来源的搭配一般有三类情况，且不同情况下企业的风险与收益也有所不同。正常的情况是，短期资产通过短期资金的支持形成，而长期资产（包括一部分经常占用的流动资产）则通过长期资金的支持取得。有一种情况是，不仅短期资产通过短期资金支持形成，而且部分长期资产也通过短期资金支持取得。在这种情况下，企业的资本成本较低，有利于提高企业的收益水平，但短期资金安排作长期使用，往往会加大企业的风险，从而要求经营者具备较强的紧急筹资和高效率调配资金的能力。还有一种情况是，企业只有部分短期资产是通过短期资金支持形成的，而其他部分短期资产和全部长期资产都是通过长期资金支持取得的。在该种情况下，企业资本成本较高，并且还有机会成本，往往会导致收益较少，但长期资金安排作短期使用，有利于降低风险。因此，企业在确定资本结构时，应综合考虑各种因素及其影响，认真权衡风险与收益，既要保持合理的股权资本与债权资本的比例关系，又要保持适当的短期资金和长期资金的比例关系。

现分别就上述三种情况举例说明如下。

[例 4-1]

某公司正常情况下的总资产为 100 万元，其中短期资产（不包括经常性的部分流动资产）30 万元，长期资产 70 万元。公司息税前利润为 27 万元，短期资本 30 万元，资本成本率 5%，长期资本 70 万元，资本成本率 15%，所得税税率 25%。有关的测算与分析如下。

(1) 综合资本成本即加权平均资本成本为：

$30\times5\%+70\times15\%=12$(万元)

(2) 税前收益为：

$27-12=15$(万元)

（3）所得税（费用）为：

$$15\times25\%=3.75(万元)$$

（4）净利润为：

$$15-3.75=11.25(万元)$$

（5）资产报酬率为：

$$\frac{11.25}{100}\times100\%=11.25\%$$

（6）长期资本与短期资本的比例为：

$$\frac{70}{30}=7:3$$

或短期资本占全部资本的比重为：

$$\frac{30}{30+70}\times100\%=30\%$$

（7）流动比率（从账面意义上说，该比值较下列数稍高）为：

$$\frac{30}{30}=1:1(或比值为1)$$

[例4-2]

沿用例4-1的资料。假定短期资本减少为20万元，长期资本增加到80万元，其他条件不变，则有关的测算与分析如下。

（1）综合资本成本即加权平均资本成本为：

$$20\times5\%+80\times15\%=13(万元)$$

（2）税前收益为：

$$27-13=14(万元)$$

（3）所得税（费用）为：

$$14\times25\%=3.5(万元)$$

（4）净利润为：

$$14-3.5=10.5(万元)$$

（5）资产报酬率为：

$$\frac{10.5}{100}\times100\%=10.5\%$$

（6）长期资本与短期资本的比例为：

$$\frac{80}{20}=4:1$$

或短期资本占全部资本的比重为：

$$\frac{20}{20+80}\times100\%=20\%$$

（7）流动比率（从账面意义上说，该比值较下列数稍高）为：

$$\frac{30}{20}=1.5:1(\text{或比值为 }1.5)$$

比较上述两种情况可以发现：在资产总额、资产组合及资本总额等不变的情况下，不同资本结构会导致不同的风险与收益。一般来说，短期资本所占比重越低（分别为30%和20%），流动比率指标越高（分别为1和1.5），其所反映的资产流动性也越大，财务风险越小；同时，在短期资本和长期资本的资本成本率不变（分别为5%和15%）的条件下，降低短期资本所占比重，会导致综合资本成本增加（分别为12万元和13万元），从而减少收益（如净利润分别为11.25万元和10.5万元），并降低收益水平（如资产报酬率分别为11.25%和10.5%）。

[例4-3]

沿用例4-2的资料。假定短期资本增加到40万元，长期资本减少为60万元，其他条件不变，则有关的测算与分析如下。

（1）综合资本成本即加权平均资本成本为：

$$40\times5\%+60\times15\%=11(\text{万元})$$

（2）税前收益为：

$$27-11=16(\text{万元})$$

（3）所得税（费用）为：

$$16\times25\%=4(\text{万元})$$

（4）净利润为：

$$16-4=12(\text{万元})$$

（5）资产报酬率为：

$$\frac{12}{100}\times100\%=12\%$$

（6）长期资本与短期资本的比例为：

$$\frac{60}{40}=3:2$$

或短期资本占全部资本的比重为：

$$\frac{40}{40+60}\times 100\%=40\%$$

（7）流动比率（从账面意义上说，该比值较下列数稍高）为：

$$\frac{30}{40}=0.75:1(\text{或比值为 } 0.75)$$

与前述分析结果相对照可以发现，如果提高短期资本所占比重（如由20%调至40%），则流动比率指标会下降（如由1.5降为0.75），其所反映的资产流动性越小，财务风险越大；同时，在短期资本和长期资本的资本成本率均不变（分别为5%和15%）的情况下，提高短期资本所占比重，将导致综合资本成本减少（如由13万元减至11万元），从而增加收益（如净利润由10.5万元增至12万元），并提高收益水平（如资产报酬率由10.5%提高到12%）。

沿用前例正常情况下的数据资料，如果将短期资产与长期资产的比例由3∶7调整为4∶6，也就是说，短期资产由30万元调增至40万元，而长期资产由70万元调减到60万元，则流动比率为4∶3或比值为1.33（即40/30）。显然，这与正常情况相比的结果是，资产流动性增大，其所反映的财务风险有所降低；此时，因投资者所要求的报酬（利息和股利）与企业的成本都有望减少，企业的收益（盈利）水平也会有所降低。因为在同等规模下，短期资产的收益通常要低于长期资产的收益。相反，如果将短期资产与长期资产的比例由3∶7调整为2∶8，也就是说，短期资产由30万元调减为20万元，而长期资产由70万元调增为80万元，则流动比率为2∶3或比值为0.67（即20/30）。可见，这与正常情况相比的结果是，资产流动性减小，其所反映的财务风险有所上升；此时，投资者所要求的报酬（利息和股利）与企业的成本都很有可能增加，企业的收益（盈利）水平也很有可能且应当提高。

综上所述，无论是资产组合还是资本结构，都会对企业的风险与收益产生重要影响。因此，企业在安排资产组合、确定资本结构及进行两者间的搭配时，应充分考虑并认真权衡风险、收益及其关系。进一步说，这能在一定程度上从效率的角度衡量和评价企业管理层配置资源与调控资金的能力与水平，也是静态考察和分析企业效率的重要内容。它表明企业的效率既影响流动性和盈利性，又影响风险性及成长性，因而效率性分析是企业财务分析的重要组成部分。

4.2　动态营运能力分析

动态营运能力分析，就是考察和评价企业调节、配置及控制经济资源的能力与水平，衡量与体现企业管理层运营资金的有效性和合理性。

4.2.1　应收账款周转率

1. 应收账款周转率（次数）

应收账款周转率（accounts receivable turnover）是销售额与应收账款的比率。对于大多数实行赊销政策的企业而言，应收账款是其营运资本的重要组成部分。应收账款周转率影响应收账款的流动性与质量（即无损失收回的可能性），也影响企业的销售规模和营业收入，进而影响企业的盈利性。该指标是应收账款账龄的指示器，其计算公式为：

$$\text{应收账款周转率(次数)}=\frac{\text{销售额}}{\text{应收账款}} \tag{4-1}$$

式中，销售额是指扣除折扣和折让后的销售净额，通常有两种口径。一种是不包括现金销售的销售净额或赊销净额，其主要理由是现金销售不产生应收账款，且这样有利于保持该比率在计算分母与分子的口径上相一致。另一种是包括现金销售的销售净额，其主要理由是在商业竞争环境下，企业的现金销售占全部销售的比例往往较小，实际上多为赊销收入，况且现金销售也可被视为一种特殊的赊销（即赊销时间为零的赊销）；不仅如此，对于主要依赖财务报表进行财务分析的外部利益相关者来说，他们无法从财务报表中直接取得赊销收入资料，因为财务报表中一般不分别披露现金销售和赊销收入情况，甚至赊销金额被认为是企业的商业秘密不宜对外公开，即使内部分析者有时也难以取得该项数据。此外，只要多期连续一贯地使用包括现销的销售净额来计算该指标，就不会影响该指标的分析与利用。如果现金销售占全部销售的比例相对稳定，那么该指标的年度间变动也就不大。在理论上，宜采用第一种口径即赊销净额；在实务中，多采用第二种口径即包括现金销售的销售净额，来计算和分析应收账款周转率，但应该估计其受现销因素的影响。

公式中的分母即应收账款，应当包括正常销售所产生的应收票据。一般情况下，该应收账款使用平均数作为分母，最直接的方法是将期初应收账款与期末应收账款相加后除以 2。当然，如果使用月份和季度数据来计算该平均数，其结果会更准确。不过，在销售波动较大的情况下，据此计算出的比率有可能被歪曲，而且销售波动越大，该比率被歪曲的可能性也越大。也有人主张，该分母直接采用应收账款的期末余额，而不用平均数，其主要理由是，这样计算出的应收账款周转率有利于分析和评价企业在期末时点上占用应收账款资金所实现的营业额，也可表明企业期末应收账款的周转速度。有人认为，只有账款回收取得了现金，才能表明应收账款周转的完成，故主张该分母应该采用应收账款的回收额。仔细推敲会发现，这种见解是正确的，但企业应收账款回收数据不易取得，更不宜公开，因而实务中大多采用应收账款发生额。此外，应收账款是否应扣除坏账准备尚存在争议。一般来说，这要视应收账款周转额的情况而定。当应收账款周转额采用其收回额，即只反映可能收回的账款时，应采用扣除坏账准备后的应收账款净额；当应收账款周转额采用其发生额，即既反映可能收回的账款又反映也许不能收回的账款时，则应采用不扣除坏账准备的应收账款余额。实务中，大多采用不扣除坏账准备的应收账款余额。

应收账款周转率（次数）表明企业应收账款回收的速度与管理工作的效率，它有利于判断企业信用政策的类型、资产的流动性及盈利的质量。一般情况下，应收账款周转次数越多，表明应收账款回收的速度越快，企业管理工作的效率越高。这不仅有利于企业及时收回货款，减少或避免坏账损失的可能性，而且有利于增强企业资产的流动性，提高企业的短期偿债能力。此外，在一定的营业规模下，应收账款周转次数越多，则表明应收账款额越小，因而可以判定企业的信用标准和付款条件较为苛刻；反之，应收账款周转次数越少，则应收账款额越大，因而可以判定企业的信用政策较为宽松。当然，以次数表示的应收账款周转率指标也有其局限性。比如，由于该指标与公司向客户提供的赊销期限不具有直接的可比性，因而难以用来评价原设的信用条件的恰当性，等等。

严格来说，作为反映应收账款周转速度的指标，应收账款周转率有两种表示，除了上述以次数表示的应收账款周转率，还有一种是以天数表示的应收账款周转率，即应收账款周转天数（RTD）或称账龄（age of accounts receivable）。

2. 应收账款周转率（天数）

以天数表示的应收账款周转率，也是用以说明应收账款周转快慢的指标。它表明企业从形成应收账款到收回款项取得现金所需要的时间，故又称应收账款回收期、应收账款收现期或应收账款收款期（accounts receivable collection period，ACP）。它可以用一年的近似天数即360天，除以应收账款周转次数求得。其计算公式为：

$$\begin{matrix}\text{应收账款}\\\text{周转率(天数)}\end{matrix}=\frac{360}{\text{应收账款周转次数}}=360\times\frac{\text{应收账款}}{\text{销售额}} \qquad (4-2)$$

该指标是指应收账款周转一次所需要的时间（天数）。一般情况下，应收账款周转天数越少，表明应收账款回收的速度越快，资金被其他单位占用的时间越短，企业管理应收账款的效率也越高。但是，该指标值也不宜过小。如果应收账款周转天数过少，则可能是企业奉行了过严的信用政策，采用了过于苛刻的信用标准与付款条件，其结果可能不利于扩大销售量，造成存货积压和流动资金周转缓慢，影响获利水平和整体流动资金配置效率的提高。

在分析和利用应收账款周转率（天数）指标时，将应收账款账龄与原设的赊销期限进行对比，可以评价购买单位的信用程度、企业原设的信用政策的宽松程度和信用条件的恰当与否。例如，在正常情况下，某公司给予客户的信用期为 45 天，但实际计算结果表明，该公司应收账款周转天数平均为 75 天。显然，两者间的差距较大，表明可能存在公司收款力度不够，客户拖延付款或发生财务困难等情况。对此，公司应透析其中的原因，并采取相应的管理措施。有时，应收账款隐藏在财务活动受到限制的子公司中，坏账也可能与未反映在企业账簿上的应收账款有关。因此，该种情况下的应收账款不能代表企业的销售活动情况，其平均数也不能代表应收账款的总体情况。例如，上例中 75 天的周转天数与设定的 45 天信用期限相比，表明客户拖延了付款，但并不代表顾客总体上拖延了付款，有可能是由几个极端客户逾期（未付款）造成的。对此，可通过应收账款账龄分析法，按逾期天数编表列示每一笔逾期账款的分布情况，并据此分析付款拖延是普遍现象还是集中在几个客户的特殊现象。在日常的分析与评价中，应仔细检查应收票据，尤其是延长应收账款收款期而产生的应收票据的质量；对于未作借款抵押的应收账款，将之转变为现金往往会导致销售的下降，而企业为实现其利润目标，有时可能会接受付款较慢的客户；在诸如新产品刚刚上市、为利用闲置生产能力而销售以及囿于特殊竞争环境等情况下，企业也可能会实施较为宽松的信用政策。因此，进行财务分析与评价时，必须考虑应收账款、销售及利润之间的关系，同时可联系客户的信用状况、企业催账工作的及时性、提取坏账准备的数额、坏账准备与应收账款总额的关系及其变动等因素加以研究。比如，将坏账准备除以应收账款总额求得比率，观察该比率（指标）变动情况，据以作进一步的分析。

当该比率提高时，可以认为应收账款收回的可能性下降；相反，当该比率降低时，可以判定应收账款收回的可能性增加，或需重新评价坏账准备的准确性。

由于前述应收账款周转率（次数与天数）在计算中采用了应收账款平均数，其所反映的是应收账款平均周转（收款）频率，并不一定符合分析期末的实际情况，因而有人主张采用应收账款期末余额来计算和评价有关指标。

[例 4-4]

应收账款周转天数（期末）可用应收账款期末余额除以平均每天销售额求得。假定某公司期初、期末应收账款分别为 1 500 000 元和 2 500 000 元，实现销售额 12 000 000 元。在不考虑现金销售的情况下，分别用两种方法计算该公司应收账款周转天数如下：

在第一种方法下，应收账款采用平均数，则有

$$应收账款周转率(次数)=\frac{12\,000\,000}{\frac{1\,500\,000+2\,500\,000}{2}}=6(次)$$

$$应收账款周转率(天数)=\frac{360}{6}=60(天)$$

在第二种方法下，应收账款采用期末数，则有

$$平均每天销售额=\frac{12\,000\,000}{360}=33\,333.3(元)$$

$$应收账款周转率(天数)=\frac{2\,500\,000}{33\,333.3}=75(天)$$

显然，采用这两种不同的方法，其计算结果有一定的差异（15天）。因此，企业应根据具体情况，灵活采用适当的方法计算应收账款周转天数，以便做出客观、可信的分析与评价。

应收账款周转率（次数与天数）指标，既可用于同行业不同企业之间的比较与分析，又可用于同一企业不同期间的考察和评价，不仅能够反映企业短期流动性与偿债能力及其变化情况，而且能够反映企业动态效率性和营运能力及其变动趋势。因此，该指标在财务分析中具有极其重要的作用。

[例4-5]

某企业2015年期初、期末应收账款分别为1 100 000元和1 200 000元，该年度实现销售收入7 714 000元；2016年期末应收账款为1 300 000元，该年度实现销售收入8 571 000元。该企业每年度销售收入中现销与赊销比均为3∶7。有关的计算与分析如下：

2015年应收账款平均余额、赊销收入净额及应收账款周转率为：

$$应收账款平均余额=\frac{1\,100\,000+1\,200\,000}{2}=1\,150\,000(元)$$

$$赊销收入净额=7\,714\,000\times70\%=5\,399\,800(元)$$

$$应收账款周转次数=\frac{5\,399\,800}{1\,150\,000}\approx4.7(次)$$

$$应收账款周转天数=\frac{360}{4.7}\approx76.6(天)$$

2016年应收账款平均余额、赊销收入净额及应收账款周转率为：

$$应收账款平均余额=\frac{1\,200\,000+1\,300\,000}{2}=1\,250\,000(元)$$

$$赊销收入净额=8\,571\,000\times70\%=5\,999\,700(元)$$

$$应收账款周转次数=\frac{5\,999\,700}{1\,250\,000}\approx4.8(次)$$

$$应收账款周转天数=\frac{360}{4.8}=75(天)$$

根据以上计算结果，对比发现该企业 2016 年的应收账款周转情况较 2015 年有所改善，周转次数由 4.7 次提高到 4.8 次，周转天数由 76.6 天降低为 75 天。虽然应收账款平均占用额由 1 150 000 元增加到 1 250 000 元，即增速约为 8.7%，但是赊销净额增速更快，即 11.1%，其数额由 5 399 800 元扩大到 5 999 700元，表明应收账款占用资金相对节约。应收账款周转率及其变动情况，说明企业的营运能力有所增强，管理效率有所提高。这对加速企业的资金周转，增强资产的流动性及流动资产的变现力，都会起到积极的作用。

在计算和分析应收账款周转率指标时，需强调下列几点：

第一，要注意结合企业经营特点进行分析，因为季节性经营的企业使用该指标时，有时不能反映其实际情况。

第二，要注意企业结算方式及其影响，尤其是在企业大量使用分期付款结算方式或大量使用现金结算方式进行销售的情况下，更需注意该指标的恰当性和适用性。

第三，要注意期末销售情况对该指标分析与利用的影响，特别是年末销售大幅增加或大幅下降的情形。

第四，要注意结合行业特点与经验惯例加以分析。应收账款周转率（次数或天数）能提供有关企业应收账款管理方面的信息，有利于分析企业的信用政策。在分析与判断企业应收账款的账龄时，一般经验认为，企业应收账款的平均收款期应不超过企业的信用条件所允许的付款期 10 天。因此，在使用应收账款周转率（天数）指标时，要将之与原给予客户的信用期限进行对比，以评价客户的信用程度、原设信用条件的恰当性和企业应收账款的管理效率。

第五，要注意对该指标进行横向与纵向的比较分析与利用。信息使用者尤其是外部使用人，要将该指标与本企业前期指标、其他类似企业指标及行业平均水平进行比较，以判断该指标的高低，并为剖析成因提供基础。

4.2.2 存货周转率

1. 存货周转率（次数）

存货周转率（inventory turnover ratio）是销售成本与存货的比率。存货通常是工商企业流动资产的重要组成部分，是企业为了获取回报（即出售存货实现的预期利润）而进行的一种投资，但企业不需要靠它来维持足够的流动性，因为它通常是流动资产中流动性最差的部分，且持有存货存在一定风险。事实上，绝大多数企业都力求维持合理水平的存货。作为反映企业销售能力与流动性的重要指标，以及评价企业运用与管理存货效率的分析工具，存货周转率具有极其重要的意义。其计算公式如下：

$$存货周转率(次数)=\frac{销售成本}{存货} \tag{4-3}$$

公式中的分子即销售成本，通常按成本计量并列报于利润表中。当然，有时（偶尔）也会出现找不到销售成本数据的情况。此时，往往用销售额来代替销售成本作为分子，计算近似的或修正的存货周转率。尽管这种做法将有损该比率的有用性，但修正后的比率可用于趋势分析，尤其当一贯地如此运用且毛利变化很小之时。

公式中的分母即存货，一般是指平均存货水平，也就是将期末、期初存货相加后除以2。当然，用季度和月份的数据计算得到的结果，比用年度数据计算得到的结果更为准确。有时，为了评价某一特定日期（如年末）存货的水平，宜用存货在该日的余额作为分母。存货通常也按成本计量和列报，它是企业流动资产的重要组成部分，在有些企业往往占有较大比重。因此，存货的质量与流动性对企业的流动性、风险性及盈利性都具有重要影响，进而影响企业的偿债能力、盈利能力及发展能力，从而使其成为综合评价企业效率性与营运能力的一项重要比率。

一般情况下，存货周转率指标值越大越好。在平均存货水平一定的条件下，存货周转率指标值越大，表明企业的销售成本越高，产品销售的数量越多，企业的销售能力越强；反之，则表明销售能力不强或较弱。企业欲扩大产品销售，增强销售能力，就必须在生产经营各个环节提高运营效率与水平。也就是说，企业要在原材料的购进、生产过程中的投入、产品的销售、现金的收回等方面（适时系统）做到协调、衔接及平衡，提高管理存货的工作水平。不仅如此，存货周转率指标还可用来衡量存货的储存是否适当，能否保证生产的不间断进行和产品的有序销售。理论上，存货既不能储存过少，又不能储存过多。存货过少会造成存货缺乏、生产中断或销售紧张，影响供货和销售水平；存货过多又会形成呆滞、积压、过时及毁损，增加储存成本、保险成本、机会成本、税金支出及报废损失等。

严格来说，作为反映存货周转速度的指标，存货周转率有两种表示，除了上述以次数表示的存货周转率外，还有一种是以天数表示的存货周转率，即存货周转天数。

2. 存货周转率（天数）

以天数表示的存货周转率可用来衡量存货生产及销售的速度，也是用以说明存货周转快慢的指标。该指标主要受产品制造技术的影响，也与商品（产成品）的保存期有关。它表明企业销售平均存货所需的天数，据之可评价企业的购货及生产决策。其计算公式为：

$$存货周转率(天数)=\frac{360}{存货周转次数}$$

$$=360\times\frac{存货}{销售成本} \tag{4-4}$$

该指标是指从存货的购买到销售所用的天数，即存货周转一次所需要的时间（天数），也就是存货通过销售转换为应收账款平均需要的天数，零售与批发企业称之为库存周期。如果要考察和分析企业出售期末存货所需要的天数，则可用期末存货数计算。为此，先要计算平均每天的销售成本（销货成本/360），然后将期末存货除以平均每天的销售成本，即按期末存货计算的存货周转天数。需要指出的是，按期末存货计算存货周转天数，须具备一个前提，即销售率不变。通常，这两种计算的结果间存在一定差异。现举例说明如下。

[例 4－6]

假定某公司 2016 年销售存货取得的营业收入为 18 000 000 元，其销售净额为 16 000 000 元，销售毛利率为 25%；期末、期初存货分别为 4 000 000 元和 2 000 000 元。

第一种方法下，存货占用额采用平均数，则有

$$存货周转率(次数)=\frac{16\,000\,000\times(1-25\%)}{\frac{2\,000\,000+4\,000\,000}{2}}=4(次)$$

$$存货周转率(天数)=\frac{360}{4}=90(天)$$

第二种方法下，存货占用额采用期末数，则有

$$存货周转率(次数)=\frac{16\,000\,000\times(1-25\%)}{4\,000\,000}=3(次)$$

$$存货周转率(天数)=\frac{360}{3}=120(天)$$

显然，采用这两种不同的方法，其计算结果相差 30 天。因此，企业应根据具体情况，采取适当的计算方法，以便做出符合分析目的的评价。

一般情况下，存货周转天数越少，表明存货周转速度越快，存货占用资金的时间越短，企业管理存货的效率也越高。但是，过高的存货周转率，有时也意味着存货占用资金的水平过低和频繁发生缺货（信号）；相对而言，过低的存货周转率，通常意味着存货占用资金过量或存货发生报废贬值（信号）。事

实上，对于大多数企业而言，该指标是不同类存货的不同周转率的混合物。因此，存货周转率（次数或天数）只是一个用来粗略衡量存货管理效率的指标，尚需进一步查明存货管理中是否存在无效行为，有无特定种类存货占用资金过多的失衡情况，以及存货质量即企业使用和处置存货能力的合格状况。因为只有行为有效，才能确保或提高管理水平；只有结构合理，才能保证生产经营活动的正常进行；只有质量合格，才能保证存货的顺畅流动，从而达到加速存货周转，提高营运能力与盈利能力的目的。在企业正常经营下，存货的销售通常应获取一定的利润，有别于存货清算下的成本补偿。因此，正常的毛利率是一个非常重要的指标。

为了分析影响存货周转率的具体原因及不同类存货的周转速度，在可获得有关数据的条件下（事实上，企业很少在财务报表中披露有关存货的构成或结构方面的信息），在工商企业中甚至必须进一步计算原材料、在产品（或在制品）、商品（或产成品）的周转率，考察在供、产、销等生产经营的不同阶段中存货的分布与管理状况，评价各环节的工作绩效和运营情况，但要特别注意各类存货周转率指标中的周转额问题，并着重利用有关存货质量的有用信息（如能够提供该方面信息的各部门、各分部的存货周转率）。各环节不同类存货的周转率计算公式如下：

$$\text{原材料周转率}=\frac{\text{原材料耗用成本}}{\text{原材料平均余额}} \tag{4-5}$$

$$\text{在产品周转率}=\frac{\text{制造成本}}{\text{在产品平均余额}} \tag{4-6}$$

$$\text{产成品周转率}=\frac{\text{销售成本}}{\text{产成品平均余额}} \tag{4-7}$$

根据计算结果，可以了解各类存货的周转速度，分析每类存货及其重要项目对全部存货周转率的影响，以便在保证生产经营顺畅进行的前提下，进一步改进存货结构，尽可能少地占用经营资金，加速存货周转，提高整体运营效率与存货管理水平，增强企业的营运能力、偿债能力及盈利能力。

需要指出的是，对该指标的分析与利用，必须关注公司过去的和可预期未来的存货周转率，也必须关注类似公司及行业的平均存货周转率。此外，存货周转率指标固然是一个有用的分析工具，但要对企业运营绩效和存货管理水平进行全面评价，仅仅用这一个指标是不够的。现举例说明如下。

[例4-7]

假定某公司2015年期末、期初存货分别为4 400 000元和3 500 000元，该年销售净额为14 986 667元，毛利率为25%；2016年期末存货为5 050 000元，该年销售净额为17 200 000元，毛利率仍为25%。

2015年销售成本、平均存货及周转速度计算如下：

$$销售成本=14\ 986\ 667\times(1-25\%)\approx 11\ 240\ 000(元)$$

$$平均存货=\frac{3\ 500\ 000+4\ 400\ 000}{2}=3\ 950\ 000(元)$$

$$存货周转率(次数)=\frac{11\ 240\ 000}{3\ 950\ 000}\approx 2.85(次)$$

$$存货周转率(天数)=\frac{360}{2.85}\approx 126.32(天)$$

2016年销售成本、平均存货及周转速度计算如下：

$$销售成本=17\ 200\ 000\times(1-25\%)=12\ 900\ 000(元)$$

$$平均存货=\frac{4\ 400\ 000+5\ 050\ 000}{2}=4\ 725\ 000(元)$$

$$存货周转率(次数)=\frac{12\ 900\ 000}{4\ 725\ 000}\approx 2.73(次)$$

$$存货周转率(天数)=\frac{360}{2.73}\approx 131.87(天)$$

通过上述计算可以发现，该公司2016年的存货周转速度较2015年有所减慢，存货周转次数由2.85次下降到2.73次，存货周转天数由126.32天增加到131.87天，延长了5.55天（131.87－126.32）。这说明该公司2016年存货管理效率不如2015年，其原因可能是2016年存在管理失效行为，也可能与该年存货增幅过大有关。2016年较2015年平均存货增加775 000元，增幅约为19.62%，这表明该公司存在大量未销售的产成品，或企业产品组合中生产周期（或营业周期）较长的产品增加得更多。欲提高公司的运营效率和存货管理水平，尚需进一步查明存货增长的项目和原因，以便采取有效的改进措施。

此外，还应当将该公司的存货周转率与行业平均值进行对比分析。假定2016年和2015年该公司所处行业存货周转次数的平均值分别为2.98次与3.14次，存货周转天数分别为120.81天及114.65天，说明此行业存货周转速度也在放慢，故该公司存货周转速度的走势与行业相一致；但是该公司存货周转速度仍低于行业平均值，2016年和2015年存货周转次数较行业平均值分别少0.25次（2.98－2.73）及0.29次（3.14－2.85），存货周转天数较行业平均值分别多11.06天（131.87－120.81）及11.67天（126.32－114.65），这表明该公司存货管理效率低于行业平均水平，同时表明其存货占用资金过量，甚至还表明存货的账面价值可能不等于其实际价值。由此看来，该公司在存货管理上存在一定的问题，有进一步挖掘运营与管理方面的潜力，从而需做细致具体的调查，以判断问题产生的真正原因。

总之，在对存货周转率指标进行横向、纵向比较后，就能发现企业存货周转速度的变化趋势及其在行业中所处的地位，从而有利于判断和评价企业存货管理水平，寻找存在问题的线索与征兆。一般来说，当存货周转速度下降或者低于行业正常水平时，周转缓慢的存货是属于过时、需求疲软或无法出售的存货，如冷背残次品、滞销品等。这种情况使人们考虑并怀疑企业补偿存货成本的可能性，进而分析和观察其是否由预期销售增长、合同性承诺、价格上涨、存货短缺、停工待产或其他法律影响所致，从而关注存货管理适时系统，并把订货、生产、销售乃至分销有机结合起来，以便未来能够将存货占用保持在合理的水平上，提高存货周转率与销售利润率。需要明确的是，在具体分析和评价工作中，对存货周转速度要作出恰当的判断，并以提高企业运营效率与存货管理水平为前提。换言之，不宜单纯从存货周转率高低上评价其优劣，而应当结合资金投入、存货储备、生产技术、销售进度、存货质量等情况加以权衡；同时，要致力于从各方面改进存货管理工作，以便在保证生产经营需要的前提下，尽可能减少经营资金占用，提高企业的效率性、盈利性及流动性，增强其营运能力、盈利能力及偿债能力。此外，要注意分析会计政策对存货周转率的组成部分计价的影响，尤其是存货估价方法对该指标计算所产生的实质性影响。例如，存货计量既影响该指标的分子与分母，也影响流动比率指标的分子，还通过应交所得税影响其分母。因此，使用存货计价的后进先出法（LIFO）将严重损害存货周转率和流动比率的有用性。当然，在价格上涨的情况下，人们还是能够从财务报表中获得信息资料来调整 LIFO 法所导致的较低的不合理的存货价值。即使同行业两个公司都采用 LIFO 法对存货进行计价，它们有关存货的比率（如存货周转率、流动比率等）也可能不可比，因为它们的期末存货可能是在不同年份以不同价格购进的。当物价上涨时，采用自然年度（或日历年度）代替营业年度作为会计期间的企业，其以 LIFO 法对存货进行计价的期末水平将偏低（甚至特别低），从而导致存货周转率偏高（甚至异常高）。

4.2.3 营业周期和现金周期

1. 营业周期

营业周期（operating cycle）有时也称经营周期，是指从外购商品或接受劳务从而承担付款义务时开始，到收回因销售商品或提供劳务而产生的应收账款时为止的这段时间。简言之，它是指自取得存货至销售存货并收回现金所需的时间（通常以天数表示）。在市场竞争日趋激烈和信用关系普遍存在的情况下，大多数公司在购买原材料等商品时并不立即付款，而是采用赊销等信用方式，因而营业周期的起点是外购承担付款义务之时，而不是外购实际支付现金之际。事实上，人们在探讨企业的流动性与效率性及偿债能力和营运能力时，会自然地论及营业周期。基于上述认知与界定，营业周期的计算公式可以表述为：

$$营业周期=应收账款周转天数+存货周转天数 \tag{4-8}$$

这表明可以把应收账款周转天数与存货周转天数之和作为营业周期的近似数，并用来反映营业周期的长短，意味着营业周期是将期末存货全部变为现金所需的时间。营业周期的长短对企业的生产经营与管理绩效具有重要的影响。一般来说，营业周期越短，说明资金周转速度越快，资产使用效率越高，盈利能力越强；营业周期越长，说明资金周转速度越慢，资产使用效率越低，盈利能力越弱。现举例说明如下。

[例 4-8]

假定某公司 2016 年销售净额为 64 000 000 元，销售成本为 49 280 000 元，应收账款平均余额为 5 760 500 元，存货平均余额为 5 749 333 元；2015 年销售净额为 47 000 000 元，销售成本为 35 250 000 元，应收账款平均余额为 4 100 000 元，存货平均余额为 4 014 580 元。其营业周期计算如下。

(1) 2016 年应收账款周转天数、存货周转天数及营业周期。

$$应收账款周转天数=\frac{360\times 5\ 760\ 500}{64\ 000\ 000}\approx 32.4(天)$$

$$存货周转天数=\frac{360\times 5\ 749\ 333}{49\ 280\ 000}\approx 42(天)$$

$$营业周期=32.4+42=74.4(天)$$

(2) 2015 年应收账款周转天数、存货周转天数及营业周期。

$$应收账款周转天数=\frac{360\times 4\ 100\ 000}{47\ 000\ 000}\approx 31.4(天)$$

$$存货周转天数=\frac{360\times 4\ 014\ 580}{35\ 250\ 000}\approx 41(天)$$

$$营业周期=31.4+41=72.4(天)$$

可见，该公司 2016 年的营业周期比 2015 年延长了 2 天（74.4－72.4），说明 2016 年较 2015 年资产利用效率降低了，管理绩效也有所下降，比如毛利率由 2015 年的 25%［即（1－35 250 000÷47 000 000)］下降到 2016 年的 23%［即（1－49 280 000÷64 000 000)］。从构成角度分析，2016 年的营业周期比 2015 年延长了 2 天，主要是应收账款和存货周转天数均延长了 1 天所致。欲进一步分析原因以便采取改进措施，需要查明应收账款和存货周转速度放慢的具体缘由。

营业周期不仅可用于分析和考察企业资产的使用效率和管理水平，而且可用来补充说明与评价企业的流动性。事实上，营业周期的长短是决定企业流动资产需要量的重要因素。虽然该指标具有静态的表征，但它实际上更具有动态的意义。一个营业周期很短的公司，流动资产数量往往也相对较少，其流动比率和速动比率大都相对较低，但其经营效率很高，从而在动态意义上说明该公司的流动性相对较好，且不必过分依靠流动比率和速动比率等指标所反映的那种静态流动性。换言之，营业周期能够补充提供有关公司流动性的信息。因此，一个相对较短的营业周期，也能反映出公司令人满意的流动性；相反，一个相对较长的营业周期，可能成为应收账款或（和）存货占用资金过度的信号，并反映出公司较差的流动性。营业周期指标有利于人们重新考虑和评价公司的流动性。

[例 4-9]

假定某公司 2016 年年末流动资产与流动负债分别为 2 241 000 元和 823 000 元，流动资产中存货为 1 329 000 元；公司所处行业的流动比率与速动比率分别为 2.67 和 1.02，平均收款期限和库存周转天数分别为 12 天和 16 天。该年度销售净额为 27 376 000 元，毛利率为 23%，存货平均余额 1 140 000 元，应收账款平均余额为 1 060 000 元。根据上述资料，可计算该公司 2016 年有关的流动性指标如下：

$$\text{流动比率}=\frac{\text{流动资产}}{\text{流动负债}}=\frac{2\,241\,000}{823\,000}\approx 2.72$$

$$\text{速动比率}=\frac{\text{速动资产}}{\text{流动负债}}=\frac{2\,241\,000-1\,329\,000}{823\,000}\approx 1.11$$

与行业的流动比率和速动比率相比，该公司的流动比率与速动比率均较高，由此认为该公司流动性在本行业中较好。

$$\text{应收账款周转天数}=\frac{360\times 1\,060\,000}{27\,376\,000}\approx 13.94(\text{天})$$

$$\text{存货周转天数}=\frac{360\times 1\,140\,000}{27\,376\,000\times(1-23\%)}\approx 19.47(\text{天})$$

$$\text{营业周期}=13.94+19.47=33.41(\text{天})$$

可见，该公司营业周期 33.41 天较行业周期 28 天（12+16）多 5.41 天（33.41－28）。也就是说，相对于行业平均水平，该公司 2016 年在外购、生产、销售及收款等方面所需的时间过多。通过与行业分别比较应收账款周转天数和存货周转天数，可以发现应收账款周转速度和存货周转速度均低于行业平均水平，分别多出 1.94 天（13.94－12）及 3.47 天（19.47－16），进而说明该公司营业周期较行业平均水平多出的 5.41 天是由应收账款周转速度与存货周转速度均较慢造成的。这意味着应收账款和存货这两种资产不一定都具有较好的流动性，不能仅凭流动比率和速动比率来判断公司的流动性，还必须同时考虑主要由应收账款与存货的周转速度所决定的营业周期。从该例中可以判定，此公司有相当一部分应收账款回收缓慢，存货管理也缺乏效率。鉴于此，从在合理的时间内将资产转换成现金的角度分析，该公司及其资产的流动性比行业平均水平差，并非像流动比率和速动比率所反映的情况那样好。

2. 现金周期

从现金占用与流动的角度看，需要分析和评价企业的现金周期（cash cycle）。现金周期也称净营业周期或净贸易周期（net trade cycle），是指从外购商品或接受劳务所导致的实际现金支付时开始，到因销售商品或提供劳务而收回现金时为止的这段时间（通常以天数表示）。在信用经济社会，企业不仅采用赊销方式扩大存货销售使得部分资金为外单位所占用，而且采用赊购方式购进货物也占用其他单位的资金。因此，在正常情况下，企业的现金周期小于营业周期，两者间的关系如图4-1所示。

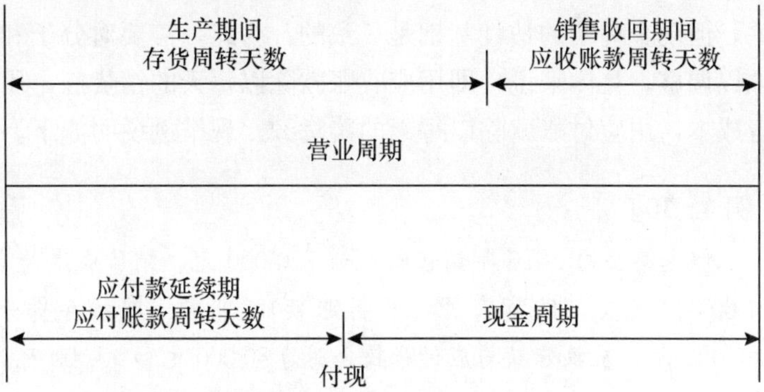

图4-1　营业周期和现金周期及两者间的关系

营业周期和现金周期的计算公式如下：

$$营业周期=应收账款周转天数+存货周转天数 \tag{4-9}$$

$$现金周期=营业周期-应付账款周转天数 \tag{4-10}$$

在极端情况下，应付账款周转天数大于应收账款周转天数与存货周转天数之和，则现金周期为负数。在图示及计算公式中，应付账款周转天数属应付账款管理比率指标。它是一定期间的天数与不甚严格的应付账款周转率（即赊购额除以应付账款）的比率，表示企业应付账款的账龄。其计算公式如下：

$$应付账款周转率(次数)=\frac{赊购额}{应付账款} \tag{4-11}$$

$$应付账款周转率(天数)=\frac{360\times 应付账款}{赊购额} \tag{4-12}$$

式中，赊购额是指一定期间的向外赊购金额，应付账款是指应付账款的期末余额或平均数额。在难以获取外购金额资料的情况下，不进行产品制造的企业可根据“本期购买=销售成本+期末存货-期初存货”，推算求得外购金额；制造企业因其附加值往往较大，利用上述公式推算的结果就不能准确替代外购金额。

此外，在外购不断增长的情况下，使用应付账款的平均数比用期末数要好。平均付款期是分析与评价赊购申请者及时还款可能性的重要信息与依据，有利于进行合理的信用审查。

在使用现金周期指标时，需要注意以下三个问题。

（1）企业的现金周期既受预期存货投资及其周转天数的影响，又受供应商提供的信用期和企业给予客户的信用期之间关系的影响，而企业营运资本的需要量又主要取决于行业状况和惯例及现金周期。因此，运用现金周期来分析和评价营运资本的流动性，对于分析企业营运资本的充足性具有非常重要的意义。一般来说，现金周期越长，营运资本需要量越大。增加供应商提供的信用天数与减少应收账款和存货的周转天数，都会缩短现金周期，降低营运资本需要量。当然，计算与表达应收账款、存货及应付账款的周转天数的基础是不同的，但现金周期的估计基础是一致的。为此，需要对分子和分母按统一的基础加以调整。具体来说，即用应收账款除以每天的销货额，用存货除以每天的销售成本，用应付账款除以每天的购货额。现举例说明如下。

[例4-10]

假定某公司2016年销售收入为720 000元，销售成本为640 000元（包括折旧60 000元及与购货有关的应付账款），期末、期初存货分别为100 000元和200 000元，应收账款与应付账款分别为80 000元和40 000元。其有关计算如下：

1）购买及制造存货的成本为：

$$\begin{aligned}\text{期末存货}+\text{销售成本}-\text{期初存货}&=100\,000+640\,000-200\,000\\&=540\,000(\text{元})\end{aligned}$$

2）购货数额为：

$$\begin{array}{c}\text{购买及制造}\\\text{存货的成本}\end{array}-\begin{array}{c}\text{包括在销货}\\\text{成本中的折旧}\end{array}=540\,000-60\,000=480\,000(\text{元})$$

3）每日购货为：

$$\frac{480\,000}{360}\approx 1\,333.33(\text{元})$$

4）应付账款周转天数为：

$$\frac{40\,000}{1\,333.33}\approx 30(\text{天})$$

5）应收账款周转天数为：

$$\frac{360\times 80\,000}{720\,000}=40(\text{天})$$

6）存货周转天数为：

$$\frac{360\times100\,000}{640\,000}=56.25(天)$$

7）现金周期为：

$$\begin{aligned}&应收账款周转天数+存货周转天数-应付账款周转天数\\&=40+56.25-30\\&=66.25(天)\end{aligned}$$

（2）现金周期不仅可用于分析企业的营运资本及其充足性，而且可用于评价企业的短期流动性；同时，可以用行业流动比率来测算企业的营运资本，并与企业的营运资本需要量加以比较。这里要明确两种情况：

1）两个具有相等营运资本的公司，会因其流动比率不同而具有不同的营运状况。例如，甲公司的流动资产为 200 000 元，流动负债为 100 000 元；乙公司的流动资产为 150 000 元，流动负债为 50 000 元。显然，两公司的营运资本均为 100 000 元（200 000－100 000，或 150 000－50 000）。但其流动比率不同，甲公司的流动比率为 2（即 200 000/100 000），乙公司的流动比率为 3（即 150 000/50 000）。由此可以判定，乙公司的资本营运状况好于甲公司。

2）两个具有相同流动比率的公司，会因其营运资本的不同而具有相异的风险状况。例如，丙公司的流动资产为 300 000 元，流动负债为 150 000 元；丁公司的流动资产为 400 000 元，流动负债为 200 000 元。可见，两公司的流动比率均为 2（即 400 000/200 000，或 300 000/150 000）。但其营运资本不同，丙公司的营运资本为 150 000 元（300 000－150 000），丁公司的营运资本为 200 000 元（400 000－200 000）。由此可以判定丁公司的风险状况好于丙公司。

（3）在运用现金周期指标来分析和评价流动性时，必须非常谨慎。表面上看，相对较短的现金周期似乎表明企业的管理情况良好，但该指标又同时受企业的经营与财务决策的影响，且人们往往忽略这一点。例如，为缩短现金周期实施消极的财务决策即不及时付款，这样会延长应付账款的周期，从而抵减现金周期，导致现金周期较短甚至可能出现负数。相比而言，营业周期因其重视经营决策对应收账款和存货的影响，故能为财务分析者提供更清晰、更有价值的信息。

一般而言，大多数工商企业的流动资产主要是由应收账款和存货构成的。因此，分析资产的短期流动性与管理效率性，主要应考察应收账款与存货的周转速度。不仅如此，应收账款与存货之间也相互影响，并影响现金等项目。另外，任何一个指标调整或政策变动都有可能影响企业的现金资源状况和外部借款需求。对此，需要运用因素变动分析（what-if analysis）方法及技术加以考察与评价。

[例4-11]

假定某公司2016年度及年末有关数据如下：

(1) 现金140 000元，应收账款300 000元，存货130 000元；

(2) 固定资产400 000元，累计折旧86 000元，本年折旧50 000元；

(3) 应付账款260 000元，应付票据70 000元，应交所得税36 000元；

(4) 股本400 000元，购货700 000元；

(5) 销售收入1 500 000元，销售成本1 040 000元，净利润40 000元。

该公司2017年预计资料如下：

(1) 各项收入及费用均增长10%（除折旧外）；

(2) 所有费用均在发生时付现，保持最低现金余额100 000元；

(3) 年末存货300 000元，应付票据100 000元；

(4) 年末应交所得税为零。

根据上述资料，可分别下列情况进行计算和分析：

第一种情况：该公司考虑改变信用政策，希望期末应收账款周转天数为90天。这一变动对公司现金余额及借款需求有什么影响？

第二种情况：该公司考虑在上述情况基础上以平均应收账款替代以前用的期末应收账款，希望应收账款周转率为4次。这一变动对公司现金余额及借款需求有什么影响？

第三种情况：该公司的供货商考虑改变信用期限，要求60天内付款，其他条件不变。这一变动对公司现金支出及借款需求有什么影响？

针对第一种情况的计算与分析如下：

(1) 2017年预计销售收入为：

$$1\,500\,000\times(1+10\%)=1\,650\,000(\text{元})$$

(2) 应收现金总额为：

$$300\,000+1\,650\,000=1\,950\,000(\text{元})$$

(3) 2017年期末应收账款为：

$$1\,650\,000\times\frac{90}{360}=412\,500(\text{元})$$

(4) 预计可以动用的现金总额为：

$$140\,000+(1\,950\,000-412\,500)=1\,677\,500(\text{元})$$

(5) 2017年预计销售成本（不含折旧）为：

$$1\,040\,000\times(1+10\%)=1\,144\,000(\text{元})$$

(6) 购货总额为：

$(1\,144\,000+300\,000)-130\,000=1\,314\,000$(元)

(7) 应付现金总额（不含应付票据及应交税金等）为：

$1\,314\,000+260\,000=1\,574\,000$(元)

(8) 2017年期末应付账款为：

$1\,314\,000\times\frac{260\,000}{700\,000}\approx488\,057$(元)

(9) 可望支出现金总额（不含应付票据及应交税费等）为：

$1\,574\,000-488\,057=1\,085\,943$(元)

(10) 2017年净利润为：

$40\,000\times(1+10\%)+50\,000\times10\%=49\,000$(元)

(11) 其他现金费用为：

毛利－(净利润＋折旧)＝$(1\,650\,000-1\,144\,000)-(49\,000+50\,000)$
＝407 000(元)

(12) 2017年预计所需支出现金总额为：

$$\begin{aligned}&\text{支付应付账款现金}+\text{支付应付票据现金}+\text{支付应交所得税}+\text{其他现金费用}\\&=1\,085\,943+(70\,000-100\,000)+36\,000+407\,000\\&=1\,498\,943(\text{元})\end{aligned}$$

(13) 2017年期末预计现金余额为：

$1\,677\,500-1\,498\,943=178\,557$(元)

(14) 2017年期末预计现金溢缺额为：

$178\,557-100\,000=78\,557$(元)(溢余)

通过上述分析过程与计算结果可知，该公司信用政策变动导致期末预计现金溢余78 557元，由此也确定了公司无借款需求。

针对第二种情况的计算与分析如下：

(1) 2017年平均应收账款为：

$\frac{1\,650\,000}{4}=412\,500$(元)

(2) 2017年期末应收账款为：

$412\,500\times2-300\,000=525\,000$(元)

(3) 在计算应收账款周转率时，因改用平均应收账款而导致的现金减少量为：

525 000－412 500＝112 500(元)

(4) 与第一种情况下的现金溢余相比，此时现金溢缺额为：

78 557－112 500＝－33 943(元)(短缺)

可见，在计算和分析应收账款周转率时，将期末应收账款改为平均应收账款后，现金减少 112 500 元，从而出现现金短缺 33 943 元，由此也使公司需要借款 33 943 元。

针对第三种情况的计算与分析如下：

(1) 60 天付款条件下的期末应付账款为：

$$1\,314\,000 \times \frac{60}{360} = 219\,000(\text{元})$$

(2) 与前述情况相比，付款条件的变化导致期末应付账款产生的差额及其对现金的影响为：

219 000－488 057＝－269 057(元)

也就是说，该公司需要增加现金支出 269 057 元。

(3) 与前述情况相比，对借款的需求分别为：

与第一种情况相比，现金溢余（78 557 元）小于增加的现金支出(269 057 元)，该公司需向外借款 190 500 元（269 057－78 557）。

与第二种情况相比，该公司尚需增加借款 269 057 元，从而使借款需求达到 303 000 元（33 943＋269 057）。

4.2.4 流动资产周转率

流动资产周转率（current assets turnover）是一定期间的周转额与流动资产的比率。流动资产是企业全部资产中流动性最强、最具活力的部分，因此，对周转额与流动资产的占用额进行比较分析，既能考察投入与产出意义上流动资产的使用效率，又能评价价值流转意义上所使用流动资产实现价值补偿的速度。其计算公式如下：

$$\text{流动资产周转率(次数)} = \frac{\text{周转额}}{\text{流动资产}} \tag{4-13}$$

公式中的分子即周转额，有两种计算方法：一种是按产品或商品销售收入净额计算的周转额；另一种是按产品或商品销售成本计算的周转额。按前者计算的流动资产周转率，通常称为收入流动资产周转率；按后者计算的流动资产周转率，往往叫做成本流动资产周转率。其中，收入流动资产周转率受流动资产周转速度和企业盈利水平的影响，且该指标将流动资产占用额与周转额统一起来，便于与其他指标联系起来加以分析，故在实际工作中应用较多。但是，由于产品或商品销售收入中，有一部分是税收和利润，将不再参加流动资产周转，因而其在准确反映流动资产周转速度方面不及成本流动资产周转率。

公式中的分母即流动资产，也有两种计算方法：一种是直接采用流动资产期末占用额；另一种是计算流动资产平均占用额，最直接的做法是把期初流动资产和期末流动资产相加后除以 2。在实际工作中，大多采用后者。

[例 4-12]

假定某公司期初、期末流动资产分别为 1 120 万元和 1 500 万元，该期间实现销售净额 6 000 万元，则流动资产周转率为：

(1) 按期末流动资产数额计算的流动资产周转率（次）：

$$\frac{6\,000}{1\,500}=4(\text{次})$$

(2) 按平均流动资产数额计算的流动资产周转率（次）：

$$\frac{6\,000}{\frac{1\,120+1\,500}{2}}\approx 4.58(\text{次})$$

显然，两种计算结果之间有一定的差异。如果流动资产占用不均衡，尤其是出现异常波动时，该差异会更明显。

流动资产周转率越高，也就是流动资产在一定时期内周转次数越多或流动资产周转一次所需的天数越少，表明流动资产周转越快，也意味着以相同的流动资产完成的周转额越多或完成既定的周转额所占用的流动资产越少；同时，流动资产经历经营过程各阶段占用的时间越少，表明流动资产的利用效果越好，有利于节约资本成本，提高盈利水平。相反，流动资产周转率越低，表明流动资产周转速度越慢，需要补充流动资产参加周转，从而造成资产使用效率低，利用效果差，甚至形成浪费，降低盈利水平。当然，用“天数”来表示的流动资产周转率，通俗易懂、计算简便，应用也较为普遍。其计算公式为：

$$\text{流动资产周转率(天数)}=\frac{360\times\text{流动资产}}{\text{周转额}} \tag{4-14}$$

[例 4-13]

沿用例 4-12 的资料。分别按流动资产的期末数与平均数计算流动资产周转率如下：

(1) 按期末流动资产数额计算的流动资产周转率（天）：

$$360\times\frac{1\,500}{6\,000}=90(\text{天})$$

(2) 按平均流动资产数额计算的流动资产周转率（天）：

$$360\times\frac{\frac{(1\,120+1\,500)}{2}}{6\,000}=78.6(\text{天})$$

可见，上述用天数表示的流动资产周转率，其差异较用次数表示的流动资产周转率更明显。

在进行具体评价时，应结合企业的历史资料（或目标值）或者行业平均（或先进）水平。此外，还应该结合前述应收账款周转率、存货周转率等，以分析其高低的原因，从而采取措施加以改进。由于大多数工商企业的流动资产周转状况都取决于应收账款和存货等主要流动资产项目的周转速度，因此，中西方企业大都不单独使用该指标来考察流动资产周转情况。

4.2.5 固定资产周转率

固定资产周转率（fixed assets turnover）是一定期间的周转额与固定资产的比率。它是反映企业固定资产周转情况，用以衡量固定资产利用效率的一项指标。其计算公式如下：

$$\text{固定资产周转率(次数)}=\frac{\text{周转额}}{\text{固定资产}}\tag{4-15}$$

式中，周转额是产品或商品的销售收入净额，即产品或商品的销售收入扣除折扣、销售折让及销售退回后的余额；固定资产是指固定资产的净值，该净值通常用固定资产的平均数表示，有时也用期末数来表示。

上述计算结果是用次数表示的固定资产周转率，实际上，也可以用天数来表示固定资产周转率。其计算公式如下：

$$\text{固定资产周转率(天数)}=360\times\frac{\text{固定资产}}{\text{周转额}}\tag{4-16}$$

一般而言，固定资产周转次数越多或周转一次所需的天数越少，即固定资产周转率越高，表明企业固定资产利用较充分，说明企业固定资产投资得当，固定资产结构合理，能够较好地发挥固定资产的效用；反之，固定资产周转次数越少或周转一次所需的天数越多，即固定资产周转率越低，表明企业固定资产周转速度越慢，说明企业固定资产的分布与安排不合理、不适当，固定资产使用效率低，提供的生产经营成果不多，企业的营运能力不强。

在运用该指标进行分析与评价时，要注意结合企业的历史资料和行业水平，也要注意结合企业的流动资产及其周转情况。在指标的加工与使用中，既要考虑固定资产因计提折旧而使净值逐年减少和因更新改造而使净值有所增加等情况，又要考虑因物价上涨或通货膨胀而导致的销售收入虚增，使得固定资产周转率提高，但固定资产使用效能并未增加等情况，还要考虑同一企业不同期间或同一行业不同企业可能会采用不同的折旧方法及其影响。

[例 4-14]

某公司 2015 年实现销售收入净额 36 000 000 元，年末、年初固定资产原值分别为 30 000 000 元和 29 400 000 元，累计折旧分别为 6 000 000 元和 5 800 000 元；2016 年实现销售收入净额 39 000 000 元，年末固定资产原值为 31 140 000 元，累计折旧为 6 210 000 元。

有关计算如下：

(1) 2015 年期初、期末及 2016 年期末固定资产净值为：

2015 年期初固定资产净值＝29 400 000－5 800 000＝23 600 000(元)

2015 年期末固定资产净值＝30 000 000－6 000 000＝24 000 000(元)

2016 年期末固定资产净值＝31 140 000－6 210 000＝24 930 000(元)

(2) 按固定资产平均数计算的 2015 年固定资产周转率为：

$$\text{固定资产平均数}=\frac{23\,600\,000+24\,000\,000}{2}=23\,800\,000(\text{元})$$

$$\text{固定资产周转次数}=\frac{36\,000\,000}{23\,800\,000}\approx 1.51(\text{次})$$

$$\text{固定资产周转天数}=360\times\frac{23\,800\,000}{36\,000\,000}=238(\text{天})$$

(3) 按固定资产平均数计算的 2016 年固定资产周转率为：

$$\text{固定资产平均数}=\frac{24\,000\,000+24\,930\,000}{2}=24\,465\,000(\text{元})$$

$$\text{固定资产周转次数}=\frac{39\,000\,000}{24\,465\,000}\approx 1.59(\text{次})$$

$$\text{固定资产周转天数}=360\times\frac{24\,465\,000}{39\,000\,000}\approx 225.83(\text{天})$$

(4) 按固定资产期末数计算的 2015 年固定资产周转率为：

$$\text{固定资产周转次数}=\frac{36\,000\,000}{24\,000\,000}=1.5(\text{次})$$

$$\text{固定资产周转天数}=360\times\frac{24\,000\,000}{36\,000\,000}=240(\text{天})$$

(5) 按固定资产期末数计算的 2016 年固定资产周转率为：

$$固定资产周转次数=\frac{39\ 000\ 000}{24\ 930\ 000}\approx 1.56(次)$$

$$固定资产周转天数=360\times\frac{24\ 930\ 000}{39\ 000\ 000}\approx 230.12(天)$$

上述计算结果表明，该公司2016年实现的销售收入净额较2015年增长了3 000 000元（39 000 000—36 000 000），增幅约为8.33%（即3 000 000/36 000 000）；同时，固定资产期末数和平均数也有数量不等的增长，分别增长了930 000元（24 930 000—24 000 000）和665 000元（24 465 000—23 800 000），增幅分别约为3.88%（即930 000/24 000 000）和2.79%（即665 000/23 800 000）。从固定资产周转率的角度看，按固定资产期末数或固定资产平均数计算，固定资产周转速度2016年较2015年均有所加快。具体来说，按固定资产期末数计算，固定资产周转次数2016年比2015年增加0.06次（1.56—1.5），固定资产周转天数减少了9.88天（230.12—240）；按固定资产平均数计算，固定资产周转次数2016年比2015年增加了0.08次（1.59—1.51），固定资产周转天数减少了12.17天（225.83—238）。

2016年固定资产周转速度较2015年有所加快，主要是因为销售收入净额增长幅度（8.33%）超过了固定资产净值增长幅度（3.88%或2.79%）。这说明公司固定资产增加合理，从长期发展的观点来看，这将有利于该公司的成长与盈利，公司的管理效率及营运能力都有望提高和加强。当然也应看到，按期末数和平均数计算的固定资产周转率，其结果有一定的差异。尽管这种差异不会影响上述分析结论及评价意见（即2016年的固定资产周转速度比2015年更快），但在具体衡量与体现其利用效率和周转速度的程度上仍有不同，从而将对公司为改进管理与提高效率所采取的具体措施产生不同的影响。另外，中西方企业大都不利用该指标来分析与评价其效率性，主要原因是固定资产投入的集中性、收回的分散性、价值补偿与实物更新的相对分离性，以及其周转期限与营业周期的不一致性（即固定资产周转一次时，流动资产往往周转多次，从而使之与销售收入的期限不一致，进而丧失或损害两者间一定的可比性等）。

4.2.6 总资产周转率

总资产周转率（total assets turnover）是一定期间的周转额与全部资产的比率。运用该指标进行分析，实际上就是分析企业的总资产及其各类、各项组成部分的营运状况，评价企业利用总资产创造销售收入的有效程度。其计算公式如下：

$$总资产周转率(次数)=\frac{周转额}{全部资产} \tag{4-17}$$

式中，周转额是指企业产品或商品的销售收入净额，即一定期间产品或商品销售收入扣除折扣、销售折让及销售退回等之后的余额；全部资产实际上是资产净值总额，即各类、各项资产原值之和扣除折旧、摊销及折耗等之后的余额，且往往按平均数计算，也就是将期初数与期末数加总后除以 2。当然，有时也用期末数计算。上述指标是以次数表示的全部资产的周转速度。总资产周转率也可以用天数来表示，计算期间通常为一年。其计算公式如下：

$$\text{总资产周转率(天数)}=\frac{360\times\text{全部资产}}{\text{周转额}} \tag{4-18}$$

该指标也是用来反映和衡量总资产周转速度的。周转速度越快，企业的销售能力越强。通常，企业可以通过调整资产组合与实施薄利多销等办法来加速全部资产的周转，以增加利润绝对额。

[例 4-15]

某公司 2016 年实现销售收入净额为 4 524 000 元，年初、年末资产总额分别为 3 758 000 元和 3 484 000 元。有关计算如下：

(1) 该年平均资产总额为：

$$\frac{3\,758\,000+3\,484\,000}{2}=3\,621\,000(\text{元})$$

(2) 按全部资产平均数计算的周转率为：

$$\text{总资产周转次数}=\frac{4\,524\,000}{3\,621\,000}\approx1.25(\text{次})$$

$$\text{总资产周转天数}=360\times\frac{3\,621\,000}{4\,524\,000}\approx288.14(\text{天})$$

(3) 按全部资产期末数计算的周转率为：

$$\text{总资产周转次数}=\frac{4\,524\,000}{3\,484\,000}\approx1.30(\text{次})$$

$$\text{总资产周转天数}=360\times\frac{3\,484\,000}{4\,524\,000}\approx277.24(\text{天})$$

可见，分别按全部资产的平均数与期末数计算的周转率之间有一定的差异，即周转次数相差 0.05 次（1.30－1.25），周转天数相差约 11 天（288.14－277.24）。

企业的总资产周转率指标要与行业水平相比较，以判断企业对总资产运用的有效性。若总资产周转率高，说明企业有效地运用了资产；反之，总资产周转率低，则说明企业没有充分发挥资产的效能，从而需增加销售额，削减部分资产或调整资产组合。

在运用该指标进行财务分析与评价时，要注意不同行业特性及其影响，如加工制造业的总资产周转率比商品流通业低；也要注意新旧资产会计计价及其影响，如新资产计价高于旧资产，而使较多运用旧资产的企业的总资产周转率（次数）偏高；还要注意总资产中不同组成部分的运用效率及其影响。

[例4-16]

某公司应收账款周转率为10.63次，存货周转率为2.56次，固定资产周转率为1.57次，总资产周转率为0.86次。这些指标在该公司所处行业的平均水平相应分别为10.41次、1.44次、2.49次及1.17次。从总资产周转率来看，该公司运用总资产的效率不及行业平均水平，其原因主要是固定资产的运用效率较低（1.57次明显小于2.49次），而应收账款、存货等流动资产的运用效率仍高于行业平均水平。因此，需分析固定资产的新旧程度与会计计价，以及固定资产占全部资产的比例及其合理性等，以便采取措施改进或提高总资产周转率。当然，也需要分析应收账款、存货等流动资产在周转方面有无潜力及挖掘的可能性。

此外，必须明确的是，总资产周转率指标重视资产的利用情况，可用来衡量企业的效率性，但却忽视了销售的盈利能力，难以用来全面评价企业的盈利性；同时，该指标不能充分衡量综合效率，但与反映盈利性的指标结合起来有助于评价企业的盈利能力。在第3章中曾述及，盈利性主要包括以利润为基础的盈利性和以报酬为基础的盈利性，前者与销售额有关，后者与投资额有关。总资产周转率固然与销售额、投资额均有关，但与利润及报酬无直接关系。因此，效率性分析要同流动性、盈利性等评价结合起来，以便全面、科学、合理地评析企业的财务情况。

本章小结

营运能力是指企业配置经济资源、安排资本结构及调控流动资金的水平与潜力。从静态角度看，其主要表现为资产组合状况、资本结构情况及其对收益与风险的影响；从动态角度看，则主要表现为利用资产的有效程度。

静态营运能力分析主要是考察和评价企业资产组合的有效性、资本结构的合理性及其对企业收益与风险的影响。资产组合指企业资产中各种资产之间的比例关系，尤其是流动资产与非流动资产之间的比例关系。总体来说，企业资产组合状况可大致分为三种类型，即稳健型、冒险型及适中型。资本结构指企业资金中各种资金之间的比例关系，在性质上可认为是权益资金与债务资金的比例关系，在时间上可指短期资金和长期资金的比例关系。它是企业营运资本管理政策的又一个重要内容，也是筹资决策的核心。企业安排资产组合，确定资本结构及进行两者间的搭配，能在一定程度上从效率的角度衡量和评价企业管理层配置资源与调控资金的能力与水平，也是静态考察和分析企业效率性的重要内容。

动态营运能力分析主要是考察和评价企业调节、配置及控制经济资源的能力与水平，也是衡量与体现企业管理层运营资金的有效性和合理性。动态营运能力分析主要采用应收账款周转率、存货周转率、营业周期、流动资产周转率、固定资产周转率及总资产周转率等指标。

术语与公式

一、名词术语

静态营运能力分析	资产组合	资本结构
动态营运能力分析	应收账款周转率	应收账款周转天数
存货周转率	存货周转天数	营业周期
现金周期	应付账款周转率	流动资产周转率
固定资产周转率	总资产周转率	

二、主要公式

$$应收账款周转率(次数)=\frac{销售额}{应收账款}$$

$$应收账款周转率(天数)=360\times\frac{应收账款}{销售额}=\frac{360}{应收账款周转次数}$$

$$存货周转率(次数)=\frac{销售成本}{存货}$$

$$存货周转率(天数)=360\times\frac{存货}{销售成本}=\frac{360}{存货周转次数}$$

$$原材料周转率=\frac{原材料耗用成本}{原材料平均余额}$$

$$在产品周转率=\frac{制造成本}{在产品平均余额}$$

$$产成品周转率=\frac{销售成本}{产成品平均余额}$$

营业周期＝应收账款周转天数＋存货周转天数

现金周期＝营业周期－应付账款周转天数

$$应付账款周转率(次数)=\frac{赊购额}{应付账款}$$

$$应付账款周转率(天数)=\frac{360\times 应付账款}{赊购额}$$

$$流动资产周转率(次数)=\frac{周转额}{流动资产}$$

$$流动资产周转率(天数)=\frac{360\times 流动资产}{周转额}$$

$$固定资产周转率(次数)=\frac{周转额}{固定资产}$$

$$固定资产周转率(天数)=360\times\frac{固定资产}{周转额}$$

$$总资产周转率(次数)=\frac{周转额}{全部资产}$$

$$总资产周转率(天数)=\frac{360\times 全部资产}{周转额}$$

思考与练习

一、思考题

1. 静态营运能力分析和动态营运能力分析有何不同？
2. 资产组合的含义是什么？资产组合受哪些因素的影响？
3. 资本结构的含义是什么？资本结构受哪些因素的影响？
4. 不同资产组合和资本结构对风险与收益有何影响？
5. 动态营运能力分析通常采用哪些指标？
6. 营业周期和现金周期有何不同？二者之间有何联系？

二、计算题

1. 某公司 2016 年销售收入净额为 4 000 万元，年初应收账款余额为 300 万元，年末应收账款余额为 500 万元，坏账准备按应收账款余额的 10%计提。每年按 360 天计算。

要求：根据以上资料，计算该公司应收账款周转率（天数）。

2. 某公司 2015 年产品销售收入为 6 624 万元，全部资产平均余额为 2 880 万元，流动资产平均余额为 1 152 万元；2016 年销售收入达到 7 203 万元，全部资产平均余额为 2 940 万元，流动资产平均余额为 1 323 万元。

要求：

（1）根据以上资料，计算 2015 年和 2016 年的总资产周转率。

（2）分析 2015 年和 2016 年的资产周转率变动情况及其原因。

3. 某公司简式资产负债表如表 4－1 所示。

表 4-1　　资产负债表

2016 年 12 月 31 日　　单位：万元

资产	期末数	负债与股东权益	期末数
货币资金	6 000	应付账款	
应收账款		应交税费	5 000
存货		非流动负债	
固定资产	35 280	股本	35 000
		未分配利润	
总计	88 200	总计	

该公司其他财务资料如下：

(1) 年末流动比率为 1.5；

(2) 产权比率（负债/所有者权益）为 1.5；

(3) 以销售额和年末存货计算的存货周转率为 15 次；

(4) 以销售成本和年末存货计算的存货周转率为 12 次；

(5) 本年销售毛利为 540 000 000 元；

(6) 非流动负债占负债总额的 1/3。

要求：根据以上资料，分析与计算有关项目，并填制资产负债表。

三、案例题

某股份有限公司是一家公开上市的企业，主要从事摩托车生产和销售业务。近年来，市场需求发生变化，更多的消费者选择购买小型汽车，导致摩托车的销售量大幅度下降。公司在进行一系列深入的市场调研后，决定对公司主营业务进行转型，开始投资建设小型汽车生产项目。经过多年的发展，小型汽车生产项目初具规模，但仍未实现彻底转型，摩托车的生产及销售在公司营业收入中的占比依然较大，该公司近五年来部分财务数据如表 4-2 所示。

表 4-2　　单位：万元

项目	2012 年	2013 年	2014 年	2015 年	2016 年
营业收入	1 698.91	1 989.99	2 020.77	2 377.09	2 457.78
营业成本	1 579.13	1 713.18	1 789.39	2 087.41	2 031.91
营业利润	119.78	276.81	231.38	289.68	425.87
存货	601.21	909.15	1 112.39	1 891.24	1 977.89
应收账款	159.11	201.12	198.10	201.98	211.91
固定资产	1 911.21	2 191.23	2 712.54	2 907.14	3 048.71
总资产	2 612.12	3 414.14	4 189.14	5 001.12	5 280.11

资料来源：中国财经网有关信息以及某上市公司年报资料，已做了微调。

要求：

(1) 根据以上资料，总体评价公司 2012—2016 年的营运能力。

(2) 分析该公司 2012—2016 年存货周转率的变动情况及其原因。

(3) 分析该公司 2012—2016 年营业周期的变化趋势及其原因。

第5章

发展能力分析

学习目标

本章主要阐述企业营业发展能力分析和财务发展能力分析的内容。通过本章的学习应掌握：

- 影响企业价值增长的主要因素
- 分析营业发展能力的主要方法
- 影响净收益增长率的主要因素

5.1 营业发展能力分析

企业是营利性组织，其出发点和归宿是获利。企业一旦成立就会面临竞争，始终处于生存或倒闭、发展或萎缩的矛盾中。企业只有生存下去才能获利，而企业是在发展中求得生存的。发展能力是指企业实现盈利、保持盈利的持续性及价值增长的可能性。企业的发展包括两个方面，即营业能力的发展和财务能力的发展，本章将阐述这两方面的分析与评价方法。

企业的生产经营犹如逆水行舟，不进则退。现代企业面临的是一个不断变化、推陈出新、激烈竞争的外部环境，企业必须不断推出更新、更好、更受欢迎的产品，才能在市场中立足。在竞争激烈的市场中，企业之间此消彼长、优胜劣汰，一个企业如果不能逐渐扩大市场份额，就会被其他企业排挤出市场。停滞不前无异于坐以待毙，因此营业发展能力是企业的生存之本，也是其获利之源。至于财务发展能力，实际上是企业各个方面发展的综合反映，分析企业的财务发展能力有助于完整系统地把握企业整体的发展状况。本章将结合案例系统地阐述对企业这两种发展能力的分析原理。

企业发展的内涵是企业价值的增长，对企业价值增长的分析自然是企业发展能力分析的核心。然而，企业价值是一个比较抽象的概念，虽然学者们创建并发展了不少价值评估模型，但由于其自身概念有局限性或受环境的限制，或者因技术条件不成熟，这些模型并未得到一致认可，通过计算不同时点企业的价值来比较企业的发展状况很难做到客观准确。因此，有必要通过分析影响企业价值的因素来评价企业价值的增长。

5.1.1　企业价值增长分析

企业的价值很难用一个精确的尺度来衡量，因而在评价企业价值的增长时，难以直接计算企业价值的增长率。鉴于此，不妨转换一种思路，即不计算价值增长率，而对影响价值增长的因素进行分析，也就是对价值驱动因素的发展情况进行分析。具体来说，可分为以下两个方面。

1. 企业经营增长的分析

对企业经营增长的分析包括以下几个方面：

(1) 对销售增长的分析。销售是企业收入的主要来源，也是企业价值的体现。一个企业只有保证销售的稳定增长，才能不断增加收入。而收入的增加是企业发展的一种体现，同时充足的收入也为企业进一步扩大市场、开发新产品、进行技术改造提供资金来源，促进企业的进一步发展。

(2) 对资产规模增长的分析。资产是企业取得收入的必要条件。在资产报酬率一定的情况下，资产规模与收入之间存在正相关关系。总资产的现有价值也反映企业清算时可望获得的现金流入，它是企业债务抵偿的保证。对资产规模增长的分析，可按资产的类别分别进行。

(3) 对资产使用效率的分析。对所有企业而言，资源都具有稀缺性，因而企业应提高资产的使用效率，以有限的资源获取更大的收益。反之，即使企业的资产规模增长较快，但在资产使用效率较低的情况下，企业价值的增长也不可能较快。可见，资产使用效率是企业价值增长的一个重要驱动因素，也是诸多企业发展由粗放型向集约型转变的一个重要原因。

2. 企业财务增长的分析

对企业财务增长的分析主要包括以下两个方面：

(1) 对净资产规模增长的分析。增加净资产通常有两种办法，一是企业留存利润的累积；二是投资者新注入的资本。留存利润的累积反映企业自身平衡发展的能力，而投资者新注入的资本则表明所有者增强了对企业的信心。通过上述两种办法增加净资产，都能为企业进行负债筹资提供一定的保障，提高企业的筹资能力，有利于企业获取进一步发展所需的资金。

(2) 对股利增长的分析。企业的所有者从企业获得利益的途径有两条：一是资本利得（即股价的增长）；二是股利。股价的增长来源于股票市场对于企业发展前景的信心，也就是说，潜在投资者对于其未来的收益有乐观的预期；

从长远来看，其实质仍是预期的股利增长。如果将所有者看作一个整体，那么除非企业回购股票，否则所有者是不会退出企业的，因而所有者从企业获利的唯一来源便是股利的发放。单纯从投资者的角度看，虽然也要考虑企业的股利政策以及影响企业发展的各方面因素，但股利的持续增长很大程度上也可以理解为企业的持续发展。

按照上述思路与框架，即可对企业发展能力作比较全面的认识与分析。然而，每一个影响因素的增长与企业发展的关系，纵然是同向的也难以准确地量化界定，且很难确定哪方面因素的增长更为关键。对于企业的财务分析，还应结合企业的发展战略，因为基于不同的企业发展战略，分析的侧重点与企业所处的发展周期也可能不同，进而会影响各因素的平衡。例如，在快速扩张的战略下，企业可能在一定时期内进行大量的并购活动，从而导致企业规模迅速扩大，但短期内并不能带来销售及净利润的迅速增长。分析这类企业的发展时，应关注其明显的资产或资本增长方面的因素，同时也必须关注影响企业价值增长的其他因素，警惕因大规模扩张而导致的经营和财务方面的各种问题。又如，在稳健发展的战略下，企业的资产及营业额通常会保持平稳增长而着力提高盈利性。这类企业更加注重内部优化，即在现有资产规模的基础上，充分挖掘内部潜力、增收节支以提高收益率。分析这类企业的发展时，应注重对其销售增长及资产利用效率方面的分析，对其战略运用的成果进行界定和评价，同时也要系统地分析各个影响因素，以便全面地把握其发展的前景和速度。不同的发展战略会影响财务分析的侧重点，不同的发展阶段也会影响企业价值的增长。此外，即使分析指标显示出同样的结果，两个企业也会因为处于不同的发展阶段而具有不同的信息含量，这一点在进行比较分析时应予以注意。

对于一个健康发展的企业来说，其营业能力的发展和财务能力的发展是彼此协调、互相促进的。营业能力的发展是企业发展的根本与实质，必然促进企业财务能力的增强；而财务能力的发展是企业发展的综合体现和本质所在，也为企业营业能力的发展提供保障。本节主要探讨营业发展能力的分析，财务发展能力的分析将在第5.2节加以阐述。

5.1.2 营业发展能力分析指标

企业欲持续生存和发展，需要不断增加其价值，而企业价值的长期增长应主要依靠其正常有效的生产经营活动。因此，分析企业的营业发展能力是探讨企业发展能力极其重要的内容。

营业发展能力是指企业在正常经营活动中所具有的发展能力。对企业营业发展能力的分析，主要是评价企业正常的生产经营活动所具有的成长性等情况。企业正常的生产经营活动涉及诸多方面，但从财务上来说，主要涉及销售的增长、资产的增长和资产使用效率的提高，并通过一个指标体系来系统反映和衡量这些方面的发展程度。

在本质上，销售的增长是企业发展的驱动力。在竞争激烈的市场环境下，销售的稳步增长表明市场或者客户终端对于企业产品和服务的认同与肯定，也表明企业占领市场的能力在增强，它是企业生存和发展的基本条件及力量源泉。此外，销售收入是企业现金流的主要来源，也是企业生命的重要保障。因此，分析企业的发展能力应首先分析其销售的成长性。

一个企业的存在与存续，需要占有和掌握一定的资源。企业通过对这些资源的控制和运用，创造收益和财富。企业的资产不仅是企业进行经营活动以获得收入的前提，也是企业偿还各种债务的基础。资产的增长本身可以反映企业价值的增长，同时也是企业进一步发展的条件，因此，分析企业的营业发展能力，也要关注资产规模的增长。同时，各个企业使用资产的效率不同，同样规模的资产可能给不同企业带来不同的利益。也就是说，资产规模的增长和资产使用效率的提高都会影响企业的发展。对此，可通过一些指标加以阐述。

1. 销售增长指标

（1）销售增长率。也称营业增长率，即企业本年销售（营业）收入的增长额同上年销售（营业）收入总额的比率。其计算公式为：

$$销售增长率=\frac{本年销售收入增长额}{上年销售收入总额}\times 100\% \qquad (5-1)$$

该比率指标是分析和评价企业成长状况和发展能力的重要指标，是衡量企业经营状况和市场占有能力、预测企业经营业务拓展趋势的重要标志，也是企业扩张增量和保持存量资本的重要前提。该指标是一个反映销售增长的相对指标，扣除了企业规模对于销售增长绝对额的影响。若指标值大于零，表明企业本年的销售收入有所增长，并且指标值越高，表明增长速度越快，企业市场前景越好；若指标值小于零，则说明企业的产品不适销对路、质次价高或售后服务等方面存在问题，产品难以销售，市场份额萎缩。上述公式中：

1）本年销售收入增长额是本年销售收入与上年销售收入之间的差额，其计算公式为：

$$本年销售收入增长额=本年销售收入-上年销售收入$$

2）上年销售收入总额是指企业上年全年的销售收入总额。

[例 5-1]

A 公司 2013—2016 年的销售收入如表 5-1 所示。

表 5-1　　A 公司 2013—2016 年的销售收入　　单位：10 亿元

	2013 年	2014 年	2015 年	2016 年
A 公司	38.1	40.0	39.2	40.2

$$A公司2015年的销售增长率=\frac{39.2-40.0}{40.0}\times100\%=-2\%$$

$$A公司2016年的销售增长率=\frac{40.2-39.2}{39.2}\times100\%\approx2.55\%$$

从上述计算结果可以看出，A 公司 2015 年的销售增长率为−2%，即相对于 2014 年 A 公司销售有所萎缩；而 2016 年的销售增长率约为 2.55%，说明 A 公司经营有较好的发展。在具体分析时，还应结合其面临的市场环境加以考量，以便更为客观可靠地分析公司的销售状况。

在具体应用销售增长率这个指标时，应当注意以下几点：

1）结合企业历年的销售水平、市场占有情况、行业未来发展及其他影响发展的潜在因素进行分析，或者结合企业前三年的销售收入增长率进行趋势分析。此外，还应确定一个合理的参照标准以作比较分析，如进行横向和纵向比较分析。在比较分析中，参照的标准可以是企业所在行业的平均水平或本企业历史最好水平。

2）注意作为相对指标的销售增长率也受基数的影响。如果上年的销售额或营业收入特别小，即使次年的销售额或营业收入仅有较小幅度的增长，也会出现较高的销售增长率。显然，相对于规模较大的企业来说，规模较小的企业更容易取得较高的销售增长率。如例 5-1 中的 A 公司，2016 年的销售额比 2015 年增加了 10 亿元，但销售增长率仅为 2.55%。倘若是一个 2015 年销售额仅有 10 万元的企业，其在 2016 年销售额达到 20 万元，企业的销售增长率即可达到 100%。显然，不能据此简单地认为这个企业比 A 公司具有更高的成长性。因此，在具体的分析过程中，还应考虑企业规模（基数）的影响，运用增长绝对额进行辅助分析。

（2）销售平均增长率。也称销售均增率、营业均增率或连年销售平均增长率，即企业营业活动连续几年的增长情况，体现企业持续的发展态势和市场扩张能力。其计算公式为：

$$销售均增率=\left[\sqrt[3]{\frac{本年主营业务收入总额}{三年前主营业务收入总额}}-1\right]\times100\% \qquad (5-2)$$

通常利用三年销售平均增长率指标，以反映企业营业活动的增长趋势和稳定程度（即企业的持续发展能力），也有利于避免因个别年份业务的异常波动而导致对企业发展能力的错误判断。

前已述及，销售增长率指标既有可能因为分母很小而影响判断的准确性，也有可能因为销售收入的短期波动而受到影响。为了消除业务的短期异常波动对销售增长率指标的影响，应计算多年的销售平均增长率，具体实务中一般计算三年的销售平均增长率。对于上述公式，需作以下几点说明：其一，本年销售（主营业务）收入总额是指本年主营业务的全部收入；其二，三年前销售（主营业务）收入总额是指从本年起向前追溯三年的那一年的销售（主营业务）收入总额；其三，采用的指标及其口径应当前后一致，以确保可比性。例如，假定本年是2016年，则三年前的销售（主营业务）收入总额应为2013年企业的销售（主营业务）收入总额。

[例5-2]

沿用例5-1的资料，计算A公司的销售均增率如下：

$$A公司三年销售均增率=\left[\sqrt[3]{\frac{40.2}{38.1}}-1\right]\times100\%$$

$$\approx1.80\%$$

从A公司的三年销售均增率来看，A公司具有比较稳定的持续增长潜力和市场占有能力。当然，在具体的分析和评价中，也不能仅依据销售均增率这一个指标，还需要结合其他指标并进行横向比较分析。

2. 资产增长指标

资产是企业赖以取得收入的资源，也是企业偿还债务的保障。资产的增长是企业发展的一个重要方面，也是实现企业价值增长的重要条件。从企业实践来看，发展潜力大的企业一般都能保持资产的稳定增长。对资产规模增长的分析，可以通过绝对指标和相对指标进行，即（绝对）增长量分析和（相对）增长率分析。一般地，采用增长率分析的方法，同时考虑增长基数的影响，即辅之以绝对数额作参照。资产规模增长率可以分为总资产增长率、流动资产增长率、固定资产增长率、无形资产增长率等指标。

（1）资产规模增长率。资产规模增长率主要是指总资产增长率，即本年总资产增长额同年初（上年末）资产总额的比率。该指标从企业资产总量扩张方面来衡量企业的发展能力，表明企业规模的增长水平对企业发展能力的影响。其计算公式为：

$$总资产增长率=\frac{本年总资产增长额}{年初资产总额}\times100\% \tag{5-3}$$

式中，本年总资产增长额是指企业本年末资产总额与年初资产总额之间的差额，年初资产总额即资产总额的年初数。

[例5-3]

A公司2013—2016年的资产总额如表5-2所示。

表 5-2　　A公司2013—2016年的资产总额　　单位：百万元

	2013年	2014年	2015年	2016年
A公司	32 192	34 366	34 387	40 776

$$A公司2015年的总资产增长率=\frac{34\ 387-34\ 366}{34\ 366}\times100\%\approx0.06\%$$

$$A公司2016年的总资产增长率=\frac{40\ 776-34\ 387}{34\ 387}\times100\%\approx18.58\%$$

总资产增长率越高，表明企业在一个经营周期内的扩张速度越快。从A公司的指标计算结果可以看出，与2015年相比，2016年是A公司快速扩张的一年，其资产规模迅速扩大。经了解，A公司在2016年收购了一家B公司。可见，分析结果与客观实际一致。当然，在进行深入分析时，还应注意资产规模的质与量以及企业的后续发展能力，避免资产盲目扩张。

此外，与上述分析销售增长率同理，为了克服总资产增长率易受短期异常波动影响的缺陷，也可以计算三年的总资产均增率，其计算公式如下：

$$总资产年均增率=\left[\sqrt[3]{\frac{年末资产总额}{三年前资产总额}}-1\right]\times100\% \qquad (5-4)$$

根据表5-2的数据可算出：

$$A公司总资产年均增率=\left[\sqrt[3]{\frac{40\ 776}{32\ 192}}-1\right]\times100\%\approx8.20\%$$

与上述总资产增长率相比，总资产年均增率平滑了因某些异常情形造成的指标大幅波动，从而能够反映企业长期的稳定增长。

在运用资产规模增长指标进行分析时，需要注意以下几点：

其一，运用资产增长率指标进行分析时，也需要制定一个合理的标准或有一个可参照的指标，尤其是进行横向比较时更要注意不同企业之间的可比性。因为不同企业的资产使用效率不同，为实现净收益的同幅度增长，效率低的企业则需要更大幅度的增长；不仅如此，不同企业由于实施不同的发展战略也会有不同的资产增长速度。一般来说，快速扩张型企业，其资产增长率较高；而稳健发展型企业，其资产增长率较低。

其二，资产增长率作为反映企业发展能力的指标，所使用变量的计价基础是账面价值。而会计确认的一般准则是符合定义，并具有可计量性、相关性、可靠性，这使得有些重要的资源无法在财务报表中作为资产体现，如某些无形资产与人力资源等。此外，囿于市场环境和技术条件的限制，会计对于资产的计价方法基本遵循历史成本原则，使得账面价值通常很难真实反映资产的内在价值。这两个问题是账面价值本身固有的局限，也导致运用账面价值所计算的各种指标存在一定的缺陷。因此，在对某个具体企业运用资产增长率指标进行分析时，需要对企业资产的账面价值进行理性分析，并利用指标以外的其他信息进行辅助判断。

除了计算与分析总资产增长率指标外，还可对各类资产的增长率（如流动资产增长率、固定资产增长率、无形资产增长率）和员工增长率进行计算与分析。具体计算公式如下：

$$流动资产增长率=\frac{本年流动资产增长额}{年初流动资产额}\times100\% \tag{5-5}$$

$$固定资产增长率=\frac{本年固定资产增长额}{年初固定资产额}\times100\% \tag{5-6}$$

$$无形资产增长率=\frac{本年无形资产增长额}{年初无形资产额}\times100\% \tag{5-7}$$

$$员工增长率=\frac{本年员工增长人数}{年初员工总数}\times100\% \tag{5-8}$$

此外，也可以计算和分析这些不同类资产的年均增长率，如三年的平均增长率，这与总资产年均增长率的计算与分析方法相同，此处从略。

（2）资产成新率。资产成新率主要是指固定资产的更新程度。固定资产的更新程度主要是以固定资产成新率来反映的。固定资产成新率是企业当期平均固定资产净值同平均固定资产原值的比率。它反映企业拥有或控制的固定资产的新旧程度，体现企业固定资产的更新速度和持续发展能力。其计算公式为：

$$固定资产成新率=\frac{平均固定资产净值}{平均固定资产原值}\times100\% \tag{5-9}$$

式中，平均固定资产净值是指企业固定资产净值的年初数与年末数的平均值，平均固定资产原值是指企业固定资产原值的年初数与年末数的平均值。

［例5-4］

A公司2016年固定资产的相关数据如表5-3所示。

表5-3　A公司2016年固定资产的相关数据　单位：百万元

	固定资产净值		固定资产原值	
	年末数	年初数	年末数	年初数
A公司	13 349	13 095	23 070	22 821

$$A公司固定资产成新率=\left(\frac{13\,349+13\,095}{2}\right)\Big/\left(\frac{23\,070+22\,821}{2}\right)\times100\%$$

$$\approx57.62\%$$

从指标的计算结果可以看出，A公司的固定资产成新率在六成左右，表明企业不是处于最初的发展阶段，而是处于比较成熟的发展阶段。据之可判断，企业现有的固定资产可在较长期间内为企业服务，但企业也需注意资产的更新问题，应提取充足的折旧。在现实经济生活中，常常也可以看到，新成立的企业一般有很高的固定资产成新率，而日趋衰落的企业的固定资产成新率往往很低。因此，固定资产成新率实际上也能反映企业的发展前景，是分析企业发展能力的一个重要指标。

在具体运用固定资产成新率指标时，需要注意以下几点：

1）与计算资产增长率指标时所考虑的问题相同，固定资产成新率的计算所使用变量的计价基础是账面价值，不可避免地会受到会计计价方法的影响。实际上，固定资产成新率很大程度上受到折旧政策的影响，同样的固定资产，在加速折旧法下的成新率要低于直线折旧法下的成新率。因此，在具体分析时，要注意企业所采用的折旧政策及其影响。此外，企业对房屋、设备等应提未提折旧也会影响对固定资产新旧程度的真实反映。

2）固定资产成新率受企业所处发展周期的影响很大。一个处于发展阶段的企业与一个处于衰退期的企业相比，其固定资产成新率明显不同，通常前者明显高于后者。当然，这本身仍可以说明处于发展阶段的企业的发展能力强，但具体到某个企业时，也应该考虑其所处发展周期的影响。例如，例5-4中提到的A公司，它处于发展周期中的成熟期，可能固定资产成新率比不上某些新成立的企业，但不能由此简单地认定其发展能力较弱。

除了销售增长和资产增长外，资产的使用效率也是影响企业发展能力的一个重要因素。资产使用效率的提高可使企业在所拥有或控制的资产规模不变的情况下，扩大收益，创造财富。用来分析和评价企业资产使用效率的指标，如总资产周转率、流动资产周转率等，在本书第4章中已有详细的阐述。分析企业的发展能力时，可通过对这些指标的纵向比较来分析企业的发展趋势，并通过横向比较来分析其所处的水平。在运用资产规模增长率和固定资产成新率等指标进行分析的同时，辅之以资产使用效率指标的分析，可以更好地评价企业的价值及发展潜力。

上述有关分析销售及资产增长方面的指标，能够较好地评价企业通过正常经营活动所具有的成长性。由于营业发展能力是企业整体发展能力的基础和核心，因而这些指标对于分析企业的发展能力至关重要。此外，从某种意义上说，营业发展能力又影响甚至决定着企业的财务发展能力，这些指标与第5.2节所要阐述的分析财务发展能力的指标也有着密切的关系。

5.2 财务发展能力分析

企业的财务发展能力分析，也称企业财务成长性分析，是指对企业财务状况改善能力的分析，主要分析和评价企业在财务意义上的成长性。

前已述及，企业的发展能力主要是指企业通过自身的生产经营活动，不断扩大积累而形成的发展潜能。企业能否健康发展取决于多种因素，包括外部经营环境、企业内在素质以及资源条件等。传统的财务分析仅关注企业的静态财务状况与经营成果，强调企业偿债能力与盈利能力的分析，而对于企业的财务发展能力不够重视，也一直没有形成系统的分析方法（体系）。分析和评价企业的财务发展能力，宏观上可促进国民经济总量持续增长，微观上可促使企业发展能力不断提高。企业发展的核心在于企业价值的增长，但由于企业价值难以计算，因此一般通过分析影响企业价值的因素来分析企业的发展能力。对营业发展能力的分析，实际上是对企业价值增长驱动力的判断，而对财务发展能力的分析实际上是对企业能力的综合分析与评价，因为财务发展能力既是企业在财务意义上的成长性，实质上又是企业整体发展能力的综合反映。

5.2.1 净收益增长率指标

1. 净收益增长率的含义

衡量和评价企业的发展能力，主要是看企业价值增长率。企业价值及其增长是一个抽象的概念，一般用净收益增长率作为描述和分析企业价值增长的核心指标，它不同于净利润增长率，也有别于净资产收益率。净资产收益率是指企业一定时期内的净利润与平均净资产的比率，净收益增长率则是指当年留存收益增长额与年初净资产的比率。其中，当年留存收益是指在年初净资产增长率的基础上，留在企业用于发展并形成净资产的收益。其计算公式为：

$$g = ROE \times (1 - D/E) \tag{5-10}$$

或

$$= \frac{E(1-D/E)}{OE} = \frac{\Delta RE}{OE} \tag{5-11}$$

式中，g——每年净收益增长率；

ROE——年初净资产（包括优先股）收益率；

D——每年的普通股股利和优先股股利；

E——每年的净收益；

D/E——股利支付率；

$(1-D/E)$ ——留存比率；

OE——年初净资产；

ΔRE——当年留存收益变动额。

根据公式可知，在企业不筹集新的权益资本，并维持一个目标资本结构和固定股利政策的条件下，企业未来的净收益增长率是期初净资产收益率和股利支付率的函数。企业未来的净收益增长率不可能大于期初的净资产收益率。从上式可以看出，企业的净资产收益率和留存比率是影响企业净收益增长率的两个主要因素。在ROE不变时，净收益增长率与留存比率呈正相关关系。留存比率之所以会影响企业净收益增长率，是因为留存收益形成了企业新的股权资本，在现有净资产收益率的基础上获得收益，实际上是企业净资产规模的扩大。企业留存比率越高，净收益增长率越大，反映企业为取得长远发展限制了股利发放，将资源留在了企业。净资产收益率对于净收益增长率的影响，不仅在于其本身的改变所产生的净收益的变化，还在于在留存比率确定的基础上反映企业新增资本取得收益的能力。

鉴于净资产收益率指标的重要作用，在实际运用中通常把净收益增长率扩展成多个变量的公式，其扩展式为：

$$g=\frac{\text{净收益}}{\text{销售收入}}\times\frac{\text{销售收入}}{\text{资产}}\times\frac{\text{资产}}{\text{权益}}\times\left(1-\frac{\text{股利}}{\text{净收益}}\right) \tag{5-12}$$

或 $$=\text{销售利润率}\times\text{资产周转率}\times\text{权益乘数}\times\text{留存比率} \tag{5-13}$$

综上所述，在其他方面保持不变的情况下，企业每年只能按 g 的速度增长。当企业增长速度超过 g 时，上述四个变量都可能会改变。也就是说，企业要想超速发展，就必须提高经营效率（资产周转率），或者增强盈利能力（销售利润率），或者改变财务政策（股利政策和财务杠杆）。即企业可以通过改变自身的经营效率、盈利能力和财务政策来改变或者适应自身的增长水平。假定一个企业的留存比率为0.75，销售利润率为10%，资产周转率为1，权益乘数为2，则净收益增长率 g 为15%（即0.75×10%×1×2）。当企业的实际增长率超过15%（如达到20%）时，可以通过改变股利政策，将留存比率提高到1来满足增长率的需要，或将权益乘数提高到2.67；也可以通过提高资产运用效率，使资产周转率达到1.33；还可以将其盈利能力提高到13.33%等，或对上述几个方面同时进行调整。当然，在现实经济生活中，这些调整并非易事。股利政策的改变可能会引起股东的不满而无法实施，而且这方面的改变毕竟有限（最多是不分配股利）。权益乘数的提高将加大企业债权人的风险水平，进而提高筹资成本，最终会部分或全部抵消收益增长的效果，也可能会因债权人贷款契约中的某些限制条款而无法实现。

在现实经济生活中，企业实际的净收益增长率与预测的净收益增长率往往不一致，这是由上述四个比率的实际值与预测值不同所导致的。当实际增长率大于预测增长率时，企业将面临现金短缺的问题；当实际增长率小于预测增长率时，企业可能会存在因有多余的现金而发生损失浪费的情况。

以净收益增长率为核心指标来分析企业的发展能力，其优点在于因各分析因素与净收益增长率存在直接的联系而使之具有较充分的理论依据，而缺点在于以净收益增长率来代替企业的发展能力存在一定的局限性。企业的发展必然会体现在净收益的增长上，但两者不一定是同步增长的，企业净收益的增长可能会滞后于企业的发展。因此，净收益增长率只能作为企业实际发展能力的近似替代。

实际上，以净收益增长率作为衡量企业增长最具综合性的指标还隐含着一个内在前提，即以股东财富最大化作为企业财务管理的目标。因此，考虑企业的发展时也应关注净资产的收益增长率。

2. 净收益增长率的影响因素

由以上分析可知，影响净收益增长率的因素主要有以下几个：

（1）销售收入。企业发展能力的形成要依托企业不断增长的销售收入。销售收入是企业收入来源之本，也是导致企业价值变化的根本动力。只有销售收入的不断稳定增长，才能体现企业的不断发展，才能为企业的不断发展提供充足的资金来源，企业的价值才得以增长。

（2）净资产规模。在资产净收益率不变的情况下，净资产规模与收入规模之间存在正相关关系，只有净资产规模的不断增长，才能反映新的资本投入，表明所有者对企业的信心，同时对企业的债务筹资提供保障。

（3）资产使用效率。一个企业的资产使用效率越高，其利用有限资源获得收益的能力越强，也会给企业价值带来较快的增长。

（4）净收益。净收益反映企业一定期间的经营成果，是收入与费用之差，在收入一定的情况下，费用与净收益之间存在负相关关系，只有不断降低成本，才能增加净收益。企业的净收益是企业价值增长的源泉，所有者可将部分留存收益用于企业的扩大再生产，而且相当可观的净收益会吸引更多的投资人，有利于满足企业进一步发展对资金的需求。

（5）股利分配。企业所有者从企业分得的利益分为两个方面：一是资本利得；二是股利。一个企业可能有很强的盈利能力，但企业如果把所有利润通过各种形式转化为消费，而不注重企业的资本积累，那么即使企业效益指标很高，也不能说这个企业的发展能力很强。

按照上述思辨逻辑，可对影响企业净收益增长率的因素作比较全面的分析，实际上也是对影响企业发展的各个因素进行较为全面的分析。此外，还应关注与企业财务发展能力分析相关的其他指标。

5.2.2 其他分析指标

除了上述核心指标净收益增长率外，还有可用来分析和评价企业财务发展能力的其他指标，如资本积累率、资本平均增长率、资本保值增值率和股利增长率等。

1. 资本积累率

资本积累率是指企业本年所有者权益增长额同年初所有者权益的比率。其计算公式为：

$$资本积累率=\frac{本年所有者权益增长额}{年初所有者权益}\times 100\% \qquad (5-14)$$

式中，本年所有者权益增长额是指企业本年所有者权益与上年所有者权益的差额，若本年所有者权益减少，则用“－”号表示，其计算公式为：

本年所有者权益增长额＝所有者权益年末数－所有者权益期初数

资本积累率反映投资者投入企业资本的保全性和增长性，是评价企业发展能力的重要指标。它体现企业所有者权益在当年的变动情况、企业的资本积累及发展水平，是企业扩大再生产的源泉。该指标值越高，表明企业资本保全性越强，其应对风险的能力和发展能力也就越强；若指标值为负，则表明企业资本受到侵蚀，所有者权益受到损害。从财务报表的角度分析，资本积累主要来源于企业实现净利润的留存和股东追加的投资，但前者更能体现资本积累的本质与实质，表明企业具有发展能力及后劲。

[例5-5]

G公司资本积累率计算表如表5-4所示。

表5-4　G公司资本积累率计算表　金额单位：万元

项目	2012年	2013年	2014年	2015年	2016年
股本	6 182.32	8 655.25	12 502.37	14 644.39	14 644.39
资本公积	4 534.48	4 534.48	2 988.79	21 838.94	21 838.94
盈余公积	2 876.47	3 890.63	6 268.14	7 834.21	11 100.61
未分配利润	4 321.89	5 386.27	7 471.69	13 735.98	15 774.86
所有者权益	17 915.16	22 466.63	29 230.99	58 053.52	63 358.8
资本积累率（%）		25.41	30.11	98.6	9.14

计算结果表明，G公司资本积累率在各年间有不同幅度的波动。从总体上来看，其资本积累率水平较高，说明G公司重视发展能力的培育，其发展后劲较足。

2. 资本平均增长率

为了消除资本增长受短期波动因素的影响，通常可计算并运用三年的资本平均增长率指标，以分析和评价企业较长时期内资本积累的平均增长情况。三年的资本平均增长率计算公式为：

$$\text{三年的资本平均增长率}=\left[\sqrt[3]{\frac{\text{年末所有者权益总额}}{\text{三年前所有者权益总额}}}-1\right]\times 100\% \tag{5-15}$$

三年的资本平均增长率反映企业连续三年的资本积累情况，体现企业的发展水平及成长趋势。该指标值越高，表明企业所有者权益得到的保障程度越大，企业可使用的资金越充足，抵抗风险及持续发展的能力越强。

根据例5-5计算的该指标为：

$$\text{三年的资本平均增长率}=\left[\sqrt[3]{\frac{63\,358.8}{22\,466.63}}-1\right]\times 100\%\approx 41.28\%$$

从计算结果可知，该指标值较高，反映了G公司资本增值的历史状况及稳步发展的成长趋势。

3. 资本保值增值率

资本保值增值率是指企业本年末所有者权益扣除客观增减因素的影响后与年初所有者权益的比率，表明企业当年资本在企业自身努力下的实际增减变动情况，是评价企业财务效益状况的辅助指标，也是反映企业价值保持和增长的重要指标。它主要反映资本的完整性和运营效益。其计算公式为：

$$\text{资本保值增值率}=\frac{\text{扣除客观增减因素后的年末所有者权益}}{\text{年初所有者权益}}\times 100\% \tag{5-16}$$

资本保值增值率是根据资本保全原则设计的指标，因扣除了客观因素的影响而趋于稳健和谨慎。资本保值增值率等于100%时，说明企业的资本保值了；资本保值增值率大于100%时，说明企业的资本增值了。该指标值越高，表明企业的资本保全状况越好，所有者的权益增长越快，债权人的债务越有保障，企业的发展后劲越足。如果该指标为负值，则表明企业资本受到了侵蚀，没有实现资本保全，损害了所有者权益，也妨碍了企业的进一步发展。

[例5-6]

F公司所有者权益变动表如表5-5所示。

表5-5　F公司所有者权益变动表　单位：百万元

	年初	获得捐赠	新投入资本	年末
所有者权益	200	1.5	10	220

则
$$\text{F公司的资本保值增值率}=\frac{(220-1.5-10)}{200}\times 100\%=104.25\%$$

说明F公司实现了资本保全，并且有一定的增长。

如果获得的捐赠为10.5，则资本保值增值率小于100%，说明F公司没有实现真正意义上的资本保全。

4. 股利发放增长率

股利发放增长率是本年发放股利增长额与上年发放股利的比率，反映企业现金股利的增长程度。其计算公式为：

$$股利发放增长率=\frac{本年每股股利增长额}{上年每股股利}\times 100\% \quad (5-17)$$

式中，本年每股股利增长额为本年发放的每股现金股利与上年发放的每股现金股利的差额；上年每股股利为上年发放的每股现金股利。

[例5-7]

某企业2012—2016年净利润及股利发放情况如表5-6所示。

表5-6　某企业2012—2016年净利润及股利发放情况　金额单位：万元

项目	2012年	2013年	2014年	2015年	2016年
净利润	1 000	1 200	1 500	1 400	1 800
现金股利	100	120			150
股利发放增长率（%）		20			

由上表计算可知，该企业2012—2016年间净利润呈增长趋势，2012年、2013年及2016年分配了现金股利，企业所实现的利润大部分用于资本扩张，增强了其发展能力及后劲，有利于企业的长远发展。当然，企业的这种股利政策也许会影响一部分投资者的信心，这是该企业在股利政策上应当慎重考虑的。

由此可见，股利发放增长率是影响企业发展的一个重要指标。对此，可从以下两个角度加以理解：

(1) 资本的扩张表现在所有者权益的增长上，而所有者权益增长的来源主要有两个方面：一是外部资金的投入，其在财务报表上表现为实收资本或股本的增加；二是留存收益的增加，其在财务报表上表现为盈余公积和未分配利润的增加。后者基于企业的盈利，也是衡量企业发展能力的重要指标。当然，企业的盈利并非全部形成留存收益，这取决于企业的股利分配政策。从财务报表角度分析，现金股利与留存收益呈负相关关系，即现金股利越多，留存收益越少，则资本扩张速度越慢。在这种意义上，股利发放增长率也是用于衡量企业发展能力的一个重要指标。

(2) 在市场有效的情况下，资本市场具有信号传递功能。股利的增长会向市场传递利好信息，从而影响企业发展。在证券估价中，有关股利增长模型的股利增长率同股票的价格呈同向变化。

显然，上述两个角度的理解是对立或矛盾的。因此，相对于企业的发展而言，股利既不是越多越好，也不是越少越好，而是主要取决于企业与其所有者的博弈以及所有者对其短期收益与长期收益的权衡。

本章小结

企业发展的内涵是企业价值的增长，因此企业价值增长的分析应当是企业发展能力分析的核心。对于一个健康发展的企业来说，经营方面和财务方面应协调发展、互相促进。企业发展能力主要包括营业发展能力和财务发展能力。

营业发展能力是指企业在正常经营活动中所具有的发展潜力或成长可能性。对企业营业发展能力的分析，主要是评价企业正常活动所具有的成长性等情况，通常采用销售增长指标、资产增长指标等。销售增长指标包括销售增长率、销售均增率等指标，资产增长指标则包括资产规模增长率、资产成新率以及反映资产使用效率的总资产周转率、流动资产周转率等指标。

财务发展能力是指企业财务状况改善的潜力或可能性。对企业财务发展能力的分析也称企业的财务成长性分析，主要评价企业财务意义上的成长性，通常采用净收益增长率、资本积累率等指标。净收益增长率是用来分析和评价企业价值增长的一个重要指标。此外，在进行财务发展能力分析时，往往还会运用资本积累率、资本平均增长率、资本保值增值率和股利增长率等其他指标。通过利用这些指标，可以较全面地评价企业的财务发展能力，进而较好地了解企业的发展能力。

术语与公式

一、名词术语

营业发展能力　　销售增长率　　销售平均增长率
资产规模增长率　　总资产增长率　　流动资产增长率
固定资产增长率　　无形资产增长率　　固定资产成新率
资产使用效率　　财务发展能力　　净收益增长率
资本积累率　　资本平均增长率　　资本保值增值率
股利发放增长率

二、主要公式

$$\text{销售增长率}=\frac{\text{本年销售(营业)收入增长额}}{\text{上年销售(营业)收入总额}}\times 100\%$$

$$\text{销售均增率}=\left[\sqrt[3]{\frac{\text{当年主营业务收入总额}}{\text{三年前主营业务收入总额}}}-1\right]\times 100\%$$

$$总资产增长率=\frac{本年总资产增长额}{年初资产总额}\times 100\%$$

$$总资产年均增率=\left[\sqrt[3]{\frac{年末资产总额}{三年前资产总额}}-1\right]\times 100\%$$

$$流动资产增长率=\frac{本年流动资产增长额}{年初流动资产额}\times 100\%$$

$$固定资产增长率=\frac{本年固定资产增长额}{年初固定资产额}\times 100\%$$

$$无形资产增长率=\frac{本年无形资产增长额}{年初无形资产额}\times 100\%$$

$$员工增长率=\frac{本年员工增长人数}{年初员工总数}\times 100\%$$

$$固定资产成新率=\frac{平均固定资产净值}{平均固定资产原值}\times 100\%$$

$$g=ROE\times(1-D/E)$$

或 $$=\frac{E(1-D/E)}{OE}=\frac{\Delta RE}{OE}$$

式中，g——每年净收益增长率；

ROE——年初净资产（包括优先股）收益率；

D——每年的普通股股利和优先股股利；

E——每年的净收益；

D/E——股利支付率；

$(1-D/E)$——留存比率；

OE——年初净资产；

ΔRE——当年留存收益变动额。

$$g=\frac{净收益}{销售收入}\times\frac{销售收入}{资产}\times\frac{资产}{权益}\times\left(1-\frac{股利}{净收益}\right)$$

或 $$=销售利润率\times资产周转率\times权益乘数\times留存比率$$

$$资本积累率=\frac{本年所有者权益增长额}{年初所有者权益}\times 100\%$$

$$三年的资本平均增长率=\left[\sqrt[3]{\frac{年末所有者权益总额}{三年前所有者权益总额}}-1\right]\times 100\%$$

$$资本保值增值率=\frac{扣除客观增减因素后的年末所有者权益}{年初所有者权益}\times 100\%$$

$$股利发放增长率=\frac{本年每股股利增长额}{上年每股股利}\times 100\%$$

思考与练习

一、思考题

1. 影响企业价值的因素主要有哪些?

2. 销售均增率与销售增长率有何区别?在财务分析中,为什么要采用销售均增率这一指标?

3. 固定资产成新率的经济含义是什么?采用该指标时,应当注意哪些问题?

4. 如何理解股利发放增长率与企业发展能力的关系?

二、计算题

1. J 公司连续四年的有关财务资料如表 5-7 所示。

表 5-7　J 公司连续四年的有关财务资料　单位:万元

项目	第一年	第二年	第三年	第四年
资产总额	1 674	1 978	2 531	2 973
所有者权益	892	1 011	1 573	2 087
主营业务收入	5 903	6 834	9 800	14 380
净利润	503	625	921	1 441

要求:

(1) 计算 J 公司后三年的销售增长率、总资产增长率及资本积累率。

(2) 计算 J 公司销售均增率、总资产年均增率及三年的资本平均增长率。

(3) 综合评价 J 公司的发展能力。

2. M 公司 2013—2016 年间每年有关利润与股利发放情况如表 5-8 所示。

表 5-8　M 公司 2013—2016 年间每年有关利润与股利发放情况表　单位:万元

项目	2013 年	2014 年	2015 年	2016 年
净利润	800	900	1 200	1 550
现金股利	40	90	120	140

要求:

(1) 计算 M 公司 2014—2016 年每年的股利发放增长率。

(2) 比较 M 公司的股利发放增长率与每年净利润的变化。

三、案例题

1. 案例 1

LS 公司是一家商业零售企业。随着市场规模的扩大,该公司的规模也在不断扩大。近几年,LS 公司的业务不断发展,其经营范围包括消费品代理、零售、物流及餐饮等多种业务。

LS公司近三年的主要发展能力指标如表5-9所示。

表5-9　　LS公司的发展能力指标表

项目	2014年	2015年	2016年
销售增长率	0.02	0.08	−0.29
应收账款增长率	0.01	0.13	0.17
固定资产增长率	0.16	1.83	0.01
总资产增长率	0.13	0.75	0.13
净收益增长率	0.07	−0.40	−0.14

同期对应的发展能力指标行业均值如表5-10所示。

表5-10　　发展能力指标行业均值表

项目	2014年	2015年	2016年
销售增长率	0.062	0.38	−0.096
应收账款增长率	0.083	−0.25	0.78
固定资产增长率	0.11	0.18	0.31
总资产增长率	0.057	0.42	0.36
净收益增长率	0.083	0.75	−0.035

资料来源：中国财经网相关信息，已做了微调。

要求：

(1) 分析LS公司2014—2016年有关发展能力指标的变化情况。

(2) 分析LS公司所处行业2014—2016年发展能力变化趋势。

(3) 结合相关资料，综合分析与评价LS公司发展能力及其变化。

2. 案例2

XG公司是一家重要的施工建设类企业。随着西部大开发和“一带一路”的实施，企业的各项业务得到了空前发展，主要财务指标也大幅改善，预期未来几年该公司还将保持较快的发展速度。该公司近五年主要发展能力指标如表5-11所示。

表5-11　　XG公司的发展能力指标表

项目	2012年	2013年	2014年	2015年	2016年
销售增长率	0.21	0.25	0.34	0.43	0.49
股利增长率	0.18	0.19	0.28	0.21	0.25
净资产增长率	0.29	0.31	0.56	0.66	0.87
总资产增长率	0.32	0.45	0.65	0.78	1.20
净收益增长率	−0.10	0.21	0.31	0.34	0.45

资料来源：上市公司年报信息，已做了微调。

要求：

(1) 分析与评价该公司2012—2016年有关营业能力的变化情况及其原因。

(2) 分析与评价该公司2012—2016年有关财务能力的变化情况及其原因。

第 6 章

成本费用分析

学习目标

本章主要阐述产品成本分析和期间费用分析的内容。通过本章的学习应掌握：

- 产品成本的主要影响因素
- 直接材料成本分析方法
- 直接人工成本分析方法
- 制造费用分析方法
- 期间费用分析方法

6.1 产品成本分析

产品成本是指为生产产品而发生的、最终通过与产品营业收入（销售收入）配比而得到弥补的费用。产品成本是标志企业经营管理水平的重要指标之一。它运用统一的货币计量单位，综合地反映企业的劳动生产率水平、设备合理利用程度、材料物资节约使用情况，以及经营管理水平的高低。影响产品成本升降的因素，既有外部属于市场环境的因素，也有内部属于企业经营管理的因素，这两类因素在一定条件下，又是相互联系、相互制约并互相促进的。

6.1.1 产品成本的影响因素

1. 企业的外部因素

（1）企业的地理位置与资源条件。企业的地理位置对产品成本水平有多方面的影响。如气候条件不同，会影响企业为创造必要劳动条件而投入固定资产的水平，从而影响企业的费用水平；企业距离原材料、能源供应地的远近不同，则进货价格、协作方式、运输方式、在途损耗和综合利用的效果也会有所不同；企业距离产品销售市场的远近不同，其运输、包装费用也会存在差别。

（2）企业的生产规模和技术装备水平。企业规模的大小、产品结构、企业组织结构是否合理，对于产品成本水平也会产生影响。随着企业生产规模的不断扩大，单位产品成本中的固定费用相对节约，从而促进产品成本水平的降低。此外，由于生产规模扩大，可以为采取更先进的产品设计和工艺创造有利的条件，从而有利于提高企业的经济效益。

（3）企业的专业化和协作水平。实行生产专业化和协作，有利于采用新的科技成果，推广和采用先进的专业技术设备与加工工艺，造就具有高度熟练技术的员工，并简化生产管理工作；有利于挖掘企业现有的生产潜力，大大提高劳动生产率，降低产品成本。

（4）劳动者的技术水平与操作的熟练程度。各企业的新老员工，在平均技术等级与操作熟练程度等方面存在差别，其技术力量自然就不同，因而对企业的产品成本水平也会有影响。

此外，国家的宏观经济政策、产业结构、经济环境等因素，也会对企业的产品成本产生影响。当然，更为重要的、经常起作用的还是企业的内部因素。

2. 企业的内部因素

（1）劳动生产率水平。提高劳动生产率是降低产品成本的一项决定性措施。提高劳动生产率不仅可以减少单位产品的工时消耗，促进产品产量的增长，而且可以使单位产品成本中的固定费用有所降低。这是不断降低产品成本的一条重要途径，也是增加企业盈利的一个重要源泉。

（2）材料、能源的利用率。材料、能源的消耗量，在大多数企业的产品成本中占有较大比重。降低单位产品的材料、能源的消耗量，就意味着在消耗一定量的材料、能源的条件下，提供了增产的可能性，使相同的消耗有更多的产出来分摊和补偿，可以使单位成本有所降低。企业可以采用多种措施来提高材料、能源的利用效率，如改进产品的设计和工艺、完善操作方法、采用能节约能源的新材料、实行能源的综合利用等。

（3）生产设备的利用效率。提高生产设备的利用率，充分发挥现有设备的生产能力，改善单位时间内生产设备的利用情况，提高单位时间内设备的生产效率，都会促进一定时间内原材料的加工量和产品产量的增长。由于产品产量增长，单位产品成本中的固定费用（如固定资产的折旧费、维修费、计时工资和一般管理费等）就会降低。

（4）生产工作质量与生产损失的多少。提高产品的合格率和平均等级，减少生产过程中的废品损失和停工损失，意味着有效产品产量有所增加，能使企业在消耗同样多的物质资源和劳动资源的情况下，为社会提供更多有用的产品，也就降低了产品成本。

（5）薪酬及制造费用的水平。严格控制薪酬总额，提高工时利用率，合理简化管理机构，提高工作效率，能使单位产品分摊的薪酬、费用的份额相应减少。

上述影响企业产品成本变动的外部因素与内部因素的划分不是绝对的，它们会随着条件的变化而有所不同。进行产品成本分析，必须首先对影响产品成本变动的因素加以区分，既应看到企业之间客观因素的不同，又应多从企业的主观因素加以分析研究。

6.1.2　产品成本分析的基本任务

产品成本分析是对实际成果进行评价，也为未来的成本管理工作和降低成本途径指明努力的方向，是加强成本管理的重要环节。因此，要深入细致地分析产品成本水平及其变动的原因，找出影响成本升降的各种因素，克服薄弱环节，充分挖掘增产节约的潜力，以促进生产的进一步发展和产品成本的不断降低。

（1）评价企业成本计划的执行情况。企业经营活动错综复杂，成本计划的执行结果很难根据成本核算资料直接得出分析结论，而是要在核算资料的基础上，采用一定的方法进行深入分析，从而严格考核经济责任，贯彻各项奖惩制度，为激励职工自觉讲求经济效益提供依据。

（2）揭示成本升降的原因，进一步提高企业管理水平。成本是企业经济活动的综合性指标，它集中反映企业生产经营活动的成果。如果企业在各方面贯彻了节约制度，提高了劳动生产率和设备利用率，节约了原材料、燃料和动力等的消耗，减少了其他费用的支出，就会在成本上综合地反映出来。成本分析运用科学的分析方法，对各项经济指标进行系统分析，可以查明造成成本高低的原因，以便有针对性地采取措施，提高企业成本管理水平。

（3）寻求进一步降低成本的途径和方法。在成本分析中，凡是有差距、有矛盾的地方，往往也是潜力所在。针对差距、矛盾采取措施是降低成本最有效的方法。不仅如此，成本分析还可以结合企业生产经营条件的变化，综合考虑各有关因素，从而帮助选定适应新情况的最合适的成本水平，提高企业的经济效益。

6.1.3　产品成本分析的主要方法

在成本分析中，采用的技术方法多种多样，既有定性的分析方法，也有定量的分析方法，既有会计的方法，也有统计和数学的方法。具体采用哪一种方法，要根据企业自身的特点、分析的要求和掌握资料的情况来决定。一般来说，成本分析中经常采用以下几种方法：

（1）对比分析法。即通过相互关联的经济指标的对比来确定数量差异，借以了解经济活动的业绩和问题的一种分析方法。在实际分析工作中，通常进行本期与上期之间的对比、实际与计划之间的对比、本企业与同行业其他企业之间的对比等。经济指标的对比，必须注意指标的可比性，即进行对比的各项指标在经济内容、计算方法、计价标准、计算期间、影响指标形成的客观条件等方面应具有可比的共同基础。当然，这种可比性也只能是相对的，因为同一经济指标，在不同时间、地点、条件下，不可能绝对可比，基本可比即可。根据分析的需要，对比分析法又可采用绝对数比较、相对数比较及指数比较等多种不同的具体比较形式。

（2）比率分析法。即通过计算经济指标的比率，并进行数量对比的一种分析方法。具体形式有相关指标对比分析、构成指标对比分析及动态比率对比分析等。

1）相关指标对比分析，即将两个性质不同但又相关的指标（如利润和成本）对比求出比率，然后进行比较分析。

2）构成指标对比分析，即将一项经济指标的各组成部分占总体的比重进行对比分析。

3）动态比率对比分析，即将不同时期的指标对比求出比率，然后进行动态比较，据以分析该项目的增减变动情况。

（3）因素分析法。即将一项综合指标分解为若干相互联系的因素，分别确定每个因素对分析对象产生的影响程度的一种分析方法。一项经济指标完成得好坏，往往是多种因素综合影响的结果，只有把这种综合性的结果分解为它的构成因素，才能了解指标完成好坏的真正原因。由于各构成因素之间相互关系的复杂程度不同，因素分析法又分为简单的因素分析法和复杂的因素分析法。简单的因素分析就是各构成因素之间没有直接的联系，如本年单位产品成本比上年上升10元，其中材料成本增加7元，工资成本增加3元，而材料成本和工资成本之间并没有直接的联系。至于复杂的因素分析，则是各构成因素之间有一定的内在联系，如生产中实际消耗材料超过计划规定用量，是由产品生产数量的变动、材料价格的变动、单位产品消耗材料数量的变动三个因素造成的。对此，通常采用连环替代法进行分析。

连环替代法，就是确定引起某个经济指标变动的各个因素影响程度的一种计算与分析方法。在几个相互联系的因素共同影响某一指标的情况下，可应用此方法来计算各个因素对经济指标发生变动的影响程度。其计算程序是：

1）将某项经济指标的实际数与基数（计划数或前期实际数）对比，将其差额作为分析对象。

2）确定该项经济指标由哪几个因素组成以及各因素影响指标的排列顺序。

3）以基数为计算基础，按照各因素的排列顺序，逐次以各因素的实际数替换其基数，每次替换后实际数就被保留下来，有几个因素就替换几次，直到所有因素都变为实际数为止，每次替换后都求出新的计算结果。

4）将每次替换后所得结果与其相邻的前一次计算结果相比较，两者的差额就是该因素变动对经济指标的影响程度。

5）计算各因素变动影响数额的代数和。这个代数和应等于被分析的经济指标实际数与基数的总差异额。

设某经济指标由 x，y，z 三个因素的乘积组成，其计划成本和实际成本分别如下所示：

计划成本：$A_0=x_0\times y_0\times z_0$

实际成本：$A_1=x_1\times y_1\times z_1$

差异额：$V=A_1-A_0$

由于该经济指标由三个因素组成，为求出各因素变动对经济指标的影响程度，应进行三次替换：

第一次替换：$A_2=x_1\times y_0\times z_0$　　$V_x=A_2-A_0$　　为 x 变动的影响

第二次替换：$A_3=x_1\times y_1\times z_0$　　$V_y=A_3-A_2$　　为 y 变动的影响

第三次替换：$A_1=x_1\times y_1\times z_1$　　$V_z=A_1-A_3$　　为 z 变动的影响

将各因素变动的影响加以综合，其结果应与实际成本脱离计划成本的差异额相一致：

$$(A_2-A_0)+(A_3-A_2)+(A_1-A_3)=A_1-A_0$$

$$V_x+V_y+V_z=V$$

6.1.4　产品成本项目的分析

企业的费用按其经济用途划分，称为成本项目，用来说明生产支出的用途。根据其在生产过程中对产品形成所产生的作用不同，可以将产品成本划分为四个成本项目，分别是直接材料、燃料及动力（如果该项费用较少，可以直接并入直接材料核算）、直接人工和制造费用（分析时又分为变动制造费用和固定制造费用）。通常，产品的标准成本包括直接材料、直接人工和制造费用三个部分，它是根据正常的耗用水平、正常的价格水平和正常的生产能力利用程度制定的，反映了过去一段时间实际成本的平均值以及该行业的平均价格水平、平均生产能力和技术能力。如果耗用水平、价格或生产能力利用程度由于种种原因而发生变化，则表现为产品实际成本与其标准成本的差异，称为成本差异（或标准差异）。成本差异按成本项目的内容可以分为直接材料成本差异、直接人工成本差异和制造费用差异。按其形成的原因和分析方法不同，制造费用差异又可分为变动制造费用差异和固定制造费用差异两部分。其中，直接材料成本差异、直接人工成本差异和变动制造费用差异都属于变动成本，根据变动成本的单位成本不随业务量改变而改变，但总额会随着业务量增加而成正比例增加的特点，进行变动成本分析时不用考虑产量变化引起的差异，只需考虑价格和用量因素引起的差异，即价格差异和用量差异。价格差异是指实际价格脱离标准价格所产生的差异，而数量差异则指实际用量脱离标准用量所产生的差异。

固定制造费用是固定成本，其总额不随业务量的改变而改变，因而其成本差异就不能简单地划分为价格差异和数量差异，而是划分为固定制造费用开支差异、生产能力利用差异和效率差异。其中，固定制造费用开支差异是指实际发生的固定制造费用与标准固定制造费用的差异，固定制造费用生产能力利用差异是由生产耗用总工时的变化所引起的反映企业对生产能力利用程度的差异，至于固定制造费用效率差异则是实际耗用总工时与实际产量应耗用的总工时不符而导致的差异。

1. 直接材料成本分析

直接材料是指直接用于产品生产，构成产品主要实体或与产品主要实体相结合的原材料、外购半成品、燃料和动力。分析直接材料成本，需研究材料成本变动的情况，查明影响材料成本节约或超支的原因，挖掘节约材料成本的潜力，以制定节约材料成本的方案和措施。

直接材料标准成本需按直接材料价格标准和直接材料用量标准确定。直接材料价格标准应能反映目前市价及未来市场的变化情况，考虑最有利的采购条件（如经济采购批量、最经济的运输方式等），应是取得材料的完全成本。直接材料用量标准通常应根据企业的产品设计、生产工艺状况，结合企业的经营管理水平考虑，应是现有技术条件生产单位产品所需的材料数量。

直接材料成本差异是指一定产品产量的直接材料实际成本与直接材料标准成本之间的差异，它由价格差异和数量差异（称为用量差异）组成。其计算公式如下：

直接材料成本差异＝直接材料实际成本－直接材料标准成本
＝实际价格×实际用量－标准价格×标准用量
＝实际价格×实际产量×直接材料单位实际耗用量
－标准价格×实际产量×直接材料单位标准耗用量
或 ＝直接材料价格差异＋直接材料用量差异 (6-1)

直接材料价格差异＝(实际价格－标准价格)×实际用量
＝(实际价格－标准价格)×实际产量
×单位实际耗用量 (6-2)

直接材料用量差异＝(实际用量－标准用量)×标准价格
＝(单位实际耗用量－单位标准耗用量)×实际产量
×标准价格 (6-3)

直接材料成本差异的分析如图6-1所示。

直接材料成本差异

实际发生的直接材料费用额	标准价格下直接材料费用额	实际产量下直接材料费用额
=实际产量 ×直接材料单位实际耗用量 ×直接材料实际价格	=实际产量 ×直接材料单位实际耗用量 ×直接材料标准价格	=实际产量 ×直接材料单位标准耗用量 ×直接材料标准价格

直接材料价格差异　　直接材料用量差异

图 6－1　直接材料成本差异分析图

[例 6－1]

中大江源公司生产甲产品，耗用原材料的单位产品标准用量为 20 千克，标准价格为每千克 15 元。2016 年 10 月生产甲产品 200 件，当月全部完工(无月初、月末在产品)，实际耗用 A 材料 3 980 千克，实际价格为每千克 16 元。A 材料的成本差异分析如下：

$$\text{直接材料价格差异}=(16-15)\times 3\,980=3\,980(\text{元})\qquad(\text{不利差异})$$

$$\text{直接材料用量差异}=(3\,980-20\times 200)\times 15=-300(\text{元})\qquad(\text{有利差异})$$

$$\text{直接材料成本差异}=3\,980\times 16-20\times 200\times 15=3\,680(\text{元})(\text{不利差异})$$

或

$$=3\,980+(-300)=3\,680(\text{元})$$

有时，生产中耗用的几种主要材料需按照一定的比例混合后再投入使用，材料用量差异可进一步分解为材料结构差异和材料产出差异。其中，材料结构差异是指实际混合比例与预算的混合比例不同而产生的差异，材料产出差异是指实际混合材料投入后的产出量与预算混合材料投入后的产出量不同而造成的差异。这两种差异可用以下公式计算：

$$\text{材料结构差异}=\sum\left(\begin{matrix}\text{各直接材料}\\\text{实际总用量}\end{matrix}\times\begin{matrix}\text{各自实际}\\\text{比重}\end{matrix}\right)\times\text{标准价格}-\sum\left(\begin{matrix}\text{各直接材料}\\\text{实际总用量}\end{matrix}\times\begin{matrix}\text{各自预算}\\\text{比重}\end{matrix}\right)\times\text{标准价格}\qquad(6-4)$$

$$\text{材料产出差异}=\sum\left(\begin{matrix}\text{各直接材料}\\\text{实际总用量}\end{matrix}\times\begin{matrix}\text{各自预算}\\\text{比重}\end{matrix}\right)\times\text{标准价格}-\sum\left(\begin{matrix}\text{为达到实际产量而需配备的}\\\text{直接材料预算投入总量}\end{matrix}\times\begin{matrix}\text{各自预算}\\\text{比重}\end{matrix}\right)\times\text{标准价格}\qquad(6-5)$$

[例 6－2]

生产某一产品需耗用 A，B 两种材料，每千克混合材料可生产两个单位的产品，其他有关标准成本资料如表6-1所示。

表6-1　　A，B材料标准成本资料

材料	标准价格（元）	标准比重	标准成本（元）
A	10	0.6	6
B	20	0.4	8
合　计		1	14

产品的实际产量是2 400单位，其他实际成本资料如表6-2所示。

表6-2　　A，B材料实际成本资料

材料	价格（元）	消耗量	实际成本（元）
A	16	500	8 000
B	16	500	8 000
合　计		1 000	16 000

该产品的材料成本差异计算分析如下：

直接材料成本差异＝16 000－2 400×0.5×14
＝－800(元)　（有利差异）

直接材料价格差异＝16 000－(500×10＋500×20)
＝1 000(元)　（不利差异）

直接材料用量差异＝(500×10＋500×20)－2 400×0.5×14
＝－1 800(元)　（有利差异）

直接材料结构差异＝(500×10＋500×20)－1 000×14
＝1 000(元)　（不利差异）

直接材料产出差异＝1 000×14－2 400×0.5×14
＝－2 800(元)　（有利差异）

通常材料价格差异应由采购部门负责，因为影响材料采购价格的各种因素（如采购批量、材料质量、运输方式、购货折扣以及供应商的选择等）都是由采购部门控制并受其决策的影响。但也存在一些例外情况，比如通货膨胀、国家对原材料价格的调整等，这些已超出了采购部门的控制范围，由此产生的差异就不应由采购部门负责。又如因临时性需要进行紧急采购时，由于改变运输方式（如由陆运改为空运）而引起的价格差异，也不应由采购部门负责，而应由造成这种情况的各相关部门负责。

影响材料用量差异的因素很多，主要有生产工人的技术熟练程度、生产设备的完好程度、工人对工作的责任心、材料的质量及规格、产品质量控制情况等。一般情况下，用量超过标准大多是由于工人责任心不强、缺乏培训或素质较低等原因造成的，应由生产部门及时采取有效措施加以纠正。少数情况是由于采购部门片面追求低价而购入了低质量材料，致使生产部门用量过多，这种情况应由采购部门负责；因设备年久失修造成材料浪费的，则应由设备维修部门负责。

2. 直接人工成本分析

直接人工是指参加产品生产的工人工资以及按生产工人工资总额和规定的比例计算提取的相关费用。其中，工资总额包括计件工资、计时工资、奖金、津贴和补贴、加班加点工资和特殊情况下支付的工资等部分。通过分析直接人工成本，有利于改善劳动组织，充分利用工时，提高劳动生产率，减少非生产性开支，降低产品成本。

直接人工标准成本由人工价格标准和人工用量标准两部分决定。人工价格标准即工资率标准，该标准通常由劳资部门根据用工情况制定。在不同的工资制度下，工资率标准有不同的表现形式：采用计件工资制时，工资率标准就是计件工资单价；采用计时工资制时，工资率标准就是单位工时工资率标准。人工用量标准即工时用量标准，该标准是单位产品的标准工时，是指在现有的生产技术条件下，适当考虑正常的工作间隙，生产单位产品所需要的时间。

直接人工成本差异是指一定产品产量的直接人工实际成本和直接人工标准成本之间的差额，它由价格差异（称工资率差异）和数量差异（称人工效率差异）组成。其计算公式如下：

直接人工成本差异＝直接人工实际成本－直接人工标准成本
＝实际工资率×实际工时－标准工资率×标准工时
＝实际工资率×实际产量×单位实际工时
－标准工资率×实际产量×单位标准工时

或　　＝直接人工工资率差异＋直接人工效率差异　　(6-6)

直接人工工资率差异＝(实际工资率－标准工资率)×实际工时
＝(实际工资率－标准工资率)×实际产量
×单位实际工时　　(6-7)

直接人工效率差异＝(实际工时－标准工时)×标准工资率
＝(单位实际工时－单位标准工时)×实际产量
×标准工资率　　(6-8)

直接人工成本差异的分析如图 6-2 所示。

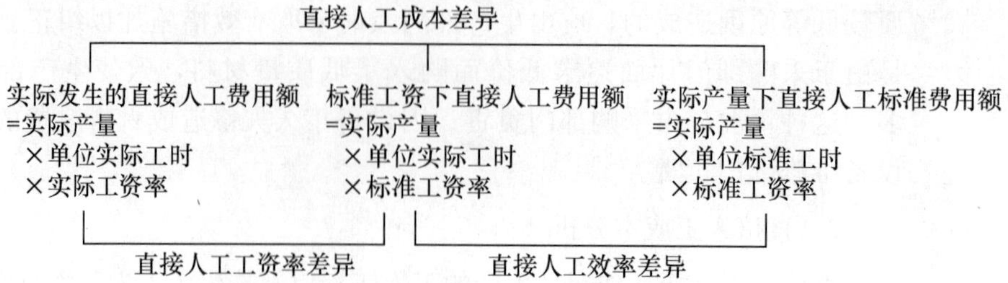

图6-2　直接人工成本差异分析图

[例6-3]

中大江源公司生产甲产品200件，实际耗用3 950小时，实际生产工人工资20 540元。标准工资率5元，单位产品耗用工时标准为20小时。直接人工成本差异的计算分析如下：

直接人工工资率差异＝20 540－3 950×5＝790(元)　　（不利差异）

直接人工效率差异＝(3 950－20×200)×5＝－250(元)　　（有利差异）

直接人工成本差异＝20 540－20×200×5＝540(元)

或　　＝790＋(－250)＝540(元)　　（不利差异）

同样，企业在生产产品时常混合使用不同工资级别的工人（实际体现为不同熟练程度的工人），直接人工也会存在结构性差异的问题，即在不同等级工人的小时工资率不同的情况下，如果在预算工时和实际总工时内，不同等级工人完成工时所占的比重发生变动，也会造成成本差异。这种差异包含在直接人工效率差异内，可以进一步分解为直接人工结构差异和直接人工产出差异。这两种差异可用以下公式计算：

$$\begin{aligned}\text{直接人工结构差异}=&\sum\left(\text{各直接人工实际总工时}\times\text{各自实际工时比重}\right)\\&\times\text{标准价格}-\sum\left(\text{各直接人工实际总工时}\times\text{各自预算工时比重}\right)\\&\times\text{标准价格}\end{aligned}\qquad(6-9)$$

$$\begin{aligned}\text{直接人工产出差异}=&\sum\left(\text{各直接人工实际总工时}\times\text{各自预算工时比重}\right)\\&\times\text{标准价格}-\sum\left(\text{各直接人工预算工时}\times\text{各自预算工时比重}\right)\\&\times\text{标准价格}\end{aligned}\qquad(6-10)$$

[例6-4]

生产乙产品需用初级、中级两个级别的工人，生产1单位的乙产品需要5

个混合工时，其他有关标准成本的资料如表6-3所示。

表6-3　　不同级别工人的标准成本资料

项目	工资率	标准比重	标准成本（元）
初级工	0.6	0.6	0.36
中级工	0.8	0.4	0.32
合　计		1	0.68

实际生产2 400单位的乙产品，其他实际成本资料如表6-4所示。

表6-4　　不同级别工人的实际成本资料

项目	工资率	实际工时	实际成本（元）
初级工	0.7	7 000	4 900
中级工	1.0	3 000	3 000
合　计		10 000	7 900

该产品的人工成本差异计算分析如下：

直接人工成本差异＝7 900－2 400×5×(0.6×0.6＋0.8×0.4)
＝－260(元)　　（有利差异）

直接人工工资率差异＝7 900－(7 000×0.6＋3 000×0.8)
＝1 300(元)　　（不利差异）

直接人工效率差异＝(7 000×0.6＋3 000×0.8)－2 400×5
×(0.6×0.6＋0.8×0.4)
＝－1 560(元)　　（有利差异）

直接人工结构差异＝(7 000×0.6＋3 000×0.8)－10 000
×(0.6×0.6＋0.8×0.4)
＝－200(元)　　（有利差异）

直接人工产出差异＝10 000×(0.6×0.6＋0.8×0.4)－2 400×5
×(0.6×0.6＋0.8×0.4)
＝－1 360(元)　　（有利差异）

对于直接人工工资率差异，由于大多数情况下工资是根据合同规定的工资率支付的，因此一般不会出现差异，但在实际工作中应由人事部门和生产部门负责，及时改进生产技术，加强生产管理，合理安排不同级别的工人，努力避免生产过程中使用工资级别较高、技术水平较高的工人从事较低水平的工作造成“大材小用”或“高职低就”现象的发生。

直接人工效率差异可以说是企业最为重视的一项成本差异，因为提高生产效率是企业降低成本的关键途径。造成不利的直接人工效率差异的原因主要包括：工人缺乏培训，技术水平达不到要求；工人责任心不强，工作中不能全力以赴；材料质量低劣，造成加工时间延长和废品率上升；设备状况不良，出现故障造成停工。在这些原因中，如果属于生产部门安排不当，应由生产部门负责；属于采购的材料不合格，或机器维修、工艺调整和停水停电等原因，应由各经营单位负责。

3. 变动制造费用分析

制造费用是指为生产产品和提供劳务所发生的各项间接费用。例如，直接用于生产但不便于直接计入产品成本，因而没有专设成本项目的费用（机器设备折旧费用），以及直接用于产品生产的各项费用（机物料消耗、车间厂房折旧费、维修费）。当制造费用按一定的标准在各受益对象即产品中分配完毕后，制造费用也就演化成为产品成本。按其形成的原因不同，制造费用又可分为变动制造费用和固定制造费用。这里先分析变动制造费用。

变动制造费用标准成本由数量标准和价格标准两部分决定。变动制造费用数量标准通常采用单位产品直接人工工时标准，在前面制定直接人工标准成本时已经确定了，有的企业也采用机器工时或其他用量标准。作为数量标准的计量单位，应尽可能与变动制造费用保持较好的线性关系。变动制造费用价格标准是每一工时变动制造费用的标准分配率，它根据预算变动制造费用和直接人工总工时计算求得。其计算公式为：

$$\text{变动制造费用的标准分配率}=\frac{\text{预算变动制造费用}}{\text{标准总工时}} \tag{6-11}$$

变动制造费用成本差异是指一定产品产量的实际变动制造费用与标准变动制造费用之间的差额，它由价格差异（称支出差异）和数量差异（称效率差异）组成。其计算公式如下：

$$\begin{aligned}\text{变动制造费用成本差异}&=\text{实际变动制造费用}-\text{标准变动制造费用}\\&=\text{实际分配率}\times\text{实际工时}-\text{标准分配率}\\&\quad\times\text{标准工时}\\&=\text{实际分配率}\times\text{实际产量}\times\text{单位产品实际工时}\\&\quad-\text{标准分配率}\times\text{实际产量}\\&\quad\times\text{单位产品标准工时}\\\text{或}\qquad&=\text{变动制造费用支出差异}\\&\quad+\text{变动制造费用效率差异}\end{aligned} \tag{6-12}$$

$$\begin{aligned}\text{变动制造费用支出差异}&=(\text{实际分配率}-\text{标准分配率})\times\text{实际工时}\\&=(\text{实际分配率}-\text{标准分配率})\times\text{实际产量}\\&\quad\times\text{单位产品实际工时}\end{aligned} \tag{6-13}$$

$$\text{变动制造费用效率差异}=(\text{实际工时}-\text{标准工时})\times\text{标准分配率}$$
$$=(\text{单位产品实际工时}-\text{单位产品标准工时})\times\text{实际产量}\times\text{标准分配率} \quad (6-14)$$

变动制造费用成本差异分析如图6-3所示。

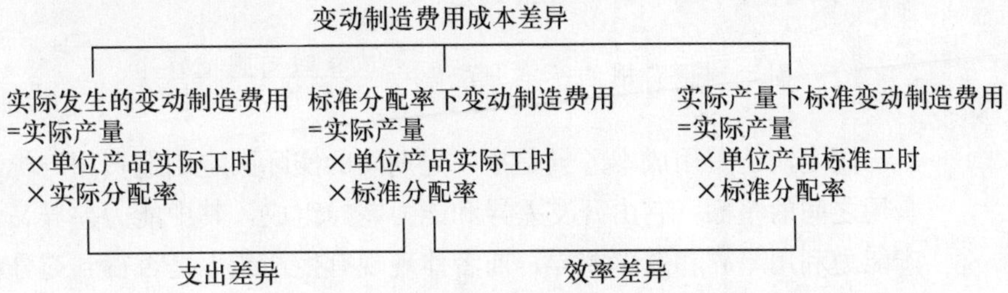

图6-3　变动制造费用成本差异分析图

[例6-5]

中大江源公司生产乙产品200件，实际耗用3 950小时，实际变动制造费用14 220元，单位产品耗用工时标准为20小时，标准分配率为3.5元/小时。变动制造费用的成本差异计算分析如下：

$$\text{变动制造费用支出差异}=\left(\frac{14\,220}{3\,950}-3.5\right)\times 3\,950$$
$$=395(\text{元}) \quad (\text{不利差异})$$

$$\text{变动制造费用效率差异}=(3\,950-20\times 200)\times 3.5$$
$$=-175(\text{元}) \quad (\text{有利差异})$$

$$\text{变动制造费用成本差异}=14\,220-20\times 200\times 3.5=220(\text{元})$$

或
$$=395+(-175)=220(\text{元}) \quad (\text{不利差异})$$

变动制造费用支出差异不仅有费用支付价格方面的差异，也有费用项目在用量上的差异，而一般价格因素的影响不会太大，因此在这方面应注意对费用项目的用量进行必要的控制。

变动制造费用效率差异实质上反映的是在生产过程中实际工时的利用效率，该项差异产生的原因是实际生产工时偏离标准工时，因而变动制造费用效率差异应由能够安排生产工时的部门或人员负责。

4. 固定制造费用分析

固定制造费用是为企业提供一定的生产经营条件，保持一定的生产能力而发生的费用。在已经形成的生产条件下，不论各期的产量如何，这些费用都会照常发生，并不随产量的增减而增减。

固定制造费用标准成本由用量标准和价格标准两部分决定。固定制造费用的用量标准与变动制造费用的用量标准相同，包括直接人工工时、机器工时、其他用量标准等，并且两者要保持一致，以便进行差异分析。固定制造费用的价格标准是其每小时的标准分配率，它根据预算固定制造费用和直接人工标准总工时来计算求出。其计算公式为：

$$固定制造费用的标准分配率=\frac{预算固定制造费用}{标准总工时} \tag{6-15}$$

固定制造费用成本差异是指一定期间的实际固定制造费用与标准固定制造费用之间的差额，它由开支差异和能力差异组成，其中能力差异又可分解为生产能力利用差异和效率差异，前者体现现有生产能力是否得到充分利用，后者体现单位产品的生产效率是否改变。其计算公式如下：

$$\begin{aligned}\begin{matrix}固定制造费用\\成本差异\end{matrix}&=\begin{matrix}实际固定\\制造费用\end{matrix}-\begin{matrix}实际产量下\\标准固定制造费用\end{matrix}\\&=实际产量\times单位产品实际工时\times实际分配率\\&\quad-实际产量\times单位产品标准工时\times标准分配率\\ 或\quad&=\begin{matrix}固定制造费用\\开支差异\end{matrix}+\begin{matrix}固定制造费用\\生产能力利用差异\end{matrix}\\&\quad+固定制造费用效率差异\end{aligned} \tag{6-16}$$

$$\begin{aligned}\begin{matrix}固定制造费用\\开支差异\end{matrix}&=实际固定制造费用-标准固定制造费用\\&=实际产量\times单位产品实际工时\times实际分配率\\&\quad-标准产量\times单位产品标准工时\times标准分配率\end{aligned} \tag{6-17}$$

$$\begin{aligned}\begin{matrix}固定制造费用\\生产能力利用差异\end{matrix}&=\begin{matrix}标准固定\\制造费用\end{matrix}-\begin{matrix}标准分配率下\\固定制造费用\end{matrix}\\&=标准产量\times单位产品标准工时\times标准分配率\\&\quad-实际产量\times单位产品实际工时\times标准分配率\end{aligned} \tag{6-18}$$

$$\begin{aligned}\begin{matrix}固定制造费用\\效率差异\end{matrix}&=\begin{matrix}标准分配率下\\固定制造费用\end{matrix}-\begin{matrix}实际产量下\\标准固定制造费用\end{matrix}\\&=实际产量\times单位产品实际工时\times标准分配率\\&\quad-实际产量\times单位产品标准工时\times标准分配率\end{aligned} \tag{6-19}$$

固定制造费用成本差异分析如图6-4所示。

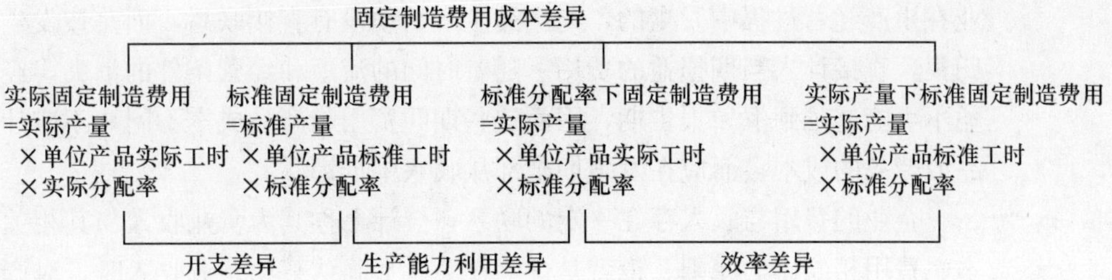

图6-4　固定制造费用成本差异分析图

[例6-6]

中大江源公司生产乙产品200件，本月预算固定制造费用16 400元，预算工时为4 100小时，实际固定制造费用15 405元，实际工时3 950小时，单位产品标准工时20小时。固定制造费用的成本差异计算分析如下：

$$\text{固定制造费用开支差异}=15\,405-16\,400=-995(\text{元})\qquad(\text{有利差异})$$

$$\begin{aligned}\text{固定制造费用生产能力利用差异}&=\frac{16\,400}{4\,100}\times(4\,100-3\,950)\\&=600(\text{元})\qquad(\text{不利差异})\end{aligned}$$

$$\begin{aligned}\text{固定制造费用效率差异}&=\frac{16\,400}{4\,100}\times(3\,950-20\times200)\\&=-200(\text{元})\qquad(\text{有利差异})\end{aligned}$$

$$\text{固定制造费用差异}=15\,405-\frac{16\,400}{4\,100}\times(20\times200)=-595(\text{元})$$

或

$$\begin{aligned}&=(-995)+600+(-200)\\&=-595(\text{元})\qquad(\text{有利差异})\end{aligned}$$

固定制造费用开支差异的出现有外部原因，如资源数量变化、价格变动，但大多数是内部原因，如管理决策发生变动，预提费用、待摊费用变化（如固定资产的增减），车间管理人员及辅助人员变动，研究开发费用、培训费增加。

固定制造费用生产能力利用差异主要是由产销数量变动引起的。例如，经济不景气造成销售状况不佳和开工不足，原材料、能源供应不足造成停工和生产能力利用不充分等。

固定制造费用效率差异产生的原因和直接人工效率差异产生的原因相同，主要应由人事部门和管理部门负责。

6.2　期间费用分析

期间费用也称期间成本，包括销售费用、管理费用和财务费用。它是指企业在生产经营过程中发生的，与产品生产活动没有直接联系，而是按发生时间归集，直接计入当期损益的费用。随着时间的流逝和经营条件的消失，经济效益不可能递延到下一报告期，因而这些期间费用与产品成本不同，不应计入产品或劳务的成本，而应在发生期全部从收入中抵销。

企业的费用与收入存在一定的联系，会计上称其为营业收入与其相关的成本、费用相配比的原则。也就是说，在会计上确认某项营业收入时，对产生该项营业收入的相关费用要在同一会计期间确认，如产品制造过程中所消耗的直接材料、直接人工和制造费用等理应将其成本化，待产品销售实现时与销售收入进行配比。由于期间费用不能提供明确的未来收益，因此这些费用在发生时采用立即确认的原则，如企业支付的广告费，究竟在今后的哪个会计期间将获得收益，难以确定。即使期间费用与将来某些会计年度的收益确有联系，在发生时也不能预期未来收益的多少，难以作为分摊期间费用的依据。因此，将期间费用立即确认更为合理。为了加强对期间费用的控制，企业可以采取下列方法：

第一，预算控制法。期间费用的预算控制是依据企业成本费用的计划要求而编制的期间费用支出的预算，并据以控制日常期间费用开支。期间费用预算主要根据期间费用项目的特点和各项期间费用过去年度的资料，并考虑计划期可能发生的变化而分项目编制。预算编制出来后，各部门、各单位必须严格按照预算执行，不得超出预算指标。年终应根据预算进行考核，对于超出预算指标的部门、单位和个人要予以惩罚，节约的要予以奖励。例如，对管理费用中的差旅费、办公费、通讯费、业务招待费、修理费等，可根据以前年度的费用开支，考虑计划期变化情况，分部门、分单位编制预算，并予以控制。

第二，定额控制法。定额是指在一定技术条件或经济环境下，为生产某种产品或者零部件，或者为完成某项业务而需要耗费人力、物力、财力的数量标准。为了控制费用支出，需要确定一个额度，作为费用开支的标准。凡是在定额以内的可以报销，节约的还可以给予一定的奖励，超过定额的部分则不予报销。期间费用的许多项目都可以利用定额进行控制，如住宿费、交通费、业务招待费、通讯费等。凡是能够通过定额加以控制的期间费用项目，企业都应当制定相应的定额标准，作为制度公布执行，以控制费用的支出。企业应在保证完成工作的前提下综合考虑业务的性质、技术条件、经济环境和岗位的职务差别等因素，合理确定其定额标准。定额标准一旦确定，就必须严格执行，不得随意变更。当然，随着技术条件和经济环境的变化，定额标准应定期进行修订，使之适应新的条件和环境。

第三，审批控制法。各项期间费用的发生，必须按照有计划（预算）、有审批的原则进行控制管理，不能仅有预算而没有审批。企业应当建立严格的费用审批控制制度。费用审批制度应当明确审批人员及其权限，即明确什么人能批准多大范围的费用开支。比如，5 000 元以下的费用只要本部门负责人批准即可开支，5 000 元以上 10 000 元以下的费用需报分管公司领导批准，10 000 元以上的费用需报总经理批准等。通过分级审批，可以有效监督期间费用预算的执行，减少期间费用超额度、超标准等不正常现象的发生。审批控制操作时，一般由费用发生部门的业务人员提出申请，经有关领导审批后在额度内开支；费用开支后，由有关人员填报报销单并附上相关单据，按费用审批控制制度的规定经有关领导审批后方可报销。

第四，归口分级管理法。归口分级管理是加强期间费用管理的一项基本方法，其内容主要包括：一是归口管理。即按照管理权限和管理责任相结合的原则，合理安排企业内部各部门、各单位在期间费用上的权责关系，调动各部门、各单位的积极性。一般来说，管理费用主要由行政管理部门管理，销售费用由销售部门管理，财务费用由财务部门管理。二是分级管理。各管理部门应当根据各项费用的具体情况将费用控制责任层层分解，层层落实，让归口管理部门所属单位和个人都对相关费用的控制和管理负有责任，从而加强对期间费用的统一管理。三是财务部门对期间费用的统一管理。财务部门作为综合管理部门，应对期间费用进行统一管理。所有期间费用开支都由财务部门统一办理借款报销手续。财务部门按照国家规定的费用开支范围和开支标准，执行企业制定的费用预算、费用定额和费用审批制度，对每一笔期间费用支出认真进行审批，凡是符合规定的予以报销，违反规定的不予报销，及时发现和反馈期间费用开支方面存在的问题，积极提出建议以完善制度，控制期间费用支出，提高企业的经济效益。

6.2.1　销售费用分析

销售费用是指企业在销售商品过程中发生的费用，包括企业销售商品过程中发生的运输费、装卸费、包装费、保险费、展览费和广告费，以及为销售本企业商品而专设的销售机构（含销售网点、售后服务网点等）的职工薪酬、类似职工薪酬性质的费用、业务费等经营费用。商品流通企业在购买商品过程中所发生的进货费用也包括在内。

（1）销售过程中的运输费、装卸费、包装费、保险费等是企业在销售产品时对客户提供的附加服务，它虽然耗费企业资源，但对于企业提高客户服务质量却是不可缺少的，通常属于变动成本，与企业销售量的变动呈正相关关系。企业在决定是否降低这部分费用时，一定要慎重考虑它对企业及其产品形象的影响、对企业市场竞争能力的影响，不能妨碍企业正常的经营与销售。

（2）展览费和广告费是为了宣传和介绍企业的产品用途、性能和使用方法而支出的费用，对此应通过一定的效益比来进行控制。其计算公式为：

$$效益比=\frac{广告获得收益}{广告费支出} \tag{6-20}$$

其中，广告获得收益可以用广告增加的销售收入来表示。如果高于一定的效益比，广告费可以多一些；如果低于一定的效益比，则应严格控制广告费支出，或者改变产品的广告方式。两者的金额是否合理较难确定，但其决策时的基本依据是预计增加的营业利润至少应能够抵补展览费和广告支出，其评价方式可以采用举办展览和广告投放后一定时期的销售收入增长额与展览和广告投入额相比较。虽然广告可以增加销售，但产品或服务收入的增加从根本上不是凭借广告的力量，而是凭借产品或服务满足顾客需要的能力，如产品设计和服务多样，质量及售后服务令人满意，获得产品及服务便捷，客户使用成本低等。同时，企业应该意识到，广告费是一项抵减收入的费用，广告费的大幅增加可能意味着产品利润率的降低，在成熟的市场上，这也意味着可能会增加企业的营业收入，但不一定能增加（甚至可能会减少）企业的利润。企业应根据产品及服务的特点、目标市场的特点等因素，谨慎制定广告策略，并及时分析广告投入是否有效。

（3）专设销售机构的费用通常随企业营业规模的扩大而呈阶梯状上升。专设的销售机构可以使企业更好地开拓不同地区的市场，增加企业在该地区的销售量。但是，相对于委托代理商或分销商的销售方式，专设销售机构的费用是固定的，这就需要企业在当地的销售收入至少高于保本点，保证能够收回该专设销售机构的费用，否则该专设销售机构将成为企业的负担。因此，可以对专设销售机构的费用与该销售机构实现的销售收入、销售利润等指标一起进行本—量—利分析，以判断其合理性。

（4）商业企业在进货过程中发生各项费用的多少与企业采购频率、采购批量等采购策略有关，因而商业企业应按照经济采购批量的决策方式进行采购，选取稳妥、负责的运输商，努力减少运输途中的损耗，尽力减少进货费用。

6.2.2 管理费用分析

管理费用是指企业为组织和管理生产经营所发生的，包括企业的董事会和行政管理部门在经营管理中发生的，或者应由企业统一负担的公司经费（包括行政管理部门职工薪酬、修理费、物料消耗、低值易耗品摊销、折旧费、办公费和差旅费等）、工会经费、待业保险费、劳动保险费、董事会费、聘请中介机构费、咨询费（含顾问费）、诉讼费、业务招待费、房产税、车船税、土地使用税、印花税、技术转让费、存货盘亏或盘盈（不包括应计入营业外支出的存货损失）、计提的坏账准备和存货跌价准备等。

管理费用由多种费用项目组成，各费用项目的经济内容和经济用途不同，引起其变动的原因也多种多样，因而进行管理费用分析时，应按费用项目，结合相关的资料和情况，查明其变动的原因，作出具体评价。为了便于分析，也可按费用的经济内容和经济用途及其变动原因，将各费用项目归类研究。

（1）管理性费用。例如，企业行政管理部门人员薪酬、各种办公用物料消耗、办公费、差旅费等。这类费用支出的多少主要取决于企业管理系统的设置和运行情况，与企业的业务量几乎没有关系。因此，可以采用预算控制法加以控制和管理。只要预算制定是合理的，则超过预算就说明企业费用控制存在问题。具体分析时，除按各费用项目深究其超出预算的原因外，还应从紧缩开支、提高工作效率的要求出发，检查企业有关精简机构、合并职能、压缩人员等措施的执行情况。

（2）发展性费用。例如，研究开发费用、职工教育经费等。这类费用支出与企业发展相关，虽然在当期甚至近期无法看到成效，而且很容易因企业追求调整账面利润的需要而减少，但它们却是企业未来发展至关重要的投入，实际上是对企业未来的投资。这类费用支出应建立在合理、经济、可行的规划基础上，具体分析时还应当结合各项支出的效果进行评价。

（3）业务性费用。例如，业务招待费、仓库保管费等。这类费用支出的多少与企业生产规模的大小、生产经营业务的开展情况有直接联系，是为生产经营的合理需要而支出的。值得注意的是，有的费用如业务招待费，实际支出往往超过规定的限额，且有上升趋势。具体分析时，应结合相关资料，查明费用超支特别是不合理支出的原因。

（4）经营性费用。例如，审计费、咨询费、诉讼费、无形资产及长期待摊费用的摊销金额、坏账准备的提取金额等。其中审计费、咨询费、诉讼费等费用是企业自身不能完全控制的费用，企业只能事前采取必要的措施，扩大信息面，尽力压缩不必要的开支，妥善处理好与其他有关部门、单位或个人的关系。无形资产及长期待摊费用的摊销和坏账准备的提取金额受企业会计政策的影响很大。在无形资产、长期待摊费用和应收账款既定的情况下，这部分摊销金额和坏账准备金额的大小取决于企业确定的摊销年限和提取比例，通过改变摊销年限和提取比例降低这部分费用虽能使企业的账面利润得到改观，却不是企业费用降低的业绩。

（5）责任性费用。例如，工会经费、待业保险费、劳动保险费及所得税外的其他税费等。这类费用支出属于企业承担的社会责任，是不可避免的，而且大部分项目的金额不是企业可以控制的。对这些企业无法控制的费用，分析的重点不是其金额的大小，而是发现企业外部环境的变化，从而纠正对企业保本收入和保利收入的判断。

6.2.3　财务费用分析

财务费用是指企业为筹集生产经营活动所需资金等而发生的费用，包括应当作为期间费用的利息支出（减利息收入）、汇兑损失（减汇兑收益）和相关的手续费等。财务费用不是生产经营活动的成本，而是属于筹资活动的支出。为构建固定资产而筹集资金所发生的费用，在资产尚未交付使用或者已交付使用但尚未办理竣工决算之前发生的，并非财务费用，通常应计入相关固定资产的价值。

（1）利息支出中的生产周转借款的利息支出，取决于企业的销售收入、自有及视同自有的流动资金和流动资金的实际占有额等因素；结算借款的利息支出，取决于货款托收余额和规定的折扣率。利息费用攸关企业的财务风险，可以通过计算利息保障倍数、财务杠杆系数等指标进行分析。

$$利息保障倍数=\frac{息税前利润}{包括资本化利息的利息费用} \tag{6-21}$$

$$\begin{aligned}财务杠杆系数&=\frac{普通股每股盈余变动的百分比}{息税前利润变动的百分比}\\&=\frac{息税前利润}{息税前利润-利息}\end{aligned} \tag{6-22}$$

（2）利息收入属于企业的一项收入，是企业将闲置资金存入银行所得到的利息。企业购买债券等积极投资行为所得到的收益属于投资报酬，而不是经营性利息收入。通常情况下，银行存款利息会低于企业的投资报酬率，因此企业除为保持流动性而必须持有一定的现金外，不应将资金过多地存于银行，否则会使企业资金运用效率低下。在实际经济生活中，有时企业的利息收入突然大幅增加，最常见的原因是企业新近筹集大批资金以用于固定资产投资。

（3）汇兑损失和汇兑收益是由于外币业务按人民币记账时，因外币牌价折合率以及月终外币账户余额因外汇牌价调整等而产生的损失和利得。企业虽无法控制汇率的变化，但可以通过对汇率变化的预测及时调整相关的外汇资产，合理安排外汇负债期限，尽量减少汇兑损失，增加汇兑收益。在一定意义上，汇兑损失和汇兑收益也反映企业财务部门管理外汇资金的水平和绩效。

6.3 质量成本分析

6.3.1 质量成本的内容

质量成本也称质量费用，是企业为保证和提高产品质量而发生的费用以及因没有达到满意的质量所造成的损失。考察和分析质量成本具有重要的现实意义，它既可以了解企业用于保证与提高产品质量的费用情况，又可以反映开展质量管理活动的工作效果，还可以为搞好产品质量工作提供可靠的核算依据，因而有利于促使企业开展质量管理，提高产品质量，并以质量求生存、谋发展、取效益。

一般来说，质量成本按其发生的性质可以划分为以下四大类：

（1）预防成本。即指为减少质量损失和保证质量而发生的各种成本，包括质量培训费、产品评审费以及为编制质量计划、进行工序控制和质量改进工程而发生的各种耗费。

（2）鉴定成本。即指按照质量标准对产品质量进行测试、评定和检验而发生的各种成本，包括进料检验费、半成品检验费、检查和试验费、设备校正费等。

（3）内部质量损失。即指产品出售前，因产品质量未能满足质量要求所造成的损失，包括废品损失、次品损失、返修费用、复检费用、产品降级损失，以及因质量事故而造成的停工损失和质量故障处理费用等。

（4）外部质量损失。即指产品出售后，因产品质量未能满足质量要求所造成的损失，包括索赔损失、违约损失、产品降价损失，以及对废品、次品进行包修、包退、包换而发生的损失等。

如果从成本控制的角度进行考察，可以把预防成本和鉴定成本划分为可控成本，把内部质量损失和外部质量损失划分为结果成本。这种划分有利于深入研究质量成本各组成部分的变化规律，从而实现以预防为主的质量管理要求。

如果从质量成本是否得到价值补偿的角度进行考察，质量成本还可以划分为显性质量成本和隐性质量成本。显性质量成本是指企业在生产经营活动中实际发生的成本和损失，如前已述及的预防成本、鉴定成本、内部质量损失和外部质量损失中的绝大部分，其在质量成本中通常占有较大比重，必须从价值上得到补偿。隐性质量成本是指不必支付但应计算在内的内部质量损失和外部质量损失，如因质量事故造成的停工损失或因质量原因造成的产品降级、降价损失等，它无须从价值上得到补偿，但要对此进行分析，以便提高经济效益。质量成本的构成与分类如图 6－5 所示。

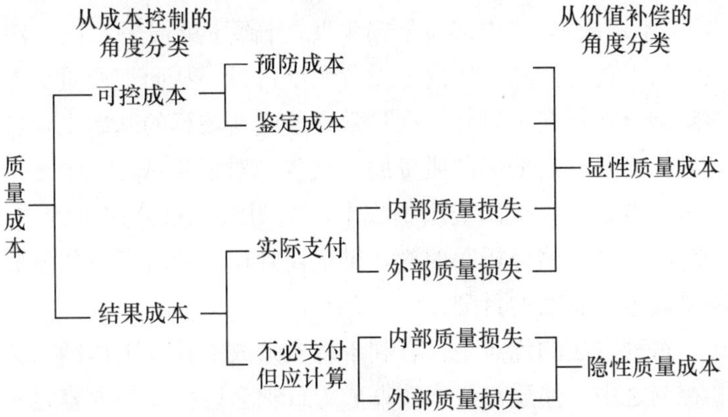

图 6－5　质量成本构成与分类图

需要指出的是，虽然质量成本在客观上以独立的成本形态存在，但其大部分内容包含于产品成本之中，成为产品成本的一个组成部分。质量成本和产品成本是两个既有联系又有区别的经济范畴。它们都是对象化的生产费用，但具有以下区别：

（1）两者核算的性质不同。产品成本的核算方法必须按照会计制度和规定的成本项目的核算要求进行。质量成本是以货币为计量单位的统计核算，主要是从有关原始记录和账册资料上，根据核算对象进行收集统计，其本身的勾稽关系、数据的可靠性和精确性不如产品成本那么严密。

（2）核算的内容不同。质量成本是企业为保证和提高产品质量而支付的一切费用，以及为达到质量标准而产生的一切费用之和，包括研制、生产、销售、服务过程中的各种耗费。由于概念不同，各自的核算对象也不同。质量成本中的有些内容并不包括在产品成本中，如内部质量损失成本中的产品降级损失、外部质量损失成本中的产品降价损失，在会计核算中反映销售收入的减少，但不计入产品成本。又如，预防成本的培训费用是指企业在质量管理中对职工进行质量管理、教育培训所发生的费用，在会计核算中列入“管理费用——职工教育费用”科目，而不包括在产品成本中。

（3）两者的摊配原则不同。产品成本核算费用的摊配是按照权责发生制和受益分配原则进行的，而质量成本核算中有些费用的摊配是按照收付实现制原则进行的，即将当期发生的质量成本作为期间费用处理。

6.3.2 质量成本的核算

在实际工作中，质量成本的核算主要有两种方式，其相关内容及优缺点如下：

（1）单轨制。在单轨制下，基于质量成本核算与产品成本核算的密切关系，在原有的会计科目中增设“质量成本”一级科目，然后再分别按“预防成本”“鉴定成本”“内部质量损失”“外部质量损失”设置四个二级科目；各二级科目下还可按其具体内容设置明细科目，从而把质量成本核算同正常的会计核算结合在一起。另外，在日常质量成本核算的基础上，各成本控制网点根据管理的需要，定期编制质量成本报告，对质量成本的执行情况进行事后分析。质量成本报告应按四类质量成本及其明细科目分别设置“预算数”“实际数”“差异数”“原因分析”四栏，供企业管理层及时了解质量成本开支情况和各类质量成本占总额的百分比。

这种方法的优点是：有利于将质量成本管理工作纳入会计核算体系的监督和控制之中，使质量成本核算成为日常会计核算的内容之一；通过质量成本核算账户体系的设置与应用，有利于考核质量成本的发生情况。

但这种方法也存在一些缺点：由于增设“质量成本”账户，调整了原有的会计核算体系，增加了会计核算的工作量；某些性质的质量成本（如产品降价损失，既有质量因素，也可能有滞销因素，有的停工损失也可能含有非质量事故因素等），在质量成本核算中较难分清其变动的具体原因；不能独立地反映由于提高质量水平、降低质量成本而产生的经济效益情况。质量成本报告如表 6 - 5 所示。

表 6 - 5　　质量成本报告

项目	预算数	实际数	差异数	原因分析
预防成本				
鉴定成本				
内部质量损失				
外部质量损失				

（2）双轨制。在双轨制下，把质量成本的核算和正常的会计核算截然分开，在原有会计核算体系之外，单独设置质量成本的账外记录，由各质量成本控制网点进行核算。其中大部分利用原有的资料（如废品损失计算单），并在原有的“生产成本”和“制造费用”账户内设置分析专栏，根据有关凭证将质量成本数据在分析栏内填列。然后，各质量成本控制网点根据核算结果定期编制质量成本报告，作为考评各网点业绩的依据。

这种方法的优点是：不影响现有的会计核算体系，能较好地适应各类企业质量管理的特点和要求，设计相应的质量成本核算体系，以完整地反映质量成本情况；能在一定程度上反映因加强质量成本管理而产生的经济效益，可以为质量成本控制与管理提供依据。

但这种方法也存在一定的缺点：由于它独立于会计核算体系之外，某些核算资料不易取得，同时脱离了会计核算体系的监督和控制，使凭证的真实可靠性受到影响；质量收入与质量成本在时间和内容上存在不配比性，使质量净收益的核算失去意义；因需设置专职的质量成本核算部门或人员，增加了管理工作量。

6.3.3　质量成本的管理

质量成本的管理是企业的一系列活动过程，包括有关质量成本的预测与分析、计划编制、组织核算、日常控制，以及责任考核与评价等。

（1）开展质量成本预测与分析。通过对质量成本与产品成本之间联系和区别的分析，掌握二者相互制约和影响的规律，寻求特定产品的合理质量成本结构，据此对质量成本进行预测与决策分析，选择最优的质量管理方案。

（2）编制质量成本计划。为了建立质量成本监控体系，企业内部各生产经营单位和职能管理部门依据企业质量成本管理方案和质量成本计划，结合本单位、本部门的责任范围，编制年度（月度）质量成本计划，以作为质量成本责任控制和考核的标准。

（3）组织质量成本的核算。根据企业生产经营特点和成本管理要求，选择相应的质量成本核算体制，建立质量成本核算制度和相应的质量成本账户体系，结合财务会计核算体制，采用一定的方法汇集和处理质量成本信息，正确反映质量成本的数额及其构成。

（4）实施质量成本日常监督与控制，建立健全质量成本管理组织体系。在日常生产经营活动中，各生产经营单位和职能管理部门都应以质量成本管理方案和质量成本计划为标准，严格监督和控制各项质量管理费用和质量损失费用的发生，保证质量水平和质量成本处于最佳状态。同时，为了有效地对质量成本进行控制，必须建立健全质量成本管理组织体系，确定追踪和控制质量成本的网点，实行归口分级管理。例如，内部质量损失应由生产部门负责，外部质量损失应由销售部门负责，鉴定成本应由质检部门负责，预防成本应由质量管理部门负责，质量总成本则应由财务部门与质量管理部门共同负责。

（5）进行质量成本责任考核与评价。对质量成本管理方案和质量成本计划执行情况，要定期按各责任单位组织考核，明确经济责任，依制度予以奖惩。通过对一定时期质量水平和质量成本变动情况及其原因的分析，为制定下一期的质量成本管理方案提供依据。

6.3.4 质量成本的分析

一般来说，要提高产品质量水平，就要多支付研究实验费用，多耗费检验、返修等工时，还要多消耗材料、能源，多支付质量费用，因而产品质量水平越高，产品质量成本就越高。但是，一旦产品质量稳定提高，消灭了废次品，减少了返修工时，产品质量成本就会随之降低。显然，不是质量水平越高，质量成本也总是越高。其实，产品质量就是产品的性能、寿命、可靠性、安全性、经济性如何，也就是产品在制造、销售、使用过程中所呈现出来的全部经济效益如何，并不是产品质量越高越好，而是要探寻产品的适宜质量和质量成本的最优结合。同理，产品质量成本低，也并非就会降低产品质量。如果产品质量水平低，生产过程中废次品就会多，从而增加产品质量成本；此外，产品质量如不符合规定标准，产品的销售就要发生用户索赔、降价处理，以及“三包”等损失，进而会大大增加质量成本。显然，不是产品质量水平越低，产品质量成本就越低。恰恰相反，产品质量水平越低，更会促使质量成本升高。必须指出的是，企业不能不顾产品质量而一味地强调降低质量成本，进而偷工减料、过于简化流程、疏于控制监理。如果这样，会降低产品质量甚至产生废次品，最终导致更大的质量成本及无法挽回的损失。也就是说，必须确保合理的用料、必要的流程及有效的控制，以便在保证产品质量的前提下，努力降低产品的质量成本。例如，北京同仁堂之所以能成为百年老字号，经久不衰、誉满天下，主要是它始终注重并确保必要的物力和人工的投入，保证产品质量，且不断加强科技研发以持续创新，努力降低质量成本，有效维持其核心竞争力与市场份额。正如店门上悬挂的对联所言："品味虽贵必不敢减物力，炮制虽繁必不敢省人工"。产品质量是企业的生命，尤其是食品、药品类产品关乎人体健康和生命安全。"质量大于天"，它考验着经营者的道德与良知，也检验着企业家的才智与远见。企业的经营管理者要正确处理产品质量与质量成本、短期收益与长期利益的关系，合理统筹经济效益与社会效益，有效均衡经营管理与社会责任。

实践证明，产品质量水平与质量成本中的可控成本和结果成本是互为条件、互为因果的。产品质量水平与产品质量成本中的可控成本呈正相关关系，即可控成本增加，产品质量水平相应提高，但结果成本大大减少，质量总成本降低；反之，减少可控成本支出，产品质量水平相应下降，但结果成本大大增加，质量总成本增加。产品质量水平同结果成本呈负相关关系，即产品质量下降，结果成本激增，质量总成本增加；反之，提高产品质量水平，结果成本大大减少，质量总成本减少。

当然，产品质量水平同质量成本的依存关系和因果关系是有条件的。如果产品质量水平已提高到一定程度，再用增加可控成本的办法来提高产品质量水平反而事倍功半、效益差。通常，产品质量水平基本上用实物形态指标加以反映，而产品质量成本则是用价值形态指标加以反映的，产品质量水平决定着产品质量成本。但是，不能为此忽视价值指标的作用，因为合理的质量成本结构反过来会促进产品质量水平的提高。

需要明确的是，质量成本不仅仅是一个会计意义上的概念，有关的统计、核算和分析也不只是为了降低质量成本，实际上，质量成本及其分析更是一个管理意义上的范畴。通过质量成本分析，企业可以掌握产品的质量信息，了解产品质量的状态，衡量质量管理的效果，帮助领导做出正确的生产经营决策。因此，进行质量成本分析具有控制产品质量和提高经济效益的实践意义。将质量成本按其性质划分为预防成本、鉴定成本、内部质量损失和外部质量损失四类，不仅有利于进行项目核算，便于明确责任进行相应监督，而且通过分析质量成本的构成变化，有利于探索降低质量成本的途径，进而从质量和成本的结合上提高企业的经济效益。

例如，当预防成本在质量总成本中所占比例小于10%，而内部和外部质量损失成本在质量总成本中所占比例大于70%时，即显示生产工艺过程很不稳定，企业产品质量水平过低，今后质量成本管理的重点应放在加强预防性控制方面，增加预防成本，采取突破性措施予以改进，努力降低不良品率，使质量损失大幅降低。又如，当鉴定成本在质量总成本中所占比例大于50%，而内部和外部质量损失在质量总成本中所占比例小于40%时，即反映企业产品质量水平偏高，有许多鉴定检验措施失去了经济意义，今后质量成本管理的重点应放在对鉴定成本加强调查研究方面，放宽检验标准，减少检验程序，简化检验工作，以求降低鉴定成本。再如，当预防成本在质量总成本中所占比例接近10%，而内部和外部质量损失在质量总成本中所占比例接近50%时，即反映企业产品质量水平当前比较稳定，质量成本的构成比例比较合理，如果没有更好的方案，则今后质量成本管理的重点应放在维持并控制质量成本上，以巩固现有水平。

当然，在实际工作中，企业的类型、产品的特点等往往各不相同，上述各质量成本项目的控制区域百分比也会有所不同。因此，每个企业应根据自身的特点和特定的产品质量管理需要，参照上述一般标准，制定适合本企业产品质量管理需要的成本控制区域百分比。通过质量成本的核算，分析产品的质量水平，找出产品质量优劣的原因，为企业改进质量管理与提高经济效益提供依据、指明方向。

本章小结

成本费用分析主要包括产品成本分析、期间费用分析及质量成本分析。

产品成本是指为生产产品而发生的，最终通过与产品销售收入配比而得到弥补的费用。产品成本分析是加强成本管理的重要环节，是对实际成果进行的评价，也可以为未来的成本管理工作和寻找降低成本的途径指明方向。产品成本分析的主要方法有对比分析法、比率分析法和因素分析法。产品成本差异按成本项目的内容可以分为直接材料成本差异、直接人工成本差异和制造费用差异。产品成本差异分析是产品成本分析的重要内容。

期间费用也称期间成本，包括营业费用（或销售费用）、管理费用和财务费用，是指企业在生产经营过程中发生的，与产品生产活动没有直接联系，而是按发生的时间归集并直接计入当期损益的费用。对于企业的期间费用，应结合其具体内容进行科学的计算与分析。

质量成本也称质量费用，通常是指为保证和提高产品质量而发生的费用以及因没有达到满意的质量所造成的损失。通过对质量成本的分析，可以了解企业用在保证与提高产品质量上的费用情况，反映开展质量管理活动的工作效果，它在一定意义上也是期间费用分析的重要补充。

术语与公式

一、名词术语

产品成本	对比分析法	比率分析法
因素分析法	连环替代法	成本项目
成本差异	直接材料成本差异	直接人工成本差异
制造费用差异	变动制造费用差异	固定制造费用差异
价格差异	用量差异	固定制造费用开支差异
生产能力利用差异	效率差异	材料结构差异
材料产出差异	期间费用	预算控制法
定额控制法	审批控制法	归口分级管理法
质量成本	可控成本	结果成本
预防成本	鉴定成本	内部质量损失
外部质量损失	显性质量成本	隐性质量成本

二、主要公式

直接材料成本差异＝直接材料实际成本－直接材料标准成本
＝实际价格×实际用量－标准价格×标准用量
＝实际价格×实际产量×直接材料单位实际耗用量
－标准价格×实际产量×直接材料单位标准耗用量

或 ＝直接材料价格差异＋直接材料用量差异

直接材料价格差异＝(实际价格－标准价格)×实际用量
＝(实际价格－标准价格)×实际产量
×单位实际耗用量

直接材料用量差异＝(实际用量－标准用量)×标准价格
＝(单位实际耗用量－单位标准耗用量)
×实际产量×标准价格

$$材料结构差异=\sum\left(\begin{matrix}各直接材料\\实际总用量\end{matrix}\times 各自实际比重\right)\times 标准价格-\sum\left(\begin{matrix}各直接材料\\实际总用量\end{matrix}\times 各自预算比重\right)\times 标准价格$$

$$材料产出差异=\sum\left(\begin{matrix}各直接材料\\实际总用量\end{matrix}\times 各自预算比重\right)\times 标准价格-\sum\left(\begin{matrix}为达到实际产量而需配备\\的直接材料预算投入总量\end{matrix}\times 各自预算比重\right)\times 标准价格$$

直接人工成本差异＝直接人工实际成本－直接人工标准成本
＝实际工资率×实际工时－标准工资率×标准工时
＝实际工资率×实际产量×单位实际工时
－标准工资率×实际产量×单位标准工时

或　＝直接人工工资率差异＋直接人工效率差异

直接人工工资率差异＝(实际工资率－标准工资率)×实际工时
＝(实际工资率－标准工资率)×实际产量
×单位实际工时

直接人工效率差异＝(实际工时－标准工时)×标准工资率
＝(单位实际工时－单位标准工时)×实际产量
×标准工资率

$$直接人工结构差异=\sum\left(\frac{各直接人工}{实际总工时}\times 各自实际工时比重\right)\times 标准价格-\sum\left(\frac{各直接人工}{实际总工时}\times 各自预算工时比重\right)\times 标准价格$$

$$直接人工产出差异=\sum\left(\frac{各直接人工}{实际总工时}\times 各自预算工时比重\right)\times 标准价格-\sum\left(\frac{各直接人工}{预算工时}\times 各自预算工时比重\right)\times 标准价格$$

$$变动制造费用的标准分配率=\frac{预算变动制造费用}{标准总工时}$$

变动制造费用成本差异＝实际变动制造费用－标准变动制造费用
＝实际分配率×实际工时－标准分配率
×标准工时
＝实际分配率×实际产量×单位产品实际工时
－标准分配率×实际产量×单位产品标准工时

或　＝变动制造费用支出差异＋变动制造费用效率差异

变动制造费用支出差异＝(实际分配率－标准分配率)×实际工时
＝(实际分配率－标准分配率)×实际产量
×单位产品实际工时

变动制造费用效率差异＝(实际工时－标准工时)×标准分配率
＝(单位产品实际工时－单位产品标准工时)
×实际产量×标准分配率

$$\text{固定制造费用的标准分配率}=\frac{\text{预算固定制造费用}}{\text{标准总工时}}$$

$$\begin{aligned}\begin{matrix}\text{固定制造费用}\\ \text{成本差异}\end{matrix}&=\begin{matrix}\text{实际固定}\\ \text{制造费用}\end{matrix}-\begin{matrix}\text{实际产量下标准}\\ \text{固定制造费用}\end{matrix}\\ &=\text{实际产量}\times\text{单位产品实际工时}\times\text{实际分配率}\\ &\quad-\text{实际产量}\times\text{单位产品标准工时}\times\text{标准分配率}\end{aligned}$$

或

$$=\begin{matrix}\text{固定制造费用}\\ \text{开支差异}\end{matrix}+\begin{matrix}\text{固定制造费用}\\ \text{生产能力利用差异}\end{matrix}+\begin{matrix}\text{固定制造费用}\\ \text{效率差异}\end{matrix}$$

$$\begin{aligned}\begin{matrix}\text{固定制造费用}\\ \text{开支差异}\end{matrix}&=\text{实际固定制造费用}-\text{标准固定制造费用}\\ &=\text{实际产量}\times\text{单位产品实际工时}\times\text{实际分配率}\\ &\quad-\text{标准产量}\times\text{单位产品标准工时}\times\text{标准分配率}\end{aligned}$$

$$\begin{aligned}\begin{matrix}\text{固定制造费用}\\ \text{生产能力利用差异}\end{matrix}&=\begin{matrix}\text{标准固定}\\ \text{制造费用}\end{matrix}-\begin{matrix}\text{标准分配率下}\\ \text{固定制造费用}\end{matrix}\\ &=\text{标准产量}\times\text{单位产品标准工时}\times\text{标准分配率}\\ &\quad-\text{实际产量}\times\text{单位产品实际工时}\times\text{标准分配率}\end{aligned}$$

$$\begin{aligned}\begin{matrix}\text{固定制造费用}\\ \text{效率差异}\end{matrix}&=\begin{matrix}\text{标准分配率下}\\ \text{固定制造费用}\end{matrix}-\begin{matrix}\text{实际产量下}\\ \text{标准固定制造费用}\end{matrix}\\ &=\text{实际产量}\times\text{单位产品实际工时}\times\text{标准分配率}\\ &\quad-\text{实际产量}\times\text{单位产品标准工时}\times\text{标准分配率}\end{aligned}$$

$$\text{效益比}=\frac{\text{广告获得收益}}{\text{广告费支出}}$$

$$\text{利息保障倍数}=\frac{\text{息税前利润}}{\text{包括资本化利息的利息费用}}$$

$$\begin{aligned}\text{财务杠杆系数}&=\frac{\text{普通股每股盈余变动的百分比}}{\text{息税前利润变动的百分比}}\\ &=\frac{\text{息税前利润}}{\text{息税前利润}-\text{利息}}\end{aligned}$$

思考与练习

一、思考题

1. 成本分析的方法主要有哪些？它与成本核算、成本管理有何关系？
2. 连环替代法通常适用于哪些情况？它主要包括哪些具体的步骤？
3. 产品质量成本一般包括哪些内容？如何对产品质量成本进行分类？
4. 价格差异和用量差异有何区别？产品质量成本与产品成本有何区别？

二、计算题

1. 甲公司主要生产 A 产品，准备采用标准成本法核算成本，并选择了以下标准：

直接材料　　　　21.90 元

直接人工　　　　16.50 元

变动制造费用　　 4.20 元

变动成本　　　　42.60 元

甲公司采用变动成本法核算产品成本，在产品成本中不包括固定制造费用。A产品标准售价为48元/件，成本明细情况如下：

变动销售成本（标准成本）　　503 839 元

期初库存（标准成本）　　　　20 572 元

期末库存（标准成本）　　　　19 200 元

直接材料用量差异（有利）　　1 200 元

生产用直接材料（实际）　　　260 289 元

直接人工（实际）　　　　　　201 000 元

人工效率差异（不利）　　　　11 000 元

实际变动制造费用　　　　　　48 270 元

要求：计算和分析实际成本与标准成本的差异及其原因。

2. 乙公司本期生产B产品200件，实际耗用工时为2 450小时，实际固定制造费用24 000元，单位产品的工时耗用标准为6小时。本期预算固定制造费用为20 000元，预计工时为2 500小时。

要求：根据所给资料，计算和分析B产品固定制造费用差异。

3. 丙企业有关财务信息如表6-6所示。

表6-6　　资产负债表

2016年12月31日　　单位：万元

资产	年初	年末	负债与所有者权益	年初	年末
货币资金	120	100	短期借款	120	160
应收账款	150	200	应付账款	130	150
存货	270	360	流动负债合计	250	310
流动资产合计	540	660	长期借款	350	370
固定资产	850	830	负债合计	600	680
非流动资产合计	850	830	所有者权益合计	790	810
总　计	1 390	1 490	总　计	1 390	1 490

该企业2016年销售收入800万元，净利润120万元；2015年销售利润率为17%，总资产周转率为0.6次。

要求：

(1) 分别计算该企业2015年和2016年的销售利润率、总资产周转率和权益乘数。

(2) 运用连环替代法分析2015年和2016年销售利润率、总资产周转率和权益乘数变动对净资产收益率的影响。

三、案例题

中科冰清制造公司是生产专用组合机床及其自动线、柔性加工设备等工艺装备的企业。该公司拥有优秀的产品开发、设计、制造队伍，生产的专用设备和自动线用于卡车、轿车、摩托车零件的加工以及医疗、压缩机、核工业等领域，生产技术居国内领先水平。

该公司采用弹性预算和标准成本系统，直接材料的价格差异由采购部门经理负责，车间主任对其余的所有差异负责。2016 年 12 月该公司有关成本费用资料如下：

(1) 实际生产产品 5 000 单位。

(2) 购买直接材料 8 000 千克，每千克实际价格为 15 元，生产实际使用 5 400 千克。直接材料每千克标准价格为 16 元，每单位产品标准用量为 1 千克。

(3) 生产中实际使用人工 8 000 小时，每小时实际支付工资 30.5 元，合计 244 000 元。直接人工小时的标准工资率为 30 元，每单位产品的标准工时为 1.5 小时。

(4) 固定制造费用预算为 270 000 元，按直接人工小时分配，预算直接人工小时可达 9 000 小时。变动制造费用标准分配率为每直接人工小时 10 元。固定制造费用实际发生额为 276 000 元，变动制造费用实际发生额为 88 000 元。

要求：

(1) 计算直接材料、直接人工、变动制造费用和固定制造费用的各项差异。

(2) 如果该公司的产品实际产出为 6 000 单位，分析固定制造费用的成本差异。

第 7 章

风险信用分析

学习目标

本章主要阐述风险信用分析的有关内容。通过本章的学习应掌握：

- 影响企业经营风险的主要因素
- 企业的筹资组合及其风险分析
- 企业的经营杠杆及经营风险分析
- 企业的财务杠杆及财务风险分析
- 项目投资和证券投资的风险分析
- 企业的商业信用政策及其分析

7.1 财务风险分析

广义的财务风险泛指企业在财务活动中，由于各种难以预料或不可控因素的存在，使得财务活动的实际结果与预期目标发生偏离的可能性。财务风险更多的时候表现为企业的实际收益与预期收益发生背离，从而使企业蒙受损失。财务风险分析就是要通过特定的方法对企业的财务风险进行定性评价和定量分析，对企业的财务风险水平作出评估，其最终目的在于为信息使用者提供对决策有用的信息。本节主要讨论企业的经营风险分析、筹资风险分析及投资风险分析等内容。作为各种分析的基础，风险及其衡量有必要先行加以阐述。

7.1.1 风险及其衡量

1. 风险的概念

一般来说，风险是指一定条件下和一定时期内可能发生的各种结果的变动程度。也就是说，风险是“一定条件下”的风险，同样的决策在不同的条件下所面临的风险也会不同。比如，同样的投资决策，在追加投资时可行，而在初始投资时则可能因面临的风险很大而不可行。同时，风险也是“一定时期内”的风险，其大小会随着时间的推移而发生变化。通常情况下，对于特定的投资项目而言，越接近完工，其不确定性越小，此时项目本身所具有的风险也就会减小。

与风险概念密切相关的概念是不确定性。不确定性是指事前不知道所有可能的后果，或者虽然知道可能的后果，但不知道其出现的概率。风险则是指事前可以知道所有可能的后果，以及每种后果的概率。从计量的角度看，风险是可以衡量的，对风险的评估主要依赖于统计评估；不确定性则是不可计量的，对不确定性的判断只能是一种主观可能性。不过，在面对现实问题时，二者往往很难区分。风险的概率通常不能准确知道，而不确定性问题也可以估计一个概率。因此，在具体实务中，对于风险与不确定性通常不作区分，都视为“风险”问题对待。

就风险的结果而言，风险可能带来超出预期的收益，也可能招致超出预期的损失。不过，人们对意外损失的关注通常要超过对意外收益的关注，因而研究风险时更加关注如何减少损失，也就是从不利的方面对风险进行研究。

2. 风险的衡量

通过一定的方法对风险予以量化或作准确的衡量是企业财务管理的一项重要工作。对风险进行衡量，需要使用概率及其他统计方法。

（1）概率及概率分布。现实经济生活中，某一事件在相同的条件下可能发生也可能不发生，这类事件一般称为随机事件。表示这些随机事件发生可能性大小的量就是随机事件的概率。概率通常以百分比或小数来表示。概率具有如下特点：

1）非负性。对于任一随机事件 A 的概率 $P(\mathrm{A})$，都有 $0\leqslant P(\mathrm{A})\leqslant 1$。概率越大，表示事件发生的可能性越大。

2）规范性。即指不可能发生的事件概率为 0，必然发生的事件概率为 1。

3）可加性。表示如果随机事件 A 和 B 互斥，则 $P(\mathrm{A}\cup \mathrm{B})=P(\mathrm{A})+P(\mathrm{B})$。对于多个随机事件，可以进行类似的推广。

概率的测定有主观概率与客观概率两种。客观概率系根据大量的历史数据推断出来的，而主观概率是在没有大量实际资料的情况下，人们根据有限资料和经验合理估计的。在现实生活中，由于信息的不充分或不完全，人们时常根据主观概率而不是客观概率进行风险分析和决策。

将随机事件各种可能的结果按一定的规则进行排列，同时列出各种结果出现的概率，这样的描述就是概率分布。当随机变量只取有限个值，并且对应于这些值有确定的概率时，称随机变量是离散型分布。当出现的情况有很多种时，如果对于每种情况都赋予一定的概率，则可用连续型分布来描述。

[例7-1]

某医药企业年净资产收益率与产品销售情况有关。假设未来企业产品销售情况有三种：较好、一般、较差。不同情况发生的概率及相应的净资产收益率状况如表7-1所示。

表7-1　各种情况发生的概率及净资产收益率状况表

产品销售状况	发生概率	预期净资产收益率
较好	0.2	25%
一般	0.6	15%
较差	0.2	5%

这是一个离散型分布的例子（见图7-1）。

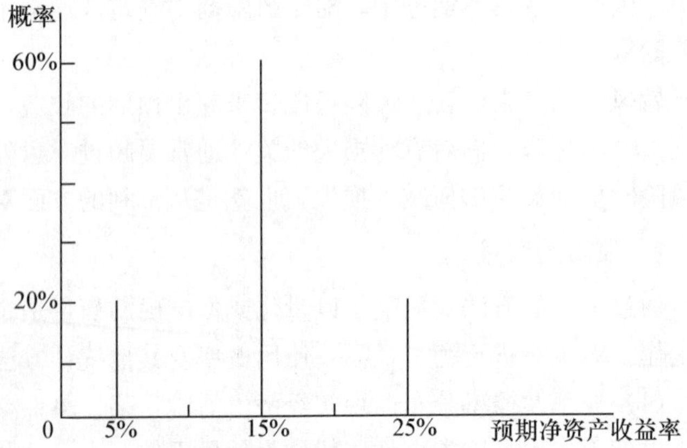

图7-1　三种销售状况下预期净资产收益率分布图

如果上例中的产品销售状况不止三种，而是有无数种，那么就是一个连续型分布的例子（见图7-2）。

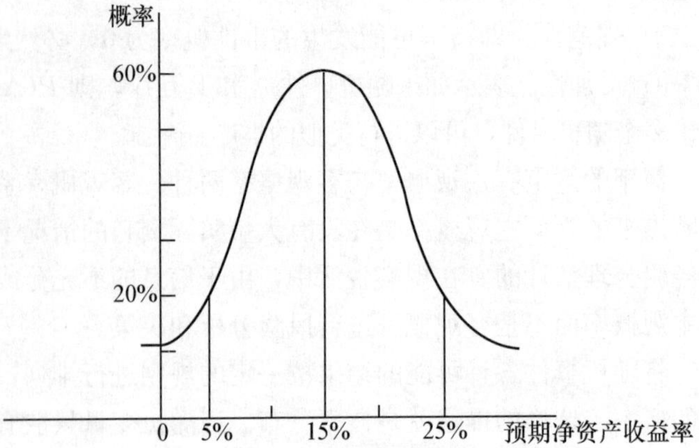

图7-2　多种销售状况下预期净资产收益率分布图

（2）期望值。期望值是指对于随机变量的各个取值，以相应的概率为权数计算出来的加权平均值。通常用 E 表示，其计算公式如下：

$$E=\sum_{i=1}^{N}(P_i \times X_i) \tag{7-1}$$

式中，P_i——第 i 种结果出现的概率；

X_i——第 i 种结果的数值；

N——所有可能结果的数目。

以例 7－1 中的数据为依据计算该医药企业净资产收益率的期望值为：

$$E=0.2\times 25\%+0.6\times 15\%+0.2\times 5\%=15\%$$

期望值反映了随机变量本身的平均水平或集中程度，代表着一种合理预期。欲反映其风险程度，还需考察其离散程度。

（3）离散程度。通常，用来表示随机变量离散程度的指标是方差和标准差。

方差是指每一个随机变量取值与期望值的离差平方的期望值。用公式表示如下：

$$\sigma^2=\sum_{i=1}^{N}(X_i-E)^2\times P_i \tag{7-2}$$

一般称随机变量方差的平方根为标准差。用公式表示为：

$$\sigma=\sqrt{\sum_{i=1}^{N}(X_i-E)^2\times P_i} \tag{7-3}$$

二者均可用来衡量随机变量的风险。在期望值相同的情况下，方差或标准差越大，风险越大；反之则越小。

例 7－1 中预期净资产收益率的方差和标准差分别为：

$$\begin{aligned}\sigma^2&=(25\%-15\%)^2\times 0.2+(15\%-15\%)^2\times 0.6+(5\%-15\%)^2\times 0.2\\&=0.004\end{aligned}$$

$$\sigma=\sqrt{0.004}=0.0632$$

（4）标准离差率。标准离差率是标准差与期望值之比，通常用 q 表示。其计算公式为：

$$q=\frac{\sigma}{E} \tag{7-4}$$

标准离差率是一个相对指标，以相对数的形式来反映随机变量的风险程度。从上面的分析可以看出，方差和标准差都是绝对数，因此只适用于具有相同期望值的方案之间的风险程度比较，标准离差率则克服了这一缺点。在期望值不同的情况下，标准离差率越大，风险就越大；反之，标准离差率越小，风险也越小。

例7-1中，预期净资产收益率的标准离差率为：

$$q=\frac{\sigma}{E}=\frac{0.0632}{15\%}\approx 0.4213$$

通过以上各种指标，可以对具体项目的风险进行评估。在对单个项目进行分析决策时，可将评估结果与事先设定的标准进行比较，以决定取舍；当面临多个可选择方案时，则应据此对各方案进行综合比较，取其最优者。通常情况下，方案的选择最终取决于决策者的风险偏好。一般而言，高风险总是与高收益相对应，低风险得到的收益也会较低。

7.1.2 经营风险分析

1. 经营风险及其影响因素

经营风险亦称营业风险，泛指企业由于经营上的原因导致的收益变动的不确定性。由此看来，经营风险包含的范围是相当广泛的。

影响企业经营风险的因素很多，主要有以下几个方面：

（1）产品的市场需求。如果产品的市场需求比较稳定，则企业的经营风险相对较小；反之，则经营风险较大。

（2）产品的价格。主要是指产品价格的波动情况，如果产品的价格波动较小，则企业的经营风险较小；反之，则经营风险较大。

（3）产品的成本。如果产品的成本稳定，则企业的经营风险较小；反之，则经营风险较大。事实上，由于企业产品成本中的固定成本部分相对稳定，因此产品成本是否稳定实际上取决于产品的单位变动成本部分。

（4）调整价格的能力。一旦产品的单位变动成本发生变动，如果企业有很强的价格调整能力以适应这种变化，则企业的经营风险较小；反之，则经营风险会较大。

（5）固定成本的占比。当企业总产品成本中固定成本所占的比例很大时，单位产品所要分摊的固定成本就会很多。这时，如果产品的销售发生变动，单位产品所分摊的固定成本部分也会发生变动，进而导致利润以更大的幅度变动，此时，企业的经营风险较大；反之，固定成本在总产品成本中所占的比例越小，则经营风险越小。

在上述影响因素中，固定成本占比的影响极为重要。固定成本对企业经营风险的影响通常用经营杠杆来衡量。由于经营杠杆对企业经营风险的影响最为综合，因而往往以经营杠杆来衡量企业经营风险的大小。这是一种狭义的经营风险概念，也是后续所要讨论的重点。

2. 经营杠杆

经营杠杆是指在某一固定成本占比下，销售量的变动对企业息税前利润所产生的作用。

经营杠杆的大小一般可用经营杠杆系数来衡量。经营杠杆系数是指企业息税前利润的变动率与销售量变动率的比率，用公式表示如下：

$$DOL=\frac{\frac{\Delta EBIT}{EBIT}}{\frac{\Delta Q}{Q}} \tag{7-5}$$

式中，DOL——经营杠杆系数；

$\Delta EBIT$——息税前利润变动额；

$EBIT$——变动前的息税前利润；

ΔQ——销售量变动；

Q——变动前的销售量。

假定企业的单位变动成本、固定成本保持稳定，根据本—量—利之间的关系，经营杠杆系数又可以做如下两种变形，分别用销售量和销售额来表示：

(1) $$DOL_q=\frac{Q(P-V)}{Q(P-V)-F} \tag{7-6}$$

式中，DOL_q——销售量为 Q 时的经营杠杆系数；

P——产品单价；

V——产品单位变动成本；

F——固定成本总额。

(2) $$DOL_s=\frac{S-VC}{S-VC-F} \tag{7-7}$$

式中，DOL_s——销售额为 S 时的经营杠杆系数；

S——产品销售额；

VC——变动成本总额。

上述两个公式具体有不同的应用。第一个公式可以用来计算单一产品下企业的经营杠杆系数，第二个公式还可以计算多种产品下企业的经营杠杆系数。

通过上面的变形还可以发现，两个公式的分子都是基期产品边际贡献，而分母都是基期息税前利润，可以表示为基期产品边际贡献减去固定成本总额。因此，经营杠杆系数还可以表示为：

(3) $$DOL=\frac{M}{M-F}$$

式中，M——基期产品边际贡献。

上述几个公式实质上是一致的，具体分析中可以根据实际需要加以选择运用。

3. 经营杠杆分析

利用经营杠杆对企业经营风险进行分析时，首先要确定各成本项目的不同性质，即将各成本项目分解成固定部分和变动部分，然后汇总计算固定成本总额和单位变动成本。在各产品成本项目中，直接材料、直接人工可视为变动成本，其他项目如制造费用、管理费用、营业费用、财务费用等均属于混合成本，需要进行分解。

假定江冰公司和清源公司都是生产某种零件的企业，由于采用不同的生产工艺，两个公司在成本构成上有所区别。对两公司各成本项目进行分解后，有关数据如表7-2所示。

表7-2　　江冰公司和清源公司成本项目分解表

公司名称	产品销售状况	概率	销售量（千件）	单价（元）	销售额（千元）	单位变动成本（元）	变动成本总额（千元）	边际贡献（千元）	固定成本（千元）	息税前利润（千元）
江冰公司	较好	15%	1 250	40	50 000	25	31 250	18 750	11 250	7 500
	一般	70%	1 000	40	40 000	25	25 000	15 000	11 250	3 750
	较差	15%	750	40	30 000	25	18 750	11 250	11 250	0
清源公司	较好	15%	1 250	40	50 000	20	25 000	25 000	16 250	8 750
	一般	70%	1 000	40	40 000	20	20 000	20 000	16 250	3 750
	较差	15%	750	40	30 000	20	15 000	15 000	16 250	−1 250

依据表7-2中的数据，两公司在不同销售状况下的经营杠杆系数分别为：

江冰公司：

$$DOL_{较好}=\frac{18\,750}{18\,750-11\,250}=2.50$$

$$DOL_{一般}=\frac{15\,000}{15\,000-11\,250}=4.00$$

$$DOL_{较差}=\frac{11\,250}{11\,250-11\,250}=\infty$$

清源公司：

$$DOL_{较好}=\frac{25\,000}{25\,000-16\,250}\approx 2.86$$

$$DOL_{一般}=\frac{20\,000}{20\,000-16\,250}\approx 5.33$$

$$DOL_{较差}=\frac{15\,000}{15\,000-16\,250}=-12.00$$

由上述计算可以发现：

（1）在固定成本不变的情况下，经营杠杆系数说明了销售额（量）的增减所引起的息税前利润的增减幅度。在产品销售状况一般时，江冰公司销售额（量）的增减会引起息税前利润 4 倍的增减，而清源公司销售额（量）的增减则会引起息税前利润 5.33 倍的增减。

（2）在固定成本不变的情况下，销售额（量）越大，经营杠杆系数越小，经营风险也越小；反之，销售额（量）越小，经营杠杆系数越大，经营风险也越大。上例中，不论是江冰公司还是清源公司，产品销售情况较好时，经营杠杆系数均较小；反之，经营杠杆系数就较大。经营杠杆系数大意味着息税前利润的不稳定性大，风险也就大。

（3）当企业的销售情况处于盈亏平衡点时，经营杠杆系数趋于无穷大。比如，江冰公司在产品销售状况较差时的情况。此时，即使企业的销售额（量）有很小的变动，也会引起息税前利润很大幅度的增减。

取江冰公司和清源公司最有可能的经营杠杆系数，分别为：

$$DOL_{江冰}=4.00$$

$$DOL_{清源}=5.33$$

显然，清源公司的经营杠杆系数大于江冰公司的经营杠杆系数，说明清源公司的经营风险比江冰公司要大。为了更清楚地说明这一点，可以分别计算两公司息税前利润的标准差。

江冰公司：

$$E_{江冰}=7\,500\times15\%+3\,750\times70\%+0\times15\%=3\,750(\text{千元})$$

$$\sigma_{江冰}=\sqrt{(7\,500-3\,750)^2\times15\%+(3\,750-3\,750)^2\times70\%+(0-3\,750)^2\times15\%}\approx2\,053.96(\text{千元})$$

清源公司：

$$E_{清源}=8\,750\times15\%+3\,750\times70\%+(-1\,250)\times15\%=3\,750(\text{千元})$$

$$\sigma_{清源}=\sqrt{(8\,750-3\,750)^2\times15\%+(3\,750-3\,750)^2\times70\%+(-1\,250-3\,750)^2\times15\%}\approx2\,738.61(\text{千元})$$

由于两家公司息税前利润的期望值相同，而清源公司的标准差显然大于江冰公司，说明清源公司的经营风险更大一些。这也验证了经营杠杆系数与企业经营风险的关系。

7.1.3　筹资风险分析

1. 筹资风险及其影响因素

筹资风险主要是指由企业的筹资行为导致企业负担不同的资本成本，并有可能因此丧失偿债能力而破产，从而给企业收益变动带来的不确定性。

影响企业筹资风险的因素主要有：（1）资本供求。当资本供不应求时，企业的筹资成本无疑会加大，筹资风险也会提高。(2) 利率因素。利率的变动会直接影响企业的筹资成本。(3) 资本结构。主要是指企业对财务杠杆的利用。(4) 企业自身状况。主要体现在企业的盈利能力和发展潜力，它为企业的筹资安全提供最基础的保障。

下面主要从三个方面对企业的筹资风险进行分析，即各种筹资方式自身所包含的风险、各种资产组合的风险，以及不同资本结构的风险。

2. 筹资方式及其风险分析

(1) 发行普通股。普通股是一种最基本、最标准的股份。它是公司发行的一种代表股东享有平等的权利和义务、没有特别限制、无固定股利的股票。

利用普通股进行筹资是企业最基本的一种筹资方式，其优点主要在于：1) 普通股没有到期日，所筹集的本金不需要偿还，普通股股本是企业的永久性资本。它可以保证公司对资本的最低需求，对维持企业的长期稳定发展具有重要的意义。2) 普通股筹资没有固定的股利负担。股利的支付根据企业是否有盈利和经营需要来确定，此时经营波动给企业带来的财务负担相对较小。3) 发行普通股有助于增强公司自身的资本实力，可作为其他方式筹资的基础，特别是可以为债权人权益提供保障，从而增强企业的后续举债能力。

当然，普通股筹资也有一些缺陷，这些缺陷可能给企业带来风险：1) 资本成本较高。因为发行股票的成本较高，一旦筹资失败，企业将花费高昂的费用。此外，由于股利的分配按规定在税后进行，支付的股利不能在税前扣除，因此企业无法获取节税利益，从而使资本成本较高。2) 利用普通股进行筹资，如发行新股将增加新的股东，可能会分散公司的控制权，并且发行新股会对每股收益产生稀释作用，可能导致股价下跌，而股价下跌又将向公众传递一种消极的信号，进而可能会对公司的发展带来消极影响。

(2) 发行优先股。优先股是企业为筹集资金而发行的一种混合型的有价证券，兼有股票和债券的双重属性，在公司盈利和剩余财产的分配上享有优先权。

利用优先股进行筹资，其优点主要在于：1) 与普通股一样，优先股一般没有固定的到期日，不需要偿付本金。2) 优先股在股利支付上有一定的灵活性。虽然优先股的股利固定，但是当企业经营状况不佳时也可以选择延迟支付。3) 通常，发行优先股不影响普通股股东对公司的控制权，不会导致控制权的分散。4) 发行优先股有利于夯实公司的自有资本，增强公司的财务实力。

同样，优先股筹资也有缺点：1) 资本成本较高。由于优先股的股利固定，相对于普通股来说，其资本成本较低。但是，与债务筹资相比，由于优先股股利不能在税前扣除，公司无法获取节税利益，因而资本成本较高。2）在公司盈利数额一定的情况下，优先股股东的利益将得到优先满足，这可能会损害普通股股东的利益。3）发行优先股会降低企业在财务上的灵活性。这主要是由于优先股股利固定，无论企业是盈利还是亏损都不得不支付相当数额的股利。尤其是在公司盈利下降或出现亏损时，优先股股利将成为公司一笔沉重的财务负担。如果选择延迟支付优先股股利，又将损害公司的形象和声誉。

（3）借款筹资。借款筹资是指企业与银行或其他非银行等金融机构达成协议，按照一定的利率、在一定的期限内从金融机构获得资金以满足其资金需要的一种筹资方式。按照资金使用期限的长短，可将借款分为短期借款和长期借款两种。短期借款是指企业向银行或其他非银行等金融机构借入的期限在1年以内的借款，长期借款则是指借入的期限超过1年的借款。

借款筹资具有如下优点：1）筹资速度快，可以快速满足资金需求；2）借款弹性较大，企业可以直接与银行或其他非银行等金融机构就借款事项进行商谈；3）借款利息通常可以在税前扣除，因而借款筹资的资本成本较低；4）企业利用借款筹资，可以发挥一定的财务杠杆作用。

短期借款一个突出的特点就是需要在短期内归还，而且往往附带诸多附加条件，如借款抵押、为取得贷款进行的各种承诺等。短期借款筹资的缺点主要在于：一旦企业资金周转出现困难，短期借款本金及利息的支付对企业的影响会很大。长期借款筹资的缺点主要在于：1）长期借款通常有固定的利息负担和确定的偿还期限，一旦借款到期，企业不论经营状况如何都必须承担还本付息的责任，其压力和风险较大。2）长期借款的限制条款较多，包括一般性限制条款、例行性限制条款和特殊性限制条款等。这些限制条款可能会影响到企业对资金的具体运用，从而制约企业的生产经营活动和借款的作用。3）相对于股票筹资和债券筹资而言，长期借款筹资通常数量比较有限，企业可能无法通过长期借款筹资完全满足其资金需求。

（4）发行债券。债券是特定经济主体为筹集资金而发行的，约定在一定期限内还本付息的有价证券，它代表着一种债权债务关系。由企业发行的债券，一般称为企业债券或公司债券。

债券筹资的优点在于：与借款筹资同理，债券筹资的资本成本较低，也可以发挥一定的财务杠杆作用；同时，债券筹资不会分散公司的控制权。

债券筹资的缺点主要在于：1）债券具有确定的到期日，需要按期还本付息。发行主体必须承担按期还本付息的义务。一旦企业经营状况出现不景气，企业就会面临很大的财务压力，甚至因此而破产。这一点与借款筹资相似。2）发行债券的规定往往比较严格，企业会受到诸多条件的限制，这些限制条件往往比长期借款和租赁筹资更苛刻，从而会给企业的生产经营带来不确定性。3）在发行额度上，债券筹资也会受到一定的限制。

（5）租赁筹资。租赁筹资或租赁融资是企业以承担一定费用为条件而借贷实物的一种经济行为。在租赁筹资方式下，出租方以收取租金为条件，在合同约定的期限内将资产租借给承租方使用。对于出租方而言，它是一种金融投资的新手段；对于承租方而言，租赁是一种筹措设备的新方式。按照租赁的性质不同，可将租赁分为经营租赁和融资租赁两类。

租赁筹资的优点在于：1）可以快速地获得企业所需要的资产，从而迅速形成生产经营能力；2）其筹资费用可以在税前扣除，因而可以享受节税利益；3）租赁筹资的限制条件相对较少。

当然，租赁筹资也有其局限性，即筹资成本很高，支付的租金通常要占租赁设备价值的很大比例，尤其是在承租方发生财务困难时，固定的租金费用将成为企业沉重的财务负担。

由此可见，上述各种筹资方式各有利弊，而企业的筹资能力往往又受到诸多因素的限制，企业需权衡各种筹资方式的利弊，选择最佳筹资方式或筹资组合策略，以提高筹资效率，并降低筹资成本和筹资风险。

3. 筹资组合及其风险分析

企业的资产包括流动资产和非流动资产两类。对于流动资产，还可以按其用途的不同分为短期性流动资产和长期性流动资产。短期性流动资产是指受季节性、周期性影响的那部分流动资产，如季节性存货、经营旺季时的应收账款等；长期性流动资产是指即使企业处于经营低谷也仍需保留的、用于满足企业长期稳定发展需要的那部分流动资产。短期性流动资产构成企业的短期资产，长期性流动资产与固定资产则构成企业的长期资产。

一个企业生产经营所需的全部资金，可分别通过长期资金筹措和短期资金筹措来解决。长期资金筹措主要包括长期负债和权益资本等，其中的长期负债主要有长期借款、长期债券；有时也包括自发性短期负债，即直接产生于企业实际经营中的负债，如日常经营中的其他应付款、应付职工薪酬、应付利息、应交税费等。当然，从资金的可使用时间长短来看，自发性短期负债属于短期资金范畴，但是其在企业的各个期间通常比较稳定，因而在实际工作中可视同长期资金。短期资金筹措主要是指临时性短期负债，如短期借款、应付账款、应付票据等。在企业资金来源总额中，长期资金与短期资金所占的比例称为企业的筹资组合。对这一比例的不同安排会形成不同的筹资组合，而不同的筹资组合所对应的风险不同。按照风险的高低划分，企业的筹资组合可分为正常风险筹资组合、高风险筹资组合和低风险筹资组合三类。

（1）正常风险筹资组合及其分析。这种筹资组合的特点是：企业的短期资产所需资金由短期资金来融通，长期资产所需资金通过长期资金来安排。即对于短期资产，用短期资金筹措来满足其资金需要，而对于长期性流动资产和固定资产则用长期资金筹措来满足其资金需要。正常风险筹资组合如图7-3所示。

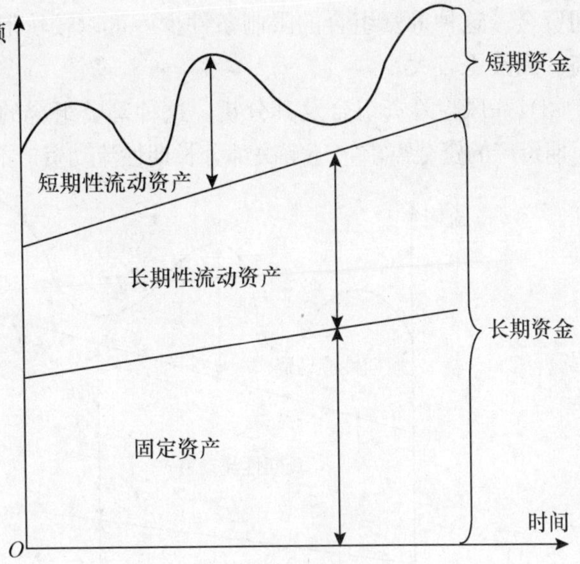

图 7-3　正常风险筹资组合

这样的安排使得资产和负债的到期期间能够相互搭配，从而降低企业无法偿还到期负债的风险。与后两种筹资组合相比，这种筹资组合对应的成本是较均衡的。

从理论上分析，企业可以对资产和负债的到期期间进行完美的匹配。但在实际工作中，很多因素具有不确定性，比如资产的实际使用寿命很难与预期的完全一致。因此，这种筹资组合对企业有较高的资金使用要求。

在正常风险筹资组合下，长期资金的筹集主要有以下几种：

1）权益资本筹资组合。即主要以发行股票代替长期债务，具有成本较高、风险较小、收益较少的特点。在实际工作中，这种筹资组合因过于理想化而很少应用。

2）债务资本筹资组合。即主要以长期债务（包括长期借款和长期债券）来替代权益资本，具有成本较低、风险较大、收益较多的特点。

3）长期债务与股票筹资组合。即主要以长期债务（包括长期借款和长期债券）和发行股票来满足企业长期资产的资金需要，具有成本相对较低、风险较大、收益较多的特点。

4）长期债务与吸收直接投资筹资组合。这种组合的特点与上一种组合基本相同。

5）可转换债券筹资组合。即主要发行可转换债券来筹集长期资金，而发行可转换债券通常是公司在发行普通股和公司债券预期结果不理想的情况下采用的一种资金筹集方式。发行可转换债券筹资的成本相对较低，但其风险较大、收益也较高。

6）融资租赁筹资组合。即主要用长期债券、权益资本和融资租赁来筹集长期资金。这种筹资组合的限制条件少，可以较快形成生产能力，但筹资成本较高，风险也较大。

（2）高风险筹资组合及其分析。这种筹资组合的特点是：短期资金不仅解决短期资产的资金需求，还解决部分长期性流动资产的资金需求（见图7-4）。

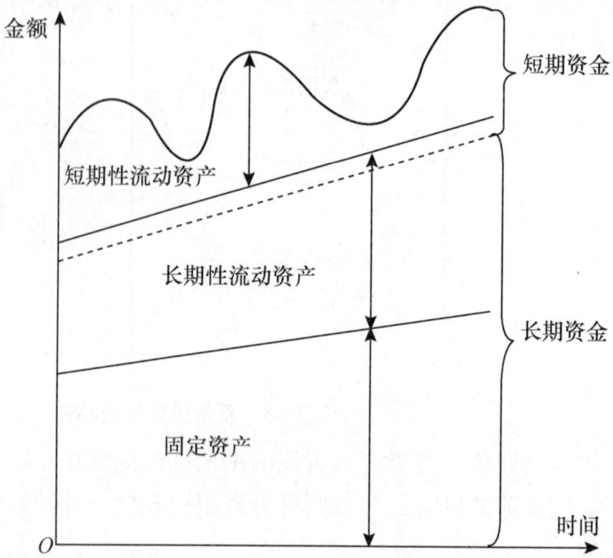

图7-4　高风险筹资组合

短期资金（如短期借款）的资本成本一般低于长期负债和权益资本的资本成本，因此这种筹资组合下的企业资本成本较低，往往会给企业带来较高的收益。不过，由于企业的短期资金要满足部分长期资产的资金需要，在短期资金（如短期借款）到期时，企业需要不断地重新举债或者申请债务展期，经常借债和还债可能会加大企业筹资的难度和风险。不仅如此，企业在这种情况下还不得不面对因短期负债利率变动而引起企业资本成本与风险的增加。与正常风险筹资组合相比，这种筹资组合的风险和收益都较高。

一般来说，可以选择的筹资组合有：

1）以应付未付款满足部分长期资产所需资金。

2）以商业信用满足部分长期资产所需资金。

3）以短期借款满足部分长期资产所需资金。

4）以短期融资券满足部分长期资产所需资金。

5）以上几种方式的综合运用。

在实际工作中，企业应根据自身的实际情况选择适宜的筹资组合。

（3）低风险筹资组合及其分析。这种筹资组合的特点是：短期资金只满足部分短期资产的资金需求，另一部分短期资产和长期资产所需资金则由长期资金来满足（见图7-5）。

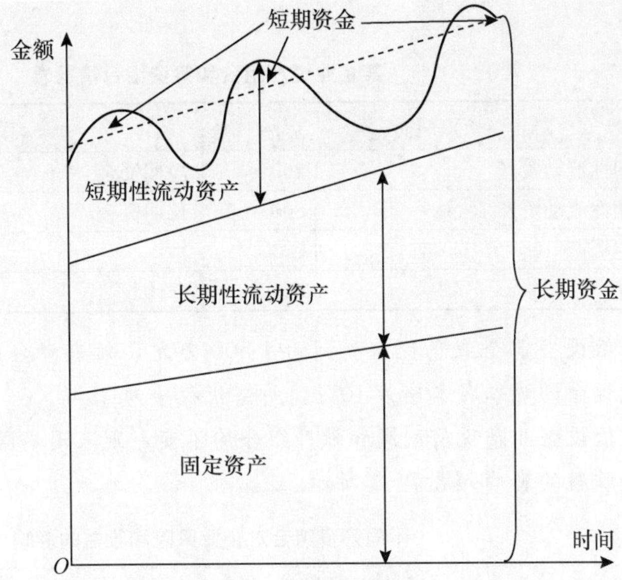

图 7－5　低风险筹资组合

在低风险筹资组合下，短期资金所占比例较小，长期资金所占比例较大，因而企业的资本成本相对较高，收益也会相对较低。从风险角度来看，由于长期资金所占比例较大，企业无法到期偿还短期债务的风险较小。此外，企业也可较少地受到短期利率变动引起企业的资本成本与风险增加的影响。与前两种筹资组合相比，这种筹资组合的收益和风险都较低。

在实际工作中，可供选择的筹资组合通常包括：

1）权益资本筹资组合。即主要用权益资本代替长期借款进行筹资，最大限度地减少短期负债的数额，具有成本较高、风险较小、收益较少的特点。

2）长期债务与股票筹资组合。

3）长期债务与吸收直接投资筹资组合。

4）长期债券与可转换公司债券筹资组合。如果可转换公司债券转换为股票，则可增加权益资本，减轻还债压力，同时还可用不固定的股利支付来替代固定的利息支付，符合低风险筹资组合的要求。因此，它具有成本较高、风险较小、收益较少的特点。

5）不同到期日的长期债券筹资组合。即主要发行不同到期日的长期债券来满足资金需求，如通过发新债还旧债的方式延续使用借债资金，具有成本较低、风险较大、收益较多的特点。

6）长期借款与长期债券的筹资组合。

上述三种筹资组合的差别，可以通过例 7－2 加以描述。

[例 7－2]

某企业采用正常风险筹资组合，当前的资产组合和筹资组合如表 7－3

所示。

表 7－3　某企业资产组合和筹资组合情况表　单位：万元

资产组合		筹资组合	
短期性流动资产	1 200	短期资金	1 200
长期性流动资产	800	长期资金	4 800
固定资产	4 000		
合计	6 000	合计	6 000

假设当前企业息税前利润为 1 500 万元，短期资金的资本成本率为 5%，长期资金的资本成本率为 10%，所得税税率为 25%。

假设企业息税前利润和资产组合均不变，则采用不同的筹资组合对企业风险和收益的影响如表 7－4 所示。

表 7－4　不同筹资组合对企业风险和收益的影响　金额单位：万元

项目	正常风险筹资组合（当期）	高风险筹资组合	低风险筹资组合
筹资组合：			
短期资金	1 200	1 800	600
长期资金	4 800	4 200	5 400
资金总额	6 000	6 000	6 000
息税前利润	1 500	1 500	1 500
减：筹资成本			
短期资金成本	1 200×5%＝60	1 800×5%＝90	600×5%＝30
长期资金成本	4 800×10%＝480	4 200×10%＝420	5 400×10%＝540
税前利润	960	990	930
减：所得税	240	247.5	232.5
净利润	720	742.5	697.5
几个主要比例：			
投资报酬率	720/6 000＝12%	742.5/6 000＝12.38%	697.5/6 000＝11.63%
流动负债/资金总额	1 200/6 000＝20%	1 800/6 000＝30%	600/6 000＝10%
流动比率	2 000/1 200＝1.67	2 000/1 800＝1.11	2 000/600＝3.33

由上表可知，若企业采用高风险筹资组合，则净利润将从 720 万元增加到 742.5 万元，投资报酬率从 12%上升到 12.38%，流动负债占全部资金的比例从 20%上升到 30%，流动比率由 1.67 下降到 1.11，这说明高风险筹资组合为企业带来了经济利益，同时又使企业的财务风险加大。若企业采用低风险的筹资组合，则净利润从 720 万元减少到 697.5 万元，投资报酬率从 12%下降到 11.63%，流动负债占全部资金的比例从 20%下降到 10%，流动比率由 1.67 上升到 3.33，这说明低风险筹资组合引起了企业经济利益的减少，同时

也使企业的财务风险减小。总之，不同的筹资组合具有不同的风险和收益，企业应该根据自身的具体情况合理选用筹资组合。在筹资组合决策中，企业可通过敏感性分析，测定并关注重要的影响因素，以控制筹资组合风险。

4. 资本结构及其风险分析

资本结构系企业各种资本的构成及其比例关系。资本结构有广义和狭义之分。广义的资本结构是指企业全部资本（包括长期资本和短期资本）的构成。狭义的资本结构则指企业的长期资本结构，即企业长期资金来源的构成和比例关系。企业的资本结构是由企业采取不同的筹资方式筹资形成的，各种筹资方式的不同组合构成了企业不同的资本结构。总的来说，企业的资金筹集来源有两种，即权益筹资和债务筹资，因而企业的资本结构体现的就是债务资本在全部资本中所占的比重。

（1）不同资本结构分析。不同的资金来源有不同的风险，因而不同的资本结构具有不同的风险。下面对几种不同类型的资本结构加以比较和阐述。

1）全部资本为普通股。其优点主要包括：企业没有定期还本付息的义务；可以根据盈利状况和经营发展需要来灵活确定股利政策；需要增加资本时，也可以较容易地采用其他方式筹集资金。其缺点主要在于：普通股的资本成本高，没有充分利用财务杠杆提高企业价值；增发普通股筹集资金时，会影响到原有股东对企业的控制权；普通股对投资者来说具有较大的风险，因此中小企业或知名度小、信誉差的企业很难吸引到投资者。

2）兼有普通股和优先股。其优点主要包括：与普通股相比，优先股的资本成本较低，因此这种资本结构的资本成本较上一种要低；优先股一般没有表决权，因而发行优先股不会分散企业的控制权；优先股属于权益资本，增加优先股筹资可以显示企业良好的财务状况，从而提高企业的信用；优先股股利支付在一定程度上是比较灵活的，不像债务利息那样具有强制性；无须归还本金。其缺点主要在于：无法获取节税利益，与债务资本相比，其资本成本较高；优先股契约中往往有很多限制企业分配普通股股利的规定，从而影响企业股利政策的灵活性。

3）兼有普通股和优先股、银行借款及债券。其优点主要包括：银行借款和债券对投资人来说比较安全，这类筹资具有广阔的市场；资本成本较低；可以发挥财务杠杆作用；银行借款和发行债券不会影响企业的控制权。其缺点主要在于：银行借款和债券对筹资者来说需要到期还本付息，当企业经营状况不佳时，可能会陷入财务困境，甚至破产；债务契约会或多或少地对企业附加一定的限制，从而影响企业经营和资金使用的灵活性；当企业利润率低于债务利率时，会损害普通股股东和优先股股东的利益；财务风险较大，影响企业的信用。

4）兼有普通股和优先股、银行借款、债券及融资租赁。这与上一种资本结构并无本质区别。所不同的是，相对于用其他方式取得资产来说，融资租赁方式取得的资产可以在租赁期间免受资产陈旧带来的风险。但是，融资租赁需要支付高额的租金，因而成本较高。

5）兼有普通股和优先股、银行借款、债券、融资租赁及留存收益。其优点主要在于能够广开资本渠道，充分发挥权益资本、债务资本和各种具体筹资方式的优势，如果运用得当即可为企业带来较多的利益。当然，它对企业的经营管理水平要求也较高。

（2）综合资本成本分析。在企业资本的构成中，各种筹资方式的资本成本是不同的。因此，不同的资本结构具有不同的综合资本成本。从一定意义上说，对综合资本成本进行分析，就是从成本角度来考察企业的筹资风险。综合资本成本通常用加权平均资本成本率来衡量，而加权平均资本成本率就是以各种资本占全部资本的比重为权数，对个别资本成本率进行加权平均的结果。其计算公式为：

$$K_W = \sum_{j=1}^{n} K_j W_j \tag{7-8}$$

式中，K_W—— 加权平均资本成本率；

K_j—— 第 j 种个别资本成本率；

W_j—— 第 j 种个别资本在全部资本中所占比重(即权数，且 $\sum_{j=1}^{n} W_j = 1$)。

[例7-3]

某企业因引进生产线需要5 000万元资金，现有两种筹资方案可供选择。一种是普通股筹资2 300万元，银行借款1 200万元，发行债券1 500万元，这三类筹资方式的资本成本率分别为18%，10%，12%；另一种是普通股筹资2 500万元，优先股筹资1 000万元，银行借款500万元，发行债券1 000万元，其中优先股资本成本率为16%，其他条件不变。

根据上面的有关数据，两种筹资方案下的加权平均资本成本率分别为：

第一种方案：

$$\begin{aligned} K_W &= 18\% \times \frac{2\,300}{5\,000} + 10\% \times \frac{1\,200}{5\,000} + 12\% \times \frac{1\,500}{5\,000} \\ &= 14.28\% \end{aligned}$$

第二种方案：

$$\begin{aligned} K_W &= 18\% \times \frac{2\,500}{5\,000} + 16\% \times \frac{1\,000}{5\,000} + 10\% \times \frac{500}{5\,000} + 12\% \times \frac{1\,000}{5\,000} \\ &= 15.6\% \end{aligned}$$

比较上述两种方案可以发现：第一种方案下，负债占 54%，第二种方案下，负债占 30%，因而第一种方案下的偿债压力较大，但第一种方案下的综合资本成本也较低。若企业的预计投资报酬率低于 15%，此时结合预计投资报酬率来考虑，则第二种方案下的风险反而更高。

(3) 企业财务杠杆分析。企业财务杠杆分析在一定意义上也是企业资本结构分析的一个重要内容。企业财务杠杆一般是指企业由于固定利息费用的存在，当利润增大时，单位利润所负担的利息减少，从而使得投资者收益有更大幅度提高的客观现象。企业财务杠杆的大小通常用财务杠杆系数来表示。财务杠杆系数是指每股税后利润变动率相对于息税前利润变动率的倍数，用公式表示为：

$$DFL=\frac{\frac{\Delta EPS}{EPS}}{\frac{\Delta EBIT}{EBIT}} \tag{7-9}$$

式中，DFL——财务杠杆系数；

ΔEPS——普通股每股收益变动额；

EPS——变动前普通股每股收益；

$\Delta EBIT$——息税前利润变动额；

$EBIT$——变动前息税前利润。

对上面的公式进一步变形，可以得到

$$DFL=\frac{EBIT}{EBIT-I} \tag{7-10}$$

式中，I——利息。

当存在优先股时，优先股股利也是固定的，与债务利息类似，不过优先股股利是在税后扣除的。因此，当存在优先股时，财务杠杆系数为：

$$DFL=\frac{EBIT}{EBIT-I-\frac{PD}{1-t}} \tag{7-11}$$

式中，PD——优先股股利；

t——所得税税率。

[例 7-4]

某企业需要资金 1 000 万元，现有 A，B，C 三种筹资方案可供选择。方案 A：全部以普通股筹资，假设每股发行价为 10 元，共发行 100 万股；方案 B：以普通股筹资 800 万元，发行 80 万股，债务筹资 200 万元；方案 C：以普通股筹资 400 万元，发行 40 万股，债务筹资 600 万元。假定债务筹资利率为

10%，息税前利润率为20%，所得税税率为25%。各种方案下的有关数据如表7-5所示。

表7-5　各筹资方案比较　金额单位：元

项目	方案A	方案B	方案C
普通股股本	10 000 000	8 000 000	4 000 000
发行股数（股）	1 000 000	800 000	400 000
债务（利率10%）	0	2 000 000	6 000 000
资本总额	10 000 000	10 000 000	10 000 000
息税前利润	2 000 000	2 000 000	2 000 000
利息	0	200 000	600 000
税前利润	2 000 000	1 800 000	1 400 000
所得税（25%）	500 000	450 000	350 000
净利润	1 500 000	1 350 000	1 050 000
财务杠杆系数	1.00	1.11	1.43
普通股每股收益	1.5	1.69	2.63
息税前利润增加	2 000 000	2 000 000	2 000 000
利息	0	200 000	600 000
税前利润	4 000 000	3 800 000	3 400 000
所得税（25%）	1 000 000	950 000	850 000
净利润	3 000 000	2 850 000	2 550 000
普通股每股收益	3	3.56	6.38

由上表可知，财务杠杆系数表示的是息税前利润增减所引起的普通股每股收益增减的幅度。假设第二年息税前利润增加1倍（即增加2 000 000元），债务利息照常发生，三种方案下普通股每股收益分别增加1倍（3/1.5－1）、1.11倍（3.56/1.69－1）、1.43倍（6.38/2.63－1）。同时，负债比率越高，财务杠杆系数就越大，企业的财务风险与每股收益也就越大。可见，企业应该通过控制负债比例来合理安排资本结构，以便充分利用财务杠杆获取利益，同时最大限度地消除其不利影响。在筹资环境趋紧和企业资金紧缺的情况下，企业在资本结构决策中可依据最优化理论和运筹学原理，通过建立筹资组合优化模型，求得最优资本结构和最佳筹资组合方案，从而确保企业价值提升，筹资风险可测可控。

7.1.4 投资风险分析

1. 投资风险及其影响因素

投资风险是指企业在投资活动的特定时期内，各种不确定因素变动导致投资者遭受损失的可能性。这些因素包括政治、经济、文化、法律等诸多方面。

具体来说，影响企业投资风险的因素有：

（1）政治经济形势。即政治形势是否稳定，有无国家政权更迭和社会制度变革的风险，经济发展状况的好坏等。

（2）宏观经济政策。即利率政策、税收政策、信贷政策等。

（3）产品市场状况。即产品竞争程度和市场需求变化状况等，尤其是科学技术进步和消费观念改变导致的市场状况变化及其风险。

（4）企业经营状况。即企业周期变化和经营业绩变动及其风险等。

2. 项目投资风险分析

项目投资是以特定项目为对象，与新建扩建项目或更新改造项目直接相关的长期投资行为。对项目投资进行分析主要有两种方法，即贴现现金流量法和非贴现现金流量法。贴现现金流量法因较为科学而备受推崇。在项目投资风险分析中，现金流量是一个重要的概念。实际上，投资活动本身始终充满着风险，未来现金流量在时间上和金额上都具有不确定性，通常运用风险调整贴现率法和肯定当量法对项目投资风险进行分析。

（1）风险调整贴现率法。风险调整贴现率法是项目投资风险分析最常用的一种方法，其主要思想是对不同风险的项目采取不同的贴现率，即高风险项目采用高贴现率，低风险项目采用低贴现率，并据以计算投资项目的净现值，进而进行投资决策。可见，根据项目的风险大小来确定合适的风险调整贴现率是正确运用这种方法的关键。

一般来说，投资的期望报酬率包括两部分：一部分是无风险报酬率，即投资者不需要承担风险即可获取的报酬率，相当于资金的时间价值；另一部分则是风险报酬率，这与投资项目的风险大小有关，它是风险的函数，即风险越大，所要求的风险报酬率越高。风险报酬率通常以风险报酬斜率与风险程度的乘积来表示。经风险调整的期望报酬率与风险之间的关系可以用下列公式来反映：

$$K=i+b\times Q \qquad (7-12)$$

式中，K——风险调整贴现率；

i——无风险报酬率；

b——风险报酬斜率；

Q——风险程度。

无风险报酬率通常以银行存款利率或国债的利率来衡量。根据上…，欲确定风险调整贴现率 K，则需先确定风险程度 Q 和风险报酬斜率 b。举例说明如下。

[例 7-5]

某企业现有三个投资机会，所要求的最低投资报酬…%，有关资料如

表7-6所示。

表7-6 **各投资方案比较** 金额单位：元

年次	方案A		方案B		方案C	
	税后现金流量	概率	税后现金流量	概率	税后现金流量	概率
第0年	−60 000	1	−40 000	1	−40 000	1
第1年	40 000 30 000 20 000	0.15 0.70 0.15				
第2年	45 000 40 000 35 000	0.20 0.60 0.20				
第3年	45 000 35 000 25 000	0.25 0.50 0.25	30 000 80 000 130 000	0.20 0.60 0.20	60 000 80 000 100 000	0.10 0.80 0.10

1）风险程度Q的计算。

方案A：

各年现金流量的期望值E分别为：

$$E_1=40\,000\times0.15+30\,000\times0.70+20\,000\times0.15=30\,000(\text{元})$$

$$E_2=45\,000\times0.20+40\,000\times0.60+35\,000\times0.20=40\,000(\text{元})$$

$$E_3=45\,000\times0.25+35\,000\times0.50+25\,000\times0.25=35\,000(\text{元})$$

各年现金流量的离散程度可用标准差d来衡量，分别计算如下：

$$d_1=\sqrt{(40\,000-30\,000)^2\times0.15+(30\,000-30\,000)^2\times0.70+(20\,000-30\,000)^2\times0.15}$$
$$\approx5\,477.23(\text{元})$$

$$d_2=\sqrt{(45\,000-40\,000)^2\times0.20+(40\,000-40\,000)^2\times0.60+(35\,000-40\,000)^2\times0.20}$$
$$\approx3\,162.28(\text{元})$$

$$d_3=\sqrt{(45\,000-35\,000)^2\times0.25+(35\,000-35\,000)^2\times0.50+(25\,000-35\,000)^2\times0.25}$$
$$\approx7\,071.07(\text{元})$$

用综合标准差来描述三年现金流量的总离散程度D，其计算如下：

$$D=\sqrt{\sum_{t=1}^{n}\frac{d_t^2}{(1+i)^{2t}}}$$
$$=\sqrt{\frac{(5\,477.23)^2}{(1+8\%)^2}+\frac{(3\,162.28)^2}{(1+8\%)^4}+\frac{(7\,071.07)^2}{(1+8\%)^6}}$$
$$\approx8\,036.10(\text{元})$$

准差是一个绝对数概念，不便用于不同规模的项目之间风险大小的比

需要引入变化系数q这一概念。变化系数与前已述及的标准离差率在

实质上相同，它是标准差与期望值的比值，用公式表示为 $q=\dfrac{d}{E}$。同理，可用综合变化系数 Q 来衡量各年现金流量的综合风险：

$$Q=\frac{D}{EPV} \tag{7-13}$$

式中，Q——综合变化系数；

D——综合标准差；

EPV——现金净流量预期现值。

因为 $$EPV_{\mathrm{A}}=\frac{30\,000}{1+8\%}+\frac{40\,000}{(1+8\%)^2}+\frac{35\,000}{(1+8\%)^3}\approx 89\,855.46(\text{元})$$

所以 $$Q_{\mathrm{A}}=\frac{8\,036.10}{89\,855.46}\approx 0.089\,4$$

方案 B：

$$E_{\mathrm{B}}=30\,000\times 0.20+80\,000\times 0.60+130\,000\times 0.20=80\,000(\text{元})$$

$$D_{\mathrm{B}}=\sqrt{(30\,000-80\,000)^2\times 0.20+(80\,000-80\,000)^2\times 0.60+(130\,000-80\,000)^2\times 0.20}\approx 31\,622.78(\text{元})$$

$$Q_{\mathrm{B}}=\frac{31\,622.78}{80\,000}\approx 0.395\,3$$

方案 C：

$$E_{\mathrm{C}}=60\,000\times 0.10+80\,000\times 0.80+100\,000\times 0.10=80\,000(\text{元})$$

$$D_{\mathrm{C}}=\sqrt{(60\,000-80\,000)^2\times 0.10+(80\,000-80\,000)^2\times 0.80+(100\,000-80\,000)^2\times 0.10}\approx 8\,944.27(\text{元})$$

$$Q_{\mathrm{C}}=\frac{8\,944.27}{80\,000}\approx 0.111\,8$$

2）风险报酬斜率 b 的确定。风险报酬斜率的高低反映风险程度变化对风险调整最低报酬率影响的大小。一般来说，b 值可以根据历史数据，运用高低点法或直线回归法求出。

假设中等风险程度的项目变化系数为 0.5，通常要求的最低报酬率为 13%，无风险报酬率为 8%。则

$$b=\frac{13\%-8\%}{0.5}=0.1$$

由此，可求得各方案的风险调整贴现率 K 如下：

$$K_A=8\%+0.1\times0.0894\approx8.89\%$$
$$K_B=8\%+0.1\times0.3953\approx11.95\%$$
$$K_C=8\%+0.1\times0.1118\approx9.12\%$$

根据不同的风险调整贴现率，计算各方案的净现值（NPV）分别为：

$$NPV_A=\frac{30\,000}{1+8.89\%}+\frac{40\,000}{(1+8.89\%)^2}+\frac{35\,000}{(1+8.89\%)^3}-60\,000$$
$$\approx28\,394.40(\text{元})$$
$$NPV_B=\frac{80\,000}{(1+11.95\%)^3}-40\,000\approx17\,018.75(\text{元})$$
$$NPV_C=\frac{80\,000}{(1+9.12\%)^3}-40\,000\approx21\,571.10(\text{元})$$

由此可知，三个方案的优先选择顺序为 A>C>B。如果不考虑风险因素，仅以概率最大的现金流量为肯定现金流量，则

$$NPV_A=\frac{30\,000}{1+8\%}+\frac{40\,000}{(1+8\%)^2}+\frac{35\,000}{(1+8\%)^3}-60\,000$$
$$\approx29\,855.46(\text{元})$$
$$NPV_B=\frac{80\,000}{(1+8\%)^3}-40\,000\approx23\,506.58(\text{元})$$
$$NPV_C=\frac{80\,000}{(1+8\%)^3}-40\,000\approx23\,506.58(\text{元})$$

此时，三个方案的优先选择顺序为 A>B=C。即不考虑风险因素时，无法区分方案 B 和方案 C 的优劣；考虑风险因素后，由于方案 B 的风险要比方案 C 大，因此方案 C 优于方案 B。

可见，风险调整贴现率法充分考虑了风险因素，比较符合分析逻辑；但它把时间价值和风险价值混在一起，并据此对现金流量进行贴现，意味着风险随时间的推移而加大，这有时会与事实不符。

（2）肯定当量法。肯定当量法的突出特点是用一个系数（称为肯定当量系数 α）将有风险的现金流量调整为无风险的现金流量，然后用无风险的贴现率来计算净现值并据以决策。肯定当量系数是指不肯定的 1 元现金流量期望值相当于使投资者满意的肯定的现金流量的系数，用公式表示为：

$$\alpha_t=\frac{\text{肯定的现金流量}}{\text{不肯定的现金流量期望值}} \tag{7-14}$$

肯定当量系数与现金流量的不确定程度相关，变化系数与肯定当量系数之间的经验关系如下：

变化系数	肯定当量系数
0.00～0.07	1
0.08～0.15	0.9
0.16～0.23	0.8
0.24～0.32	0.7
0.33～0.42	0.6
0.43～0.54	0.5
0.55～0.70	0.4

在肯定当量法下，净现值的计算公式为：

$$NPV=\sum_{t=0}^{n}\frac{\alpha_t\times CFAT_t}{(1+i)^t} \tag{7-15}$$

式中，α_t——t 年现金流量的肯定当量系数，在 0～1 之间；

$CFAT_t$——t 年的税后现金流量；

i——无风险贴现率。

依据例 7-5 的资料，按照肯定当量法计算各方案的净现值如下：

方案 A：

$$q_1=\frac{d_1}{E_1}=\frac{5\,477.23}{30\,000}\approx 0.18$$

$$q_2=\frac{d_2}{E_2}=\frac{3\,162.28}{40\,000}\approx 0.08$$

$$q_3=\frac{d_3}{E_3}=\frac{7\,071.07}{35\,000}\approx 0.20$$

查表得　$\alpha_1=0.8$

$\alpha_2=0.9$

$\alpha_3=0.8$

所以，方案 A 的净现值为：

$$NPV_A=\frac{0.8\times 30\,000}{1+8\%}+\frac{0.9\times 40\,000}{(1+8\%)^2}+\frac{0.8\times 35\,000}{(1+8\%)^3}-60\,000$$
$$\approx 15\,313.72(\text{元})$$

方案 B：

$$q_B=\frac{d_B}{E_B}=\frac{31\,622.78}{80\,000}\approx 0.40$$

查表得　$\alpha_B=0.6$

所以，方案 B 的净现值为：

$$NPV_B=\frac{0.6\times 80\,000}{(1+8\%)^3}-40\,000\approx -1\,896.05(\text{元})$$

方案C：

$$q_C=\frac{d_C}{E_C}\approx 0.11$$

查表得　$\alpha_C=0.9$

所以，方案C的净现值为：

$$NPV_C=\frac{0.9\times 80\ 000}{(1+8\%)^3}-40\ 000\approx 17\ 155.92(\text{元})$$

通过比较可以发现，在肯定当量法下，方案的优先选择顺序为C>A>B，不同于风险调整贴现率法的结果A>C>B，方案A与方案C互换了位置。这主要是因为风险调整贴现率法对远期现金流量进行了较大的调整，从而使得远期现金流量大的方案C受到更大的影响。

肯定当量法的关键在于确定合理的肯定当量系数，而这也是正确运用此方法的一个主要技术难点。在实际工作中，经验较丰富的分析人员主要凭主观判断来确定肯定当量系数，也可以为每一档变化系数规定相应的肯定当量系数。变化系数与肯定当量系数之间的对应关系并无统一的标准，它与企业管理层对风险的偏好程度有关。

可以发现：

$$NPV=\sum_{t=0}^{n}\frac{\alpha_t\times CFAT_t}{(1+i)^t}$$

$$NPV=\sum_{t=0}^{n}\frac{CFAT_t}{(1+K)^t}$$

因此在已知风险报酬率K时，也可以通过对上面的公式进行换算，得出计算肯定当量系数的另一种方法：

$$\alpha_t=\frac{(1+i)^t}{(1+K)^t} \tag{7-16}$$

肯定当量法和风险调整贴现率法对风险的考量不同，前者对净现值公式中的分子进行调整，后者则对净现值公式中的分母进行调整，这是二者的重要区别。

3. 证券投资风险分析

(1) 证券投资风险的种类。证券投资的风险可分为两类，即系统风险和非系统风险。

系统风险是与市场整体相关联的风险。通常表现为某个领域、某个金融市场或者某个行业部门的整体变化。系统风险主要包括：

1) 市场风险。市场风险主要来自市场买卖双方供求不平衡所引起的价格波动，这种波动使得投资者在投资到期时可能得不到预期的收益。

2) 通货膨胀风险。通货膨胀会使得名义收益与实际收益差别很大。

3）利率风险。利率的波动会给投资者的收益带来很大的不确定性。

4）汇率风险。如果从事的是国际投资或者外汇交易，企业的收益就会面临汇率波动带来的不确定性。

5）政治风险。政治环境的变化也会给投资者收益带来很大的不确定性。

非系统风险也称微观风险，产生于影响某一投资品种收益的某些特殊事件的发生，只同某一具体的有价证券相关联。非系统风险主要有：

1）偶然事件风险。如法律诉讼、专利申请、高层改组、企业兼并、信用评级下降等都可能会引起特定有价证券价格的变化。

2）破产风险。发行有价证券的企业破产时，有价证券的价格通常会急剧下跌，可能使投资者遭受损失，甚至血本无归。

3）流通风险。偶然事件引起价格的不利变化时，大批投资者会争先恐后地抛售有价证券，这时投资者手中的有价证券可能会由于无法及时脱手而遭受损失。

4）违约风险。发行有价证券的公司或机构不能按时支付利息或偿还本金时，投资者也会遭受损失。

(2) 证券投资风险的评估。一般来说，对证券投资风险进行评估主要有以下几种方法。

1）年度差价率法。年度差价率法是利用历年有价证券最高价和最低价的差异率来衡量风险的一种方法。差价率越高，说明价格差异程度越高，风险就越大；反之，风险则越小。差价率的计算公式如下：

$$差价率=\frac{最高价-最低价}{\frac{(最高价+最低价)}{2}}\times 100\% \tag{7-17}$$

差价率可以用年作为计算期间，也可以用月或周作为计算期间。

差价率法通常便于计算和应用，并且数据也比较容易收集；但通过这种方法无法全面深刻地认识证券投资的风险。

2）单一证券风险计量分析法。针对特定有价证券，通常以方差 σ^2 或标准差 σ 来衡量其风险的大小。其计算公式为：

$$\sigma^2=\sum_{i=1}^{n}[R_i-E(R)]^2\times P_i \tag{7-18}$$

$$\sigma=\sqrt{\sum_{i=1}^{n}[R_i-E(R)]^2\times P_i} \tag{7-19}$$

式中，σ^2——报酬率分布的方差；

σ——报酬率分布的标准差；

R_i——某有价证券的报酬率；

P_i——第 i 种报酬率发生的概率；

$E(R)$——有价证券报酬率的期望值。

而 $$E(R)=\sum_{i=1}^{n}R_iP_i \tag{7-20}$$

显然，这种方法实际上是前已述及的风险衡量方法的具体应用。

3）证券组合风险计量分析法。证券组合的风险通常用证券组合期望报酬率的方差来衡量。

假定目前的证券投资组合仅由两种有价证券组成，用 W 表示这两种有价证券在证券组合中的占比，则有 $W_1+W_2=1$。此时，证券组合期望报酬率的方差计算公式为：

$$\sigma^2=W_1^2\sigma_1^2+W_2^2\sigma_2^2+2W_1W_2\sigma_{12} \tag{7-21}$$

式中，σ^2——证券组合期望报酬率的方差；

σ_i^2——第 i 种有价证券期望报酬率的方差（$i=1$，2）；

W_i——第 i 种有价证券在证券组合中所占的比例（$i=1$，2）；

σ_{12}——两种有价证券期望报酬率的协方差。

而 $$\sigma_{12}=E[R_1-E(R_1)][R_2-E(R_2)] \tag{7-22}$$

式中，R_i——第 i 种有价证券的报酬率（$i=1$，2）。

按照与上述同样的思路，当证券组合中包含 N 种有价证券时，其期望报酬率的方差为：

$$\begin{aligned}\sigma^2&=W_1^2\sigma_1^2+W_2^2\sigma_2^2+\cdots+W_n^2\sigma_n^2+2W_1W_2\sigma_{12}+2W_2W_3\sigma_{23}+\cdots\\&\quad+2W_{(n-1)}W_n\sigma_{(n-1)n}\\&=\sum_{i=1}^{n}W_i^2\sigma_i^2+\sum_{i=1}^{n}\sum_{j=1}^{n}W_iW_j\sigma_{ij}\,(i\neq j)\end{aligned} \tag{7-23}$$

式中，$W_i(W_j)$ ——第 $i(j)$ 种有价证券在证券组合中所占的比例；

$\sigma_i^2(\sigma_j^2)$ ——第 $i(j)$ 种有价证券期望报酬率的方差；

σ_{ij}——第 i 种有价证券与第 j 种有价证券期望报酬率的协方差。

证券组合期望报酬率的方差越大，证券组合的风险就越大。

4）β 系数法。前已述及，证券投资的风险包括系统风险和非系统风险两类。对于系统风险，通常用 β 系数来衡量。β 系数是系统风险的指数，用来反映个别有价证券收益的波动相对于市场收益波动的适应程度。市场收益是指由所有证券组成的市场证券组合的收益。β 系数衡量的是个别有价证券的市场风险。如果某种有价证券的 β 系数大于1，则这种有价证券为高风险证券；如果某种有价证券的 β 系数小于1，则这种有价证券为低风险证券；如果某种有价证券的 β 系数等于1，则意味着这种有价证券的风险程度与市场风险相等，其价格会随着行情的涨跌而出现相同幅度的涨跌。

在西方的资本市场上，有关上市公司的 β 系数通常由证券投资公司提供给投资者做参考。β 系数可以根据历史数据，通过如下的回归方程来计算：

$$Y=\alpha+\beta X+\varepsilon \tag{7-24}$$

式中，Y——某种有价证券的收益率；

α——与 Y 轴的截距；

β——斜率，即 β 系数；

ε——由随机因素所产生的剩余收益。

5）资本资产定价模型。资本资产定价模型（CAPM）揭示了均衡状态下风险与收益之间关系的经济本质，可用公式表示为：

$$R_i=R_F+\beta(R_M-R_F) \tag{7-25}$$

式中，R_i——第 i 种股票或证券组合的报酬率；

R_F——无风险报酬率；

R_M——市场平均的必要报酬率；

β——第 i 种股票或证券组合的 β 系数。

[例7-6]

某投资者持有A，B两种股票，分别为40万元和60万元。两种股票的 β 系数分别为1.2和2，无风险报酬率为8%，市场平均报酬率为12%。

根据上述条件，两种股票的报酬率分别为：

$$R_A=8\%+1.2\times(12\%-8\%)=12.8\%$$
$$R_B=8\%+2\times(12\%-8\%)=16\%$$

所以，该投资组合的综合报酬率为：

$$R_{AB}=12.8\%\times\frac{40}{40+60}+16\%\times\frac{60}{40+60}=14.72\%$$

对此，也可通过如下方法来计算投资组合的综合报酬率。

先计算投资组合的综合 β 系数：

$$\beta_{AB}=\frac{40}{40+60}\times1.2+\frac{60}{40+60}\times2=1.68$$

再根据资本资产定价模型计算其综合报酬率为：

$$R_{AB}=R_F+\beta_{AB}(R_M-R_F)=8\%+1.68\times(12\%-8\%)=14.72\%$$

若综合报酬率高于投资者要求的必要报酬率，则这种组合是一种可行的投资组合。

7.2 财务信用分析

“信用”一词源于西方，是指经济意义上的一种借贷行为。这种经济行为的特点是以收回为条件的付出，或以归还为义务的取得。在中国的传统概念中，信用通常与“借贷”“债务”联系在一起。显然，信用涉及借贷双方，信用分析被视为一种“情报”服务工作，其中的一方可以利用信用分析来获取另一方的有关信息，从而作出相关决策。信用分析是财务分析的重要内容，本节主要阐述信用分析的基本原理和主要方法，包括商业信用及其分析、债券信用的评级与分析，以及信用分析模型及其应用等内容。

7.2.1 商业信用及其分析

商业信用是指商品交易中的延期付款或延期交货所形成的借贷关系，是企业之间的一种直接的信用关系。商业信用有赊购商品和预收货款两种形式。商业信用广泛地存在于企业之间，与商品买卖同时进行，非常方便。正因为如此，对商业信用进行分析、选择合适的信用政策便显得十分重要。

1. 商业信用分析依据

一般来说，商业信用分析的依据主要有：

（1）客户内部的信息。企业的信用部门可以通过对客户进行实地访问或电话、信函联络来获取相关的内部信息。

（2）与客户以往的交易经验。企业在频繁的商业交往中能够加深对客户信用情况的了解，从而获取有用的信息。

（3）商业资信证明和银行资信证明。

（4）客户的财务报告。

（5）与同业信用部门的信息交换。

（6）大众传媒。在市场经济高度发达的情况下，传媒在商业经济生活中扮演着越来越重要的角色。不少商业传媒关于企业财务状况等方面的报道，往往成为信用信息的重要来源。

（7）专业信用评估机构的信用报告。

（8）如果对国家的信用进行评估，可以订阅信用评估机构的国际信用报告。此外，还有一些专门的出版物，如英国巴克莱银行的《ABECOR 报告》《经济学家情报机构报告》《国际风险与收支评论》等。

2. 商业信用的分析

商业信用通常集中体现于商业信用政策，因而商业信用分析主要是分析商业信用政策。商业信用政策也称应收账款政策，包括信用标准、信用条件和收账政策。其具体内容及相应的变更分析如下。

（1）信用标准及其变更分析。信用标准是指顾客获得企业的商业信用所应具备的条件，通常用坏账损失率作为判断标准。在对信用标准进行选择时，如果标准过严，只对那些信誉好、坏账损失率低的顾客提供商业信用，企业可据以减少坏账损失，同时减少应收账款所产生的机会成本，但不利于企业扩大销售，甚至可能引起销售减少；反之，如果信用标准过宽，则会给企业带来较多的坏账损失和应收账款的机会成本，但可以增加企业销售。信用标准的选择就是要比较不同的成本收益状况，进而作出决策。

[例 7-7]

假设某企业现在的经营状况和信用政策如表 7-7 所示，以此为基础来考察信用标准变动的影响。

表 7-7　　某企业经营状况和信用政策表

项目		资料
信用标准	B_0	只对预计坏账损失率低于 12%的客户提供商业信用
销售收入（全部为赊销）	S_0	1 500 000 元
销售利润率	SP	20%
利润	P_0	300 000 元
平均坏账损失率	AB_0	8%
信用条件	C_0	30 天付清，无现金折扣
平均收现期	AC_0	55 天
应收账款机会成本	R_0	12%

现在假设该企业计划改变信用标准，有方案甲和方案乙可供选择。方案甲采用了较严格的信用标准，方案乙则采用了较宽松的信用标准。两种方案下有关资料如表 7-8 所示。

表 7-8　　两种信用标准下的方案比较表

项目	方案甲		方案乙	
信用标准	B_1	只对预计坏账损失率低于 8%的客户提供商业信用	B_2	只对预计坏账损失率低于 16%的客户提供商业信用
销售收入（全部为赊销）	S_1	销售收入减少 150 000 元	S_2	销售收入增加 300 000 元
销售利润率	SP	20%	SP	20%
平均坏账损失率	AB_1	减少的销售收入平均坏账损失率为 12.5%，其余 1 350 000 元的平均坏账损失率由 8%下降到 7.5%	AB_2	增加的销售收入平均坏账损失率为 15%，原来 1 500 000 元的平均坏账损失率仍为 8%
平均收现期	AC_1	减少的销售收入平均收现期为 100 天，其余 1 350 000 元的平均收现期下降为 50 天	AC_2	增加的销售收入平均收现期为 120 天，原来 1 500 000 元的平均收现期仍为 55 天
应收账款机会成本	R_1	12%	R_2	12%

可以运用差量法分析两种信用标准下给企业带来的收益和成本。这种分析主要包括以下几个方面：

1）销售的变化对企业利润的影响；

2）应收账款坏账成本的变化；

3）应收账款机会成本的变化；

4）管理成本的变化（此处从略）。

汇总上述各种影响进行比较，并作出决策。具体分析如表7-9所示。

表7-9　两种信用标准带来的收益和成本变化情况及其比较

项目	方案甲	方案乙
信用标准变化对销售利润的影响	$P_1=S_1\times SP$ $=(-150\,000)\times 20\%$ $=-30\,000$(元)	$P_2=S_2\times SP$ $=300\,000\times 20\%$ $=60\,000$(元)
信用标准变化对坏账成本的影响	$K_1=S_1\times AB_1+(S_0+S_1)\times\Delta AB_1$ $=(-150\,000)\times 12.5\%$ $+(1\,500\,000-150\,000)\times(7.5\%-8\%)$ $=-25\,500$(元)	$K_2=S_2\times AB_2$ $=300\,000\times 15\%$ $=45\,000$(元)
信用标准变化对应收账款机会成本的影响	$O_1=\left[\frac{AC_1}{360}\times S_1+\frac{\Delta AC_1}{360}\times(S_0+S_1)\right]\times R_0$ $=\left[\frac{100}{360}\times(-150\,000)+\frac{50-55}{360}\times(1\,500\,000-150\,000)\right]$ $\times 12\%$ $=-7\,250$(元)	$O_2=\frac{AC_2}{360}\times S_2\times R_0$ $=\frac{120}{360}\times 300\,000\times 12\%$ $=12\,000$(元)
信用标准变化的净影响	$NP_1=P_1-K_1-O_1$ $=-30\,000-(-25\,500)-(-7\,250)$ $=2\,750$(元)	$NP_2=P_2-K_2-O_2$ $=60\,000-45\,000$ $-12\,000$ $=3\,000$(元)

通过上表可以看出，降低信用标准即采用方案乙，能够为企业增加利润3 000元。因此，企业应考虑采纳方案乙。

（2）信用条件及其变更分析。信用条件是企业要求顾客支付赊销款项的条件，包括信用期间、折扣期间和现金折扣。信用期间是指企业为顾客规定的最长付款时间，折扣期间是指为顾客规定的可以享受现金折扣的时间，现金折扣则是企业对顾客在商品价格上所作的扣减。在账单上，信用条件可以表示为“1/10，n/30”，其含义是，如果顾客在10天内付款，可以享受1%的现金折扣，货款必须在30天以内付清。此时，30天表示信用期间，10天是折扣期间，现金折扣为1%。显然，提供比较优惠的信用条件一方面会增加销售，另一方面又可能增加应收账款的机会成本、坏账成本和现金折扣成本；反之，则情况相反。因此，是否对现有的信用条件进行变更取决于对变更后带来的成本和收益及其比较的结果。在考察信用条件变更的影响时，除了要考虑对销售利润、坏账成本、机会成本的影响，还需要考虑对折扣成本的影响。

下面仍以例 7-7 中的资料为依据，对信用条件的变更影响进行分析。

[例 7-8]

假设例 7-7 中的企业准备变更信用条件，有丙和丁两种可选择的方案。具体资料如表 7-10 所示。

表 7-10　两种信用条件下的方案比较表

项目	方案丙		方案丁	
信用条件	C_3	“1/10，n/30”	C_4	50 天内付清，无现金折扣
销售收入（全部为赊销）	S_3	销售收入增加 400 000 元	S_4	销售收入增加 200 000 元
销售利润率	SP	20%	SP	20%
平均坏账损失率	AB_3	全部销售收入的平均坏账损失率为 6%	AB_4	全部销售收入的平均坏账损失率为 9%
平均收现期	AC_3	平均收款期为 30 天	AC_4	平均收款期为 75 天
应收账款机会成本	R_3	12%	R_4	12%
折扣比例	D_3	需要支付现金折扣的销售收入占总销售收入的比例为 50%	D_4	需要支付现金折扣的销售收入占总销售收入的比例为 0

依据上表中的资料，对这两种方案的信用条件变更后的影响进行分析（如表 7-11 所示）。

表 7-11　变更信用条件具体分析表

项目	方案丙	方案丁
信用条件变化对销售利润的影响	$P_3=S_3\times SP$ $=400\,000\times 20\%$ $=80\,000$(元)	$P_4=S_4\times SP$ $=200\,000\times 20\%$ $=40\,000$(元)
信用条件变化对坏账成本的影响	$K_3=S_3\times AB_3+S_0\times \Delta AB_3$ $=400\,000\times 6\%+1\,500\,000\times(6\%-8\%)$ $=-6\,000$(元)	$K_4=S_4\times AB_4+S_0\times \Delta AB_4$ $=200\,000\times 9\%+1\,500\,000\times(9\%-8\%)$ $=33\,000$(元)
信用条件变化对应收账款机会成本的影响	$O_3=\left(\frac{AC_3}{360}\times S_3+\frac{\Delta AC_3}{360}\times S_0\right)\times R_0$ $=\left(\frac{30}{360}\times 400\,000+\frac{30-55}{360}\times 1\,500\,000\right)\times 12\%$ $=-8\,500$(元)	$O_4=\left(\frac{AC_4}{360}\times S_4+\frac{\Delta AC_4}{360}\times S_0\right)\times R_0$ $=\left(\frac{75}{360}\times 200\,000+\frac{75-55}{360}\times 1\,500\,000\right)\times 12\%$ $=15\,000$(元)
信用条件变化对折扣成本的影响	$TD_3=(S_0+S_3)\times D_3\times 1\%$ $=(1\,500\,000+400\,000)\times 50\%\times 1\%$ $=9\,500$(元)	$TD_4=0$

续前表

项目	方案丙	方案丁
信用条件变化的净影响	$NP_3=P_3-K_3-O_3-TD_3$ $=80\,000-(-6\,000)-(-8\,500)-9\,500$ $=85\,000$(元)	$NP_4=P_4-K_4-O_4-TD_4$ $=40\,000-33\,000-15\,000-0$ $=-8\,000$(元)

由表7-11可知，方案丙比方案丁能给企业带来更多的收益，因此企业应采用方案丙。

（3）收账政策或策略分析。收账政策是指规定的信用条件被违反后企业所采取的收账策略。收账可以为企业追回账款，但同时也会发生收账费用。通常情况下，企业会制定积极的收账政策，收账的花费越大，收账措施越有力，收回账款的可能性也越大，坏账损失就越小；反之，若采取消极的收账政策，收账的花费较小，但收回账款的可能性也越小，坏账损失就越大。因此，收账费用与坏账损失之间存在负相关关系。当然，这种负相关关系在收账费用达到一定程度之后会发生变化，表现为收账费用达到某一程度后，坏账损失的减少就不再明显。因此，企业应制定适宜的收账政策也就是在收账费用与坏账损失之间进行合理的权衡。

收账费用与坏账损失的关系如图7-6所示。

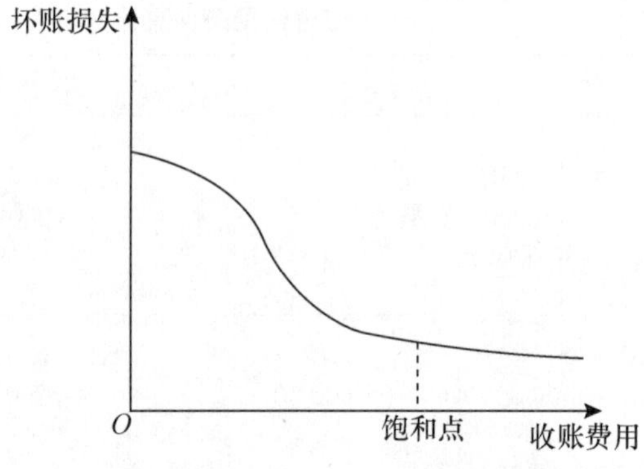

图7-6 收账费用与坏账损失关系图

7.2.2 债券信用的评级与分析

1. 债券评级的概念和作用

债券评级是指对债券如约偿还本息的可靠性程度进行的审查和测定。它为债券持有人或希望持有债券者提供有关该债券偿还可靠性的情报。债券评级测定的是偿还的可靠性程度，即不会因不履行债务而使债券本息无法如约支付的程度。

债券评级的主要作用是通过提供个别债券的风险情报，保证资本市场的顺利发展。资本市场是资金借贷双方进行交易的场所（如发债市场），也是已发债券在投资者之间买卖的场所（流通市场）。如果有关发债者的情报不能准确地传达给投资者，有效资本市场将难以形成。债券评级就是将有关发债者的风险情报传达给投资者，尽可能减少信息的不对称，起到保证发债市场和流通市场健康发展的作用。此外，债券评级还具有节约情报费用的作用。对一般投资者来说，债券评级非常困难，因而通常由专门的债券评级机构进行。当存在各种风险级别不同的债券时，专门的债券评级机构作为一般投资者的代理人，可以大大降低整体的情报成本。

国际上流行的债券评级一般分为 3 等 9 级。各个评级机构对等级符号及定义的表达不尽相同，但对各等级的规定却大致相同。下面以美国著名的评级机构——标准普尔公司和穆迪投资者服务公司（简称穆迪公司）为例，对此加以说明（如表 7－12 所示）。

表 7－12　　债券等级划分表

种类	标准普尔公司	穆迪公司	含义
高级	AAA	Aaa	最高级债券，还本付息能力最强，投资风险最低
	AA	Aa	高级债券，具有很强的还本付息能力，但保证程度略低于上一等级
	A	A	中高级债券，具有较强的还本付息能力，但可能受到环境和经济条件的不利影响
中级	BBB	Baa	有足够的还本付息能力，但经济条件或环境的不利变化可能会导致偿付能力的削弱
	BB	Ba	表示债券本息的支付能力有限，具有一定的投资风险
	B	B	投机性债券，风险较高，缺乏投资性
违约	CCC	Caa	完全投机性债券，风险很高
	CC	Ca	投机性债券，风险最高
	C	C	最低级债券，不能支付本息，企业可能破产

下面参照美国债券评级的做法，阐明债券信用评级的一般程序和分析内容。

2．债券信用评级的一般程序

债券评级是按照一定的程序进行的，一般包括以下几个步骤：

（1）申请和受理。债券评级过程从债券发行人或其代理人向评级机构提出评级委托时开始，评级机构受理后与委托方签订委托协议书。进行评级委托时，发行人要制作评级审查所需的资料。制作资料通常需要一个月的时间，对于有过评级经验的，这一过程有时只需 1～2 周，而有些初次评级者可能需要 2～3 个月。所需提供的资料一般包括：

1）有关企业的资料。包括企业的历史沿革、组织机构设置、经营及财务状况、有关的法律文件等。

2）有关债券发行的资料。包括债券发行的数额、期限、还本付息方法、筹集资金投向、经济效益的可行性研究报告等。

3）评级机构需要的其他资料。

需要指出的是，所提供的资料大多是不公开的，评级机构应予以保密。

（2）组织评估。发行人制作资料时，评级机构确定进行该项评级的负责小组。负责小组在发行人提供资料之前，利用评级机构已经积累的资料，事先进行有关情报的集中分析。发行人提供资料后，负责小组用1～2周的时间对其进行研究，将需要向发行人提出质询的事项列表，然后深入发行企业，与企业主要负责人和财务主管见面，就这些问题及其他有关问题提出质询，并对企业的现状进行实地考察。考察结束后，经过分析研究，评级负责人写出准备提交评级委员会审议的评级方案。

（3）级别审定与公布。评级负责人将制定的评级方案提交通常由5～7人组成的评级委员会讨论，评级委员会通过投票决定债券级别。评级委员会决定债券的级别后，即与债券发行人联络。企业对该评级如有异议，可以申请复评，并提供补充材料。经评级委员会同意后可组织重新评审，并将复评结果通知发行人。复评结果一般不能或很难推翻。债券级别可以在报纸上发表，也可以用一览表及文章等形式向个别投资者转达。

（4）级别的复审。债券一旦获得评级，评级机构将对之进行定期或不定期的复审。对长期债券每年进行一次复审，对商业票据每季度进行一次复审。不定期的复审通常根据计算机警告系统或产业、金融界的市场情报来确定，或者当特定行业发生重大变化时随时进行。另外，评级机构通常每年访问一次发行人，与经营者或代理人会面，以及时把握其经营状况。当需要复审时，评级机构采取与发债时评级审查相同的程序及手续，要求发行人提供复审所需的材料，与经营者会面，将级别变更方案提交评级委员会讨论，级别变更决定最终由评级委员会投票作出。当发行人不接受复审要求时，评级机构自行收集资料进行评级，如果资料不充分，则以NR（no rating）记号加以公布。

3. 债券信用分析的主要内容

评级负责人在制定评级方案时，需要进行的分析主要有产业分析、财务分析和信托证书分析等。

（1）产业分析。产业分析主要是判断发行企业所处的产业的发展态势是上升还是衰退，其对经济环境变动的反应是敏感还是稳定，并分析判定该产业的级别。在对产业进行评价后，需对企业在该产业内部的竞争力进行评价。分析企业的设备状况、生产效率、技术研发能力、产品市场份额及其未来可能的变化等。此外，还要评价企业的决策机构和经营管理体制是否健全。

（2）财务分析。财务分析是以发行人的财务数据为基础进行的判断和评价。分析的内容主要包括偿债能力、营运能力、盈利能力及发展能力等。

1）偿债能力分析。包括短期偿债能力分析和长期偿债能力分析。通常，用于短期偿债能力分析和评价的指标主要有流动比率、速动比率、现金比率等，用于长期偿债能力分析和评价的指标主要有股东权益比率、资产负债率、已获利息倍数等。

2）营运能力分析。通常，用于营运能力或经营能力分析和评价的指标主要有应收账款周转率、存货周转率、营运资本周转率、固定资产周转率、总资产周转率等。

3）盈利能力分析。通常，用于盈利能力分析和评价的指标主要有销售（或营业收入）利润率、资本金（或权益）利润率、成本费用利润率等。一般来说，其中的销售利润率应达到 30％以上，资本金利润率应高于银行同期存款利率，成本费用利润率应不低于 50％。

4）发展能力分析。通常，用于发展能力分析和评价的指标主要有销售增长率、利润增长率和自有资金利润率等。

（3）信托证书分析。信托证书是详细规定发行人与公司债权人权利和义务关系的文件。在以保护投资者为目的的债券评级中，它是主要的分析项目之一。它主要包括以下几个方面。

1）财务限制条款。财务限制条款是为防止债券发行企业的财务状况恶化而附加的条款，通常作为保护公司债权人的特别条款记载于信托证书中。财务限制条款的初始目的在于防止财务状况恶化，但是如果限制过严，则会降低企业经营的灵活性，对债券评级不利。

在信托证书中规定的财务限制条款，其主要内容如图 7－7 所示。

- 财务限制条款
  - 对财务状况恶化的限制条款
    - 对债务的限制
    - 对分红等的限制
    - 对周转资金的限制
    - 对投资的限制
  - 对增加担保等负担的限制条款
    - 对提供担保的限制
    - 对售出回租的限制
    - 对子公司财产优先权的限制
  - 对资产处置的限制条款
    - 对处置公司主营业务单位的限制
    - 对处置子公司股票及债务的限制
    - 其他

图 7－7　信托证书中规定的财务限制条款

资料来源：［日］黑泽义孝著，梁建华等译．债券评级．北京：中国金融出版社，1992，214.

在对债券进行评级时，需对这些限制条款进行仔细分析，以判断其对企业偿债能力的影响。比如，债券发行人为一家企业的子公司，而该企业的财务状况较差。此时，如果对子公司向母公司的分红等交易未以信托契约的形式加以规定，那么这将成为债券评级时重要的负面因素，因为子公司的资金有可能过多地流向母公司。

2）债券的优先次序。当企业不能履行债务时，企业偿债权的优先次序就会因信托证书中规定的条款而不同，因而债券评级时有必要注意债券有无担保，包括保证、抵押等。同一企业发行的有担保债券在偿债顺序上优于无担保债券，因此，即使是同一企业发行的债券，也要按照偿还顺序的不同分别赋予不同的债券评级。

3）银行借款证书等的条款。银行在与企业签订贷款协议时，通常会附加一定的限制条款，包括一般性限制条款、例行性限制条款和特殊性限制条款。这些条款一方面能够防止企业的财务状况恶化，另一方面可能会损害企业财务的灵活性，从而成为评级中的不利因素。因此，在对债券进行评级时，需对这些因素进行研究。

7.2.3 信用分析模型及其应用

在市场经济条件下，客户是企业最重要的商业伙伴之一。准确评价客户的财务状况尤其是其偿债能力，对于企业制定适宜的信用政策甚至企业的发展都具有重要意义。信用分析模型就是力图合理、系统地组织与解释与客户有关信息的模型。它有利于避免主观判断的随意性，使信用管理和决策更加客观规范，从而提高信用分析的科学性。当然，这并不意味着它能代替人的决策。

信用分析模型可以分为预测模型和管理模型两大类。预测模型用于衡量客户破产的可能性，Z 计分模型和巴萨利模型便是两个典型的预测模型，它们都以预测客户破产的可能性为目标。管理模型偏重于均衡地解释客户信息，从而衡量客户实力，它不具有预测性，营运资产分析模型和特征分析模型即属此类。下面对这些模型逐一加以阐述。

1. Z 计分模型

Z 计分模型最早是由爱德华·奥尔特曼（Edward Altman）于1968年在其发表的《财务比率、判别分析和企业破产预测》一文中提出的，主要通过一些关键的财务比率来预测公司破产的可能性。后来，经理查德·托夫勒（Richard Taffler）、霍华德·蒂斯哈（Howard Tisshaw）进一步修改，得到最终的 Z 计分模型如下：

$$\frac{\text{税前利润}}{\text{平均流动负债}}\times\text{权数} \tag{1}$$

$$\frac{\text{流动资产}}{\text{负债总额}}\times\text{权数} \tag{2}$$

$$\frac{\text{流动负债}}{\text{总资产}}\times\text{权数} \tag{3}$$

现款交易间隔期×权数　(4)

Z 计分值是（1）～（4）这四个比率的总和。在这四个比率中，第一个比率是衡量企业业绩的指标，反映流动负债的收益回报率；第二个比率是衡量企业经营管理和债务比率的综合指标，反映利用负债资本所能迅速产生的价值；第三个比率与第二个比率相似，反映总资产偿还优先债务的程度；第四个比率是一个综合比率，用来衡量企业在无收入状态下可维持业务的时间长短。如果 Z 计分值为负，则表明企业经营不景气。历史经验证明，如果模型中的权数配置适当，则该模型用来预测企业破产率的准确性可达 97.6%。值得指出的是，还有一个很重要的经验规则（rule of thumb）或规律，即企业破产一般发生在该企业第一次 Z 值出现负值后的三年内。

当然，Z 计分模型也有其明显的缺陷，即权数难以确定，尤其是对小公司而言，欲准确获取有关比率往往非常困难。因此，Z 计分模型主要适用于较大规模的企业或大型集团公司，但在其信用报告中并不常见。

2. 巴萨利模型

巴萨利模型是由亚历山大·巴萨利（Alexander Bathory）提出的，具体表示如下：

$$\frac{\text{税后利润}+\text{折旧}+\text{递延所得税}}{\text{流动负债(短期借款、应交税费、租赁费用)}} \tag{5}$$

$$\frac{\text{税前利润}}{\text{营运资本}} \tag{6}$$

$$\frac{\text{股东权益}}{\text{流动负债}} \tag{7}$$

$$\frac{\text{有形资产净值}}{\text{负债总额}} \tag{8}$$

$$\frac{\text{营运资本}}{\text{总资产}} \tag{9}$$

（5）～（9）这五个比率的总和就是巴萨利模型的最终指数。在这五个比率中，第一个比率是衡量企业业绩的指标，它是企业当期收益与短期优先债务的比值；第二个比率是衡量营运资本回报率的指标，也反映企业的业绩；第三个和第四个比率都是有关资本结构的比率指标；第五个比率是衡量流动性的指标。如果最终获得的指数较低，则说明企业前景不妙。

巴萨利模型比 Z 计分模型有着更广泛的实际应用。据相关调查，其准确率可达 95%。与 Z 计分模型相比，巴萨利模型的显著优点是计算简便，在预测企业破产可能性的同时，还可用来衡量企业的实力大小。运用该模型最终获得的指数越高，说明公司的实力越强；反之，则表明公司的实力越弱。

3. 营运资产分析模型

营运资产分析模型早在 1981 年就开始用于实践，直至 1984 年才被正式提出。该模型的具体计算包括两个部分，即营运资产计算和资产负债表比率计算。

（1）营运资产计算。营运资产分析模型有关营运资产计算的方法如下：

$$营运资产=\frac{营运资本+净资产}{2}$$

营运资产（working worth）仅与公司的营运资本和账面价值有关，而与销售（营业）收入无关。它可作为衡量公司规模大小的尺度，也可作为制定信用限额的标准，更可用来分析和评价企业的信用风险，其缺陷在于用单一指标衡量公司实力可能会出现偏差或失误。

（2）资产负债表比率计算。营运资产分析模型中有关资产负债表比率的计算，涉及以下四个比率：

$$\frac{流动资产}{流动负债} \tag{10}$$

$$\frac{流动资产-存货}{流动负债} \tag{11}$$

$$\frac{流动负债}{净资产} \tag{12}$$

$$\frac{负债总额}{净资产} \tag{13}$$

$$模型评估值=(10)+(11)-(12)-(13)$$

在该模型中，前两个比率衡量的是一般流动性，后两个比率衡量的是一般资本结构。一般来说，流动性比率越高越好，资本结构比率越低越好。通常，营运资产分析模型可以较好地反映客户的实力状况。

[例7-9]

某公司有A，B，C，D四家客户，现运用营运资产分析模型分析其信用，有关资料及分析如表7-13所示。

表7-13　　客户A，B，C，D信用分析表

比率	客户A	客户B	客户C	客户D
流动比率	2	1.4	1.2	0.9
速动比率	1.1	1	0.8	0.5
流动负债净资产比率	0.6	2.2	0.9	2.5
产权比率	1.3	3.5	2.4	3.7
评估值	1.2	−3.3	−1.3	−4.8
营运资本（元）	500 000	600 000	200 000	−100 000
净资产（元）	900 000	800 000	300 000	600 000
营运资产（元）	700 000	700 000	250 000	250 000

通过该表可以发现，在流动性方面，从客户 A 到客户 D 越来越差，客户 A 的总评估值最高。虽然客户 B 的流动性不错，但是其另外两项资本结构比率太高，最终导致客户 B 的总评估值较低。这也体现出营运资产分析模型的一个优点，即注重流动性比率与资本结构比率的均衡，避免单方面考察流动性可能导致过于乐观的评价。

(3) 信用限额的确定。营运资产分析模型可用来确定适当的信用限额。营运资产分析模型下的评估值与风险类别、信任程度和信用限额之间的对应关系如表 7 - 14 所示。

表 7 - 14　　营运资产百分比等级表

评估值	风险类别	信任程度	信用限额占营运资产的百分比
≤−4.6	高	低	0
−4.59～−3.9	高	低	2.50%
−3.89～−3.2	高	低	5.00%
−3.19～−2.5	高	低	7.50%
−2.49～−1.8	高	低	10.00%
−1.79～−1.1	有限	中	12.50%
−1.09～−0.4	有限	中	15.00%
−0.39～0.29	有限	中	17.50%
0.3～0.9	有限	中	20.00%
≥1	低	高	25.00%

根据计算的评估值，按照表 7 - 14 中的对应关系，可计算出相应的信用限额。表 7 - 14 中反映的这种关系也可以通过决策线图来表示（见图 7 - 8）。

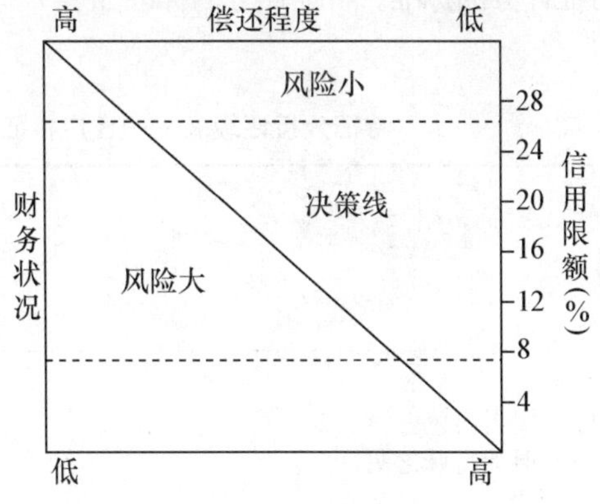

图 7 - 8　决策线图

沿用例 7 - 9 中的数据，对 A，B，C，D 四家客户确定的信用限额如表 7 - 15 所示。

表 7-15　　相应的信用限额的确定

	客户 A	客户 B	客户 C	客户 D
评估值	1.2	−3.3	−1.3	−4.8
营运资产（元）	700 000	700 000	250 000	250 000
占营运资产百分比	25%	5%	12.5%	0
信用限额（元）	175 000	35 000	31 250	0

营运资产百分比等级标准并不是一成不变的，它可以根据当前的信用和销售政策加以调整。

营运资产分析模型虽计算简便、适应性强，但其确定的信用限额仅是适当的，而非绝对的，因为实际交易额有可能突破所设定的限额，这也体现了该模型作为管理模型的一个重要特点。

4. 特征分析模型

特征分析模型亦属一种管理模型，其分析的内容比营运资产分析模型更多。它综合了财务因素和非财务因素，以便对客户信用状况进行全面的分析和评价。

（1）特征分析模型的内容。特征分析模型共有三大特征，包括 18 个项目。

1）客户特征。主要包括：外表印象，产品概要，产品需求，市场竞争（竞争实力），最终顾客，管理能力。

2）优先特征。主要包括：交易用途，可获利润（利润额），产品质量（竞争状况），市场吸引力，信用条件和担保，替代能力（客户的可替代性）。

3）信用特征。主要包括：交易履历（企业与客户的交易经验），客户资信证明，资本和利润增长率（盈利率），资产负债表状况，资本结构比率（对银行/母公司的依赖程度），资本总额。

（2）特征评分的标准。特征评分的标准如表 7-16A、表 7-16B 及表 7-16C 所示。

表 7-16A　　特征分析评级表——客户特征部分

客户特征： 日期： 名称： 地址：
1. 外表印象： H. 非常内行，相当出色。 M. 企业老练，但无特殊之处。 L. 各方面都很糟糕。 2. 产品概要： H. 产品优秀，质量高，有特色，富有创新精神。 M. 产量质量属中等，总体上一般但耐用。 L. 质量很差，属于以次充好的廉价商品。

3. 产品需求： H. 需求超过供给，有巨大潜力。 M. 需求稳定，前景较好。 L. 需求小于供给，生产能力过剩，或市场尚未建立起来。 4. 市场竞争（竞争实力）： H. 竞争很小或根本没有竞争对手，在竞争中占主导地位。 M. 一般性竞争环境。 L. 竞争对手强大，公司发展困难重重。 5. 最终顾客： H. 最终顾客大多是头等公司，实力雄厚。 M. 最终顾客良莠不齐。 L. 最终顾客属于低层次的公司。 6. 管理能力： H. 有长期的实践经验，管理均衡，德高望重。 M. 管理能力较强。 L. 专制，无实践经验，或管理不均衡。

表 7-16B　　特征分析评级表——优先特征部分

优先特征： 日期： 名称： 地址：
7. 交易用途： H. 战略目的。 M. 一般性目的，用以维持生产线运转。 L. 非常目的，特殊需要。 8. 可获利润（利润额）： H. 超过平均水平很高，利润可观。 M. 可以接受。 L. 利润较低，亏本。 9. 产品质量（竞争状况）： H. 几乎无竞争，产品质量高。 M. 竞争激烈，但仍掌握主动，产品质量较高。 L. 竞争极其激烈，任何订单都很珍贵，产品质量一般。 10. 市场吸引力： H. 战略目标；需求超过供给。 M. 一般环境。 L. 供大于求，销售艰难。 11. 信用条件和担保： H. 担保品价格高；保证人可靠；预付。 M. 标准条件，无特别担保。 L. 延期偿付。 12. 替代能力（客户的可替代性）： H. 有价值的大客户，潜力很大。 M. 一般客户；该笔交易本身有吸引力。 L. 客户无足轻重，很容易替换。

表 7-16C　　特征分析评级表——信用特征部分

信用特征：
日期：
名称：　　账户管理人：
地址：　　账号：　　交易往来时间：

信用条件：　　信用限额：　　信用等级：

13. 交易履历：
H. 按时付款。
M. 尚可接受。
L. 经常违约。
14. 客户资信证明：
H. 整体看很优秀。
M. 有些地方不太好。
L. 无法令人满意。
15. 资本和利润增长率（盈利率）：
H. 利润和资产增长势头良好。
M. 平均的增长率。
L. 状况越来越差，下降迅速。
16. 资产负债表状况：
H. ＞1。
M. −2.5～1。
L. ＜−2.5。
17. 资本结构比率（对银行/母公司的依赖程度）：
H. 负债率在良好范围内。
M. 一般的负债率。
L. 依赖性很强。
18. 资本总额：
H. 资本总额大，并有很高的回报率。
M. 资本总额属一般水平，资本回报率较为一般。
L. 资本总额很小，且回报率很差。

特征分析的三个标准如下：

H——高分（8～10）；

M——中等分（4～7）；

L——低分（1～3）。

如果找不到任何资料，则该项特征赋予 0 分。

该特征评分系统有以下特点：

1）没有中位值。在 1～10 的评分系统中，5 刚好低于平均指标，而 6 又高于平均指标，之间不存在中位值。

2）区间长度大。在 1～10 的评分区间里，专家可以据此精确地打分，从而克服了“好—中—差”评分法过于简单的缺点。此外，使用 1～10 评分系统时，如有必要可转化成“10—6—1”三个标准，从而容易转换成“好—中—差”评分系统。

3）便于审查验证。每个评分都有相应的标准，且均被准确地记录，从而便于事后的审查验证。

（3）特征评分的应用。特征分析显示表 7－17 给出了一个有关特征评分的例子。在表 7－17 中，除了用数字打分外，亦用星号（*）来表示评分情况，以便于读者观察与了解。

表 7－17　　　　特征分析显示表

名称：ABC 公司																			
行业：货车配件经销																			
信用评分																			
	客户特征						优先特征						信用特征						总计
	1	2	3	4	5	6	1	2	3	4	5	6	1	2	3	4	5	6	
10																			
9																			
8																			
7			***	***					***										
6											***	***	***				***	***	
5		***				***	***	***							***	***			
4														***					
3					***					***									
2	***																		
1																			
0																			
评分值																			
	2	5	7	7	3	5	5	5	7	3	6	6	6	4	5	5	6	6	
权数																			
	2	4	7	4	5	7	6	4	3	4	9	5	7	4	7	7	9	6	
最大可能值（权数×10）																			
	20	40	70	40	50	70	60	40	30	40	90	50	70	40	70	70	90	60	1 000
最终值（评分值×权数）																			
	4	20	49	28	15	35	30	20	21	12	54	30	42	16	35	35	54	36	536
百分比（最终值/最大可能值）																			
	52%						54%						55%						54%

通过特征分析显示表可以发现，在“总计”一栏，最终评分结果是 54%，表示某项交易的赞成意见和反对意见的总和，它是由最终值与最大可能值相比得到的。

不同的评估值分别代表不同的含义，具体如表 7－18 所示。

表 7－18　　　　不同评估值的含义

评估值（%）	含义
0～20	交易价值很小甚至没有，已搜集的信用特征很差；尚有一些信息缺失，有可能存在严重的风险。
21～45	吸引力较差，伴随着高风险，也可能是最近才形成的客户。由于信息搜集不足而使评估受到了影响。在此级别内尽量不要与之交易，即使交易也不要突破信用限额，对交易要严加监督。

续前表

评估值（%）	含义
46～65	属于有价值的客户。没有大的弱点，也不存在非常明显的破产征兆，与之长期交易的前景较好。可以在适当的范围内超过信用限额进行交易。
66以上	形象良好，属于吸引力很大的客户。与之长期交易的前景非常好。应当优先与之交易，信用额度不应受到限制。

特征评分的应用主要在于以下几个方面：

1）信用限额方面。评估值的高低有助于判断究竟在多大程度上可依赖原有的信用限额。企业应该根据评估结果对原有的信用额度进行调整。具体调整标准如表7-19所示。

表7-19　根据评估值对信用额度进行调整　金额单位：元

评估值（%）	调整方法	举例（%）	适当额度	调整后额度
0～20	0	15	50 000	50 000
21～45	适当额度×(评估值+1)	30	50 000	65 000
46～65	适当额度×(评估值+1.5)	50	50 000	100 000
66以上	适当额度×(评估值+2)	80	50 000	140 000

相关的计算如下：

当评估值为30%时，调整后的信用额度为：

$$50\,000\times(30\%+1)=50\,000\times1.3=65\,000(\text{元})$$

同样，当评估值为80%时，调整后的信用额度为：

$$50\,000\times(80\%+2)=50\,000\times2.8=140\,000(\text{元})$$

需要说明的是，表中相应的适当额度是根据营运资产分析模型确定的。

用这一方法对信用额度进行调整，能够充分考虑影响信用额度的所有变量，并且可以根据需要进行适当调整，具有较强的灵活性；不仅如此，以评估值为标准不断进行调整的信用额度，能够及时适应环境等各因素的变化。

2）客户评级与监督方面。企业的评级系统是由信用部门设立的，主要用于监督客户风险。评级标准会因公司的性质、规模等因素而异。这种评级系统可以与特征分析模型中的评估值相对应，如表7-20所示。

表7-20　以特征分析为基础的等级划分

评估值（%）	等级
0～20	D
21～45	C
46～65	B
66以上	A

3）信用授权方面。特征评估值的另一个重要功能就是明确某级交易应由何级管理人员负责。信用授权问题是一个相当重要的问题，它对于大银行、大公司而言尤为重要。在现实经济生活中，小额交易出现违约的情况时有发生，因而对有些小额交易应由相应层级来管理，并根据特征评估值对信用限额进行调整。

4）评估值的细分类与验证方面。前已述及，最终评估值包括三个部分，即客户特征、优先特征和信用特征。从举例中可以看到，客户特征与信用特征联系非常紧密，在评分上也相差无几。因此，在财务信息充分时，若两者相差较大，则说明其中的某方面很可能存在错误。这也体现了前已述及的便于验证的特点。

（4）特征评分在信用决策中的均衡原则。在特征分析模型的三个特征中，优先特征往往是最重要的，经验越丰富的决策者越看重优先特征。优先特征通常有以下几种可能性：

1）该笔交易有一个特别好的利润率；

2）通过与该客户的交易，企业可以进入某一目标战略市场；

3）企业需要该笔交易来维持生产线的正常运转并以此供养员工；

4）企业希望借助该笔交易售出存货；

5）在该笔交易中，企业可以得到额外的信用保证，风险极小；

6）该客户非常重要，而且很难找到其他替代的客户；

7）企业面临的竞争非常激烈，获得该笔订单非常不易；

8）企业进行该笔交易的目的在于打入新市场，进行的是亏本买卖；

9）在该笔交易中，客户所订购的产品是有特殊标准的，不仅会产生额外的生产费用，并且不能对其他的经销商销售。

当客户特征与信用特征出现相反的结果时，可以用优先特征作为信用决策的依据。这时，优先特征事实上在客户特征与信用特征之间起到了均衡的作用。

（5）企业政策与权数设置。信用管理必须以企业政策为指导。在决定是否接受该笔交易的决策过程中，销售部门往往以盈利作为标准，信用部门则更加侧重于风险及其控制。对于企业政策的理解，不同的部门也会有所不同，通常销售部门倾向于灵活运用企业政策，而信用部门在运用企业政策时要更谨慎一些。为了防止不同部门之间产生摩擦，有必要对特征分析模型设置权数，以反映企业总体政策。通常，权数由企业高级管理层确定，或者由销售、信用、营销等部门协商决定，以达到协调、均衡各部门利益的目的。

1）权数设置的规则。

A. 客户特征中权数的设置。

a. 外表印象。对这一特征很难作出客观判断，一般应设置较低权数。

b. 产品概要。包括产品的特点、市场需求状况等，对企业的发展也具有重大影响，应设置较高权数。

c. 产品需求。企业产品的市场需求状况对企业的发展有着重要意义，应设置较高权数。

d. 竞争实力。一个企业的竞争实力对其生存和发展也具有重要意义，一般设置较高权数。

e. 最终顾客。最终顾客状况对判断一个企业的实力和信用非常重要。不过，由于对这一特征进行判断并没有客观、准确的标准，因而应设置较低权数。

f. 管理能力。客户管理团队的能力、经验和管理方式往往是影响企业成败的关键因素，应设置较高权数。

总体来说，对客户特征的判断有着很强的主观色彩，因而这一类特征中权数设置一般都较低。

B. 优先特征中权数的设置。

a. 交易用途。如果企业是依靠该产品打开销路，则该优先特征应设置较高权数。

b. 可获利润。企业的各项交易中，盈利率差别越大，此项权数应设置得越高。

c. 产品质量。产品质量越低，竞争程度越激烈，越容易受到竞争冲击，此项权数应设置得越高。

d. 市场吸引力。如果企业的目标是向某一市场渗透，那么市场吸引力就成为交易决策的关键因素，此项权数应设置得较高。不过，如果企业政策中并没有这种设想，则此项权数应设置得较低。

e. 信用条件和担保。如果企业可以获取确定的担保或者预先得到付款，则交易的风险将很小。因此，付款担保对交易决策具有关键性的影响，此项权数应设置得较高。

f. 替代能力。当寻找替代客户比较困难时，此项权数应设置得较高。

C. 信用特征中权数的设置。

a. 交易履历。拖延付款甚至违约往往预示着破产，用它来表示交易风险既简单又客观，因此此项权数应设置得较高。

b. 客户资信证明。通常，由第三方提供的资信证明对信用决策具有参考作用，但不一定完全可靠，因而还应考虑收集的财务信息是否齐全。若财务信息齐全，此项权数可设置得较低；否则，此项权数应设置得较高。

c. 资本和利润增长率。对于特定的企业而言，良好的发展前景可以弥补当前资产负债表上反映出的一些指标的不足。因此，这一特征具有相当的重要性。不过，该项权数的设置也应参照整体市场的变化趋势。通常，当市场处于萧条阶段时，权数应设置得较低；而当市场处于繁荣阶段时，权数应设置得较高。

d. 资产负债表状况。虽然此项特征对判断客户偿债能力具有重要作用，但资产负债表状况是否重要主要取决于个人的主观偏好。因此，该特征应该设置较平均的权数，不宜过高或过低。

e. 资本结构比率。资本结构比率可以显示客户资本配置是否合理，进而在一定程度上预示交易风险的大小，因此应设置较高的权数。

f. 资本总额。这一特征对企业的长远发展有着重要的意义，应当设置较高的权数。

2）权数的类型。权数可大致分为四类，即财务权数、销售权数、均衡权数和新客户权数。前两者会因企业政策的偏好不同而存在很大差异，而且两者的设置也会使人明白企业是更关注信用还是更关注销售；均衡权数则侧重信用部门与销售部门之间的均衡关系；新客户权数是针对新成立或者刚刚与之发生交易的客户设置的。此时，即使关于这类客户的资料不全，权数的设置也应独立自成体系。有关权数的设置如表 7 - 21 所示。

表 7 - 21　　权数类型表

特征	权数			
	财务	销售	均衡	新客户
客户特征：				
外表印象	2	4	3	3
产品概要	4	6	5	5
产品需求	7	5	6	6
竞争实力	4	8	7	7
最终顾客	5	8	5	7
管理能力	7	10	8	8
小计	29	41	34	36
优先特征：				
交易用途	6	6	6	6
可获利润	4	5	5	5
产品质量	3	5	5	5
市场吸引力	4	4	4	4
信用条件和担保	9	7	8	8
可替代性	5	5	6	6
小计	31	32	34	34
信用特征：				
交易履历	8	8	7	7
资信证明	8	5	4	4
增长率	7	7	6	2
资产负债表状况	7	5	5	2
资本结构比率	9	6	7	2
资本总额	6	4	6	2
小计	45	35	35	19

对上述三种不同权数加以运用，分别得到不同的结果，如表7-22A至表7-22E所示。

表7-22A　　特征分析模型中财务权数的应用

名称：ABC公司																			
行业：货车配件经销																			
信用评分																			
	客户特征						优先特征						信用特征						总计
	1	2	3	4	5	6	1	2	3	4	5	6	1	2	3	4	5	6	
10																			
9																			
8																			
7			***	***					***										
6											***	***	***				***	***	
5		***				***	***	***								***			
4														***					
3					***					***									
2	***																		
1															***				
0																			
评分值																			
	2	5	7	7	3	5	5	5	7	3	6	6	6	4	1	5	6	6	
权数																			
	2	4	7	4	5	7	6	4	3	4	9	5	8	8	7	7	9	6	
最大可能值																			
	20	40	70	40	50	70	60	40	30	40	90	50	80	80	70	70	90	60	1 050
最终值																			
	4	20	49	28	15	35	30	20	21	12	54	30	48	32	7	35	54	36	530
百分比																			
	52%						54%						47%						50%

表7-22B　　特征分析模型中销售权数的应用

名称：ABC公司																			
行业：货车配件经销																			
信用评分																			
	客户特征						优先特征						信用特征						总计
	1	2	3	4	5	6	1	2	3	4	5	6	1	2	3	4	5	6	
10																			
9																			
8																			
7				***					***										
6											***	***	***				***	***	
5		***	***			***	***	***								***			
4														***					

3					***					***									
2	***																		
1															***				
0																			
评分值																			
	2	5	5	7	3	5	5	5	7	3	6	6	6	4	1	5	6	6	
权数																			
	4	6	5	8	8	10	6	5	5	4	7	5	8	5	7	5	6	4	
最大可能值																			
	40	60	50	80	80	100	60	50	50	40	70	50	80	50	70	50	60	40	1 080
最终值																			
	8	30	25	56	24	50	30	25	35	12	42	30	48	20	7	25	36	24	527
百分比																			
	47%						54%						46%						49%

表 7-22C　　特征分析模型中均衡权数的应用

名称：ABC 公司																			
行业：货车配件经销																			
信用评分																			
	客户特征						优先特征						信用特征						总计
	1	2	3	4	5	6	1	2	3	4	5	6	1	2	3	4	5	6	
10																			
9																			
8																			
7			***	***					***										
6											***	***	***				***	***	
5		***				***	***	***								***			
4														***					
3					***					***									
2	***																		
1															***				
0																			
评分值																			
	2	5	7	7	3	5	5	5	7	3	6	6	6	4	1	5	6	6	
权数																			
	3	5	6	7	5	8	6	5	5	4	8	6	7	4	6	5	7	6	
最大可能值																			
	30	50	60	70	50	80	60	50	50	40	80	60	70	40	60	50	70	60	1 030
最终值																			
	6	25	42	49	15	40	30	25	35	12	48	36	42	16	6	25	42	36	530
百分比																			
	52%						55%						48%						51%

表7-22D　　特征分析模型中均衡/新客户权数（A）的应用

名称：ABC公司																			
行业：货车配件经销																			
信用评分																			
	客户特征						优先特征						信用特征						总计
	1	2	3	4	5	6	1	2	3	4	5	6	1	2	3	4	5	6	
10																			
9																			
8																			
7			***	***					***										
6											***	***	***						
5		***				***	***	***											
4														***					
3					***					***									
2	***																		
1																			
0															***	***	***	***	
评分值																			
	2	5	7	7	3	5	5	5	7	3	6	6	6	4	0	0	0	0	
权数																			
	3	5	6	7	5	8	6	5	5	4	8	6	7	4	6	5	7	6	
最大可能值																			
	30	50	60	70	50	80	60	50	50	40	80	60	70	40	60	50	70	60	1 030
最终值																			
	6	25	42	49	15	40	30	25	35	12	48	36	42	16	0	0	0	0	421
百分比																			
	52%						55%						17%						41%

表7-22E　　特征分析模型中新客户权数（B）的应用

名称：ABC公司																			
行业：货车配件经销																			
信用评分																			
	客户特征						优先特征						信用特征						总计
	1	2	3	4	5	6	1	2	3	4	5	6	1	2	3	4	5	6	
10																			
9																			
8																			
7			***	***					***										
6											***	***	***						
5		***				***	***	***											
4														***					
3					***					***									
2	***																		
1																			
0															***	***	***	***	

评分值																			
	2	5	7	7	3	5	5	5	7	3	6	6	6	4	0	0	0	0	
权数																			
	3	5	6	7	7	8	6	5	5	4	8	6	7	4	2	2	2	2	
最大可能值																			
	30	50	60	70	70	80	60	50	50	40	80	60	70	40	20	20	20	20	890
最终值																			
	6	25	42	49	21	40	30	25	35	12	48	36	42	16	0	0	0	0	427
百分比																			
51%							55%						31%						48%

将表 7－22A 至表 7－22E 的各个结果综合起来，可得到不同权数加权后的最终评估值（如表 7－23 所示）。

表 7－23　　不同权数加权后的最终评估值（%）

权数类型	客户特征	优先特征	信用特征	最终评估值
财务权数	52	54	47	50
销售权数	47	54	46	49
均衡权数	52	55	48	51
新客户权数（A）	52	55	17	41
新客户权数（B）	51	55	31	48

说明：表中新客户权数（A）表示以均衡权数计算，但假设没有任何财务信息；新客户权数（B）表示以新客户权数进行计算。

从表 7－23 中可以看到，将企业政策偏好以权数的方式引入特征分析模型，并不意味着突出某一部门权力的同时牺牲了另一部门的利益，其表现为根据不同权数计算出来的结果相差不大。表 7－23 中，财务权数、销售权数及均衡权数这三种权数的最终评估值分别为 50，49，51，并无太大差别。

表 7－23 中的 ABC 公司某年的有关数据如下：

营运资产	324 577
根据营运资产分析模型得到的评分	－1.18
由表 7－15 得到的信用限额占营运资产百分比	12.5％
则适当的信用额度	40 572(即 324 577×12.5％)

根据表 7－23 中不同权数评分结果对信用额度进行调整，结果如表 7－24 所示。

表 7－24　　根据各种权数对信用额度进行调整　　金额单位：元

企业政策偏好	评分结果（%）	适当额度	调整方式	调整后的信用额度
财务权数	50	40 572	适当额度×(评估值＋1.5)	81 144
销售权数	49	40 572	适当额度×(评估值＋1.5)	80 738
均衡权数	51	40 572	适当额度×(评估值＋1.5)	81 549

从表中的数据可以发现，调整后的信用额度比适当额度高，并且均衡权数

比财务权数和销售权数高。这主要是因为该客户的收账记录差，影响了利润和资产的评估，而同时有声望的管理部门和有利的市场条件又弥补了这些缺陷，因此从财务权数和销售权数两方面来衡量的结果相差无几。若从均衡权数来考察，ABC公司是一个值得信赖的、可与之交易的客户，因此用均衡权数调整后的信用额度比财务权数和销售权数调整所得的结果要高。

需要注意的是，上述调整并未涉及新客户权数。这主要是因为新客户权数比较特殊，讨论它在模型中的应用之前，有必要先了解新客户交易的特点。新客户的财务信息一般较少或没有，信用决策者往往只能在缺乏财务信息的情况下进行判断和评价。在这种情况下，客户特征将更受重视，而财务特征的重要性会下降。事实上，适当的信用额度不是通过单纯的计算得出的。在面临众多新老客户而又无法掌握全部信息时，信用决策者往往将所有信息压缩成关键的几条信息，据以对客户的实力进行判断和评价。

（6）特征分析模型的评价。特征分析模型将客户的信息分成客户特征、优先特征和信用特征三类，并将均衡原则应用于评估之中，以权数的方式对每个特征的重要性设置相应的数量标准。经验表明，该模型应用效果最好的环境是对以下客户（交易）的信用决策：1）在业务份额中所占比重较大的客户；2）信用部门和销售部门的意见存在分歧的交易；3）风险较高的交易；4）财务信息不完全的客户；5）销售谈判或信用谈判难度很大，需要收集全面信息的交易。

特征分析模型中权数高的信息是非常重要的，这也要求在利用特征分析模型进行分析时要全面收集信息，尤其是权数高的信息。否则，会影响最终评估结果的科学性。

本章小结

本章在介绍了有关风险及其衡量的基本知识后，主要阐述了财务风险分析和财务信用分析的内容及方法。

企业财务风险分析，主要包括经营风险分析、筹资风险分析及投资风险分析。经营风险也叫营业风险，泛指企业由于经营上的原因而导致的收益变动的不确定性，其典型的分析方法是通过经营杠杆进行分析。筹资风险主要是指由于企业的筹资行为，使得企业负担不同的资本成本，并有可能因此丧失偿债能力而破产，最终给企业收益变动带来的不确定性。通过对各种筹资方式自身所包含的风险、各种资产组合的风险情况、不同资本结构的风险状况的分析，阐述了筹资风险分析的内容与方法。投资风险是指企业在特定时期的投资活动中，因各种不确定性因素的变动而导致投资者蒙受损失或收益变动的可能性。

投资风险分析包括项目投资风险分析和证券投资风险分析。

企业财务信用分析，主要包括商业信用分析、债券信用评级与分析，以及信用分析模型及其应用等，着重阐述了信用分析的基本原理和主要方法。通过对商业信用的分析，可选择更适合企业需求的信用政策；通过对客户信用状况的合理评价，可提高信用分析的有效性，从而使信用管理与决策更加客观、规范、科学。

术语与公式

一、名词术语

风险	期望值	离散程度	标准离差率
经营杠杆	正常风险筹资组合	高风险筹资组合	低风险筹资组合
财务杠杆	加权平均资本成本	肯定当量法	风险调整贴现率法
β 系数法	系统风险	非系统风险	年度差价率法
预测模型	资本资产定价模型	商业信用	债券评级
管理模型	Z 计分模型	巴萨利模型	营运资产分析模型

二、主要公式

$$E=\sum_{i=1}^{N}(P_i\times X_i)$$

$$\sigma^2=\sum_{i=1}^{N}(X_i-E)^2\times P_i$$

$$\sigma=\sqrt{\sum_{i=1}^{N}(X_i-E)^2\times P_i}$$

$$q=\frac{\sigma}{E}$$

$$DOL=\frac{\frac{\Delta EBIT}{EBIT}}{\frac{\Delta Q}{Q}}$$

$$DOL_q=\frac{Q(P-V)}{Q(P-V)-F}$$

$$DOL_s=\frac{S-VC}{S-VC-F}$$

$$DOL=\frac{M}{M-F}$$

$$K_W=\sum_{j=1}^{n}K_jW_j$$

$$DFL=\frac{\frac{\Delta EPS}{EPS}}{\frac{\Delta EBIT}{EBIT}}$$

$$DFL=\frac{EBIT}{EBIT-I}$$

$$DFL=\frac{EBIT}{EBIT-I-\frac{PD}{1-t}}$$

$$K=i+b\times Q$$

$$\alpha_t=\frac{\text{肯定的现金流量}}{\text{不肯定的现金流量期望值}}$$

$$NPV=\sum_{t=0}^{n}\frac{\alpha_t\times CFAT_t}{(1+i)^t}$$

$$\alpha_t=\frac{(1+i)^t}{(1+K)^t}$$

$$\text{差价率}=\frac{\text{最高价}-\text{最低价}}{\frac{(\text{最高价}+\text{最低价})}{2}}\times 100\%$$

$$\sigma^2=\sum_{i=1}^{n}[R_i-E(R)]^2\times P_i$$

$$\sigma=\sqrt{\sum_{i=1}^{n}[R_i-E(R)]^2\times P_i}$$

$$\sigma^2=W_1^2\sigma_1^2+W_2^2\sigma_2^2+2W_1W_2\sigma_{12}$$

$$\sigma_{12}=E[R^1-E(R^1)][R^2-E(R^2)]$$

$$\begin{aligned}\sigma^2&=W_1^2\sigma_1^2+W_2^2\sigma_2^2+\cdots+W_n^2\sigma_n^2+2W_1W_2\sigma_{12}+2W_2W_3\sigma_{23}+\cdots\\&\quad+2W_{(n-1)}W_n\sigma_{(n-1)n}\\&=\sum_{i=1}^{n}W_i^2\sigma_i^2+\sum_{i=1}^{n}\sum_{j=1}^{n}W_iW_j\sigma_{ij}\,(i\neq j)\end{aligned}$$

$$Y=\alpha+\beta X+\varepsilon$$

$$R_i=R_F+\beta(R_M-R_F)$$

思考与练习

一、思考题

1. 企业财务风险分析主要包括哪些内容？如何进行财务风险分析？
2. 企业经营风险的影响因素有哪些？如何进行企业经营风险分析？
3. 什么是经营杠杆和财务杠杆？它们分别用于企业哪些方面的分析？
4. 风险调整贴现率法和肯定当量法有何不同？各有哪些具体的特点？

5. 债券评级的一般程序是什么？债券信用分析主要包括哪些内容？

6. 企业信用分析模型主要有哪些？如何合理地运用这些分析模型？

二、计算题

1. 某公司本年销售收入为 100 万元，净利润 12 万元，变动营业成本 30 万元，固定营业成本 24 万元，所得税税率 25%。

要求：

(1) 计算经营杠杆系数，分析该公司的经营风险。

(2) 计算财务杠杆系数，分析该公司的财务风险。

2. 某企业的主营业务是生产并销售商品，目前正处于生产经营活动的旺季。该企业的资产总额为 8 000 万元，其中固定资产为 4 000 万元，长期性流动资产占流动资产的 40%；企业负债总额为 5 000 万元。

要求：

(1) 分析该企业有哪些筹资组合，各种筹资组合策略分别有何特点。

(2) 分析企业不同筹资组合下的长期负债和短期负债应控制的范围。

3. 甲公司的年销售收入为 500 万元，变动成本率为 70%，目前其信用条件为“1/10，n/30”。在当前的信用条件下，有 40%的顾客享受折扣，40%的顾客在信用期内付款，还有 20%的顾客在信用期过后 10 天付款。甲公司应收账款的机会成本率为 10%，每年的收账费用为 6 万元，但仍有 3%的销货款无法收回。

公司准备采用新的信用政策，将信用条件改为“2/10，n/40”，同时放宽账款的追收，将收账费用降为 3 万元，应收账款的机会成本率保持不变。实行新的信用政策后，公司年销售收入预计会增加到 600 万元，将有 50%的顾客取得折扣，40%的顾客在信用期内付款，仍有 10%的顾客在信用期过后 10 天付款。新的信用政策下，公司将有 7%的销货款无法收回。

要求：分析该公司是否应采用新的信用政策，并说明原因。

4. 某投资者持有现金 20 950 元进行股票投资，欲实现 16%的投资收益率。现有新能源汽车产业领域里的 A、B 两只股可供考虑。其中，A 公司主要提供驱动电机及控制系统等核心部件，已推出多款混合动力及纯电动汽车，计划以新能源汽车进军国际市场，属产业后起之秀，发展潜力巨大，其股票每股市价 20 元，预计一年后上涨 1 元，每股年度发放股利 1 元。B 公司由传统汽车产业逐步跨入新能源汽车产业，业已形成较为完整的技术体系、产品体系及管理体系，并在原有基础上实施多元化战略为公司发展提供了新的动力，其股票每股市价 40 元，预计一年后上涨 6 元，每股年度发放股利 4 元。

要求：

(1) 假设投资期为 1 年，计算这两只股票的预期收益率。

(2) 如果同时投资这两只股票，为了达到 16%的投资收益率，两只股票的投资占比各为多少？

(3) 按照现行市价及两只股票的投资占比，根据现有资金计算可以购买两只股票的份额各为多少（假设每笔交易量为100份，不考虑交易费用）？

(4) 在无风险利率7%、B公司股票收益率20%、标准差16%的情况下，投资者将其所拥有的全部现金连同新借入的10 000元投资于B公司股票，计算该投资组合的预期收益率和标准差各为多少？

三、案例题

1. 案例1

凌宇公司创立于2002年，为了扩大规模和发展业务，公司不断改进产品设计，每年在产品市场上推出2～3种新型产品，关闭了相同数量的过时或不受欢迎产品的生产线，使公司避免了生产线的过度扩张和低效率。目前，市场部门致力于组建地区连锁店及平价商店。该产品所在行业在2015年比较萧条，但公司的销售收入和利润仍比2014年分别增长了8.7%和27.6%。

2016年8月，为了扩大生产规模，公司预计耗资800万元建造一家占地18.3万平方米的工厂；此外，还需要50万元整修和装备现有的厂房和设备；需要价值300万元的流动资金以弥补因生产规模扩大而出现的资金短缺，这三项合计共需资金1 150万元。其中，350万元可以通过公司内部留存收益及提高流动资金利用效率解决，其余800万元资金需从外部筹措。2013—2016年该公司的资产负债表如表7-25所示。

表7-25　　凌宇公司资产负债表　　单位：万元

项目	2013年12月31日	2014年12月31日	2015年12月31日	2016年12月31日
资产：				
货币资金	26	23	24	63
应收账款	209	237	273	310
存货	203	227	255	268
其他流动资产	8	10	11	14
流动资产合计	446	497	563	655
固定资产原值	379	394	409	424
减：累计折旧	135	155	178	189
固定资产净值	244	239	231	235
固定资产合计	244	239	231	235
资产总计	690	736	794	890
负债及股东权益：				
应付账款	62	90	102	105
1年内到期的非流动负债	10	10	10	10
应付股利	—	—	—	5
应交税费	36	25	26	50

续前表

项目	2013年 12月31日	2014年 12月31日	2015年 12月31日	2016年 12月31日
流动负债合计	108	125	138	170
非流动负债（5.5%）	105	95	85	80
股东权益（600 000股）	477	516	571	640
负债及股东权益总计	690	736	794	890

说明：根据现行资产负债表的编制要求，资产负债表列报的内容及格式有所变化，作者已做了微调。

凌宇公司现有长期借款80万元，其中10万元将在1年内到期，年利率为5.5%，每年分两期偿还本金10万元。借款合约规定公司至少要保持225万元的流动资金。

该公司曾以每股5元公开发行普通股170 000股。目前，该公司发行在外的普通股共计600 000股，其中高级职员和董事会成员持有20%左右。其股利分配政策保持不变，年股利率为每股0.4元。

对于尚需筹措的800万元，公司拟定了两种方案：

(1) 发行普通股。公司管理部门最初倾向于以发行股票的方式筹资800万元。该公司在证券市场上普通股每股高达33元，扣除发行费用，每股净价为31元。除非在股票发行日之前证券市场情况发生重大变化，公开发行普通股258 065股将为公司筹措800万元。这种方案须在董事会讨论决定后90天（即2016会计年度结束后）方可实施。

(2) 向银行举借年利率为7%，期限为10年的贷款。具体内容为：

1) 从贷款取得后第30个月开始，每半年偿还本金40万元；

2) 第10年末偿还贷款本金的25%（即200万元）；

3) 借款的第一年，公司的流动资金必须保持在借款总额的50%，以后每年递增10%，直至达到未偿还贷款的80%；

4) 股东权益总额至少为600万元；

5) 借款利息必须在每季末支付。

（说明：本案例题的部分资料源自www.mba.bitmba.com。作者已做了微调。）

要求：

(1) 计算和分析两种不同筹资方案下的资本成本。

(2) 分析不同筹资方案对公司财务状况的影响，并说明你认为应采取哪种筹资方案。

2. 案例2

Triple亚洲纸业制造公司近年来经营业绩下滑，原有的印刷用纸市场竞争日趋激烈，公司产品革新已严重滞后于市场消费偏好。为了调整公司产业结构，Triple公司拟投资1 000万元，开发一种新产品，公司投资管理部门为董事会提供了以下两种投资方案备选。

方案一：投资开发绿色防潮包装纸。

随着社会环保意识的加强，工业用包装纸也逐步开始向绿色再生的环保方向发展，开发绿色防潮包装纸不仅可以迎合市场趋势，更符合当前各项环保政策的要求，市场前景看好。相关预测资料如表 7-26 所示。

表 7-26　绿色防潮包装纸的收益预测及概率分布

产品销售状况	预计年收益率	概率
较好	15%	60%
一般	10%	20%
较差	−5%	20%

方案二：投资开发瓦楞纸及纸板。

主要用于农产品及电子产品包装的瓦楞纸近年来在欧洲得到迅速发展，而亚洲的瓦楞纸及纸板制造刚刚兴起，此时跟随行业龙头加入到该产品的投资开发中预计将在行业发展初期创造较高收益。相关资料如表 7-27 所示。

表 7-27　瓦楞纸及纸板的收益预测及概率分布

产品销售状况	预计年收益率	概率
较好	20%	50%
一般	8%	30%
较差	−2%	20%

资料来源：刘淑莲等.《公司理财》习题与案例分析. 北京：中国人民大学出版社，2013. 作者已做了微调。

要求：

(1) 计算两种不同投资方案的收益和风险，并对其进行分析与评价。

(2) 假设当期的无风险报酬率为 6%，方案一的风险溢价是 5%，方案二的风险溢价是 8%，你认为应该采用哪个方案？

第8章

财务综合分析

学习目标

本章主要阐述静态财务综合分析、动态财务综合分析和EVA绩效评价体系等有关内容。通过本章的学习应掌握：

- 沃尔评分法的基本原理及应用
- 杜邦分析法的基本原理及应用
- 财务比率趋势分析的基本原理及应用
- 周期性财务趋势分析的基本原理及应用
- EVA指标的计算及EVA绩效评价体系

8.1 静态财务综合分析

任何一类财务指标的应用都不能全面评价企业的财务状况和经营成果，只有将各类财务指标系统综合地加以运用，才能对企业的财务状况和经营成果作出全面、合理、正确的分析与评价。因此，必须对企业进行综合的财务分析。财务综合分析是指将通过相互联系、相互补充的分析方法与程序得出的结果进行融合、平衡并得出概括性的结论，据以判断和分析企业总体的财务状况及其发展趋势的方法，包括静态财务综合分析与动态财务综合分析。本节重点阐述静态财务综合分析，其分析方法主要有沃尔评分法和杜邦分析法。

8.1.1 沃尔评分法

沃尔评分法的先驱者之一是亚历山大·沃尔。他在20世纪初出版的《信用晴雨表研究》和《财务报表比率分析》中提出了信用能力指数的概念，将若干财务比率用线性关系结合起来，以此来评价企业的信用水平。他选择7种财务比率，分别给定其在总评价中的评分，总和为100分，然后确定标准比率，并与实际比率相比较，评出每项指标的得分，最后得出总评分。

1. 沃尔评分法的一般步骤

运用沃尔评分法进行企业财务状况综合分析，一般包括以下几个步骤：

（1）慎重选定评价企业财务状况的财务比率。在财务综合分析中，通常选择能够说明问题的重要指标。在选择具体指标时，需注意以下几点：一是财务指标要具有全面性，即反映企业的偿债能力、盈利能力、营运能力及发展能力的几大类财务比率都应有所涉及；二是财务指标要具有代表性，即要选择能够说明问题的重要的财务比率；三是一般情况下，财务指标要具有变化方向的一致性，即当财务比率增大时，表示财务状况改善，当财务比率减小时，表示财务状况恶化。一般认为，企业财务评价的内容主要是盈利能力，其次是偿债能力，再次为营运能力与发展能力。有关盈利能力的主要指标包括总资产报酬率、销售净利率和净资产收益率；有关偿债能力的主要指标包括自有资本比率和流动比率等；有关营运能力的主要指标包括应收账款周转率和存货周转率等；有关发展能力的主要指标包括销售增长率、净利润增长率和资产增长率等。

（2）恰当确定各项财务指标的重要性系数。根据各项财务指标的重要程度，确定其重要性系数（标准评分值），各项财务比率的标准评分值之和应等于100。确定各项财务比率评分值是财务比率综合评分法的一个关键环节，它直接影响对企业财务状况的评分。现代经济社会与沃尔所处的时代相比已经有了很大变化，人们对各项财务比率的重视程度自然会有所不同。在不考虑营运能力或将营运能力并入偿债能力进行财务分析的情况下，一般认为构成财务评价主要内容的盈利能力、偿债能力和发展能力大致可按5∶3∶2的比例来分配。在总资产报酬率、销售净利率和净资产收益率三者之间，虽然净资产收益率最重要，但前两个指标已分别使用了净资产和净利润，为减少重复计算带来的影响，三个指标可按2∶2∶1的比例来分配。此外，还应根据企业经营活动的性质、生产经营的规模、市场形象和分析者的目的等因素来确定各项财务指标的评分值。

（3）合理确定各项财务比率评分值的上限和下限（即最高评分值和最低评分值）。这主要是为了避免个别财务比率的异常值给总评分造成不合理的影响。

（4）科学确定各项财务比率的标准值。财务比率指标的标准值是指在本企业现时条件下财务比率的最理想数值（即最优值）。

（5）正确计算企业在一定时期各项财务比率的实际值。

（6）准确计算各项财务指标实际值与标准值的比率（即关系比率或相对比率）。此计算需分以下三种情况，采用相应的计算方法。

1）实际值大于标准值为理想的情况，其计算公式为：

$$关系比率=\frac{实际值}{标准值} \tag{8-1}$$

例如，销售净利率的标准值为 20%，企业的实际值为 25%，则关系比率为：

$$\frac{25\%}{20\%}=1.25$$

2）实际值大于标准值为不理想的情况，其计算公式为：

$$关系比率=\frac{标准值-(实际值-标准值)}{标准值} \tag{8-2}$$

例如，若存货周转率按周转天数算，标准天数为 60 天，企业的实际值为 90 天，则其关系比率可计算如下：

$$\frac{60-(90-60)}{60}=0.5$$

3）实际值偏离标准值均为不理想的情况，其计算公式为：

$$关系比率=\frac{标准值-|实际值-标准值|}{标准值} \tag{8-3}$$

例如，自有资本比率的标准值为 60%，企业的实际值为 50%，则关系比率为：

$$\frac{60\%-|50\%-60\%|}{60\%}=0.83$$

（7）客观计算各项财务比率的实际得分。各项财务比率的实际得分是关系比率和标准评分值的乘积，每项财务比率的得分都不得超过其上限或下限，各项财务比率实际得分的合计数就是企业财务状况的综合得分。企业财务状况的综合得分反映了企业综合财务状况是否良好。如果综合得分等于或接近 100 分，说明企业的财务状况良好，达到了预先确定的标准；如果综合得分远低于 100 分，说明企业财务状况很差，应当采取适当的措施加以改善；如果综合得分远超 100 分，说明企业财务状况很理想。

2. 沃尔评分法的应用举例

[例 8-1]

某企业反映盈利能力的三个指标（即总资产报酬率、销售净利率和净资产收益率）分别为 11%、15%、8%，相应的行业标准比率分别为 12%、17%、6%；反映偿债能力的四个指标（即自有资本比率、流动比率、应收账款周转率和存货周转率）分别为 20%、150%、500%、500%，其行业标准比率分别为 40%、180%、400%、600%；反映发展能力的三个指标（即销售增长率、净利润增长率和资产增长率）分别为 24%、16%、20%，其行业标准比率分别为20%、15%、20%。据此可编制该企业的沃尔综合评分表（如表8-1所示）。

表8-1　　沃尔综合评分表

指标	评分值	标准值（%）	实际值（%）	关系比率	综合得分
一、盈利能力：					
总资产报酬率	20	12	11	0.92	18.4
销售净利率	15	17	15	0.88	13.2
净资产收益率	10	6	8	1.33	13.3
二、偿债能力：					
自有资本比率	10	40	20	0.50	5.00
流动比率	8	180	150	0.83	6.67
应收账款周转率	8	400	500	1.25	10
存货周转率	8	600	500	0.83	6.67
三、发展能力：					
销售增长率	7	20	24	1.20	8.4
净利润增长率	7	15	16	1.07	7.47
资产增长率	7	20	20	1.00	7
合计	100				96.11

3. 沃尔评分法的改进思路

沃尔评分法在理论上有一定的缺陷，即未证明为什么要选择这些指标，而不是选择更多或者更少的指标，或者选择别的财务比率；也未证明每个指标所占比重的合理性。这个问题至今仍没有从理论上得到合理的解释。

沃尔评分法在实际应用中也存在一个尚未解决的技术问题，即当一个指标出现严重异常时，该指标会对总评分产生不合逻辑的重大影响，这是由相对比率与比重相乘引起的。财务比率提高一倍，其评分增加100%；而该财务比率缩小一半，其评分只减少50%。鉴于此，可对沃尔评分法作如下改进。

将财务比率的标准值由企业最优值调整为本行业平均值，在给每个指标评分时，规定上限和下限，以减少个别指标异常对总分造成不合理的影响。可将上限定为正常评分值的1.5倍，下限定为正常评分值的1/2。此外，给分时不再采用“乘”的关系，而采用“加”或“减”的关系来处理，以克服沃尔评分法的上述缺陷。例如，销售净利率的标准值为17%，评分值为15分；行业最高比率为20%，最高评分为22.5分，则每分财务比率的差为0.4%［即(20%－17%)/(22.5－15)］。即销售净利率每提高0.4个百分点，多给1分，但该项得分最高不得超过22.5分。

[例8-2]

仍以上述资料为例，其评分的标准分配如表8-2所示。

表8-2 综合评分的标准

指标	评分值	标准比率（%）	行业最高比率（%）	最高评分	最低评分	每分比率的差（%）
一、盈利能力：						
总资产报酬率	20	12	17	30	10	0.5
销售净利率	15	17	20	22.5	7.5	0.4
净资产收益率	10	6	17	15	5	2.2
二、偿债能力：						
自有资本比率	10	40	100	15	5	12
流动比率	8	180	200	12	4	5
应收账款周转率	8	400	600	12	4	50
存货周转率	8	600	800	12	4	50
三、发展能力：						
销售增长率	7	20	30	10.5	3.5	2.86
净利润增长率	7	15	20	10.5	3.5	1.43
资产增长率	7	20	25	10.5	3.5	1.43
合计	100			150	50	

按此标准，重新对该企业进行综合评分，结果如表8-3所示。

表8-3 某公司财务情况评分（%）

指标	实际比率（1）	标准比率（2）	差异（3）=（1）-（2）	每分比率的差（%）（4）	调整分（5）=（3）/（4）	标准评分值（6）	得分（7）=（5）+（6）
一、盈利能力：							
总资产报酬率	11	12	-1	0.5	-2	20	18
销售净利率	15	17	-2	0.4	-5	15	10
净资产收益率	8	6	2	2.2	0.91	10	10.91
二、偿债能力：							
自有资本比率	20	40	-20	12	-1.67	10	8.33
流动比率	150	180	-30	5	-6	8	2
应收账款周转率	500	400	100	50	2	8	10
存货周转率	500	600	-100	50	-2	8	6
三、发展能力：							
销售增长率	24	20	4	2.86	1.4	7	8.4
净利润增长率	16	15	1	1.43	0.7	7	7.7
资产增长率	20	20	0	1.43	0	7	7
合计						100	88.34

沃尔评分法在理论上是一种可以用来综合评价企业财务状况的方法，但该方法应用的正确性主要取决于有关指标评定的恰当性、标准值确定的科学性，

以及标准评分值确定的合理性等。如上例中，同一企业因标准值的确定不同而产生两种不同的评分结果。只有经过长期实践并不断修正，沃尔评分法才能取得较好的效果。尽管沃尔评分法尚待理论上的证明和技术上的完善，但它已在实践中得到广泛应用。

8.1.2 杜邦分析法

前已述及的财务比率综合评分法虽然可用以了解企业各方面的财务状况，但不能揭示企业各方面财务状况之间的内在联系。例如，通过财务比率综合评分法，可以比较全面地分析企业的综合财务状况，但无法揭示企业各种财务比率之间的相互关系。实际上，企业的财务状况是一个完整的体系，内部各种因素相互依存、相互作用，任何一个因素的变动都会引起企业整体财务状况的改变。因此，在综合分析企业的财务状况时，财务分析人员必须深入了解企业内部的各项因素及其相互之间的关系，才能比较全面地了解企业的财务状况。对此，作为综合分析企业财务状况的另一种方法，杜邦分析法能够有所作为。

杜邦分析法是由美国杜邦公司的总经理提出并最先加以运用的，也称杜邦财务分析系统，简称杜邦系统（DuPont System）。

1. 杜邦分析法的一般步骤

企业的各项财务活动之间、各项财务指标之间是相互联系、互相影响的。因此，财务分析人员必须把企业财务活动看作一个有机的系统，并对系统内相互依存、相互作用的各种因素进行综合分析。杜邦财务分析法就是利用各个主要财务比率指标之间的内在联系来综合分析企业财务状况的一种方法。

杜邦分析法是采用杜邦分析图，将有关分析指标按内在联系加以排列的。它主要体现了以下一些关系：

$$\begin{aligned}\text{权益报酬率} &= \frac{\text{净利润}}{\text{所有者权益}} \\ &= \frac{\text{净利润}}{\text{资产总额}} \times \frac{\text{资产总额}}{\text{所有者权益}} \\ &= \text{总资产报酬率} \times \text{权益乘数} \end{aligned} \tag{8-4}$$

$$\begin{aligned}\text{总资产报酬率} &= \frac{\text{净利润}}{\text{销售收入}} \times \frac{\text{销售收入}}{\text{资产总额}} \\ &= \text{销售利润率} \times \text{总资产周转率} \end{aligned} \tag{8-5}$$

$$\begin{aligned}\text{权益乘数} &= \frac{\text{资产总额}}{\text{所有者权益}} \\ &= \frac{1}{1-\text{资产负债率}} \end{aligned} \tag{8-6}$$

由式（8-4）至式（8-5）可得

权益报酬率＝销售利润率×总资产周转率×权益乘数　　(8－7)

即决定权益报酬率的因素有三：销售利润率、总资产周转率和权益乘数。据此可对导致权益报酬率这一综合性指标升降变化的原因加以分解和细化。

销售利润率和总资产周转率可以进一步分解：

一是销售利润率的分解：

净利润＝销售收入－成本总额

成本总额＝销售成本＋期间费用＋税金＋其他支出

二是总资产周转率的分解：

总资产＝流动资产＋非流动资产

通过以上指标的层层分解，可以找出企业财务问题的症结所在。

通过对财务指标的分层与细化，透过杜邦分析图（如图8－1所示）可直观地了解企业财务状况和经营成果的全貌。

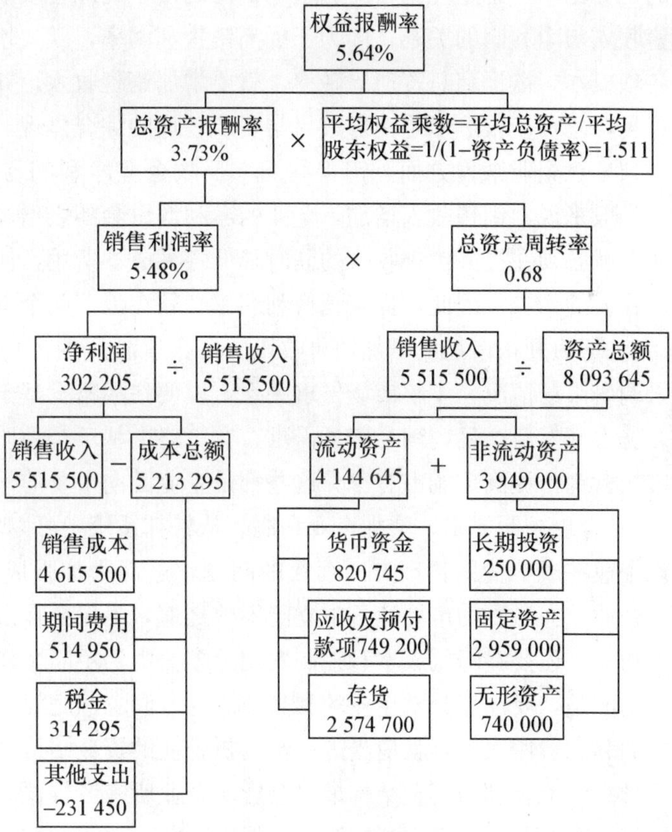

图8－1　杜邦分析图

由杜邦分析图可以了解到下列财务信息：

(1) 权益报酬率是杜邦分析图的核心，是一个综合性很强、极具代表性的财务比率。企业财务管理的重要目标之一就是实现所有者（股东）财富的最大化，权益报酬率既反映了股东投入资金的盈利能力，也反映了企业的投资、筹资和经营等各方面活动的效率和效果，提高权益报酬率是实现所有者（股东）财富最大化的基本保证。这一财务比率的高低不仅取决于总资产报酬率，而且取决于股东权益在总权益中的比重。资产报酬率主要反映企业运用资产进行生产经营活动的效率和效果，权益乘数则主要反映企业的筹资情况（包括财务杠杆的利用程度），即企业的资金来源结构。

（2）总资产报酬率是反映企业盈利能力的一个综合性很强、极其重要的财务比率，可揭示企业生产经营活动的效率和效果。企业的销售收入、成本费用、资产结构、资产周转速度和资金占用量等各种因素，都直接影响着总资产报酬率的高低。通过指标分解可知，总资产报酬率是销售净利率和总资产周转率的乘积，因而可从企业的销售活动与资产管理两个方面进行分析。

（3）总资产周转率是反映企业总资产的周转速度和利用效率的一个非常重要的财务比率，是企业销售净利率与资产利用率的综合表现。销售利润率反映销售收入与净利润的关系，即为了提高销售利润率，就要增加销售收入，并降低各项成本。欲提高总资产周转率，就要增加销售收入，并减少资金占用。由此可见，总资产报酬率是销售成果与资产管理的综合体现。

（4）在企业销售方面，销售利润率反映企业净利润与销售收入之间的关系。一般来说，销售收入增加，企业的净利润也会随之增加。但要提高销售利润率，就必须在提高销售收入的同时降低各种成本费用，使净利润的增长高于销售收入的增长。因此，提高销售利润率必须在以下两个方面下功夫：

1）努力开拓市场，增加销售收入。在竞争激烈的市场经济中，企业必须深入调研市场情况，了解市场供求关系，以便在战略上基于企业长远利益的需要，努力开发新产品，满足市场需求；在策略上基于产品质量的保证，不断加强市场营销，提高市场占有率。这些都是企业面向市场的外在努力。

2）合理控制支出，增加企业利润。从杜邦系统中可以分析企业支出结构，发现企业在成本费用管理方面存在的问题，进而为加强成本费用管理提供依据。企业欲在激烈的市场竞争中立于不败之地，不仅要在市场营销与产品质量上下功夫，还要在降低成本和控制费用上多努力，不断增强其市场竞争力。需要指出的是，要注意分析企业的利息费用与利润总额之间的关系，如果企业所承担的利息费用太多，就应当进一步分析企业的资金结构是否合理、负债比率是否过高，不合理的资金结构最终会影响企业所有者权益。

（5）在企业资产方面，主要应分析以下两个方面：

1）资产结构状况。即分析企业的流动资产与非流动资产的比例是否适当，以及流动资产内在的结构是否合理。资产结构实际上反映了企业资产的流动性，它不仅关系到企业的偿债能力，也会影响企业的盈利能力。就企业流动资产的内在结构而言，如果货币资金的占比过大，就应当分析企业现金持有量是否合理，有无现金闲置现象，因为过量的现金持有会影响企业的盈利能力；如果存货与应收账款的占比过大，就会占用大量的资金，从而影响企业的资金周转。

2）资产周转情况。资产周转速度直接影响企业的盈利能力，如果企业资产周转较慢，就会占用大量的资金，增加资本成本，减少企业的利润。对企业的资产周转情况进行分析时，需要结合企业的销售收入，不仅要分析企业总资产周转率，更要分析企业的存货周转率与应收账款周转率，并将其周转情况与资金占用情况综合起来加以研究。

通过以上两个方面的分析，可以发现企业在资产管理方面存在的问题，以便有针对性地采取措施加强对资产的控制与管理，提高资产的利用效率与效果。

(6) 权益乘数反映所有者权益同企业总资产的关系，它主要受资产与负债之间比例关系的影响。在资产总额既定的前提下，负债总额越大，权益乘数就越大，说明企业有较高的负债率，可能给企业带来较大的杠杆收益，同时也会给企业带来较大的财务风险。

总之，由杜邦系统可以看出，企业的盈利能力涉及生产经营活动的方方面面。权益报酬率与企业的资本结构、销售规模、成本水平、资产管理等因素密切相关，这些因素构成一个完整的系统，系统内部各因素之间相互作用。只有协调好系统内部各因素之间的关系，才能使权益报酬率得到提高，从而实现所有者（股东）财富最大化或企业价值最大化的财务管理目标。

2. 杜邦分析法的应用举例

[例 8-3]

以 ABC 公司为例，该公司资产负债表和利润表分别如表 8-4、表 8-5 所示。

表 8-4　资产负债表

2016 年 12 月 31 日　　单位：元

资产	年初数	年末数	负债及所有者权益	年初数	年末数
流动资产：			流动负债：		
货币资金	1 042 800	820 745	短期借款	300 000	50 000
交易性金融资产	15 000	0	应付票据	200 000	100 000
应收票据	246 000	46 000	应付账款	953 800	953 800
应收账款	397 300	598 200	预收账款	50 000	50 000
预付账款	100 000	100 000	应付职工薪酬	110 000	180 000
其他应收款	5 000	5 000	应交税费	30 000	105 344
存货	2 580 000	2 574 700	应付利息	6 500	32 215.85

续前表

资产	年初数	年末数	负债及所有者权益	年初数	年末数
一年内到期的非流动资产	146 600	0	其他应付款	2 400	106 600
其他流动资产	0	0	一年内到期的非流动负债	1 000 000	0
流动资产合计	4 532 700	4 144 645	其他流动负债	0	0
			流动负债合计	2 652 700	1 577 959.85
非流动资产：			非流动负债：		
长期股权投资	250 000	250 000	长期借款	200 000	1 160 000
固定资产	1 100 000	2 231 000	非流动负债合计	200 000	1 160 000
在建工程	1 500 000	578 000	负债合计	2 852 700	2 737 959.85
固定资产清理	0	150 000	所有者权益：		
无形资产	620 000	740 000	实收资本	5 000 000	5 000 000
其他非流动资产	0	0	资本公积	0	0
非流动资产合计	3 470 000	3 949 000	盈余公积	100 000	135 685.15
			未分配利润	50 000	220 000
			所有者权益合计	5 150 000	5 355 685.15
资产总计	8 002 700	8 093 645	负债及所有者权益总计	8 002 700	8 093 645

表 8-5　　利润表

2016 年度　　单位：元

项目	本期金额	上期金额
一、营业收入	5 515 500	4 606 000
减：营业成本	4 615 500	3 817 270
营业税金及附加	165 450	140 580
销售费用	249 000	234 000
管理费用	164 700	135 300
财务费用	101 250	87 750
资产减值损失	0	0
加：公允价值变动收益	0	0
投资收益	207 600	164 500
二、营业利润	427 200	355 600
加：营业外收入	120 150	124 600
减：营业外支出	144 410	145 200
三、利润总额	402 940	335 000
减：所得税费用	100 735	83 750
四、净利润	302 205	251 250

首先，分析并计算 ABC 公司的权益报酬率。

$$\text{权益报酬率}=\text{总资产报酬率}\times\text{权益乘数}$$
$$=\frac{302\ 205}{8\ 093\ 645}\times\frac{8\ 093\ 645}{5\ 355\ 685.15}$$
$$\approx 3.73\%\times 1.511$$
$$\approx 5.64\%$$

其次，分解并计算ABC公司的总资产报酬率。

$$\text{总资产报酬率}=\text{销售利润率}\times\text{总资产周转率}$$
$$=\frac{302\ 205}{5\ 515\ 500}\times\frac{5\ 515\ 500}{8\ 093\ 645}$$
$$=5.48\%\times 0.68$$
$$=3.73\%$$

最后，对销售利润率和总资产周转率作进一步分解。

(1) 先对销售利润率进行分解。

成本总额＝销售成本＋期间费用＋税金＋其他支出
＝4 615 500＋(249 000＋164 700＋101 250)
＋(165 450＋100 735)＋(144 410－120 150－207 600)
＝4 615 500＋514 950＋266 185－183 340
＝5 213 295(元)

净利润＝销售收入－成本总额
＝5 515 500－5 213 295
＝302 205(元)

(2) 再对总资产周转率进行分解。

总资产＝流动资产＋非流动资产
＝4 144 645＋3 949 000
＝8 093 645(元)

流动资产＝货币资金＋交易性金融资产＋应收及预付款项＋存货＋其他流动资产
＝820 745＋0＋749 200＋2 574 700＋0
＝4 144 645(元)

非流动资产＝长期股权投资＋固定资产＋无形资产及其他资产
＝250 000＋2 959 000＋740 000
＝3 949 000(元)

经过分解计算之后，可将其记入杜邦分析图。

杜邦分析法旨在解释财务指标变动的原因和趋势，进而为采取措施指明方向。

假设ABC公司第二年的权益报酬率下降了，有关数据如下：

权益报酬率＝总资产报酬率×权益乘数

第一年	5.64％	3.73％×1.511
第二年	5.29％	3.50％×1.511

通过分解可以看出，权益报酬率下降的原因不在于资本结构（因为权益乘数没有变化），而在于资产利用或者成本控制方面发生了问题，导致总资产报酬率下降。

该种分解可以在任何层次上进行，如对总资产报酬率作进一步分解：

总资产报酬率＝销售利润率×总资产周转率

第一年	3.73％	5.48％×0.68
第二年	3.50％	4.50％×0.78

通过进一步分解可以看出，资产的使用效率提高了，但由此带来的收益不足以抵补销售利润率下降造成的损失。至于销售净利率下降的原因是售价太低、成本太高，还是费用过高，则需进一步通过分解指标来揭示。

此外，通过与本行业平均指标或同类企业对比，杜邦系统还有助于解释有关变动的趋势。

假设AAA公司是一个同类企业，其有关比较数据如下：

总资产报酬率＝销售利润率×总资产周转率

ABC公司：		
第一年	3.73％	5.48％×0.68
第二年	3.50％	4.50％×0.78
AAA公司：		
第一年	3.73％	5.48％×0.68
第二年	3.50％	6.80％×0.51

可以看出，两个企业的利润水平具有相同的变动趋势，但通过分解可以发现其原因各不相同，ABC公司是成本费用上升或售价下降导致销售利润率下降，AAA公司则是资产使用效率下降导致总资产周转率下降。不仅如此，通过这种对比还有利于发现差距，进而有助于挖掘潜力。如相对于AAA公司而言，ABC公司在销售利润率方面尚有2.30个百分点（6.80％－4.50％）的潜力可以挖掘。

应当指出，杜邦分析法是一种可用来分解财务比率的方法，而不是一种用于建立新的财务指标或指标体系的方法。由于它可以用于诸多财务比率的分解，财务分析人员据此可以通过对总资产报酬率的分解来说明问题，也可以通过分解利润总额和全部资产的比率来分析问题。此外，为了显示企业正常的盈利能力，还可以分解非经常项目的净利润和总资产的比率来说明问题，或者分解营业利润和营业资产的比率来说明问题。总之，杜邦分析法和其他的财务分析方法一样，其关键不在于对指标的具体计算，而在于对指标的正确理解和合理运用。

8.1.3　中央企业综合绩效评价指标体系

2006 年，国务院国有资产监督管理委员会根据《中央企业综合绩效评价管理暂行办法》颁布实施了《中央企业综合绩效评价实施细则》，其核心内容是根据我国企业的实际情况制定了一套评价中央企业综合绩效的指标体系。在这套评价指标体系中，财务绩效定量评价指标由反映企业盈利能力状况、资产质量状况、债务风险状况和经营增长状况等四个方面的 8 个基本指标和 14 个修正指标构成，用于综合评价企业财务（会计）报表所反映的经营绩效状况（如表 8-6 所示）。评价指标及其计算公式如下。

表 8-6　企业综合绩效评价指标及权重表

评价内容与权数		财务绩效（70%）				管理绩效（30%）	
		基本指标	权数	修正指标	权数	评议指标	权数
盈利能力状况	34	净资产收益率 总资产报酬率	20 14	销售（营业）利润率 盈余现金保障倍数 成本费用利润率 资本收益率	10 9 8 7	战略管理 发展创新 经营决策 风险控制 基础管理 人力资源 行业影响 社会贡献	18 15 16 13 14 8 8 8
资产质量状况	22	总资产周转率 应收账款周转率	10 12	不良资产比率 资产现金回收率 流动资产周转率	9 6 7		
债务风险状况	22	资产负债率 已获利息倍数	12 10	速动比率 现金流动负债比率 带息负债比率 或有负债比率	6 6 5 5		
经营增长状况	22	销售（营业）增长率 资本保值增值率	12 10	销售（营业）利润增长率 总资产增长率 技术投入比率	10 7 5		

1. 企业财务绩效定量评价指标计算公式

（1）盈利能力状况。

- 基本指标

$$净资产收益率=\frac{净利润}{平均净资产}\times 100\%$$

$$平均净资产=\frac{年初所有者权益+年末所有者权益}{2}$$

$$总资产报酬率=\frac{利润总额+利息支出}{平均资产总额}\times 100\%$$

$$平均资产总额=\frac{年初资产总额+年末资产总额}{2}$$

- 修正指标

$$销售（营业）利润率=\frac{主营业务利润}{主营业务收入净额}\times 100\%$$

$$盈余现金保障倍数=\frac{经营现金净流量}{净利润+少数股东损益}$$

$$成本费用利润率=\frac{利润总额}{成本费用总额}\times 100\%$$

$$成本费用总额=主营业务成本+主营业务税金及附加+销售费用（营业费用）+管理费用+财务费用$$

$$资本收益率=\frac{净利润}{平均资本}\times 100\%$$

$$平均资本=\frac{\left(\begin{matrix}年初\\实收资本\end{matrix}+\begin{matrix}年初\\资本公积\end{matrix}\right)+\left(\begin{matrix}年末\\实收资本\end{matrix}+\begin{matrix}年末\\资本公积\end{matrix}\right)}{2}$$

（2）资产质量状况。

- 基本指标

$$总资产周转率（次）=\frac{主营业务收入净额}{平均资产总额}$$

$$应收账款周转率（次）=\frac{主营业务收入净额}{应收账款平均余额}$$

$$应收账款平均余额=\frac{年初应收账款余额+年末应收账款余额}{2}$$

$$应收账款余额=应收账款净额+应收账款坏账准备$$

- 修正指标

$$不良资产比率=\frac{\begin{matrix}资产减值\\准备余额\end{matrix}+\begin{matrix}应提未提和应摊\\未摊的潜亏挂账\end{matrix}+\begin{matrix}未处理\\资产损失\end{matrix}}{资产总额+资产减值准备余额}\times 100\%$$

$$资产现金回收率=\frac{经营现金净流量}{平均资产总额}\times 100\%$$

$$流动资产周转率（次）=\frac{主营业务收入净额}{平均流动资产总额}$$

$$平均流动资产总额=\frac{年初流动资产总额+年末流动资产总额}{2}$$

（3）债务风险状况。

● 基本指标

$$资产负债率=\frac{负债总额}{资产总额}\times 100\%$$

$$已获利息倍数=\frac{利润总额+利息支出}{利息支出}$$

● 修正指标

$$速动比率=\frac{速动资产}{流动负债}\times 100\%$$

$$速动资产=流动资产-存货$$

$$现金流动负债比率=\frac{经营现金净流量}{流动负债}\times 100\%$$

$$带息负债比率=\frac{\begin{matrix}短期\\借款\end{matrix}+\begin{matrix}1年内到期\\的长期负债\end{matrix}+\begin{matrix}长期\\借款\end{matrix}+\begin{matrix}应付\\债券\end{matrix}+\begin{matrix}应付\\利息\end{matrix}}{负债总额}\times 100\%$$

$$或有负债比率=\frac{或有负债余额}{所有者权益+少数股东权益}\times 100\%$$

$$或有负债余额=\begin{matrix}已贴现\\承兑汇票\end{matrix}+\begin{matrix}担保\\余额\end{matrix}+\begin{matrix}贴现与担保外的\\被诉事项金额\end{matrix}+\begin{matrix}其他或有\\负债\end{matrix}$$

（4）经营增长状况。

● 基本指标

$$销售(营业)增长率=\frac{\begin{matrix}本年主营业务\\收入总额\end{matrix}-\begin{matrix}上年主营业务\\收入总额\end{matrix}}{上年主营业务收入总额}\times 100\%$$

$$资本保值增值率=\frac{扣除客观因素的年末所有者权益}{年初所有者权益}\times 100\%$$

● 修正指标

$$销售(营业)利润增长率=\frac{\begin{matrix}本年主营业务\\利润总额\end{matrix}-\begin{matrix}上年主营业务\\利润总额\end{matrix}}{上年主营业务利润总额}\times 100\%$$

$$总资产增长率=\frac{年末资产总额-年初资产总额}{年初资产总额}\times 100\%$$

$$技术投入比率=\frac{本年科技支出合计}{主营业务收入净额}\times 100\%$$

2. 财务绩效定量评价指标计分方法

财务绩效定量评价指标采用功效系数法计分。功效系数法是指根据多目标规划原理，将要考核的各项指标分别对照不同分类和分档的对应标准值，通过功效函数转化为可以度量计分的方法。企业财务绩效定量评价标准值的选用，一般根据企业的主营业务领域对照企业综合绩效评价行业基本分类，自下而上逐层遴选被评价企业适用的行业标准值。评价标准划分为优秀（A）、良好（B）、平均（C）、较低（D）、较差（E）五个档次，对应五档评价标准的标准系数分别为1.0，0.8，0.6，0.4，0.2，较差（E）以下的标准系数为0。标准系数是评价标准的水平参数，反映了评价指标对应评价标准所达到的水平。具体计分方法如下：

（1）基本指标计分方法。

$$\text{基本指标总得分}=\sum\text{单项基本指标得分} \tag{8-8}$$

$$\text{单项基本指标得分}=\text{本档基础分}+\text{调整分} \tag{8-9}$$

$$\text{本档基础分}=\text{指标权数}\times\text{本档标准系数} \tag{8-10}$$

$$\text{调整分}=\frac{\text{指标实际值}-\text{本档标准值}}{\text{上档标准值}-\text{本档标准值}}\times\left(\begin{matrix}\text{上档}\\\text{基础分}\end{matrix}-\begin{matrix}\text{本档}\\\text{基础分}\end{matrix}\right) \tag{8-11}$$

$$\text{上档基础分}=\text{指标权数}\times\text{上档标准系数} \tag{8-12}$$

其中，本档标准值是指上下两档标准值居于较低等级一档的标准值，$\frac{\text{指标实际值}-\text{本档标准值}}{\text{上档标准值}-\text{本档标准值}}$又称功效系数。

（2）修正指标的计分方法。

$$\text{修正后总得分}=\sum\text{各部分修正后得分} \tag{8-13}$$

$$\text{各部分修正后得分}=\text{各部分基本指标分数}\times\text{该部分综合修正系数} \tag{8-14}$$

$$\text{某部分综合修正系数}=\sum\text{该部分各修正指标加权修正系数} \tag{8-15}$$

$$\text{某项指标加权修正系数}=\text{该指标单项修正系数}\times\text{该修正指标权重} \tag{8-16}$$

式中，

$$\text{修正指标权重}=\frac{\text{某修正指标权数}}{\text{该指标所在部分修正指标权重总和}} \tag{8-17}$$

$$\begin{aligned}\text{某指标单项修正系数}=1.0+[&\text{本档标准系数}+\text{功效系数}\times(\text{上档基础分}\\&-\text{本档基础分})-\text{该部分基本指标分析系数}]\end{aligned} \tag{8-18}$$

$$\text{某部分基本指标分析系数}=\frac{\text{该部分基本指标得分}}{\text{该部分权数}} \tag{8-19}$$

计算出财务绩效定量评价指标的综合得分后，再将其与企业管理绩效定性评价指标得分按7∶3的权重加权计算，即可得出企业绩效的总得分，并据以进行综合评价。

8.2　动态财务综合分析

动态财务综合分析也称财务趋势分析，即通过对财务报表中各类相关数据进行比较，尤其是将一个时期的财务报表和另一个或几个时期的财务报表进行比较，对该分析期间内财务报表曾发生重大变动的某些项目的数据进行重点研究，以确定引起公司财务状况和经营成果变动的主要原因，判断公司财务状况和经营成果的发展趋势对投资者是否有利，并预测公司未来发展趋势的一类或一种分析方法。从性质上看，趋势分析属于动态分析方法。与前文述及的静态分析方法不同，趋势分析法以历史数据为主要分析依据，对企业中各经营过程或最近几年的财务状况与经营成果进行全方位的考察，以便全面把握企业财务状况与经营成果的变动情况，并能有效克服静态分析方法在分析范围上的不足。趋势分析法在财务分析中的应用非常广泛，它既可以针对财务报表重点项目的变动趋势进行直接分析，又可以对财务比率的变动趋势进行分析，还可以对财务（会计）报表构成的变动趋势进行分析；既可以对企业的偿债能力、营运能力或盈利能力等单项内容进行分析，也可以对企业综合财务状况的变动趋势进行分析。财务趋势分析包括历史财务趋势分析和周期性财务趋势分析。其中，历史财务趋势分析又包括比较财务报表分析、比较百分比财务报表分析和财务比率趋势分析。本节仅对财务比率趋势分析和周期性财务趋势分析加以阐述，至于比较财务报表分析与比较百分比财务报表分析，其分析原理和程序与此相似，不再赘述。

8.2.1　财务比率趋势分析

财务比率趋势分析就是将企业连续多个会计期间的财务比率指标进行对比，以分析企业财务状况的发展趋势的一种方法，它实际上是比率分析法与比较分析法的结合。与前两种方法相比，这种方法可以更直接地反映企业各个方面财务状况的变化趋势。

前已述及各种财务比率的具体计算，并解释了其在分析时的价值和进行分析的方法与依据；同理，属于静态性质的单期财务比率无法满足动态分析的需要，因而在将这些比率与同行业的平均财务比率或相似企业的财务比率进行横向比较时，还应当对企业各年的财务比率按时间先后进行纵向比较，以便在一定程度上掌握企业财务状况、经营成果的变化趋势。下面以峰华戎公司为例对财务比率的趋势分析方法加以说明。

[例 8-4]

峰华戎公司 2012—2016 年资产负债表与利润表分别如表 8-7、表 8-8 所示。

表 8-7　　峰华戎公司资产负债表　　单位：元

项目	2012 年	2013 年	2014 年	2015 年	2016 年
流动资产：					
货币资金	20 900	19 500	39 900	11 900	26 600
交易性金融资产	1 700	4 900	1 400	20	20
应收账款	116 600	132 600	97 600	159 700	165 300
预付账款	9 700	9 000	6 400	13 800	5 400
其他应收款	45 400	56 300	39 800	62 200	107 500
存货	49 200	56 100	71 200	61 200	53 800
待摊费用	2 900	1 100	478	2 000	2 300
流动资产合计	246 400	279 500	256 778	310 820	360 920
长期股权投资	77 200	80 700	56 100	46 800	48 300
固定资产	82 300	68 600	92 700	85 100	85 500
无形资产	26 300	37 700	32 900	39 400	42 500
待处理财产损失	43	1 000	3 700	4 300	0
资产总计	432 243	467 500	442 178	486 420	537 220
流动负债：					
短期借款	134 100	129 800	142 600	129 700	147 200
应付账款	8 200	12 600	12 100	46 800	34 100
预收账款	1 500	4 700	6 500	5 500	40 500
应付职工薪酬	11 500	8 400	7 100	7 700	7 400
其他应付款	41 000	26 600	37 800	22 781	52 700
流动负债合计	196 300	182 100	206 100	212 481	281 900
非流动负债合计	15 506	13 710	16 926	19 600	2 852
负债合计	211 806	195 810	223 026	232 081	284 752
所有者权益：					
实收资本	81 040	115 887	115 887	115 887	115 887
资本公积	70 366	103 188	103 634	103 634	103 634
盈余公积	4 162	11 725	11 725	11 725	11 725
未分配利润	19 098	−11 612	−57 638	−40 178	−21 613
所有者权益合计	173 666	219 188	173 608	191 068	209 633
少数股东权益（合并报表填列）	46 771	52 502	45 544	45 271	42 835
负债及股东权益总计	432 243	467 500	442 178	468 420	537 220

表 8-8　　峰华戎公司利润表　　单位：元

项目	2012 年	2013 年	2014 年	2015 年	2016 年
一、营业收入	109 566.93	90 248.93	74 743.69	297 801.26	350 262.29
减：营业成本	58 966.93	62 248.93	62 143.69	230 301.26	264 862.29
营业税金及附加	100.00	200.00	400.00	500.00	100.00
销售费用	9 800.00	7 800.00	9 400.00	10 200.00	19 400.00
管理费用	22 800.00	18 000.00	37 500.00	23 500.00	25 400.00
财务费用	16 600.00	10 700.00	26 500.00	17 900.00	18 300.00
资产减值损失	0.00	0.00	0.00	0.00	0.00
加：公允价值变动收益	0.00	0.00	0.00	0.00	0.00
投资收益	15 000.00	2 700.00	4 700.00	300.00	1 000.00
二、营业利润	16 300	−6 000	−56 500	15 700	23 200.00
加：营业外收入	13 200	8 300	6 800	13 900	24 200
减：营业外支出	2 900	3 500	4 500	8 800	17 100
三、利润总额	26 600	−1 200	−54 200	20 800	30 300
减：所得税费用	8 800	0	0	0	0
四、净利润	17 800	−1 200	−54 200	20 800	30 300

下面运用财务比率趋势分析法对峰华戎公司的发展趋势进行分析。

(1) 偿债能力趋势分析。用于表现企业偿债能力的财务比率主要有流动比率、速动比率及资产负债率等。首先计算峰华戎公司的这三个财务比率指标(见表 8-9)。

表 8-9　　峰华戎公司偿债能力比率计算表

项目	2012 年	2013 年	2014 年	2015 年	2016 年
流动比率	1.26	1.53	1.25	1.46	1.28
速动比率	1.00	1.23	0.90	1.17	1.09
资产负债率	0.49	0.42	0.50	0.48	0.53

为了更清晰地了解企业偿债能力的变化趋势，可根据表 8-9 绘制峰华戎公司偿债能力比率趋势图（见图 8-2)。

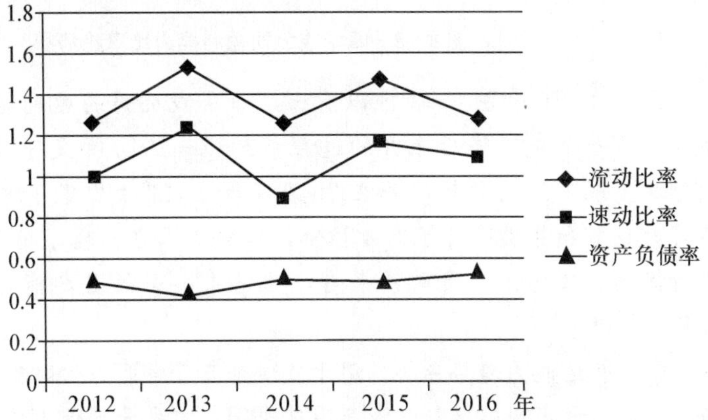

图 8-2　峰华戎公司偿债能力比率趋势图

从表8-9和图8-2可以看出，2012—2016年，峰华戎公司的短期偿债能力波动很大，长期偿债能力则呈现缓慢降低的趋势。2013年流动比率、速动比率处于各年的最高水平，同时资产负债率最低，此时公司的偿债能力最为乐观，但也有可能是公司资金利用效率较低。从总体上看，峰华戎公司的偿债能力比较强，虽然流动比率较低，但速动比率一直维持在1左右，资产负债率也一直处于偏低的水平。

（2）盈利能力趋势分析。用于表现企业盈利能力的财务比率主要有资产报酬率、股东权益报酬率及销售毛利率等。首先计算峰华戎公司的这三个财务比率指标（见表8-10）。

表8-10　峰华戎公司盈利能力比率计算表

项目	2012年	2013年	2014年	2015年	2016年
销售毛利率	0.46	0.31	0.17	0.23	0.24
股东权益报酬率	0.10	−0.01	−0.31	0.11	0.14
资产报酬率	0.04	0.00	−0.12	0.04	0.06

为了更清晰地了解企业盈利能力的变化趋势，可根据表8-10绘制峰华戎公司盈利能力比率趋势图（见图8-3）。

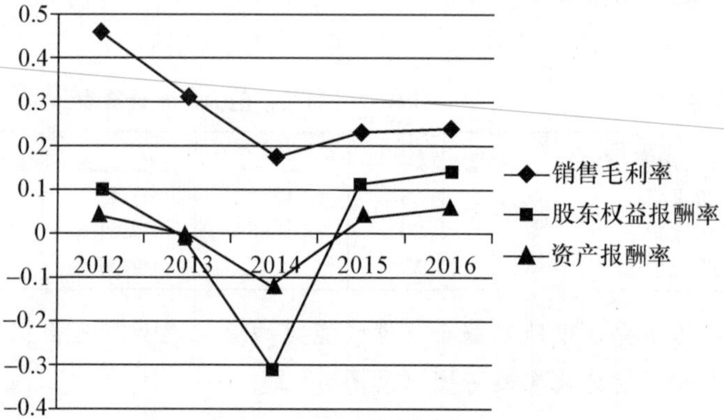

图8-3　峰华戎公司盈利能力比率趋势图

由表8-10和图8-3可以看出，峰华戎公司的盈利能力在2012—2016年经历了一个先下降后上升的过程。2012—2014年是下降阶段，三项财务比率都呈现下降的趋势，并在2013年和2014年出现了亏损；2012年以后公司对成本和费用进行了有效控制，销售收入也出现了增长，公司盈利能力不断提高。从总体发展前景来看，峰华戎公司的盈利能力正朝着好的方向发展。

（3）营运能力趋势分析。用于表现企业营运能力的财务比率主要有存货周转率、流动资产周转率与总资产周转率等。首先计算峰华戎公司的这三个财务比率指标（见表8-11）。

表 8-11 峰华戎公司营运能力比率计算表

项目	2012年	2013年	2014年	2015年	2016年
存货周转率	1.20	0.92	0.71	3.10	4.83
流动资产周转率	0.45	0.27	0.24	0.80	0.95
总资产周转率	0.25	0.16	0.14	0.52	0.64

为了更清晰地了解企业营运能力的变化趋势，可根据表8-11绘制峰华戎公司营运能力比率趋势图（见图8-4）。

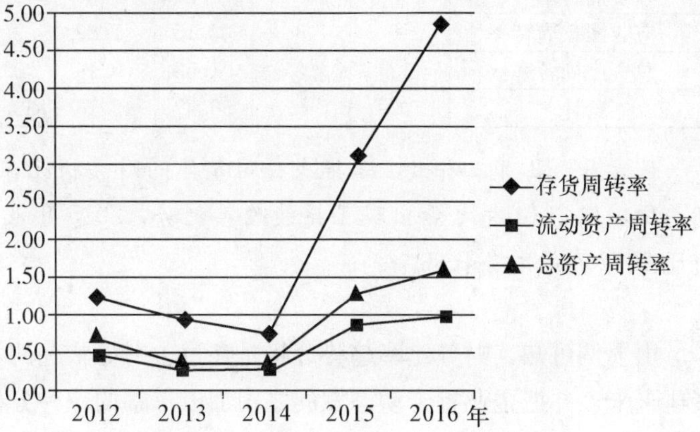

图 8-4 峰华戎公司营运能力比率趋势图

由表8-11和图8-4可以看出，峰华戎公司的营运能力在2014年及以前年度并不理想，处于较低水平。但2014年以后，公司的营运能力有了较大改善，特别是存货周转率由2014年的0.71增长到了2016年的4.83，流动资产周转率和总资产周转率也都有不同程度的增长。

（4）综合财务比率趋势分析。除了前述的对单项财务比率的趋势分析外，还应对综合财务比率（评价总分）进行趋势分析，以分析和把握企业总体财务状况的变动趋势。假设峰华戎公司各指标的标准评分值、标准值及各年的综合评分如表8-12所示，表中的综合评价总分是根据标准评分值、实际值以及标准值计算求得的，如2012年流动比率的综合评价总分为6.3分（10×1.26/2）。

表 8-12 综合财务比率趋势分析表

指标	标准评分值	标准值	综合评价总分				
			2012年	2013年	2014年	2015年	2016年
一、偿债能力：							
流动比率	10	2	6.30	7.65	6.25	7.30	6.40
已获利息倍数	8	4	1.19	0.00	0.00	0.32	1.33
股东权益比率	12	0.4	12.05	14.06	11.78	11.78	11.70

续前表

指标	标准评分值	标准值	综合评价总分				
			2012年	2013年	2014年	2015年	2016年
二、盈利能力：							
销售毛利率	12	8%	15.00	15.00	15.00	15.00	15.00
总资产报酬率	12	8%	6.16	0.00	0.00	6.41	8.50
股东权益报酬率	16	20%	8.18	0.00	0.00	8.70	11.62
三、营运能力：							
存货周转率	8	3	3.21	2.60	2.09	7.68	12.87
应收账款周转率	10	3	3.15	1.89	2.09	5.15	6.93
总资产周转率	12	2	1.53	0.96	0.83	3.08	3.84
合计	100	—	56.77	42.16	38.04	65.42	78.19

从表8-12可以看出，峰华戎公司整体的财务状况在2012—2014年间不断恶化，但2014年之后出现了持续改善之势，2015年及2016年的财务状况好于2012年的财务状况。

由上例可知，财务比率趋势分析是在过去财务状况的基础上，分析现在和展望未来，并把企业置于动态发展之中加以考察的一种分析方法。与仅分析当年财务报表的财务比率法相比，财务比率趋势分析更能较全面地分析企业的现实财务状况，并预测其未来变化趋势。因此，财务比率趋势分析是财务分析中应用较为广泛的一种方法。

8.2.2 周期性财务趋势分析

1. 周期的含义

在现实经济社会中，周期或生命周期现象不仅存在于生命体，也存在于企业组织。生命体或生物体都要经历一个从出生、成长到老化、死亡的生命过程，其行为模式是可以依据生命周期的变化而预知的，并在生命周期的各个阶段有着不同的表现，形成不同的行为法则。在企业的经济活动中也会有类似的情况，很多似乎独立的现象却相互作用，并导致基本相同的趋势或形成大致相似的周期。就企业所面临的周期而言，主要有经济周期、行业（生命）周期、企业（生命）周期及产品（寿命）周期等四种类型。

（1）经济周期。经济周期是指社会发展过程中总体经济水平由波峰到波谷，再由波谷到波峰的规律性的反复交替的运动过程。经济周期对于宏观的国民经济管理和微观的企业经营管理都具有显著的影响。处于经济周期不同阶段的企业，会面临不同的经济环境，需要采取相应的理财政策。因此，经济周期分析是企业进行财务分析的一项重要内容。

（2）行业周期。行业周期又称行业生命周期或产业生命周期，是由行业内部各种产品的生命周期综合作用形成的。因此，产品生命周期是行业生命周期的基础，而行业生命周期比产品生命周期更为复杂。一般来说，行业生命周期可划分为以下四个阶段：

1）导入期。在此阶段，产品的研究与开发费用多，产品的成本和价格高，而市场需求却因大众对产品缺乏了解而相对较小。因此，企业在该阶段的销售收入处于较低水平，但参与竞争的企业也较少，正是企业扩大市场份额的最佳阶段。

2）增长期。在此阶段，随着生产技术水平的提高，产品成本不断下降，同时市场需求也稳步增长，利润迅速增加。当然，在较多利润的吸引下，大量企业加入该行业，会加剧行业内竞争。

3）成熟期。在此阶段，由于经过此前增长期的激烈竞争，少数资本雄厚、技术领先、管理科学的企业得以生存下来，并基本上控制和垄断了整个行业，而每个存续的企业都拥有一定的市场份额并保持相对稳定，企业利润的增长速度较增长期大为降低，但在绝对数额的增长上仍很可观。

4）衰退期。在此阶段，由于新技术不断涌现，新产品相继问世，消费者的消费倾向与偏好逐渐变化，产品趋于衰退，市场逐步萎缩，企业的数量减少、利润降低。

（3）企业周期。企业周期即企业生命周期，是企业所经历的从新生、成长、成熟到衰退的变化过程。一般而言，企业生命周期包括初创期、成长期、成熟期及衰退期等四个阶段。

（4）产品周期。在以产品销售为导向的市场环境下，企业间的竞争最终表现为企业产品在市场上的竞争。因此，在生产并销售产品前，企业应及时分析产品周期，了解产品销售，掌握市场行情，把握产品及市场的发展趋势，以便采取适宜的市场营销策略和正确的公司理财政策。

产品周期即产品生命周期或产品寿命周期，是产品从引入、成长、成熟至衰退的演变过程，也就是产品的市场寿命。现结合产品寿命周期的不同阶段分别阐述如下：

1）引入期。新产品刚投入市场，顾客对产品的性能等情况还不够了解，产品销售量小。为了扩大销路，需要进行产品宣传，从而发生大量的促销费用。在此阶段，由于技术原因，产品难以大批量生产，因而产品成本高，销售额增长缓慢，企业利润少，甚至可能出现亏损。

2）成长期。新产品在入市销售取得成功后便进入成长期，产品已为顾客所熟悉，大量的顾客开始购买产品，产品生产规模逐步扩大。在大批量生产的条件下，产品成本相对降低，销售额逐步上升，利润也随之增长。在此阶段，企业应及时投入所需资金，完善工艺流程，加大市场促销力度，扩大市场份额。

3）成熟期。经过成长期后，市场需求趋于饱和，潜在顾客很少，销售额增长缓慢，并开始下降。在此阶段，市场竞争逐渐加剧，产品售价不断降低，促销费用再次增加，企业利润渐趋下降。

4）衰退期。新产品或新的替代品出现，顾客的消费习惯和倾向开始变化，转向青睐其他产品，原有产品的销售额迅速下降。

相对于企业而言，经济周期与行业（产业）周期是在宏观层面构成或影响企业的外部环境与发展趋势，而产品（生命）周期与企业（生命）周期是在微观层面构成或影响企业的内部环境和发展趋势的。

上述四种类型的不同周期密切相关，每种周期的不同阶段又紧密相连。其中，经济周期是各个行业（产业）周期的综合，也是各个企业（生命）周期的集合；而行业（产业）周期则是行业（产业）中各个企业（生命）周期的耦合，也是各个产品（生命）周期的集合。同一周期的不同阶段，相互联系并共同影响该周期的时间跨度；同时，产品（生命）周期对企业（生命）周期具有重要的影响。由此可见，每一个企业都同时处于上述各种周期的交织变化之中。从理论上说，企业若能全面把握这些周期及其变化规律，有效调整各种周期并顺应周期变化，科学分析周期性财务趋势，合理采取灵活务实的理财政策，就一定能实现其理财目标；但从实践上分析，受制于主客观环境与条件，企业要想始终成功把握和应对各种交织复杂的周期性变化并非易事。

从经济学和管理学意义上说，基于不同的制度安排，处于同一经济周期及同一行业（产业）周期的企业有很多，而这些企业对经济周期及行业（产业）周期均进行独立的分析与判断，其本身就是重复劳动并造成资源的巨大浪费。对单个企业来说，经济周期及行业（产业）周期的分析是一项非常复杂的工作，需要投入大量的人力及物力，可能不符合成本效益原则；况且，单个企业在分析能力上的局限也使分析的结果具有不可靠性，从而导致错误的决策。鉴于此，可将企业财务分析划分为外部分析与内部分析，把经济周期及行业（产业）周期的分析作为外部分析主要交由专门的政府服务部门或专业的研究机构来完成，而企业主要从事内部分析，即对产品（生命）周期和企业（生命）周期进行分析，最后将内外部分析相结合以完成周期分析和周期性财务趋势分析。

2. 周期分析的意义

周期分析是企业实施战略管理的一个重要环节，也是分析师基于宏观环境、微观条件及其变化趋势对企业作出合理评价的重要依据，它与企业财务分析具有十分紧密的联系。具体来说，周期分析有以下几点重要的意义：

（1）周期分析是企业财务环境分析的重要内容。财务管理是企业谋求价值增值的动态的价值创造过程，企业的财务政策需随着内外部环境的变化不断加以调整，尽可能地适应财务环境及其变化，以取得最大的经济效益。各种周期正是对企业财务环境进行的判断和归类，周期分析实质上是对企业财务环境进行的科学分析。这是因为将企业财务环境根据不同的周期并按照一定的特征把特定周期划分为初创期、成长期、成熟期和衰退期等不同阶段并加以分析，以便从复杂多变的财务环境中提炼和把握其规律性，从而简化和分析企业财务环境。

（2）周期分析是企业实施财务战略管理的重要依据。企业财务战略是财务决策者在特定环境下，依据既定的指导思想，在充分考虑各环境因素变化对财务管理活动影响的基础上，预先制定的用于指导企业未来较长时期有关财务管理总体目标的制定与实现的总体方略。企业财务战略的长期性与综合性决定了财务战略管理的难度和水平，制定、实施及评价财务战略都必须对战略予以细分，而实施周期财务战略管理的一个实用且有效的细分方法就是将企业财务战略按时间跨度分解为周期财务管理战略。在对企业现处的各类周期进行分析和判断的基础上，可对企业未来周期进行预测，并以周期为基础进行长期财务预算及财务战略的规划、实施与评价。这样既能保证企业财务战略的制定、实施及评价的准确性，提高财务战略管理的实施效果，又能保证企业财务战略管理对内外部环境及其变化的适应性。

（3）周期分析可以为企业财务分析提供比较标准。在财务分析过程中，确定并计算财务比率只是其中的一个环节，更为重要的是将实际财务比率与标准财务比率进行比较，以对企业财务状况与经营成果作出恰当的判断。常用的财务分析标准有同行业平均值、企业历史数据等，这些标准都存在一个缺陷，即忽略了企业间环境的差异，而历史数据则忽略了同一企业环境的变迁，这就容易造成实际财务比率与标准财务比率间不具可比性，进而影响财务分析的效果。为了克服这种缺陷，需要改进财务分析标准，即应当尽可能地考虑环境因素对企业财务状况与经营成果的影响。一个可行的方法就是首先对企业进行周期分析，选择与本企业处于相同周期的其他企业进行比较，或者在与本企业历史数据进行比较时，考虑所比较的历史数据所处周期与现处周期，并分析不同周期可能对企业财务状况与经营成果的影响，以对企业实际的财务状况与经营成果作出正确的判断与评价。

（4）周期分析有助于进行企业财务趋势分析。企业财务趋势预测通常是根据企业历史的财务数据，通过一定的模型进行的，没有充分考虑内外部环境及其变化对企业财务状况与经营成果的影响。通过对企业的周期分析，可以弥补现行企业财务预测方法的缺陷，即分别从企业环境不变与环境变动对财务趋势的影响两方面预测企业未来的财务趋势，以提高企业财务预测的准确性。

3. 周期状态的判断与分析

周期分析首先要对企业现处周期作出正确的判断与分析，然后在此基础上对企业未来周期作出预测，以确定企业应采取的财务政策，并选择或者调整财务分析比较标准。如果周期判断与分析错误，会使企业的一系列基于周期分析的财务趋势分析与决策发生重大失误，给企业带来不可挽回的损失。因此，对企业现处周期的判断是周期分析最重要的环节，其重点在于对企业生命周期与产品生命周期的判断与分析。

（1）企业生命周期的判断与分析。在诸多有关的研究文献中，对企业生命周期各个阶段的特征也有所述及，可将企业实况与这些特征进行对比，也可将不同阶段的主要特征加以比较，以便判断和分析企业所处的周期状况。伊查克·麦迪恩曾对分别处于成长阶段和衰退阶段企业的主要特征作过比较（见表8-13）。

表8-13　企业成长阶段与衰退阶段的主要特征比较

成长阶段	衰退阶段
1. 个人的成功源于承担了风险	1. 个人的成功源于避免了风险
2. 期望大于成果	2. 成果大于期望
3. 资金缺乏	3. 资金充裕
4. 强调功能重于形式	4. 强调形式重于功能
5. 重视工作的原因与内容	5. 重视工作的方式及谁曾做过此事
6. 不管员工的个性，只要对企业有贡献就重用	6. 不管员工对企业贡献有多大，得到重用是因其个性
7. 除去明令禁止的，其他任何事都能做	7. 除去明令允许的，其他任何事都不能做
8. 问题被视为机会	8. 机会被视为问题
9. 营销和销售部门最具权威	9. 会计、财务及法律部门最具权威
10. 具体工作部门的权力大	10. 公司行政职能部门的权力大
11. 责任与权力不相匹配	11. 权力与责任不相匹配
12. 管理人员左右着企业	12. 企业左右着管理人员
13. 管理人员驾驭企业的冲劲	13. 管理人员受企业的惯性驱使
14. 领导风格的改变可导致企业行为的改变	14. 欲使企业行为改变，就必须改变现行的制度
15. 需要管理顾问	15. 需要“斗胆直言者”
16. 销售导向	16. 利润至上
17. 增值目标	17. 权力游戏

资料来源：伊查克·麦迪恩. 企业生命周期. 北京：中国社会科学出版社，1997. 已做了微调。

在判断与分析企业生命周期的过程中，可能会发现一个企业兼具几个阶段的某些特征。例如，一个处于初创阶段的企业有时会表现出成长阶段的一些特征，有时则会表现出衰退阶段的一些特征。这些属于企业生命周期的正常现象，也是进行周期分析时需注意的问题，应从总体上判断企业所处生命周期的特定阶段，分析和把握其主要特征。

（2）产品生命周期的判断与分析。虽然产品生命周期与企业生命周期紧密相连，但两者对企业的影响方式却有不同。产品生命周期对企业的影响通常是局部的，因而判断和分析产品生命周期的方法有别于企业生命周期的判断与分析方法。常用于判断和分析产品生命周期的方法主要有三种：

1）直接参考法。直接参考法是直接参考国外或者其他地区同类产品的生命周期来确定特定企业产品生命周期及所处阶段的一种方法。这种方法建立在个别产品生命周期与产业生命周期具有同步性的基础之上，其优点是通俗易懂、分析成本较低，缺点在于外部数据往往难以获得，分析的准确性不高。

2）指标分析法。指标分析法是通过计算与产品生命周期密切相关的几个主要经济指标来推断产品生命周期的一种方法。例如，可通过估计产品的用户来判断产品所处的具体阶段，即估计用户率在 0.1%～5%为引入期，6%～50%为成长期，51%～75%为成熟期，76%～90%则为衰退期。当然，由于市场销售增长与产品生命周期存在一定的内在关系，因而也可根据销售增长的情况来判断产品所处的具体阶段，即市场销售增长率大于 10%为成长期，在 1%～10%之间为成熟期，小于 0 则为衰退期。这种方法建立在销售增长与产品周期具有对应性的基础之上，其优点是简单明晰、分析难度不大，缺点在于相关数据通常不是很准确，分析的可靠性较低。

3）直观判断法。直观判断法是根据与产品生命周期密切相关的一些情况及指标来直接判断产品所处的具体阶段的一种方法。例如，根据销售情况判断销售递增为成长期，产品畅销或销售波动不大为成熟期，销售递减为衰退期。这种方法建立在销售情况与主观判断具有一致性的基础之上，其优点是直观易行、便于把握，缺点是主要依赖于主观判断，对分析的客观性和判断能力要求较高。

4. 不同周期状态下企业的财务特征

前已述及，企业的财务分析与周期分析有着紧密的联系。周期分析对财务分析过程中确定比较分析标准具有重要的参考价值，而财务分析是周期分析的一种方法和手段，通过对不同周期及其具体阶段财务特征的认识与把握，并与企业实际财务状况加以比较来进行周期分析。其中，需要明确的重点是不同周期状态下企业表现出来的财务特征（即财务表征）。以产品生命周期为例，对不同阶段企业的财务特征进行总结归纳，大致如表 8-14 所示。

表 8-14　企业生命周期不同阶段企业的财务特征

项目	初创期	成长期	成熟期	衰退期
流动资产				
现金	急缺	缺乏	充分	较充足
有价证券	无	无	较高	高
应收账款	无	出售或转让	稳定	收账
存货	低	增加	平均	减少
固定资产	启动	增加	稳定	减少
无形资产	创建	稳定	摊销	摊销
流动负债				
应付账款	高	延伸	稳定	下降
应交税费	无	无	平均	高
股东权益				

续前表

	初创期	成长期	成熟期	衰退期
普通股	低	公开发售	稳定	稳定或减少
留存收益	亏	再投资	稳定	支付
销售成本				
直接材料	大量残料	增加	寻求提高效率	为销售占用
直接人工	单位成本高	学习曲线效果增加	减少	大量减少
间接费用	高	高	稳定	低
间接人工	最低	增加	稳定	转向
毛利	波动	确定	稳定	不确定
费用				
销售费用	波动	个人奖励	集体奖励	固定
广告费用	高	增加	稳定	减少或无
管理费用	分部管理	扩张	稳定	减少
市场调研费用	很高	平均	寻求新市场	接受失败
折旧费	最小	增加	稳定	下降
研究与开发支出	很高	生产导向	降低成本导向	开发新产品
所得税费用	零	增加	稳定	下降
保险费用	最小	高	稳定	减少或无
收益	降低	好	最高	低于平均水平
每股盈余	最低	平均	最高	平均
资金来源				
净收益	低	好	高	下降
长期负债	高	中	负债能力强但无新债	无
股权筹资	市场迟疑	购买踊跃	寻求股利	出售
出售固定资产	无	无	重置	大量出售
资金运用				
购置固定资产	主要为原型	高	重置	无
股利支付	无	很少	好	很好
偿还债务	无	无	高	剩余部分
现金变动	负数	不太差	无	正数

资料来源：Cerald I. White，Ashwinpaul C. Sondhi，Dov Fied，*The Analysis and Use of Financial Statements*，pp. 239-241，John Wiley &Sons，Inc.，1994. 已做了微调。

8.3 经济增加值绩效考评

近年来，作为一种基于价值管理的新理念和绩效考核方法，经济增加值或经济附加值（economic value added，EVA）及其指标体系已逐渐为实务界所理解和广泛认同，并作为一种新的公司治理与业绩评价标准而在全球范围内得到普遍使用，它是绩效评价理论与实践的新发展。基于EVA的价值管理在20世纪80年代开始盛行于欧美，90年代末传入我国。我国企业的有关主管部门早在2006年就正式明确提出鼓励企业采用EVA绩效评价体系，国务院国有资产监督管理委员会（以下简称国资委）在当年便制定了《中央企业综合绩效评价实施细则》。随后，国资委又颁布了《中央企业负责人经营业绩考核暂行办法》，并于2010年1月1日起正式施行。在该暂行办法中，明确了以经济增加值取代原有的净资产收益率或权益报酬率，并成为中央企业业绩考核的核心指标。

8.3.1 EVA的含义

1988年美国《商业周刊》刊登了当年公司股票市值排行榜，通用汽车与默克制药以250多亿美元的股票市值分别位居当年的第六与第七名。但是，通用汽车当时的市场表现不佳，不断地大量裁员，利润与市场份额持续下滑；而默克制药不断加大研发投入并生产出新药，利润与市场份额持续上升。它们的市值排名如此接近，为何其实际境况却大相径庭呢？显然，按市值无法正确衡量企业创造的价值，不能真实地反映其经营业绩，应当从股东的角度来衡量企业的价值，以股东最关注的市场增加值（market value added，MVA）来反映其经营业绩。

MVA是指企业超过股东投入资本的价值，即市值与股东投入资本的差额。通过分析MVA发现：为达到250多亿美元的市值，通用汽车的股东投入了450亿美元的资本，通用汽车的经营者实际上毁损了股东近200亿美元的价值；而默克制药的股东仅投入资本50亿美元，默克制药的经营者实际上为股东创造了200多亿美元的价值。因此，默克制药的排名应当远在通用汽车之前。可见，MVA能够从外部市场客观、准确地反映上市公司的经营业绩（即经营者为股东创造的价值）。

然而，MVA指标仅限于从外部对上市公司进行衡量，其对非上市公司却无能为力，而且无法从内部来衡量经营者当期是否为投资者创造了价值。鉴于此，美国思腾思特公司于1982年提出了经济增加值（EVA）的概念。

就其理论渊源而言，EVA与获得诺贝尔经济学奖的默顿·米勒和弗兰科·莫迪利安尼在1958年至1961年间发表的关于公司价值经济模型的一系列论文有关。作为一项公司业绩度量指标和价值评判标准，EVA有别于大多数其他度量指标之处就在于它考虑了创造企业利润的所有资本的成本。也就是说，EVA指标表示的是一家公司在扣除所有资本成本后的收益，它等于税后净营业利润（net operating profit after tax，NOPAT）与全部资本成本（capital charge，CC）之间的差额，而全部资本成本则为加权平均资本成本率（weighted average cost of capital，WACC）和调整后的全部资本总额（total capital，TC）的乘积。用公式可表示为：

$$\begin{aligned}\text{EVA} &= \text{税后净营业利润}-\text{调整后资本总额}\times\text{加权平均资本成本率}\\ &= \text{NOPAT}-\text{TC}\times\text{WACC} \qquad (8-20)\end{aligned}$$

其中，加权平均资本成本根据债务资本成本和股权资本成本加权平均计算求得，而股权资本成本一般是运用资本资产定价模型（CAPM）计算出来的。如果EVA为正数，说明企业创造了价值，增加了财富；反之，则表示企业发生了价值损失，减少了财富；如果EVA正好为零，则说明企业的利润仅能满足债权人和投资者预期获得的收益。

作为绩效考评体系中的一个关键指标，EVA指标或EVA绩效考评具有以下几个重要的功能性特征：

（1）激励约束性。EVA指标为企业设置了最低约束的资本回报水平，即从股东利益的角度出发，为企业经营者设定了明确的资本回报基准线——加权平均资本成本（WACC）。经营者只有创造出高于这个基准线的回报水平，才表明为投资者创造了财富；否则，就意味着经营者毁损了股东的价值。以EVA为核心设计和运行的经营者激励约束机制，有利于规范企业经营者行为，维护所有者合法权益。与传统的激励机制相比，它有利于克服经营者的短期化行为，有利于减少虚瞒伪报等做假账的可能性，有利于经营者基于风险承担意识的强化而与所有者的目标趋于一致，进而减少道德风险和代理成本。无疑，EVA绩效考评具有激励约束性的功能特征。

（2）全面系统性。EVA指标为企业引进了全面系统的成本及成本管理理念，即不仅重视债务资本成本等显性成本，而且重视权益资本成本（机会成本）等隐性成本，强化了对股东利益和资本使用效率的重视。以EVA为核心构建并运用的综合财务分析系统，有助于经营者基于系统内的关系链理清经营管理思路，采取正确合理的对策措施；基于EVA的财务战略矩阵，也有助于公司利用EVA系统这一公司决策的有用工具进行战略性财务决策。可见，EVA绩效考评具有全面系统性的功能特征。

（3）文化引导性。EVA指标为企业形成了文化引导的管理理念与全员认同的组织氛围，即EVA不仅是一种有用的业绩度量指标与价值评价标准，而且是一种先进的管理理念和企业文化。根据国外成功的实践经验，EVA要求每一位员工都认同并树立这一理念，且方法简便易行，其考评至少要落实到每一位部门经理，考评期不是一年而是一个季度、一个月。只有全体员工达成共识，并经过长期不懈的努力，才能形成基于EVA的企业文化和组织氛围，从而实现既定目标。显然，EVA绩效考评具有文化引导性的功能特征。

（4）风险预警性。EVA指标为企业提供了减少不确定性和风险预警的可能性，EVA不仅考虑企业使用的全部资本，利用企业公开的全部信息，而且考虑各种内外部风险，利用外部市场信息，还可减少企业通过改变对会计政策的选择、资本结构的安排及盈余管理的操控等改变其真实经营业绩并提供虚假财务会计信息的可能性。仅就净资产收益率（ROE）而言，企业可通过大量举债而不是经营绩效的提升来实现ROE的提高，其结果是表面上股东的回报增加，实际上企业的风险增加，股东的财富可能没有真正增加，甚至有可能减少了。EVA指标能够克服ROE指标的这一缺陷，其所反映的经营业绩真实、准确。当基于EVA的经营业绩不断下滑或经营状况持续恶化时，企业就能根据作为预警指标的EVA较早或及时发现所面临的风险，提前或适时采取防范和化解风险的措施。因此，EVA绩效考评具有风险预警性的功能特征。

8.3.2 EVA的计算

EVA计算的基本思路是：首先，对报告期营业净利润进行一系列的调整，以求得税后营业净利润；其次，用资本总额乘以加权平均资本成本率，以得到投入资本占用的全部成本；最后，用税后净营业利润减去投入资本占用的全部成本，得出EVA。可见，依据现行财务报表数据计算EVA指标时，需要进行一系列项目的调整。

思腾思特管理咨询公司分析并归纳了有关的调整事项，共列示出164个调整项目，用以对会计失真信息进行调整，从而将会计账面价值（如会计利润）转化为经济账面价值（如经济利润）。例如，对税后净营业利润的调整，就涉及研发费用、坏账准备、存货先进先出法（FIFO）的转回、商誉摊销、其他经营收益、递延税款等多个项目；又如，对投入资本的调整，则涉及当期及前期研发费用的资本化与摊销、营销费用、有价证券、在建工程、非资本化的长期租赁、坏账损失、存货损失、存货FIFO的转回、资本化的无形资产（含商誉）、累计商誉摊销、累计非正常损益、税款项目等诸多项目。在具体的实践中，企业往往难以对如此众多的项目进行调整，这样的调整过于复杂，也不便于操作。国外公司大都也只作5～10项调整，基本能反映企业实际创造的价值。

对于我国的企业来说，目前不同类型的企业计算EVA所采用的方法也不相同，这主要是计算过程中对于调整项目的选择不同所致。例如，就中央企业而言，可以直接依据国资委颁布的相关规定计算EVA；对于一般工商企业来说，则应结合现行会计制度进行相应项目的调整，再计算EVA。

1. 中央企业EVA的计算

（1）中央企业EVA的计算公式。根据《中央企业负责人经营业绩考核暂行办法》的规定，对于中央企业，其相应指标值的计算公式为：

$$\text{税后净营业利润}=\text{净利润}+(\text{利息支出}+\text{研究开发费用调整项}-\text{非经常性收益调整项}\times 50\%)\times(1-25\%) \quad (8-21)$$

$$\text{调整后资本}=\begin{matrix}\text{平均}\\\text{所有者权益}\end{matrix}+\begin{matrix}\text{平均}\\\text{负债合计}\end{matrix}-\begin{matrix}\text{平均无息}\\\text{流动负债}\end{matrix}-\begin{matrix}\text{平均}\\\text{在建工程}\end{matrix} \quad (8-22)$$

中央企业资本成本率原则上定为5.5%，另有规定的除外。

（2）计算中央企业EVA所需相应调整的会计项目。

1）利息支出是指在企业财务报表中“财务费用”项目下的“利息支出”项目。

2）研究开发费用调整项是指企业财务报表中“管理费用”项目下的“研究与开发费用”项目和当期确认为无形资产的研发支出。对于为获取国家战略资源，勘探投入费用较大的企业，经国资委认定后，将其成本费用情况表中的“勘探费用”项目视同研究与开发费用调整项按照一定比例（原则上不超过50%）予以加回。

3）非经常性收益调整项包括：

a. 变卖主业优质资产收益。减持具有实质控制权的所属上市公司股权取得的收益（不包括在二级市场增持后又减持取得的收益）；企业集团（不含投资类企业集团）转让所属主业范围内且资产、收入或者利润占集团总体10%以上的非上市公司资产取得的收益。

b. 主业优质资产以外的非流动资产转让收益。企业集团（不含投资类企业集团）转让股权（产权）收益、资产（含土地）转让收益。

c. 其他非经常性收益。与主业发展无关的资产置换收益、与经常活动无关的补贴收入等。

4）无息流动负债是指在企业财务报表中“应付票据”“应付账款”“预收账款”“应交税费”“应付利息”“其他应付款”和“其他流动负债”项目；对于因承担国家任务等原因造成“专项应付款”“特种储备基金”项目余额较大的，可视同无息流动负债扣除。

5）在建工程是指在企业财务报表中符合主业规定的“在建工程”项目。

2. 一般工商企业EVA的计算

对于一般的工商企业，在现行的会计准则下，要遵循适用性、时代性、重要性和可获得性原则对EVA的相应会计科目进行调整，客观地计算EVA值。

（1）一般工商企业EVA的计算公式。

1）税后净营业利润的计算公式。

$$
\begin{aligned}
\text{税后净营业利润} = {} & \text{净利润} + \Big(\text{利息支出} + \text{当期费用化研发支出} - \text{费用化研发支出累计摊销额} \\
& + \text{市场开拓费用} - \text{市场开拓费用累计摊销额} + \text{资产减值准备本期增加额} - \text{公允价值变动收益} \\
& + \text{汇兑损失} + \text{员工培训费用} - \text{员工培训费用累计摊销额} + \text{当期停业部门损失} - \text{非营业项目净额}\Big) \\
& \times (1 - \text{所得税税率}) - \text{递延所得税资产本年增加额（不含资产减值准备影响）} \\
& + \text{递延所得税负债本年增加额（不含资产减值准备影响）} \qquad (8-23)
\end{aligned}
$$

2）调整后资本的计算公式。

$$\begin{aligned}\begin{matrix}\text{调整后}\\\text{资本}\end{matrix}=&\begin{matrix}\text{股东权益}\\\text{合计}\end{matrix}+\begin{matrix}\text{税后费用化研发}\\\text{支出累计未摊销额}\end{matrix}+\begin{matrix}\text{税后市场开拓费用}\\\text{累计未摊销额}\end{matrix}\\&+\begin{matrix}\text{税后各项准备金}\\\text{期末余额}\end{matrix}-\begin{matrix}\text{递延所得税资产期末余额}\\\text{（不含资产减值准备影响）}\end{matrix}\\&+\begin{matrix}\text{递延所得税负债期末余额}\\\text{（不含资产减值准备影响）}\end{matrix}-\begin{matrix}\text{战略性投资}\\\text{期末余额}\end{matrix}\\&+\begin{matrix}\text{税后员工培训费用}\\\text{累计未摊销额}\end{matrix}+\begin{matrix}\text{短期}\\\text{借款}\end{matrix}+\begin{matrix}\text{一年内到期的}\\\text{非流动负债}\end{matrix}\\&+\text{应付债券}+\text{长期借款}\end{aligned}\tag{8-24}$$

3）资本成本率的计算公式。

$$\begin{aligned}\text{资本成本率}=&\left(\begin{matrix}\text{债务资本}\\\text{成本率}\end{matrix}\times\begin{matrix}\text{债务资本占}\\\text{总资本比例}\end{matrix}\right)\times\left(1-\begin{matrix}\text{所得税}\\\text{税率}\end{matrix}\right)\\&+\text{权益资本成本率}\times\text{权益资本占总资本的比例}\end{aligned}\tag{8-25}$$

其中，债务资本成本率按照 1 年期的贷款利息来确定，权益资本成本率按照 CAPM 模型进行估算。该模型可用公式表示如下：

$$r_e=r_f+\beta(r_m-r_f)\tag{8-26}$$

式中，r_m 为市场收益率，利用上证指数直接求得；r_f 为无风险收益率，可以取 5 年期国债利率；β 系数的估计值则利用回归分析模型（$A=$常数项$+\beta\times B+$误差），根据该公司股票某月的收益率与相对应的上证指数的月收益率 B 的线性回归方程得出。

（2）计算一般工商企业 EVA 所需相应调整的会计项目。

1）费用化研发支出。新会计准则规定企业自行开发的项目中，研究阶段的支出全部费用化，计入当期管理费用；开发阶段支出要予以资本化。计算 EVA 时，需要将研究费用作资本化调整，并根据资本化金额和当期摊销额调整税后净营业利润。

2）市场开拓费用。按照会计准则，市场开拓费用应视为费用，而计算 EVA 时需将市场开拓费用做资本化处理。

3）资产减值准备。资产减值准备带有一定的主观性和随意性，提前确认损益会使当期利润不实，计算 EVA 时需对资产减值准备进行调整。

4）公允价值变动收益。公允价值变动损益同样是在收益实现之前提前确认，因此应在当期经营利润中扣除公允价值变动收益的影响。

5）递延所得税资产和递延所得税负债。递延所得税资产已经支付，不受企业支配，不应作为企业资本的一部分，因此应从资本总额中扣除，并从税后净营业利润中扣除；递延所得税负债留存于企业，由企业支配，应作为资本的一部分处理，因此应将其加入到资本总额中，加回税后净营业利润中。但这里需要扣除其中包含的资产减值准备影响额。

6）战略性投资。将战略性投资分列出来，在其带来经营利润之前不列入资本成本的计算范围，而是用于单独反映该项目的投资成本。当产生经济利润后，再记入资产账户，考虑相关的资本成本。

7）无息流动负债。流动负债中有一些负债在一定程度上是不用花费成本的，如应付账款、应付票据等，在计算时应将其从资本总额中扣除。

8）汇兑损益。EVA指标体系认为汇兑损益不是由管理层决策所能控制的，它属于公司正常运营以外发生的损益，在计算EVA时应予以剔除。

9）营业外收支。EVA指标体系强调企业应关注其主要业务的经营情况，对于不影响公司长期价值变化的营业外收支需要在税后净利润中予以剔除。

10）员工培训费用。EVA指标体系认为员工培训费用是关系企业长久发展的一项重要投资，会在企业运营的多个年度体现出效果，应视为一项投资，进行资本化处理。

11）停业部门损益。EVA除了用于客观评价企业的经营成果以外，还力求对企业未来发展提供有价值的参考，因此当年已经停业的部门不会对企业未来产生影响，故应将这部分影响排除，相应地将其损益和资产从盈余及资产总额中扣除，只计算存续部分的经营成果。

12）利息费用。在计算EVA时，资本成本部分包含着利息要素，相应的税后净营业利润是未扣除利息支出的利润概念，因此需要将利息支出加回税后净营业利润中，采用会计报表附注中财务费用里的利息支出来确定。

13）所得税调整。由于上述项目的调整涉及对企业税前净营业利润的调整，因此用调整后的净利润乘以现行税率得出的所得税与损益表中的所得税费用存在差异，需要将此差异重新进行调整后才能得出真实的EVA。

3. 企业EVA的计算举例

[例8-5]

A企业是一家上市公司，为实现内部整治，促进科学发展，拟采用EVA指标考评其绩效。2014年年初，公司的债务总额为600万元，所有者权益总额为800万元，在建工程100万元；该公司的股票收益率相对于大盘收益的β值为0.2，市场收益率为30%，无风险收益率为10%；1年期的贷款利率为15%，所得税税率为25%；2014年年末，公司经处理后的相关财务资料（部分）如表8-15所示。

表8-15　　A企业截至2014年12月31日的财务数据　　单位：万元

净利润	500	应付债券	200
利息支出	20	长期借款	150
研发支出：		汇兑损失	10
研究与开发费用	50	公允价值变动收益	20
确认为无形资产部分	20	员工培训费用	20

转让土地收益	40	员工培训费用累计摊销额	10
应付票据	50	当期停业部门损失	20
应付账款	100	非营业项目净额	20
预收款项	100	递延所得税资产本年增加额	15
应交税费	50	税后各项准备金期末余额	20
应付利息	20	递延所得税资产期末余额	50
其他应付款	20	战略性投资期末余额	20
其他流动负债	15	税后市场开拓费用累计未摊销额	5
专项应付款	10	税后员工培训费用累计未摊销额	20
在建工程	200	一年内到期的非流动负债	50
所有者权益总额	1 000	税后费用化研发支出累计未摊销	10
债务总额	800	费用化研发支出累计摊销额	20
短期借款	100	市场开拓费用累计摊销额	20
市场开拓费用	40	资产减值准备本期增加额	20

（1）若 A 企业为中央企业，则计算的 EVA 为 492.83 万元，其具体计算如下：

$$\begin{aligned}EVA &= 500+[(20+50+20-40\times 50\%)\times(1-25\%)]-[(800\\&\quad +1\,000)/2+(600+800)/2-(100+200)/2-50-100-100\\&\quad -50-20-20-15-10]\times 5.5\%\\&=492.83(\text{万元})\end{aligned}$$

（2）若 A 企业为一般工商企业，则应结合会计准则调整相应项目，计算的 EVA 为 362.75 万元，其具体计算如下：

$$\begin{aligned}EVA &= 500+(20+50-20+40-20+20-20+10+20-10+20-20)\\&\quad \times(1-25\%)-15-(1\,000+10+5+20-50-20+20+100\\&\quad +50+200+150)\times\{15\%\times 800/(800+1\,000)\times(1-25\%)\\&\quad +[10\%+0.2\times(30\%-10\%)]\times 1\,000/(800+1\,000)\}\\&=362.75(\text{万元})\end{aligned}$$

可见，不同类型的企业采用的计算方法或指标口径不尽相同，其所计算的 EVA 也就有一定的差异。因此，对企业财务绩效进行考评时，应当根据企业类型和业务特点，紧密结合绩效考评的具体目的，灵活合理地运用 EVA。

8.3.3　EVA 绩效评价的优点与局限性

1. EVA 绩效评价的优点

（1）有利于克服经营者的短期行为，促进企业的可持续发展。EVA 指标要求经营者着眼于企业的长远发展，避免仅关注短期绩效与利益，促使经营者进行正确的投资决策，并引导、鼓励其开展诸如新产品研发、人才培养、品牌推广等有利于企业长远发展的活动，从而克服经营者的短期行为。基于 EVA

绩效评价体系，不论是前期的研发支出，还是新品牌的营销和广告支出，企业的现金支出均在资产负债表上有所体现，并在未来逐渐抵扣收入，使经营者敢于在短期内加大投入来确保企业的可持续发展。

（2）可以促使企业经营者更有效地使用资本及留存收益。对企业而言，占用或使用资本及留存收益不是免费的，股东必须得到相应的投资回报，因而企业的经营者会重视占用或使用资本的全部成本，并努力提高资本的运营能力和运作效率，而不会盲目地上新项目、介入新产业、扩大经营规模。这将促使经营者不断加强经营管理，重视并努力提高资产流动性及资金周转率。

（3）有利于避免或解决由人为因素所造成的会计信息失真问题。基于EVA绩效考评，对诸如新产品研发支出、企业开办费用、新品牌的营销推广费用等成本费用在财务报表中进行资本化处理，并在以后不同期间逐渐抵减收入，这将有助于形成对企业经营者合理有效的绩效评价机制，不仅有利于企业增强其长期盈利能力，而且在一定程度上有利于避免由人为因素所导致的数据虚假等会计信息失真的问题。

（4）有利于解决企业决策的次优化问题。EVA作为一种全新的管理模式和激励机制，在人力资源开发与管理中也发挥着作用。

借助EVA绩效考评体系，股东权益和经营者的利益可以很好地统一起来，从而为解决公司治理结构问题提供易于操作的方案。目前，有学者提出用EVA来建造模拟权益奖金计划，它是按照企业EVA值的一个固定比例为管理者设定发放的奖金额度，并且使该比例在一段时期内保持不变。这样，由于比例固定不变，管理者就会竭尽全力地为企业多做贡献，积极制定企业发展战略，并主动随形势的变化不断调整经营策略，以期创造出更大的EVA，团队合作也因此得以加强。

2. EVA绩效评价的局限性

（1）不利于对企业经营者的长期业绩进行考评。虽然采用EVA指标能够在一定程度上防止经营者的短期行为，但EVA仍属于短期性的财务指标，而经营者在企业大都有规定年限的任期，他们为了自身的利益有可能只关心任期内各年的EVA，其目标导向与基于未来各期创造经济增加值的股东财富最大化目标不一致。若仅仅以当期所实现的经济增加值作为业绩评价指标，而EVA指标又缺乏前瞻性，就会使企业的经营者对保持或扩大市场份额、降低单位产品成本，以及进行研发项目投资等缺乏积极性。

（2）不便于对企业在不确定条件下的经营业绩进行考评。虽然可通过资本资产定价模型、套利定价模型及期权定价模型等来计算资本成本，但我国资本市场还不发达，包括β系数在内的数据资料大部分难以获得或不甚准确，其计算过程又十分复杂；加之企业经营的外部环境复杂多变，不同利益相关者对企业绩效评价有着不同的要求，基于EVA指标的单一评价方法不能完全满足利益相关者的要求。

（3）不便于对集权管理下分散经营的企业绩效进行考评。虽然采用 EVA 指标能够有效解决集权管理模式下分散经营企业的不少经营及决策问题，如是否接受新的投资项目、是否放弃某个部门或某项投资，以及如何确定企业分散经营的范围等，这些都取决于能否增加股东财富和实现 EVA，但是需要在分散经营的企业之间进行艰难的沟通，并且计算 EVA 指标时还要进行诸多的调整，以创造一种能使经营者像所有者一样行动的业绩考评方式，这些调整涉及会计政策稳健（如研发费用资本化、先进先出法）、盈余管理（如不提取或少提取坏账准备）和会计误差（如资产账面价值不实）等诸多影响。此外，在集权管理模式下，多个分散经营的企业共同使用人力和物力等资源，从而会产生内部转移价格、结算及分配等复杂问题。这些都使得 EVA 指标在衡量和评价企业绩效中十分不便甚或不利。

鉴于此，企业或（集团）公司在价值创造及绩效评价中，应根据企业的经营战略和理财目标，结合 EVA 的具体特点和平衡计分卡（balanced scorecard，BSC）的基本原理，将 EVA 与 BSC 有机结合起来并运用于企业的绩效管理系统及绩效分析评价。也就是说，BSC 是 EVA 的驱动因素，是提升 EVA 的有力手段。当企业实施成本领先战略时，基于 EVA 分解的驱动因素大多属于财务指标，它们与平衡计分卡的主要指标基本一致；当企业实施差异化战略时，基于 EVA 分解的那些财务指标无法用来直接识别和衡量企业的非财务方面的业绩，而 BSC 在一定程度上可予以弥补。一般来说，（集团）公司的管理层与企业的经营者的业绩考核可以 EVA 为核心工具，而（集团）公司的职能部门和企业的业务部门的业绩考核可以 BSC 为主要手段。整个企业或（集团）公司要以股东财富最大化为目标，以基于 EVA 的价值管理系统及绩效评价体系为核心，以 BSC 为达成目标、执行战略及提升 EVA 的手段，建立并实施科学、合理、有效的企业绩效分析方法和评价体系。

本章小结

财务综合分析主要包括静态财务综合分析、动态财务综合分析，以及基于 EVA 的绩效考评等内容。

财务综合分析是指将相互联系、相互补充的分析方法和分析程序所得出的个别结果，运用一个简洁的综合系统予以判断、融合、平衡、分析并作出概括性的结论，借以衡量一个企业财务管理各方面活动的综合效果，判断其财务状况。财务综合分析方法主要包括沃尔评分法和杜邦分析法。杜邦分析法在实践中更为常用，是利用各个主要财务比率指标之间的内在联系来综合分析企业财务状况的方法。与其他财务分析方法一样，杜邦分析法的关键不在于指标的计算，而在于对指标的理解和运用。

财务趋势分析是通过对财务报表中各类相关数字进行比较，尤其是将一个时期的财务报表和另一个或几个时期的财务报表进行比较，对该分析期间内财务报表发生重大变动的某些项目的数据进行重点研究，以确定引起公司财务状况和经营成果变动的主要原因的一种分析方法。财务趋势分析包括历史财务趋势分析和周期性财务趋势分析。其中历史财务趋势分析包括比较财务报表的分析、比较百分比财务报表的分析和财务比率的趋势分析；周期性财务趋势分析是通过引入“周期”的概念对企业财务环境进行的科学分析。周期分析的实质是对企业财务环境进行的一种科学描述，结合企业所处的不同财务环境，进行更科学的财务分析。

EVA是指一家公司在扣除资本成本后的资本收益，它等于税后净营业利润与全部资本成本之间的差额，而全部资本成本系加权平均资本成本（率）和调整后的资本总额的乘积。当然，不同类型的企业计算EVA所采用的计算方法或指标口径有所不同。对于中央企业而言，可直接依据国资委颁布的相关文件计算EVA；而对于一般工商企业而言，应结合现行会计准则调整相应项目以得出调整后的资本总额，再计算EVA。作为一种基于价值管理的新理念和绩效评价方法，EVA及其指标体系已逐渐为实务界所理解和广泛认同，并作为一种新的公司治理与业绩评价标准而在全球范围内得到普遍使用，是绩效评价理论与实践的新发展。

术语与公式

一、名词术语

财务综合分析	沃尔评分法	杜邦分析法	功效系数法
财务趋势分析	经济周期	行业生命周期	企业生命周期
产品生命周期	直接参考法	指标分析法	直观判断法
经济增加值			

二、主要公式

$$\text{权益报酬率}=\frac{\text{净利润}}{\text{所有者权益}}=\frac{\text{净利润}}{\text{资产总额}}\times\frac{\text{资产总额}}{\text{所有者权益}}=\text{总资产报酬率}\times\text{权益乘数}$$

$$\text{总资产报酬率}=\frac{\text{净利润}}{\text{销售收入}}\times\frac{\text{销售收入}}{\text{资产总额}}=\text{销售净利率}\times\text{总资产周转率}$$

$$权益乘数=\frac{资产总额}{所有者权益}$$

$$=\frac{1}{1-资产负债率}$$

$$基本指标总得分=\sum 单项基本指标得分$$

单项指标得分＝本档基础分＋调整分

本档基础分＝指标权数×本档标准系数

$$调整分=\frac{指标实际值-本档标准值}{上档标准值-本档标准值}\times(上档基础分-本档基础分)$$

上档基础分＝指标权数×上档标准系数

$$修正后总得分=\sum 各部分修正后得分$$

各部分修正后得分＝各部分基本指标分数×该部分综合修正系数

$$某部分综合修正系数=\sum 该部分各修正指标加权修正系数$$

某项指标加权修正系数＝该指标单项修正系数×该修正指标权重

$$\begin{matrix}某指标单项\\修正系数\end{matrix}=1.0+\left[\begin{matrix}本档标\\准系数\end{matrix}+\begin{matrix}功效\\系数\end{matrix}\times\left(\begin{matrix}上档\\基础分\end{matrix}-\begin{matrix}本档\\基础分\end{matrix}\right)-\begin{matrix}该部分基本\\指标分析系数\end{matrix}\right]$$

$$某部分基本指标分析系数=\frac{该部分基本指标得分}{该部分权数}$$

EVA＝税后净营业利润－调整后资本总额×加权平均资本成本率

思考与练习

一、思考题

1. 沃尔评分法的基本原理是什么？它包括哪些主要步骤？
2. 杜邦分析法的基本原理是什么？它是如何分解关键指标的？
3. 中央企业的综合绩效评价包括哪些内容？分别选取哪些指标？
4. 企业通常会面临哪些周期？各类周期对财务趋势分析有何影响？
5. 用来判断和分析产品生命周期的方法有哪些？各有哪些优缺点？
6. EVA 指标的意义是什么？EVA 绩效评价的原理和优缺点是什么？

二、计算题

1. 凌宇公司 2016 年度部分财务指标如表 8－16 所示。

表 8－16　凌宇公司部分财务指标表

财务比率	本年实际值	行业平均值
应收账款回收期（天）	38	34
存货周转率（次）	2.6	2.5

续前表

财务比率	本年实际值	行业平均值
固定资产周转率（次）	2.05	1.4
总资产周转率（次）	1.11	1.14
资产负债率（%）	50	60
销售毛利率（%）	40	36
销售净利率（%）	7.25	6.40
已获利息倍数	4	2.6

要求：

(1) 运用杜邦财务分析法的基本原理，比较本年该公司与同业平均净资产收益率。

(2) 定性分析该公司与同业平均净资产收益率之间差异形成的具体原因或影响因素。

2. 鑫晨企业截至2016年年末简易资产负债表（见表8-17）及部分其他资料如下。

表8-17 **资产负债表**

2016年12月31日 单位：万元

资产	年初余额	年末余额	负债及所有者权益	年初余额	年末余额
流动资产：			短期借款	50	65
货币资金	60	55	应付票据	30	50
应收账款	50	80	其他流动负债	35	40
存货	102	144	长期负债	245	200
其他流动资产	23	36	负债合计	360	355
流动资产合计	235	315	实收资本	355	350
固定资产	480	390	所有者权益合计	355	350
总计	715	705	总计	715	705

该企业2016年度销售收入为355万元，净利润为71万元。

要求：

(1) 计算2016年年末流动比率、速动比率、资产负债率和权益乘数。

(2) 计算2016年总资产周转率、销售利润率和净资产收益率，并分析这些指标间的关系。

3. 竹谷企业是一家大型集团公司，旗下有众多从事不同业务的成员企业，现需对其中的源晨企业和戎华企业2016年的业绩进行考评。2016年，源晨企业和戎华企业的有关资料如下：源晨企业资产总额83 000万元，利润总额14 000万元，应交所得税5 000万元，利息费用2 500万元，资产负债率30%，平均负债成本率10%，综合资本成本率12.8%；戎华企业资产总额12 000万元，利润总额 1 600 万元，应交所得税 500 万元，利息费用 600 万元，资产负债率 62.5%，平均负债成本率 8%，综合资本成本率 11%。

要求：分别计算 2016 年源晨企业和戎华企业的经济增加值 EVA，并予以分析与评价。

三、案例题

H 公司自成立以来，经过 30 多年的发展创造了世界级的家电品牌。公司主要经营范围有冰箱、洗衣机、冷柜、彩电、空调、热水器、手机、数码相机、厨房电器等家电产品，其业务遍布全球。近年来，H 公司凭借其锐意进取的文化，积极拓展新的业务领域，为消费者提供满足现代生活需求的解决方案。H 公司在全球有 5 大研发中心、21 个工业园、66 个贸易公司、143 330 个销售网点，用户遍布全球 100 多个国家和地区。2016 年 H 公司全球营业额为 2 007 亿元，同时线上交易额达 548 亿元。世界权威市场调查机构欧睿国际 (Euromonitor) 发布的 2016 年全球大型家用电器调查数据显示，H 公司大型家电零售量多次蝉联全球第一。

2016 年受宏观经济增速趋缓、房地产市场低迷、凉夏拖累空调销售等因素影响，国内家电市场整体低迷，据中怡康监测数据显示，2016 年各类家电产品的国内行业零售额均呈明显下行的趋势。海外市场消费需求总体疲软，国际金融市场汇率的大幅波动不利于家电出口。互联网也影响并改变着家电行业。面对上述挑战与机会，H 公司大力推进网络化转型及适应消费升级趋势的产品结构、渠道业务的升级，坚持稳健经营，勇于创新变革，在保持白电行业引领者地位、实现有质量增长的同时，初步构建起向智慧互联生活解决方案生态圈发展的基础。

该公司 2016 年度的资产负债表和利润表如表 8-18 和表 8-19 所示。

表 8-18　资产负债表

编制单位：H 公司　　2016 年 12 月 31 日　　单位：元　币种：人民币

项目	期末余额	期初余额
流动资产：		
货币资金	2 574 988 196.28	831 409 756.22
以公允价值计量且其变动计入当期损益的金融资产		
衍生金融资产		
应收票据	233 249 781.27	458 434 006.63
应收账款	418 826 810.97	306 663 917.87
预付款项	18 947 243.80	13 088 558.12
应收利息	19 480 111.12	872 666.67
应收股利	1 041 461 029.41	1 152 613 317.10
其他应收款	948 024.95	7 768 201.77
存货	37 191 061.86	67 178 524.76

续前表

项目	期末余额	期初余额
划分为持有待售的资产		
一年内到期的非流动资产		
其他流动资产		
流动资产合计	4 345 092 259.66	2 838 028 949.14
非流动资产：		
可供出售金融资产	711 283 509.72	5 851 221.78
持有至到期投资		
长期应收款		
长期股权投资	8 329 123 354.01	7 214 887 250.51
投资性房地产		
固定资产	136 611 658.02	118 808 505.60
在建工程	3 445 371.41	18 348 773.13
工程物资		
固定资产清理		
生产性生物资产		
油气资产		
无形资产	8 351 664.99	9 024 282.31
开发支出		
商誉		
长期待摊费用		
递延所得税资产	7 475 901.26	19 703 585.09
其他非流动资产		
非流动资产合计	9 196 291 459.41	7 386 623 618.42
资产总计	13 541 383 719.07	10 224 652 567.56
流动负债：		
短期借款		
以公允价值计量且其变动计入当期损益的金融负债		
衍生金融负债		
应付票据		
应付账款	183 884 607.65	150 564 812.05
预收款项		
应付职工薪酬	27 049 426.39	25 419 402.22
应交税费	50 814 082.00	−41 345 203.62
应付股利		
其他应付款	1 323 086 665.86	399991861.74
划分为持有待售的负债		
一年内到期的非流动负债		
其他流动负债		
流动负债合计	1 584 834 781.90	534 630 872.39

续前表

项目	期末余额	期初余额
非流动负债：		
长期借款		
应付债券		
其中：优先股		
永续债		
长期应付款		
长期应付职工薪酬		
专项应付款		
预计负债		
递延收益		
递延所得税负债	4 198 218.27	487 305.96
其他非流动负债	47 160 730.00	
非流动负债合计	51 358 948.27	487 305.96
负债合计	1 636 193 730.17	535 118 178.35
所有者权益：		
股本	3 045 935 134.00	2 720 835 940.00
其他权益工具		
其中：优先股		
永续债		
资本公积	5 004 552 140.14	2 573 585 365.58
减：库存股	6 101 000.00	
其他综合收益	7 231 809.03	2 019 633.82
专项储备		
盈余公积	1 131 458 371.35	1 060 252 072.52
未分配利润	2 722 113 534.38	3 332 841 377.29
所有者权益合计	11 905 189 988.90	9 689 534 389.21
负债和所有者权益总计	13 541 383 719.07	10 224 652 567.56

表 8－19　　利润表

2016 年　　单位：元　币种：人民币

项目	本期发生额	上期发生额
一、营业收入	2 192 966 394.66	2 547 457 903.50
减：营业成本	1 624 174 850.41	1 670 039 851.30
营业税金及附加	7 363 098.35	14 662 682.68
销售费用	93 645 130.26	186 456 702.93
管理费用	364 227 286.05	326 489 915.83
财务费用	－33 860 962.14	6 866 388.13
资产减值损失	9 261 395.48	11 532 361.82
加：公允价值变动损益（损失以“－”号填列）		
投资收益（损失以“－”号填列）	626 625 461.78	1 625 706 048.59

续前表

项目	本期发生额	上期发生额
三、营业利润（亏损以“一”号填列）	754 781 058.03	1 957 116 049.40
加：营业外收入	47 160 881.21	343 430 456.85
其中：非流动资产处置利得		
减：营业外支出	862 828.21	2 023 307.10
其中：非流动资产处置损失		
四、利润总额（亏损总额以“一”号填列）	801 079 111.03	2 298 523 199.15
减：所得税费用	89 016 122.71	65 616 309.40
五、净利润（净亏损以“一”号填列）（合并报表分别填列归属于母公司所有者的净利润与少数股东损益）	712 062 988.32	2 232 906 889.75
六、其他综合收益的税后净额（合并报表分别填列归属母公司所有者与少数股东的其他综合收益的税后净额）	5 212 175.21	−752 877.53
七、综合收益总额（合并报表分别填列归属母公司所有者与少数股东的综合收益总额）	717 275 163.53	2 232 154 012.22
八、每股收益：(合并报表填列)		
（一）基本每股收益（元/股）		
（二）稀释每股收益（元/股）		

H公司2016年现金流量表的数据列示如下：经营活动、投资活动和筹资活动产生的现金流量净额分别为379 446 663.14元、−809 100 239.71元、2 174 922 889.41元；2015年此三类活动现金流量净额分别为32 745 416.63元、1 274 040 391.58元、−788 115 029.80元。2016年长期资产折旧摊销为40 133 427元。

资料来源：本案例题的部分资料来自巨潮资讯网，对资料部分细节进行了微调。

要求：根据上述信息资料，运用适当的财务分析方法，对该公司的财务状况与经营成果进行分析与预测。

第 9 章

财务预警分析

学习目标

本章主要阐述财务预警的概念、财务预警系统及其构成和财务预警分析方法及其应用等有关内容。通过本章的学习应掌握：

- 财务预警的含义
- 财务预警系统的构成
- 财务预警分析方法及其应用

西方国家从 20 世纪 70 年代开始对企业财务风险和财务预警分析进行研究与应用，目前我国企业财务风险及风险管理意识虽然渐趋强化，但对财务预警的重视和研究才刚刚起步，财务预警分析与实践尚付阙如。有些企业，尤其是一些上市公司，其风险累积到一定程度便会形成财务危机，导致财务失败甚至破产倒闭，造成巨大的经济损失，也影响经济社会稳定。因此，面对复杂多变的客观环境和日益增多的不确定因素，企业必须重视和加强对财务预警的研究，构建灵敏有效的财务预警系统，进行科学合理的财务预警分析，始终加强风险管理，以便有效防范和化解风险。正如花旗集团前总裁沃尔特·瑞斯顿所言："我们的一生是在管理风险，而不是排除风险。"

9.1 财务预警的含义

财务预警是企业为防止经营管理偏离正常轨道而建立和实施的基于财务分析的风险预报和实时管控的策略及手段。具体来说，财务预警是根据预警理论，通过对财务报表及其他相关资料的分析，利用适时的财务数据资料和相应的数据化管理方式，预先告知企业所面临的风险及其成因，以便及早采取应对之策和具体举措的一种财务分析系统。

财务预警与财务风险、财务危机、财务困境及财务失败等概念密切相关。财务危机（financial crisis）也称财务困境（financial distress），是经营危机的主要征兆，是财务风险（financial risk）的一种极端表现，财务失败（financial failure）则是财务风险的一种终极状态。换言之，企业处于财务危机意味着企业已陷入财务困境，也表明企业面临经营危机。国内外大量的事实表明，面临经营危机的企业几乎都以出现财务危机为征兆。任何企业在其生存和发展过程中，都会遇到包括财务风险在内的诸多风险，财务风险是客观存在的，财务危机是财务风险积聚到一定程度的产物。企业若不能及时对风险采取有效的管控措施，并加以防范与化解，终将随着风险的积聚和加剧而陷入财务危机；若能及时采取有效措施加以应对，则能降低财务风险，摆脱财务危机。因此，重视财务风险，避免财务危机，是财务预警分析的重要目标。

企业的财务预警主要包括财务监测、财务识别、财务诊断和财务评价等管理活动。

（1）财务监测。财务监测是企业财务预警的基本前提，通常以企业经营管理活动过程中的重要环节为监测对象，对监测对象的全部活动过程以及监测对象与其他活动环节及外部环境的关系状态进行监视，同时对监测信息进行程序化、标准化、科学化的整理、分类、存储和传输，建立监测信息档案和科学合理的指标体系。

（2）财务识别。财务识别是企业财务预警的重要环节，通常以监测信息为依据，分析企业经营活动中已发生的劣性状态和将要发生的劣性活动趋势，以此为重点，通过运用适宜的识别指标来判断和确定已经发生或即将发生劣性状态的具体环节。

（3）财务诊断。财务诊断是指根据监测的主要结果，运用现代企业的管理技术、诊断技术及财务分析方法等对企业营运状况的优劣做出判断，以找出企业运行中的弊端及其根源。

（4）财务评价。财务评价是指运用社会公认、法律认可或通过社会调查所获得的评价指标，对业已确认的主要劣性状态进行的评价活动，既评价财务损失（包括直接损失和间接损失），也评价社会损失（包括经济损失和社会波动后果），其评价结论是判断和决定预防与控制对策的依据。

9.2 财务预警系统

9.2.1 财务预警系统的概念

财务预警系统是根据企业的财务报表、经营计划及其他相关资料，综合运用多种方法，分析企业的经营情况、潜在风险及其影响因素，并预先告知企业的经营者和其他利益相关者，为企业管理层提供决策和控制依据，以便其采取有效应对措施的一种分析控制管理系统。

财务预警系统将企业视为一个有机的整体，跟踪和监测企业的生产经营过程，实时收集与加工有关经营、财务等各方面的内部数据，同时导入有关行业产业、市场竞争等外部信息，并及时诊断、发现和评价企业的经营、管理及财务等方面的风险（征兆、弊端及根源），以便用完整的信息流对企业的资金流和物流进行动态监测，灵敏全面地反映企业财务状况及其发展态势，以利于经营者真正了解危机及其防范与化解等情况，及时采取应对措施甚或调整解决方案，有效阻断危机传导链条，防止财务状况继续恶化，以增强企业系统免疫力和抗风险能力。可见，企业的财务预警系统具有系统性、实时性、预知性和反馈性等特点。

9.2.2　财务预警系统的构成

近年来，因决策失误、管理失控、环境恶化等而陷入困境甚至破产倒闭的企业已有不少，尽管原因多种，情况各异，但都与没有建立或实施有效的财务预警系统不无关系。实际上，建立或实施有效的财务预警系统是企业外部市场竞争环境与利益相关者决策的必然要求，也是企业克服财务信息披露局限和强化风险管理的迫切要求，更是企业外部有关部门加强财务监管与绩效考评的客观需要，因为企业的财务预警与财务评价是相辅相成、互相促进的。企业构建财务预警系统，应当遵循若干原则，即系统性原则、动态性原则、前瞻性原则、及时性原则、实用性原则和经济性原则等，使之集日常风险监测与定期综合预警于一体，能够及时发现、防范和化解风险，确保系统稳健运行，促进企业科学发展。

系统是指具有一定功能、由多个要素或构成部分组成、相互间有机联系的整体，它可分解，有其层次结构、规模、环境和功能。企业的财务预警系统由财务预警组织机构、财务预警信息集成、财务预警指标体系、财务预警警度警示和财务风险分析与危机处理等子系统构成，是企业预警系统的重要组成部分。

1. 财务预警组织机构

财务预警组织机构是企业组织体系中不可或缺的组成部分，其在企业内的设置主要有三种情形，即在企业的财务部门中设立、在财务部门以外的职能部门中设立和在企业处于非常态时临时设立。这三种情形各有利弊，企业应根据自身特点和现有条件，灵活务实地设置科学、合理、适用的财务预警组织机构。

2. 财务预警信息集成

财务预警信息集成是财务预警机制正常运行并有效发挥作用的重要前提。良好的财务预警系统，应能够及时预知企业可能发生的财务困境、危机及失败，从而需要建立在对大量的信息资料进行系统分析的基础上，及时有效地发现每一个重要且相关的征兆。因此，企业应建立基于计算机信息系统的高效、开放、顺畅的财务信息收集与传递系统，来处理大量的数据并进行大范围的整合，以完成信息的高度集成，实现企业的数据共享，以发挥其为企业财务预警管理提供标杆和系统自动报警的作用。

3. 财务预警指标体系

前已述及，一个企业的经营与财务状况主要取决于企业的偿债能力、盈利能力、营运能力、发展能力和现金流量状况等。因此，企业的财务预警指标体系主要包括分别反映偿债风险、盈利风险、营运风险、发展风险及现金流量等几类预警指标，每一类预警指标又由若干财务比率指标构成，各个指标间既相互补充，又互不重复，能够全面反映企业的经营与财务状况。

(1) 偿债风险预警指标。包括短期偿债风险预警指标和长期偿债风险预警指标。

1）短期偿债风险预警指标有：

营运资本＝流动资产－流动负债

流动比率＝流动资产/流动负债

速动比率＝速动资产/流动负债

现金比率＝现金持有量/流动负债

流动负债经营活动净现金流比＝经营活动净现金流量/流动负债

2）长期偿债风险预警指标有：

利息保障倍数＝息税前利润/利息费用

股东权益比率＝股东权益/资产总额

(2) 盈利风险预警指标。包括收入成本风险预警指标和资产权益报酬风险预警指标。

1）收入成本风险预警指标有：

营业毛利率＝(营业收入－营业成本)/营业收入

成本费用利润率＝净利润/(营业成本＋期间费用)

2）资产权益报酬风险预警指标有：

权益报酬收益率＝净利润/平均或期末股东权益

总资产利润率＝利润总额/平均或期末资产总额

(3) 营运风险预警指标。也称资产管理风险预警指标，包括流动资产管理风险预警指标和长期资产管理风险预警指标。

1) 流动资产管理风险预警指标有：

应收账款周转率＝营业收入/应收账款平均余额

存货周转率＝营业成本/存货平均余额

营业周期＝存货周转天数＋应收账款周转天数

流动资产周转率＝营业收入(净额)/平均流动资产

2) 长期资产管理风险预警指标有：

总资产周转率＝周转额(营业收入)/平均资产总额

$$\text{长期资产适合率}=\frac{\text{股东权益}+\text{长期负债}}{\text{固定资产净值}+\text{长期投资净值}}$$

(4) 发展风险预警指标。也称成长风险预警指标，包括营业发展风险预警指标和财务发展风险预警指标。

1) 营业发展风险预警指标有：

营业收入增长率＝(本年营业收入－上年营业收入)/上年营业收入

总资产增长率＝(本年资产总额－上年资产总额)/上年资产总额

2) 财务发展风险预警指标有：

净收益增长率＝(本年净利润－上年净利润)/上年净利润

每股收益增长率＝(本年每股收益－上年每股收益)/上年每股收益

(5) 现金流量风险预警指标。包括现金流量生成风险预警指标和收益质量风险预警指标。

1) 现金流量生成风险预警指标有：

营业现金比率＝经营活动产生的现金净流量/营业收入

每股营业现金流量＝经营活动产生的现金净流量/期末普通股股数

2) 收益质量风险预警指标有：

营业活动收益质量＝经营活动产生的现金净流量/营业利润

经营现金流量占比＝经营活动产生的现金净流量/净现金流量总额

$$\text{经营现金流量增长率}=\frac{\text{本年经营活动产生的现金净流量}-\text{上年经营活动产生的现金净流量}}{\text{上年经营活动产生的现金净流量}}$$

运用上述预警指标时，应注意将具体指标与企业所处行业的总体水平、外部环境及产业政策相结合，同时关注企业所披露的重大关联交易、资产置换、债务重组、重大诉讼及仲裁等事项，进行全面综合的分析，用以识别和发现企业所面临的财务风险、困境及危机征兆。此外，财务预警指标在企业发展的不同阶段有不同的特征，而每一个企业的生命周期所具有的内在规律性和某些不确定性也会对财务预警指标的理解、分析及运用产生影响，因而还应结合企业的生命周期及其影响运用财务预警指标。

4. 财务预警警度警示

财务预警警度是一种关于企业财务风险、困境及危机的判断标准，可据以判断和决定在不同情况下是否应当发出警报以及发出警报的程度。由于财务预警系统内置了不同警度的警戒值，计算机系统又具有开放性和自动性，因而一旦实际值超过警戒值，预警系统就会向经营者或有关人员发出警报，警示并促使其及时采取措施，防范和化解风险与危机。可见，财务预警警度的设置标准必须适度。如果设置标准过宽，可能导致漏警，即有危险而不能发出警报，从而削弱预警的作用；如果设置标准过严，则可能造成误警，即导致不该发出却发出了警报，使企业虚惊一场，产生不良后果，长此以往将会导致企业对警报信号失去信任，影响警报的功用。在经常发生误警的情况下，一旦困境和危险真的来临，即便预警系统正确地发出了警报，企业也会认为是误警而未引起足够的重视并加以防范，最终会导致企业受损甚至倒闭。

漏警的致因主要有三：其一，警度标准的设计过宽。预警警度设计的标准过宽，将安全区域设计得过大，危险区域设计得过小，从而导致漏警。其二，小概率事件发生。在众多风险因素中，通常有必要将属于小概率事件的因素排除，但小概率事件也有发生的可能性，一旦发生即可能导致漏警。其三，致错与风险因素发生变化。随着时间的推移和环境的变化，一些原本不属于致错与风险因素可能转化为致错与风险因素，而预警系统不能监测此种因素的变化，也就未能发出警报，从而导致漏警。至于误警，通常有两类：一类误警是指发出了某一风险出现的警报，但该风险最终没有出现；另一类误警是指发出了某一风险出现的警报，该风险因素最终出现了，但其风险程度与预报的程度相差一定的等级或者风险出现的时间与预报警示的时间不一致。一般意义下的误警多为第一类误警。

误警的致因主要有三：其一，警度标准的设计过严。预警警度设计的标准过严，把安全区域设计得过小，危险区域设计得过大，从而导致误警。其二，预警指标设计不当，把一些影响不大甚至无关的因素设计为预警指标，导致误警。其三，有关信息和数据有误，导致误警。在现实经济生活中，发生少量的误警和漏警亦属正常，两者间存在此消彼长的关系。如果放松预警警度，则可减少误警，却可能会增加漏警；反之，如果预警警度趋严，虽可减少漏警，但可能会增加误警。

财务预警警度的表现形式通常是指标预警，也有因素预警和综合预警等。指标预警是指根据预警指标数值大小的变动发出不同程度的警报。假设警报指

标为 X，灰色区域为（X_a，X_b），安全区域为 $X \geqslant X_b$，低危险区域（X_c，X_a），中等危险区域（X_d，X_c），高危险区域为 $X \leqslant X_d$。企业指标预警图如图 9-1 所示。

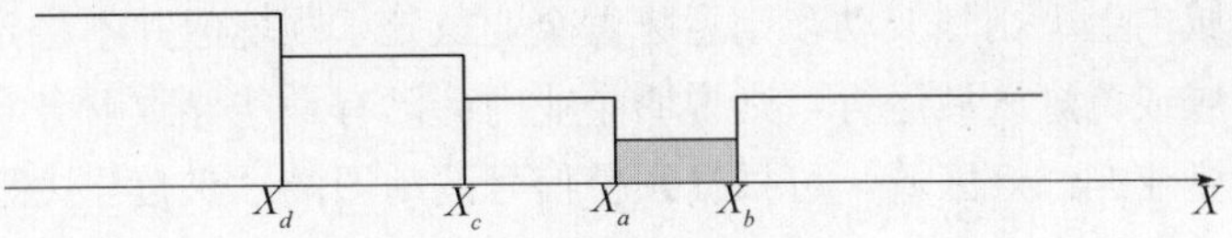

图 9-1　指标预警图

当 $X \geqslant X_b$ 时，不发出警报；

当 $X_a < X < X_b$ 时，根据经验进行综合分析，以判断是否发出警报；

当 $X_c < X \leqslant X_a$ 时，发出一级警报；

当 $X_d < X \leqslant X_c$ 时，发出二级警报；

当 $X \leqslant X_d$ 时，发出三级警报。

财务预警警度也可分设为无警、轻警、中警、重警等四个等级，相应地可用绿灯、蓝灯、黄灯、红灯来表示。其中，绿灯表明企业处于顺境状态，蓝灯表明企业财务状况开始恶化，黄灯表明企业财务状况严重恶化，红灯表明企业进入危机状态。可根据企业的实际情况具体设定其阈值（如表 9-1 所示）。

表 9-1　财务预警警度

警度	财务状况良好	处于危机潜伏期	处于危机发作期	处于危机恶化期
$Z<1.81$	轻警	中警	重警	重警
$1.81 \leqslant Z<2.675$	轻警	中警	中警	重警
$2.675 \leqslant Z \leqslant 2.99$	无警	轻警	中警	重警
$Z \geqslant 3.0$	无警	无警	轻警	中警

注：Z 是财务状况恶化的判别值。

此外，企业可根据财务预警系统定期输出的预警信号，绘制一个连续、全面的预警信号波动图，以便判断企业所处的具体境况，并分析这种境况的形成过程和发展趋势。企业预警信号波动图如图 9-2 所示。

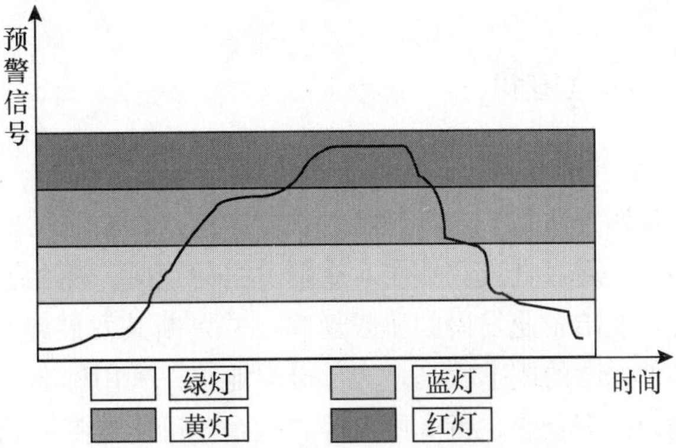

图 9-2　预警信号波动图

预警信号波动图能够显示企业所处状态的稳定程度。比如，企业在绿灯区域即处于顺境，如果预警信号波动图显示企业在绿灯区域的上部运行，或在此区域内上下剧烈波动，则意味着企业虽处于顺境但并不稳定。如果企业在蓝灯区域或黄灯区域运行，则说明企业内部已有一些导致财务状况恶化的因素。如果企业在红灯区域，可根据预警信号波动图的“坡度”（即曲线斜率）来判断企业危机发生与发展的时间特性：预警波动图的坡度很大，说明存在某一现象使企业财务状况恶化并迅速扩展；预警波动图的坡度很小，则说明存在诸多矛盾交织并有可能积累引发企业危机。可见，绿灯区域、蓝灯区域及黄灯区域是企业可承受的区域，而红灯区域是很可能发生危机的区域，企业不可掉以轻心，必须采取措施予以解决。

5. 财务风险分析与危机处理

根据财务预警指标和预警警度警示，企业可对财务风险进行分析，并制定和采取相应的预防、化解风险的有效措施。同时，企业应建立预防和控制风险的对策库，进行对策储备。该对策库由两部分组成，一部分是对企业业已实施的对策进行分析、评价及总结，以供借鉴和参考；另一部分是对企业未来运行趋势进行研究、预测及判断，并建立相应的对策模拟，以备不时之需和应急之用。当然，这种对策大多是思路性与指导性的，企业还应根据预警警报发出时的具体情况，按照对策系统的提示寻求实用、有效的实施方案，如正式与非正式的财务重整、资产重组、削减支出、实施替代、寻求外援和外部借力等。

总之，企业财务预警系统是一个有机的整体，各项工作联系紧密，各个环节相互支撑，需要有关人员各负其责，尽心竭力，精诚协同，既要实施总体预警，也要加强部门预警，使整个系统科学合理，预警运行顺畅高效。

9.3 财务预警分析方法

目前，国内外已有一些关于企业财务预警的理论与实践。就其分析方法而言，大致有两大类。

9.3.1 定性分析

1. 专家调查法

专家调查法是企业组织各领域专家运用其专业知识和经验，结合企业的内外部环境，通过直观调查与对企业过去的情况、现在的状况及变化过程进行综合分析，找出企业发展的一般规律，并判断其发展趋势的一种定性分析方法。运用这种方法的成本较高，大部分企业往往采用标准化的调查法，一般通过专业人员、咨询企业、行业协会等，就企业可能遇到的问题进行调查研究，并形成报告文件，以供企业经营者参考。

2. 症状分析法

症状分析法是根据企业的具体症状，分析和判断企业病情所处的阶段，进而发出财务预警，以便企业经营者及时采取有效措施的一种定性分析方法。通常，根据病情的具体症状，将企业病情所处阶段分为潜伏期、发作期及恶化期等几个阶段，故此法也称为“阶段症状分析法”。例如，当分析发现企业出现盲目扩张、营销不畅、制度失灵、缺乏风险预警机制等症状时，可判断认定企业病情处于潜伏期；当分析发现企业出现周转缓慢、筹资困难、市场萎缩等症状时，可判定企业病情处于发作期；当分析发现企业出现资金短缺、破产重组、资不抵债、偿债能力丧失等症状时，可判定企业病情处于恶化期。通过财务预警发布，以便经营者尽快查清原因，采取有效的应对措施，及时防范和化解风险，恢复或确保财务常态。

3. 周转分析法

周转分析法也称资金周转表分析法，即根据企业是否有最近数月（通常为三个月）的资金周转计划表、转入下月的结转额对总收入的比率是否在一定比率（如 20%）以上，以及付款票据的支付额或兑现额对销售额的比率是否达到一定比率（如制造业 40%或批发销售业 60%）以下等，分析企业的资金周转情况，进而判断企业财务状况的一种定性分析方法。一般来说，如果销售额逐月上升，企业兑现付款票据较为容易；反之，如果销售额逐月下降，企业开出的付款票据就难以支付。因此，企业要经常备有安全度较高的资金周转计划表，以供分析与判断企业的财务状况或作财务预警分析之用。

4. 管理评分法

管理评分法是由美国的仁翰·阿吉蒂提出的一种财务预警分析方法。他基于调查企业的管理特性和总结可能导致破产的缺陷，针对几种缺陷、错误和征兆进行对比打分，并根据其对破产过程产生影响的不同程度进行加权处理以求得总评分，进而判断企业的财务状况。具体内容如表 9-2 所示。

表 9-2　管理评分表

项目		评分	表现
缺点	管理方法	8	总经理独断专行
		4	总经理兼任董事长
		2	独断的总经理控制着被动的董事会
		2	董事会构成失衡，管理人员严重不足
		2	财务管理能力很弱，财务水平很低下
	财务费用	1	内部管理混乱，缺乏必要的规章制度
		3	没有财务预算或不按预算进行控制
		3	没有资金周转计划或虽有计划但从未调整过
		3	没有成本控制系统，对企业的成本一无所知
		15	应变力差，产品过时，设备陈旧，战略守旧
合计		43	及格 10 分

续前表

项目	评分	表现
错误	15	欠债过多
	15	企业发展过度
	15	过度依赖大项目
合计	45	及格15分
症状	4	财务报表上显示财务状况诸多不佳的信号
	4	总经理操纵账目，以掩盖企业滑坡的实情
	3	非财务反应：管理混乱、工资冻结、士气低落、人员外流
	1	晚期迹象：资不抵债、偿债能力很弱、债权人扬言要起诉
合计	12	及格4分
总计	100	及格29分

运用管理评分法时，表格中的每一项得分仅有零与满分两种可能性，分数的高低表明企业经营管理不善的程度不同，即某一项得分越高，表明企业的某一状况或处境越差。理论上或最理想的企业中，这些分数应当是零。一般来说，企业的安全总得分应小于18分。如果总得分超过25分，就表明企业面临经营失败的危险；如果总得分超过35分，则表明企业处于严重的危机。因此，总得分在18～35分构成企业管理的一个“黑色区域”。如果企业的总得分位于黑色区域内，就说明企业必须高度警惕，迅速采取有效措施，使总得分降低到18分以下的安全区域内。管理评分法的理论逻辑是：企业的经营失败源于管理层，而经营失败是一个逐渐变化与累积的过程。也就是说，企业初始时有可能出现一些经营上的缺点或不足，这些缺点或不足如不能加以克服，就会导致经营上的失误；而经营上的失误如果得不到纠正，就会导致企业出现破产的征兆；此时，企业如再不及时采取有效措施，则必然走向破产。可见，管理评分法简明易懂，务实有效。但它也有一定的局限性：不同人员对同一企业的风险测定结果可能不尽相同，尤其是对一些分值较大的项目，其观点的不同直接会影响到最终的评判结果；不同人员和不同企业对各风险因素的计分或赋值标准可能不尽一致；作为风险大小标志的临界分值是分析人员根据经验确定的，其代表性和预测效果都有待实践检验。鉴于此，分析人员在运用管理评分法时，还应当结合其他方法进行风险的预测、评估与判断。

9.3.2 定量分析

1. 单变量分析法

单变量分析法是指运用单一变量或个别财务比率来预测财务失败的一种模型或方法。据此模型，当企业有关的财务比率趋于恶化，往往就是企业发生财务失败的先兆。根据现有的相关文献，较早的财务预警研究是菲茨·帕特里克（Fitz Patrick，1932）开展的单变量破产预测研究。他以19家企业为样本，运用单个财务比率将样本划分为破产和非破产两组，并发现判别能力最强的是净利润/股东权益和股东权益/负债这两个比率指标。1966 年，美国学者威廉·比弗（William Beaver）提出了单一变量模型，他使用 1954—1964 年的 79 对企业组成的样本，分别检验了反映企业不同财务特征的 6 组共 30 个财务比率在企业陷入财务困境前 1～5 年的预测能力。在此模型中，许多比率都显示出极佳的预测能力，其中的现金流量与负债总额的比率能最好地判定企业的财务状况（误判率最低），资产负债率和总资产报酬率次之。日本经营咨询诊断专家田边升一提出了"利息及票据贴现费用"判别分析法，他主张根据企业贷款利息、票据贴现费用占销售额的百分比来判断企业经营是否正常，并列举了一个单变量分析模型，如表 9-3 所示。

表 9-3　　单变量分析表

财务比率	财务危机以前平均的财务比率	
	财务危机公司	财务健全公司
净营运资本/总资产	−6.1%	42.4%
累积留存收益/总资产	−62.6%	35.5%
息税前利润/总资产	−31.8%	15.4%
股权资本市场价值/负债总额	40.1%	247.7%
销售收入/总资产	150.0%	190.0%

资料来源：刘淑莲. 公司理财. 北京：中国金融出版社，2005.

在进行企业财务预警分析时，单变量分析法虽比较有效但作用有限，其局限性主要在于：对于最重要预测指标的确定，不同人员判断认定的结果不尽相同；使用多个指标分别进行判断时，指标的分类结果可能会产生矛盾，导致无法正确判断；仅用单一财务指标难以充分反映企业的财务特征；虽然对较长一段时期进行的单变量分析可能说明企业正处于困境或未来可能处境困难，但这很难具体证明企业可能破产以及何时会破产；单变量分析得出的结论可能因受到通货膨胀等因素的影响而与实际情况不符甚至相反；用于分析的资料可能因管理层造假而导致不真实，难以据此得出正确的预警结论；单变量分析模型没有区分不同比率因素对企业整体的影响作用，也不能很好地反映企业各比率正反交替变化的具体情况，进而难以做出准确的财务预警；不同财务比率在预测的方向与能力上往往有较大的差距，有时会产生对于同一企业使用不同比率预测结果不同的现象。因此，有人主张采用多变量分析法。

2. 多变量分析法

多变量分析法是基于宏观的角度，检查企业财务状况并发布财务预警，以便采取措施规避风险或延缓失败发生的财务预警分析方法。多变量分析法主要有以下几种：

（1）企业安全率。企业安全率是由经营安全率和资金安全率取交集而形成的指标。

经营安全率可用安全边际率（经营）表示，其计算公式如下：

安全边际率＝(现有或预计销售额－保本销售额)/现有(预计)销售额 (9-1)

资金安全率可用安全边际率（资金）表示，其计算公式如下：

安全边际率＝资产变现率－资产负债率 (9-2)

式中， 资产变现率＝资产变现金额/资产账面金额 (9-3)

安全边际率越高，企业安全程度就越高。利用安全边际率来分析企业的安全状态，其具体标准和对应的安全状态如表9-4所示。

表9-4 企业安全状态表

安全边际率	10%以下	10%～20%	20%～30%	30%～40%	40%以上
企业安全状态	危险	关注	一般	较安全	很安全

一般而言，当两个安全率指标均大于零时，表明企业经营及财务状况良好，可以适当采取扩张的策略；当资金安全率为正，而保本点安全率小于零时，表明企业财务状况良好，但营销能力不足，应当加强营销管理，增强企业盈利能力；当保本点安全率大于零，而资金安全率为负时，表明企业财务状况已露险兆，应当增加自有资金，实施开源节流，努力改善企业的财务结构；当两个安全率指标均小于零时，则表明企业经营及财务状况危险，有发生财务危机的可能，应当及时采取有效的应对措施，防范和化解危机。

(2) Z计分模型。前已述及，Z计分模型是由爱德华·奥特曼于1968年提出的。他首先使用多元线性判别模型来研究企业的破产问题，也称预测企业破产的Z值模型。在此模型中，以破产和非破产两组共66家制造业企业为样本，运用统计分析的多元判别分析法，对这些企业的财务指标按流动比率、收益率、稳定性、支付能力、活动比例五项标准进行分类，从最初的22个变量中选定预测破产最有用的5个变量，并在分析这些变量相关性的基础上，通过综合分析建立起多元线性的Z值预测模型。其计算公式如下：

$$Z=0.012X_1+0.014X_2+0.033X_3+0.006X_4+0.999X_5 \quad (9-4)$$

式中，Z——财务状况恶化的判别值；

X_1——营运资本/总资产；

X_2——留存收益/总资产；

X_3——息税前利润/平均总资产；

X_4——权益的市场价值/总负债；

X_5——销售收入/总资产。

据此计算的结果，Z值越小，企业破产的可能性就越大。通过计算企业连

续若干年的 Z 值，就能发现企业发生财务危机的先兆。根据经验规则，当 $Z<1.81$ 时，企业属于破产之列；当 $Z>2.675$ 时，企业属于不会破产之列；当 $1.81<Z<2.675$ 时，企业属于“灰色区域”或“未知区域”，财务状况极不稳定。

20 世纪 60 年代末以来，随着财务租赁的资本化及编制财务报告的标准发生重大变化等，Z 值模型似乎显得有些过时。为适应这些变化，奥特曼于 1977 年又进一步发展了 Z 值模型，即第二代 Z 值（Zeta）模型，它可用来对 5 年内可能出现的企业破产做出预测。此外，也有学者以中国上市公司为研究对象，对这一模型进行了富有创意的修正，并提出了一个用于判定企业未来发生亏损可能性的模型。其计算公式如下：

$$L=3.02\times ROA+0.22\times E/A+0.78\times EBIT/A-0.17\times WC/A-0.11\times ATR$$

其中，ROA——净利润/总资产；

E/A——股东权益/总资产；

$EBIT/A$——息税前利润/总资产；

WC/A——营运资本/总资产；

ATR——销售收入/平均总资产。

该模型的临界点是 1.72，当企业得分高于临界点时，一般不会出现亏损，低于临界点时，就有可能出现亏损。企业的得分越高，企业亏损的可能性越小；企业的得分越低，则亏损的可能性就越大。

（3）F 计分模型。F 计分模型是在 Z 值模型的基础上，针对其没有充分考虑到现金流量变动的局限性，通过加入现金流量这一预测自变量，结合现代企业财务发展趋势和有关标准更新情况，运用 Compustar PC Plus 会计数据库中的 4 160 家企业样本资料，对 Z 值模型进行扩展和修正而得出的一种模型。其计算公式如下：

$$F=-0.1774+1.1091X_1+0.1074X_2+1.9271X_3+0.0302X_4+0.4961X_5 \tag{9-5}$$

式中，X_1——营运资本/总资产，即流动资产与流动负债之差除以企业资产账面价值总额；

X_2——留存收益/总资产；

X_3——(净利润＋折旧)/平均总负债；

X_4——股东权益市价总额/负债账面价值总额；

X_5——(净利润＋利息＋折旧)/平均总资产。

在该模型中，X_3 用来衡量企业所产生的全部现金流量偿还企业债务的可能性，X_5 则表明企业总资产在产生或创造现金流量方面的能力。F 计分模型中的临界点为 0.027 4，即若 F 值低于 0.027 4，则预测企业将破产；若 F 值高于0.027 4，则预测企业会存续。

（4）*DRL* 模型。即相对流动性程度模型，它是主要通过 *DRL* 来衡量小企业的流动性，进而预测企业破产可能性的一种分析方法，对大企业也有一定的适用性。通常，企业的流动性是用流动比率和速动比率（酸性测试比率）等流动性比率指标来衡量与评估的。在有关偿债能力的分析中，已对流动比率和速动比率在衡量企业流动性与偿债能力方面的局限性作了较为全面、深入的分析和阐述。从一定意义上说，*DRL* 模型就是鉴于流动比率和速动比率在衡量企业流动性方面的局限性而研发的一种分析方法。*DRL* 是由总现金潜能除以预计的现金支出，表示企业现金支出需求占总现金潜能的百分比。其中，总现金潜能是指可以从期初营运资本中获得或来源于正常经营过程中的现金，企业现金支出需求是指正常经营的现金支出。但在计算 *DRL* 时，资本支出和固定资产租售、股票的销售和清偿、长期借款的收取和偿还，以及有价证券和债券的投资和清偿等有关现金的来源和支出是不计入的。其计算公式如下：

$$DRL=\frac{TCP}{E}=\frac{WC+(OT\times SVI)}{NSV-[(NI+NON)+WCC]} \tag{9-6}$$

式中，*TCP*——总潜在现金；

E——正常经营的现金流出；

WC——期初营运资本，即期初流动资产－期初流动负债；

OT——经营周转率，即销售收入/(应收账款＋产成品库存成本×销售收入/销售成本)；

SVI——库存的销售价值，即产成品库存成本×销售收入/销售成本；

NSV——净销售价值；

NI——净收益；

NON——非现金支出，如折旧和摊销等；

WCC——营运资本变化，即期末营运资本－期初营运资本。

DRL 是由经营期内的总潜在现金（*TCP*）除以预期现金支出（*E*）得出的比率。*TCP* 是初始潜在现金与来自正常经营的现金潜能之和。初始现金潜能以期初营运资本（*WC*）反映，假设销售能以现金实现，来自正常经营的潜在现金可由经营周转率（*OT*）乘以现有产成品库存的销售价值（*SVI*）确定。经营周转率（*OT*）反映了在经营期内，产成品库存的销售价值和应收账款净值转换成现金的次数。*SVI* 是指产成品库存的销售价值。从净销售价值（*NSV*）中减去经营中的现金流量，即得到预期现金支出（*E*）。经营中的现金流量等于净收益加上非现金支出（*NON*），再加上营运资本变化（*WCC*）。

该模型中的临界点为1，即如果 *DRL* 大于1，说明企业流动资金能够覆盖期间内流动负债或满足偿还流动负债之需，并在期末还有一些净流动资金。如

果 DRL 小于 1，则企业应在期末之前向外界进行营运资本筹资，因为企业“支付不能”或破产的可能性较大。

此外，也有学者根据我国台湾一些企业的财务资料，计算并建立了一个多元线性函数，可用于对台湾当地企业进行财务预警分析。其计算公式如下：

$$Y=0.35X_1+0.67X_2-0.57X_3+0.29X_4+0.55X_5 \tag{9-7}$$

式中，X_1——速动比率；

X_2——静态资金状况，即营运资本/资产总额；

X_3——固定比率，即固定资产/资本净值；

X_4——应收账款周转率；

X_5——动态资金状况，即现金流入量/现金流出量。

上述多变量分析模型的优点在于：(1) 包括多个财务指标，可用于预测反映企业多方面的财务状况，运用较为广泛；(2) 各个变量相对独立，可清楚地预测其对企业财务状况的具体影响；(3) 模型直观、易懂，运用起来较为方便。但是，多变量分析模型的建立及其有效性是基于严格的假设或假定条件的，如变量的多元正态分布、独立性及等协方差矩阵等，而财务预警指标往往难以完全满足这些假设或假定条件，这使得不少多变量分析模型在实际运用中存在一定的局限性。

9.3.3　财务预警分析方法应用案例

1. 案例资料

唐山陶瓷股份有限公司（以下简称唐山陶瓷）成立于 1998 年，并于当年在深圳证券交易所成功上市发行股票。唐山陶瓷属国有独资有限责任公司，曾是我国陶瓷行业出口创汇的骨干企业。该公司在几十年的发展中业绩突出，创造了多项国内同业第一：在国内同行业中第一个实现了高级日用细瓷大规模出口，第一个将高级日用细瓷打入美国这个全球最大的陶瓷消费市场，第一个取得自营进出口权。它集科工贸和产供销于一体，是我国陶瓷产品重点生产和出口企业，是一个拥有五家控股子公司、五家分公司和一个研究院的集团公司，其总资产 11 亿元，主导产品为日用瓷（日用瓷年生产能力 1.6 亿件，还有特种陶瓷年生产能力 1 000 万件，卫生洁具年生产能力 200 万件，陶瓷墙地砖年生产能力 300 万平方米，耐火材料年生产能力 90 000 吨），以及各类工艺美术陶瓷，业已发展成为我国重要的陶瓷生产和研发基地，有专营对外业务的进出口公司。通过不断的技术改造和产品技术创新，唐山陶瓷的技术装备已达到国际先进水平，产品质量和档次显著提高，市场竞争力进一步增强，产品外销欧美、澳大利亚、亚洲等地的 30 多个国家和地区，内销全国各大省、自治区、直辖市。

1996 年，集团公司进入国家 300 家重点支持企业，并经国家经贸委、国家税务总局、海关总署批准为国家级技术开发中心。1997 年 4 月经国发〔1997〕15 号文件批准，进入全国 120 家试点企业集团。但是，唐山陶瓷 2003 年和 2004 年连续两个会计年度经审计的净利润均为负值，根据《深圳证券交易所股票上市规则》等有关规定，深圳证券交易所于 2005 年 4 月 14 日起对该股票交易实行退市风险警示，该证券简称由“唐山陶瓷”变更为“＊ST 唐陶”。

资料来源：蔡清龙. 我国上市陶瓷企业财务预警分析——以唐山陶瓷股份 ST 化为例. 佛山陶瓷，2006 (6). 已做了微调。

2. 案例分析

(1) 财务预警模型分析。本案例主要选取唐山陶瓷 2002—2005 年连续四年经审计的年度财务报告数据，运用 Z 计分模型和 F 计分模型进行财务预警分析。

1) Z 计分模型。运用 Z 计分模型进行分析的结果如表 9－5 所示。

表 9－5　　唐山陶瓷 Z 计分模型分析

指标	2002 年	2003 年	2004 年	2005 年
X_1	0.310 0	0.040 3	−0.184 2	−0.165 0
X_2	0.035 9	−0.027 3	−0.049 3	0.007 8
X_3	0.021 0	−0.014 1	−0.032 1	0.023 0
X_4	1.486 2	0.842 1	0.578 2	0.461 3
X_5	0.41	0.37	0.46	0.47
Z	0.423 4	0.374 3	0.459 0	0.471 2

表 9－5 中，X_4 中的股东权益市场价值中流通股，系按照 2002—2005 年 12 月 31 日的收盘价计算，非流通股则按照每股净资产（摊薄）计算。由表中 Z 值可知，2002—2005 年各年的 Z 值均小于 Z 值的下限 1.81，表明企业这四年的经营状况都较差，发生财务危机甚或破产的可能性较大。事实上，该企业 2003 年和 2004 年的净利润均为负数，并在 2005 年被特别处理。可见，模型分析的结论与企业的客观实际一致，这在一定意义上也佐证了 Z 计分模型在财务预警分析应用中的正确性。

根据企业 Z 值在 2002—2005 年间呈现的 U 形分布来看，Z 值有可能在此后几年里逐渐增大至 1.81 或 2.675。从多年的具体数据来看，企业的经营和财务状况可能会趋于好转，并逐步摆脱财务困境；但根据数据的变化幅度来判断，企业欲彻底摆脱财务困境并避免财务失败，在短期内恐难以实现。

从表 9－5 中可以看出，X_1 由正值变为负值，说明企业的流动性在降低，短期偿债能力减弱；X_2 也由正值转为负值，说明其留存收益在减少，2005 年才恢复为正值，企业开始盈利，并有资金用于增加留存收益；X_3 从 2002 年到 2004 年下降 252.86%，说明企业财务状况严重恶化，虽然企业 2005 年开始扭亏为盈，但经营效益依然较低；X_4 越来越小，说明股东权益市场价值与负债账面价值之比呈逐渐下降趋势，亦即在股东权益市场价值变化不大的情况下，企业负债账面价值在逐渐增加，风险不断积聚；X_5 总体上变化不大。由此可见，企业的财务状况整体不佳，发生财务危机的可能性较大，企业应采取相应的措施，有效防范和化解风险。

2）F 计分模型。运用 F 计分模型进行分析的结果如表 9－6 所示。

表 9－6　唐山陶瓷 F 计分模型分析表

指标	2002 年	2003 年	2004 年	2005 年
X_1	0.310 0	0.040 3	－0.184 2	－0.165 0
X_2	0.035 9	－0.027 3	－0.049 3	0.007 8
X_3	0.197 6	－0.059 9	－0.040 7	0.057 8
X_4	1.486 2	0.842 1	0.578 2	0.461 3
X_5	0.199 5	－0.019 8	－0.006 7	0.051 6
F	0.694 8	－0.235 5	－0.451 3	－0.208 7

从表 9－6 中的 F 值可以看出，该企业 2003—2005 年各年的 F 值均小于其临界值 0.027 4，据此分析并可判定唐山陶瓷已经陷入严重的财务危机，甚至面临破产的风险。可见，据此模型分析所得出的结论与唐山陶瓷的客观实际相符，这也佐证了 F 计分模型在财务预警分析应用中的正确性。

需要指出的是，分别运用 Z 计分模型和 F 计分模型对唐山陶瓷的经营与财务状况进行分析，所得出的结论与企业的客观实际均相符，表明这两个模型具有较好的判别效果和实际应用价值。但是，这两个模型并不是以大量的企业为样本建立的多元判别模型，模型中所选用的财务指标也较为有限，并且模型使用的财务数据是基于财务数据的客观真实，如果企业对某些财务数据刻意隐瞒或者篡改，将会影响到模型应用的正确性。因此，在运用上述模型进行企业财务预警分析时，还应同时兼用其他方法，以便作出全面、客观、正确的分析与判断。

（2）财务预警指标分析。企业财务预警指标涉及企业的多个方面，下面主要阐述有关企业的偿债能力、盈利能力及营运能力的预警指标分析。

1）偿债能力分析。从短期偿债的角度看，唐山陶瓷的短期偿债能力指标如表 9－7 所示。

表 9－7　唐山陶瓷短期偿债能力分析表

项目	2002 年末	2003 年末	2004 年末	2005 年末
流动比率	1.872 3	1.098 1	0.703 3	0.736 1
速动比率	1.526 2	0.744 6	0.441 9	0.394 4
现金流动负债比	－0.014	－0.089 6	－0.002 6	0.006 2
利息保障倍数	1.35	－0.74	－2.31	1.33

流动比率是用来衡量企业短期偿债能力的比率指标，表明企业偿付短期

债务的可能性。对于一般工商企业而言，此指标值高，表明企业短期偿债能力强。经验认为，流动比率一般为2较为正常，警戒线为1.5。唐山陶瓷2003—2005年各年的流动比率指标值均低于警戒线1.5。就速动比率指标而言，经验认为，速动比率一般为1较为正常，警戒线为0.8。唐山陶瓷2003—2005年各年的速动比率指标值均低于警戒线0.8。不仅如此，2003—2005年间，其现金流动负债比多为负数，利息保障倍数也很低，在有些年份甚至为负数。这些都说明唐山陶瓷的短期偿债能力较弱，其财务状况不佳。

从长期偿债的角度看，唐山陶瓷的长期偿债能力指标如表9-8所示。

表9-8　　唐山陶瓷长期偿债能力分析表

项目	2002年末	2003年末	2004年末	2005年末
现金流动负债比	−0.014	−0.089 6	−0.002 6	0.006 2
利息保障倍数	1.35	−0.74	−2.31	1.33
资产负债率（%）	51.12	56.68	62.44	62.89
产权比率	1.116 1	1.388 5	1.801 2	1.868 1
长期负债与营运资本比	0.503	3.864 7	−0.019 8	−0.022 3

从表9-8中可以看出，企业的现金流动负债比、利息保障倍数及长期负债与营运资本比都出现负数，尤其是用于衡量企业偿付长短期债务到期利息可能性的利息保障倍数很低，在有些年份甚至为负数，其各年的产权比率均超过1，资产负债率均超过50%，并有逐渐增加之势。这些都说明企业几乎没有偿付到期利息的可能性，长期偿债能力很弱，财务状况不佳。

总之，根据长短期偿债能力指标分析，可以判定唐山陶瓷的长短期偿债能力都很弱，财务风险很大，其财务状况堪忧。

2）盈利能力分析。从盈利能力即获取收益的角度看，唐山陶瓷的盈利能力指标如表9-9所示，其费用变化曲线如图9-3所示。

表9-9　　唐山陶瓷盈利能力分析表

项目	2002年末	2003年末	2004年末	2005年末
销售毛利率（%）	24.63	21.71	24.21	27.72
营业利润率（%）	1.04	−7.34	−9.84	−0.05
销售净利率（%）	0.45	−7.33	−10.77	1.67
息税前利润（万元）	2 313.16	−1 371.84	−4 089.44	2 004.58
成本费用利润率（%）	1.31	−7.63	−10.67	0.94
资产净利率（%）	0.19	−2.68	−5.01	0.8
净资产收益率（摊薄）（%）	0.41	−6.7	−14.23	2.32

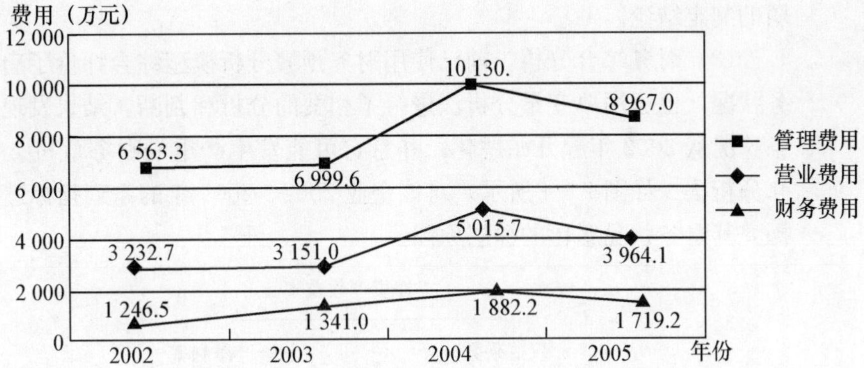

图 9－3　唐山陶瓷费用变化曲线图

从表 9－9 中可以看出，2003 年和 2004 年企业的息税前利润均为负数，销售净利润、成本费用利润率、资产净利率、净资产收益率均为负数，并呈现下降趋势。这些都说明企业的盈利能力低下。进一步分析发现，企业的盈利能力低下主要是由于运费、包装材料等价格居高不下，加之陶瓷的生产和销售具有季节性，淡季的生产经营成本费用会进一步上升。在了解情况及其原因后，该企业在 2005 年通过调整产品结构，提高产品质量，积极扩大出口，使产品售价及销售有所提高，生产经营成本相对下降，开始扭亏为盈，每股净资产达到 2.13 元/股，净利润为 886.28 万元。

3）营运能力分析。从营运能力的角度看，唐山陶瓷的营运能力指标如表 9－10 所示。

表 9－10　　唐山陶瓷营运能力分析表

项目	2002 年末	2003 年末	2004 年末	2005 年末
应收账款周转率	2.39	2.22	3.15	3.36
应收账款周转天数	150.47	162.48	114.13	107.03
存货周转率	2.52	2.14	2.29	1.82
存货周转天数	142.70	168.48	157.25	197.81
固定资产周转率	1.38	1.21	1.39	1.40
流动资产周转率	0.63	0.65	1.05	1.06
股东权益周转率	0.89	0.84	1.23	1.39
总资产周转率	0.41	0.37	0.46	0.47

从表 9－10 中可以看出，企业的应收账款周转率和存货周转率都较低，并且存货周转率呈下降趋势，其周转时间长，影响企业的营运能力。应收账款是流动性较强的流动资产，其收回或周转的速度即应收账款周转率，不仅反映了公司在应收账款上占用资金的使用效率，而且对短期偿债能力也有重要的影响。存货在流动资产中占比较大，其收回或周转的速度即存货周转率，是衡量企业生产经营各环节中存货运转效率的一个重要尺度，它直接影响公司的流动比率等指标。从这个角度分析，它也佐证了前已述及的企业短期偿债能力较

弱的判定结论。

（3）财务综合分析。前已使用财务预警分析模型综合评价了唐山陶瓷的财务状况，也运用单变量分析法进行了相关的分析和判断，结果发现该企业的财务状况从2002年起开始恶化，并且有可能发生严重的财务危机。下面运用杜邦分析法（如图9-4所示）对该企业2002—2005年的系列指标进行分解，以探究其财务状况恶化的深层原因。

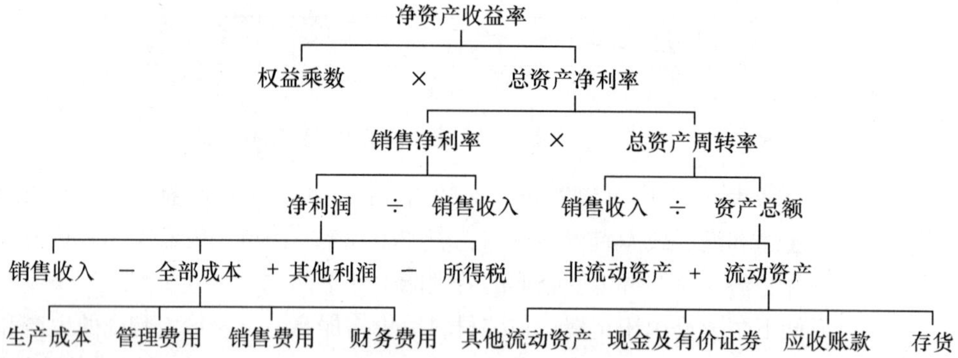

图9-4　杜邦分析图

杜邦分析法把有关财务指标有机地结合起来，既分析单个指标，又重视指标间的关联性，以形成投资者和管理层对企业财务状况和经营成果的综合认识与评价，并通过指标的层层分解来探究企业财务状况变化的深层原因，进而指导具体的财务分析和投资决策。在杜邦分析法下，唐山陶瓷的基本财务数据如表9-11所示。

表9-11　　唐山陶瓷的基本财务数据　　金额单位：万元

项目	2002年	2003年	2004年	2005年
营业利润	471.44	−2 897.21	−4 913.30	−24.41
投资收益	−65.07	−55.34	−293.06	240.53
补贴收入	541.73	157.82	230.67	264.16
营业外收入	57.25	64.54	62.86	51.38
营业外支出	411.63	506.33	946.89	30.70
利润总额	593.72	−3 236.53	−5 859.71	500.98
所得税	286.63	62.55	0.04	4.75
少数股东权益	102.05	−405.72	−476.93	83.91
平均流动资产	72 112.12	60 510.19	47 688.58	49 938.96
平均非流动资产	36 981.73	47 460.26	59 758.67	61 367.74
平均资产总额	109 093.85	107 970.45	107 447.25	111 306.69
销售收入	45 137.34	39 455.91	49 938.13	52 805.45

续前表

项目	2002 年	2003 年	2004 年	2005 年
净利润	205.04	−2 893.35	−5 382.82	886.28
销售净利率（%）	0.45	−7.33	−10.78	1.68
总资产周转率	0.41	0.37	0.46	0.47
总资产报酬率（%）	0.19	−2.68	−5.01	0.80
资产负债率	0.51	0.57	0.62	0.63
净资产收益率（摊薄）（%）	0.41	−6.70	−14.23	2.32

根据表 9－11 有关数据，该企业 2002 年的净资产收益率为 0.41%，2003 年为−6.70%，2004 年为−14.23%，2003 年比 2002 年下降了 7.11 个百分点，2004 年比 2003 年下降了 7.53 个百分点。为了探究该企业业绩急剧恶化的深层原因，了解有关财务指标之间的因果关系，运用杜邦分析法对 2002—2004 年的财务指标进行层层分解，结果发现，该企业的总资产报酬率逐年下降，即由 2002 年的 0.19%，下降到 2003 年的−2.68%和 2004 年的−5.01%，这是导致净资产收益率恶化的主要原因；与此同时，权益乘数的财务杠杆作用也加剧了财务状况恶化的程度。进一步分析发现，影响企业总资产报酬率的因素主要是企业销售净利率和总资产周转率的变化，其中的销售净利率由正值变为负值，且逐年下降，由 2002 年的 0.45%下降到 2003 年的−7.33%和 2004 年的−10.78%；总资产周转率在总体上虽然变化不大，但其数值同样较小，周转效率较低，在销售净利率负增长的情况下，总资产报酬率的下降速度几乎与销售净利率相同。再深入分析则发现，销售收入的萎缩和成本费用的上升几乎也同时发生，如该企业 2003 年销售收入较 2002 年减少了 12.59%，2004 年销售收入较 2003 年虽增长了 26.57%，但因成本费用上升过快（其中，营业费用增长了 59.18%，管理费用增长了 44.72%，财务费用增长了 40.35%），依然改变不了企业亏损的结果。

总之，通过运用上述多种方法对唐山陶瓷的财务状况进行分析，大致可得出以下几点结论：

（1）根据该企业 2002—2005 年的 Z 值和 F 值，应及时发出财务预警警报，企业应采取相应的措施以有效改进其经营与财务状况。

（2）通过杜邦分析法发现，该企业的净资产收益率下降，是该企业的成本费用上涨过快和总资产周转速度趋于缓慢等因素共同作用的结果。

（3）该企业在 2005 年通过调整产品结构，提高产品质量，积极扩大出口，使产品售价和销售收入有所提高，生产经营成本相对下降，进而使其经营与财务状况出现好转，并有望逐步摆脱财务困境。这也说明企业通过科学敏捷的财务预警，合理运用杜邦分析法等多种方法与手段，深入了解深层原因，并及时采取应对措施，就能够有效防范和化解风险，走出困境和避免危机，实现扭亏为盈，并取得更好的业绩。

本章小结

本章阐述了财务预警的含义、内容及方法。财务预警是企业为防止经营管理偏离正常轨道而建立和实施的基于财务分析的风险预报和实时管控的策略及手段。它是根据预警理论，通过对财务报表及其他相关资料的分析，利用适时的财务数据资料和相应的数据化管理方式，预先告知企业所面临的风险及其成因，以便及早采取应对之策和具体举措的一种财务分析系统，主要包括财务监测、财务识别、财务诊断和财务评价等管理活动。

财务预警系统是根据企业的财务报表、经营计划及其他相关资料，综合运用多种方法，分析企业的经营情况、潜在风险及其影响因素，并预先告知企业的经营者和其他利益相关者，为企业管理层提供决策和控制依据，以便其采取有效应对措施的一种分析控制管理系统。它是企业预警系统的重要组成部分，是由财务预警组织机构、财务预警信息集成、财务预警指标体系、财务预警警度警示和财务风险分析与危机处理等子系统构成的。

企业财务预警分析有定性分析和定量分析两大类。其中，定性分析包括专家调查法、症状分析法、周转分析法及管理评分法等；定量分析既有单变量分析法，也有多变量分析法，如企业安全率、*Z* 计分模型、*F* 计分模型、*DRL* 模型等。

此外，本章还选取唐山陶瓷作为案例，对企业财务预警方法及其应用进行了相应的阐述，以便理解和把握财务预警的有关内容，掌握和运用相关的财务预警分析方法。

术语与公式

一、名词术语

财务预警	财务危机	财务困境	财务失败
财务监测	财务识别	财务诊断	财务评价
财务预警指标	财务预警分析	财务预警警度	专家调查法
症状分析法	周转分析法	管理评分法	单变量分析法
多变量分析法	企业安全率	*Z* 计分模型	*F* 计分模型
DRL 模型			

二、主要公式

经营安全率＝(现有或预计销售额－保本销售额)/现有(预计)销售额

资金安全率＝资产变现率－资产负债率

资产变现率＝资产变现金额/资产账面金额

$$Z=0.012X_1+0.014X_2+0.033X_3+0.006X_4+0.999X_5$$

$$L=3.02\times ROA+0.22\times E/A+0.78\times EBIT/A-0.17\times WC/A-0.11\times ATR$$

$$F=-0.1774+1.1091X_1+0.1074X_2+1.9271X_3+0.0302X_4+0.4961X_5$$

$$DRL=\frac{TCP}{E}=\frac{WC+(OT\times SVI)}{NSV-[(NI+NON)+WCC]}$$

$$Y=0.35X_1+0.67X_2-0.57X_3+0.29X_4+0.55X_5$$

思考与练习

一、思考题

1. 财务预警的含义是什么？财务预警包括哪些主要活动？
2. 财务预警与财务风险、财务危机、财务困境及财务失败有何关联？
3. 什么是财务预警系统？财务预警系统通常包括哪几个组成部分？
4. 企业财务预警指标体系通常包括哪些具体的财务预警指标？
5. 什么是企业财务预警警度？财务预警警度有哪些表现形式？
6. 什么是财务预警的漏警与误警？导致漏警与误警的原因是什么？
7. 企业财务预警的定性分析方法主要有哪些？其基本原理是什么？
8. 企业财务预警的定量分析方法主要有哪些？其应用原理是什么？
9. 如何综合运用多种方法进行企业的财务预警分析？

二、案例题

光伏产业属于新兴能源产业，近年来发展迅猛。光伏行业中的 STP 公司和 YGE 公司均为龙头企业，行业影响力较大，二者具有相似的产品及财务结构，均在美国纽约证券交易所上市。

成立较早的 STP 公司是一家太阳能电力企业，主要从事晶体硅太阳电池、光伏系统工程、光伏应用产品的研究、制造、销售与售后服务。YGE 公司是行业内一家具有代表性的企业，为全球最大的垂直一体化光伏发电产品制造商之一，拥有全球经营实力与丰富经验，携 30 多个分支机构为客户提供本地化的服务。

根据 STP 公司近年的财务报表，有关财务资料如表 9－12 所示。

表 9-12

单位：万元

年份	资产总额	负债总额	营运资本	息税前利润	营业收入
2015	398 370	238 560	63 790	19 200	169 300
2016	521 710	333 690	4 240	36 100	290 190
2017	453 730	358 450	−52 290	−90 800	314 660

依据相关数据计算的 STP 公司部分财务比率如表 9-13 所示。

表 9-13

年份	X_1	X_2	X_3	X_4	X_5
2015	0.16	0.10	0.05	1.25	0.43
2016	0.01	0.13	0.07	0.43	0.56
2017	−0.12	−0.08	−0.20	0.11	0.69

注：X_1＝营运资本/总资产＝(流动资产－流动负债)/总资产；X_2＝留存收益/总资产＝(盈余公积＋未分配利润)/总资产；X_3＝息税前利润/总资产＝(利润总额＋财务费用)/平均总资产；X_4＝权益的市场价值/总负债；X_5＝销售收入/总资产。下同。

根据 YGE 公司近年的财务报表，有关财务资料如表 9-14 所示。

表 9-14

单位：万元

年份	资产总额	负债总额	营运资本	息税前利润	营业收入
2015	238 100	140 940	−52 290	−1 590	106 270
2016	367 100	240 340	4 240	37 480	189 690
2017	436 700	354 660	63 790	−44 050	233 210

依据相关数据计算的 YGE 公司部分财务比率如表 9-15 所示。

表 9-15

年份	X_1	X_2	X_3	X_4	X_5
2015	0.06	0.03	−0.01	2.99	0.45
2016	0.13	0.08	0.10	1.09	0.52
2017	−0.01	−0.05	−0.10	0.29	0.53

自 2015 年开始，陆续有相关媒体报道“STP 进入纽交所退市期”、“STP 身陷债务危机，资产负债率高达 81.8%，负债总额达 35.83 亿美元”等；而 YGE 公司所在国取消了光伏发电补贴，市场需求大跌，前景也不容乐观。

说明：本案例题中的部分资料源自李江涛. *Z* 值模型在上市公司财务预警中的应用研究. 南方论刊，2013 (7). 已做了微调。

要求：

(1) 简述奥尔特曼 Z 值模型的基本原理与计算过程。

(2) 根据背景资料，结合财务数据，分别对两个公司进行财务预警分析。

附录 1

中央企业综合绩效评价实施细则

国务院国有资产监督管理委员会

国资发评价〔2006〕157 号

第一章　总则

第一条　为规范开展中央企业（以下简称企业）综合绩效评价工作，有效发挥综合绩效评价工作的评判、引导和诊断作用，推动企业提高经营管理水平，根据《中央企业综合绩效评价管理暂行办法》（国资委令第 14 号），制定本实施细则。

第二条　开展企业综合绩效评价应当充分体现市场经济原则和资本运营特征，以投入产出分析为核心，运用定量分析与定性分析相结合、横向对比与纵向对比互为补充的方法，综合评价企业经营绩效和努力程度，促进企业提高市场竞争能力。

第三条　开展企业综合绩效评价应当制定既符合行业实际又具有标杆引导性质的评价标准，并运用科学的评价计分方法，计量企业经营绩效水平，以充分体现行业之间的差异性，客观反映企业所在行业的盈利水平和经营环境，准确评判企业的经营成果。

第四条　企业综合绩效评价工作按照产权管理关系进行组织，国资委负责其履行出资人职责企业的综合绩效评价工作，企业集团（总）公司负责其控股子企业的综合绩效评价工作。

第五条　企业年度综合绩效评价工作，一般结合对企业年度财务决算审核工作组织进行；企业任期综合绩效评价工作，一般结合对企业负责人任期经济责任审计组织实施。

第二章　评价指标与权重

第六条　企业综合绩效评价指标由二十二个财务绩效定量评价指标和八个管理绩效定性评价指标组成。

第七条　财务绩效定量评价指标由反映企业盈利能力状况、资产质量状况、债务风险状况和经营增长状况等四个方面的八个基本指标和十四个修正指标构成，用于综合评价企业财务会计报表所反映的经营绩效状况（定量评价指标计算公式见附件 1）。

第八条　企业盈利能力状况以净资产收益率、总资产报酬率两个基本指标和销售（营业）利润率、盈余现金保障倍数、成本费用利润率、资本收益率四个修正指标进行评价，主要反映企业一定经营期间的投入产出水平和盈利质量。

第九条 企业资产质量状况以总资产周转率、应收账款周转率两个基本指标和不良资产比率、流动资产周转率、资产现金回收率三个修正指标进行评价，主要反映企业所占用经济资源的利用效率、资产管理水平与资产的安全性。

第十条 企业债务风险状况以资产负债率、已获利息倍数两个基本指标和速动比率、现金流动负债比率、带息负债比率、或有负债比率四个修正指标进行评价，主要反映企业的债务负担水平、偿债能力及其面临的债务风险。

第十一条 企业经营增长状况以销售（营业）增长率、资本保值增值率两个基本指标和销售（营业）利润增长率、总资产增长率、技术投入比率三个修正指标，主要反映企业的经营增长水平、资本增值状况及发展后劲。

第十二条 企业管理绩效定性评价指标包括战略管理、发展创新、经营决策、风险控制、基础管理、人力资源、行业影响、社会贡献等八个方面的指标，主要反映企业在一定经营期间所采取的各项管理措施及其管理成效。

（一）战略管理评价主要反映企业所制定战略规划的科学性，战略规划是否符合企业实际，员工对战略规划的认知程度，战略规划的保障措施及其执行力，以及战略规划的实施效果等方面的情况。

（二）发展创新评价主要反映企业在经营管理创新、工艺革新、技术改造、新产品开发、品牌培育、市场拓展、专利申请及核心技术研发等方面的措施及成效。

（三）经营决策评价主要反映企业在决策管理、决策程序、决策方法、决策执行、决策监督、责任追究等方面采取的措施及实施效果，重点反映企业是否存在重大经营决策失误。

（四）风险控制评价主要反映企业在财务风险、市场风险、技术风险、管理风险、信用风险和道德风险等方面的管理与控制措施及效果，包括风险控制标准、风险评估程序、风险防范与化解措施等。

（五）基础管理评价主要反映企业在制度建设、内部控制、重大事项管理、信息化建设、标准化管理等方面的情况，包括财务管理、对外投资、采购与销售、存货管理、质量管理、安全管理、法律事务等。

（六）人力资源评价主要反映企业人才结构、人才培养、人才引进、人才储备、人事调配、员工绩效管理、分配与激励、企业文化建设、员工工作热情等方面的情况。

（七）行业影响评价主要反映企业主营业务的市场占有率、对国民经济及区域经济的影响与带动力、主要产品的市场认可程度、是否具有核心竞争能力以及产业引导能力等方面的情况。

（八）社会贡献评价主要反映企业在资源节约、环境保护、吸纳就业、工资福利、安全生产、上缴税收、商业诚信、和谐社会建设等方面的贡献程度和社会责任的履行情况。

第十三条 企业管理绩效定性评价指标应当根据评价工作需要作进一步细化，能够量化的应当采用量化指标进行反映。

第十四条　企业综合绩效评价指标权重实行百分制，指标权重依据评价指标的重要性和各指标的引导功能，通过征求咨询专家意见和组织必要的测试进行确定。

第十五条　财务绩效定量评价指标权重确定为70%，管理绩效定性评价指标权重确定为30%。在实际评价过程中，财务绩效定量评价指标和管理绩效定性评价指标的权数均按百分制设定，分别计算分项指标的分值，然后按70∶30折算（各评价指标权重见附件2）。

第三章　评价标准选择

第十六条　财务绩效定量评价标准划分为优秀（A）、良好（B）、平均（C）、较低（D）、较差（E）五个档次，管理绩效定性评价标准分为优（A）、良（B）、中（C）、低（D）、差（E）五个档次。

第十七条　对应五档评价标准的标准系数分别为1.0，0.8，0.6，0.4，0.2，差（E）以下为0。标准系数是评价标准的水平参数，反映了评价指标对应评价标准所达到的水平档次。

第十八条　评价组织机构应当认真分析判断评价对象所属行业和规模，正确选用财务绩效定量评价标准值。

第十九条　企业财务绩效定量评价标准值的选用，一般根据企业的主营业务领域对照企业综合绩效评价行业基本分类，自下而上逐层遴选被评价企业适用的行业标准值。

第二十条　多业兼营的集团型企业财务绩效指标评价标准值的选用应当区分主业突出和不突出两种情况：

（一）存在多个主业板块但某个主业特别突出的集团型企业，应当采用该主业所在行业的标准值。

（二）存在多个主业板块但没有突出主业的集团型企业，可对照企业综合绩效评价行业基本分类，采用基本可以覆盖其多种经营业务的上一层次的评价标准值；或者根据其下属企业所属行业，分别选取相关行业标准值进行评价，然后按照各下属企业资产总额占被评价企业集团汇总资产总额的比重，加权形成集团评价得分；也可以根据集团的经营领域，选择有关行业标准值，以各领域的资产总额比例为权重进行加权平均，计算出用于集团评价的标准值。

第二十一条　如果被评价企业所在行业因样本原因没有统一的评价标准，或按第二十条规定方法仍无法确定被评价企业财务绩效定量评价标准值，则在征得评价组织机构同意后，直接选用国民经济十大门类标准或全国标准。

第二十二条　根据评价工作需要可以分别选择全行业和大、中、小型规模标准值实施评价。企业规模划分执行国家统计局《关于统计上大中小型企业划分办法（暂行）》（国统字〔2003〕17号）和国资委《关于在财务统计工作中执行新的企业规模划分标准的通知》（国资厅评价函〔2003〕327号）的规定。

第二十三条　管理绩效定性评价标准具有行业普遍性和一般性，在进行评价时，应当根据不同行业的经营特点，灵活把握个别指标的标准尺度。对于定性评价标准没有列示，但对被评价企业经营绩效产生重要影响的因素，在评价时也应予以考虑。

第四章　评价计分

第二十四条　企业综合绩效评价计分方法采取功效系数法和综合分析判断法，其中：功效系数法用于财务绩效定量评价指标的计分，综合分析判断法用于管理绩效定性评价指标的计分。

第二十五条　财务绩效定量评价基本指标计分是按照功效系数法计分原理，将评价指标实际值对照行业评价标准值，按照规定的计分公式计算各项基本指标得分。计算公式为：

$$基本指标总得分=\sum 单项基本指标得分$$

$$单项基本指标得分=本档基础分+调整分$$

$$本档基础分=指标权数\times本档标准系数$$

$$调整分=功效系数\times(上档基础分-本档基础分)$$

$$上档基础分=指标权数\times上档标准系数$$

$$功效系数=\frac{实际值-本档标准值}{上档标准值-本档标准值}$$

本档标准值是指上下两档标准值居于较低等级一档。

第二十六条　财务绩效定量评价修正指标的计分是在基本指标计分结果的基础上，运用功效系数法原理，分别计算盈利能力、资产质量、债务风险和经营增长四个部分的综合修正系数，再据此计算出修正后的分数。计算公式为：

$$修正后总得分=\sum 各部分修正后得分$$

$$各部分修正后得分=各部分基本指标分数\times该部分综合修正系数$$

$$某部分综合修正系数=\sum 该部分各修正指标加权修正系数$$

$$某指标加权修正系数=\frac{修正指标权数}{该部分权数}\times该指标单项修正系数$$

$$某指标单项修正系数=1.0+\left(\begin{matrix}本档\\标准系数\end{matrix}+\begin{matrix}功效\\系数\end{matrix}\times0.2-\begin{matrix}该部分基本\\指标分析系数\end{matrix}\right)$$

单项修正系数控制修正幅度为0.7～1.3。

$$某部分基本指标分析系数=该部分基本指标得分/该部分权数$$

第二十七条　在计算修正指标单项修正系数过程中，对于一些特殊情况作如下规定：

（一）如果修正指标实际值达到优秀值以上，其单项修正系数的计算公式如下：

$$单项修正系数=1.2+本档标准系数-该部分基本指标分析系数$$

（二）如果修正指标实际值处于较差值以下，其单项修正系数的计算公式如下：

单项修正系数＝1.0－该部分基本指标分析系数

（三）如果资产负债率≥100%，指标得 0 分；其他情况按照规定的公式计分。

（四）如果盈余现金保障倍数分子为正数，分母为负数，单项修正系数确定为 1.1；如果分子为负数，分母为正数，单项修正系数确定为 0.9；如果分子分母同为负数，单项修正系数确定为 0.8。

（五）如果不良资产比率≥100%或分母为负数，单项修正系数确定为 0.8。

（六）对于销售（营业）利润增长率指标，如果上年主营业务利润为负数，本年为正数，单项修正系数为 1.1；如果上年主营业务利润为零本年为正数，或者上年为负数本年为零，单项修正系数确定为 1.0。

（七）如果个别指标难以确定行业标准，该指标单项修正系数确定为 1.0。

第二十八条　管理绩效定性评价指标的计分一般通过专家评议打分形式完成，聘请的专家应不少于 7 名；评议专家应当在充分了解企业管理绩效状况的基础上，对照评价参考标准，采取综合分析判断法，对企业管理绩效指标做出分析评议，评判各项指标所处的水平档次，并直接给出评价分数。计分公式为：

$$\text{管理绩效定性评价指标分数} = \sum \text{单项指标分数}$$

$$\text{单项指标分数} = \frac{\sum \text{每位专家给定的单项指标分数}}{\text{专家人数}}$$

第二十九条　任期财务绩效定量评价指标计分，应当运用任期各年度评价标准分别对各年度财务绩效定量指标进行计分，再计算任期平均分数，作为任期财务绩效定量评价分数。计算公式为：

$$\text{任期财务绩效定量评价分数} = \frac{\sum \text{任期各年度财务绩效定量评价分数}}{\text{任期年份数}}$$

第三十条　在得出财务绩效定量评价分数和管理绩效定性评价分数后，应当按照规定的权重，耦合形成综合绩效评价分数。计算公式为：

$$\text{企业综合绩效评价分数} = \text{财务绩效定量评价分数} \times 70\% + \text{管理绩效定性评价分数} \times 30\%$$

第三十一条　在得出评价分数以后，应当计算年度之间的绩效改进度，以反映企业年度之间经营绩效的变化状况。计算公式为：

$$\text{绩效改进度} = \frac{\text{本期绩效评价分数}}{\text{基期绩效评价分数}}$$

绩效改进度大于 1，说明经营绩效上升；绩效改进度小于 1，说明经营绩效下滑。

第三十二条　对企业经济效益上升幅度显著、经营规模较大、有重大科技创新的企业，应当给予适当加分，以充分反映不同企业努力程度和管理难度，激励企业加强科技创新。具体的加分办法如下：

（一）效益提升加分。企业年度净资产收益率增长率和利润增长率超过行业平均增长水平10%～40%加1～2分，超过40%～100%加3～4分，超过100%加5分。

（二）管理难度加分。企业年度平均资产总额超过全部监管企业年度平均资产总额的给予加分，其中：工业企业超过平均资产总额每100亿元加0.5分，非工业企业超过平均资产总额每60亿元加0.5分，最多加5分。

（三）重大科技创新加分。重大科技创新加分包括以下两个方面：企业承担国家重大科技攻关项目，并取得突破的，加3～5分；承担国家科技发展规划纲要目录内的重大科技专项主体研究，虽然尚未取得突破，但投入较大，加1～2分。

（四）国资委认定的其他事项。

以上加分因素合计不得超过15分，超过15分按15分计算。对加分前评价结果已经达到优秀水平的企业，以上加分因素按以下公式计算实际加分值：

$$实际加分值=(1-X\%)\times 6.6Y$$

其中：X表示评价得分，Y表示以上因素合计加分。

第三十三条 对被评价企业所评价期间（年度）发生以下不良重大事项，应当予以扣分：

（一）发生属于当期责任的重大资产损失事项，损失金额超过平均资产总额1%的，或者资产损失金额未超过平均资产总额1%，但性质严重并造成重大社会影响的，扣5分。正常的资产减值准备计提不在此列。

（二）发生重大安全生产与质量事故，根据事故等级，扣3～5分。

（三）存在巨额表外资产，且占合并范围资产总额20%以上的，扣3～5分。

（四）存在巨额逾期债务，逾期负债超过带息负债的10%，甚至发生严重的债务危机，扣2～5分。

（五）国资委认定的其他事项。

第三十四条 对存在加分和扣分事项的，应当与企业和有关部门进行核实，获得必要的外部证据，并在企业综合绩效评价报告中加以单独说明。

第五章 评价基础数据调整

第三十五条 企业综合绩效评价的基础数据资料主要包括企业提供的评价年度财务会计决算报表及审计报告、关于经营管理情况的说明等资料。

第三十六条 为确保评价基础数据的真实、完整、合理，在实施评价前应当对评价期间的基础数据进行核实，按照重要性和可比性原则进行适当调整。

第三十七条 在任期经济责任审计工作中开展任期财务绩效定量评价，其评价基础数据以财务审计调整后的数据为依据。

第三十八条 企业评价期间会计政策与会计估计发生重大变更的，需要判断变更事项对经营成果的影响，产生重大影响的，应当调整评价基础数据，以保持数据口径基本一致。

第三十九条 企业评价期间发生资产无偿划入划出的，应当按照重要性原则调整评价基础数据。原则上划入企业应纳入评价范围，无偿划出、关闭、破产（含进入破产程序）企业，不纳入评价范围。

第四十条　企业被出具非标准无保留意见审计报告的，应当根据审计报告披露的影响企业经营成果的重大事项，调整评价基础数据。

第四十一条　国资委在财务决算批复中要求企业纠正、整改，并影响企业财务会计报表、能够确认具体影响金额的，应当根据批复调整评价基础数据。

第四十二条　企业在评价期间损益中消化处理以前年度或上一任期资产损失的，承担国家某项特殊任务或落实国家专项政策对财务状况和经营成果产生重大影响的，经国资委认定后，可作为客观因素调整评价基础数据。

第六章　评价工作程序

第四十三条　企业综合绩效评价包括财务绩效定量评价和管理绩效定性评价两个方面内容。由于任期绩效评价和年度绩效评价的工作目标不同，评价工作内容应有所区别。

（一）任期绩效评价作为任期经济责任审计工作的重要组成部分，需要对企业负责人任职期间企业的绩效状况进行综合评价，工作程序包括财务绩效评价和管理绩效评价两方面内容。

（二）年度绩效评价除根据监管工作需要组织财务绩效与管理绩效的综合评价外，一般作为年度财务决算管理工作的组成部分，每个年度只进行财务绩效定量评价。

第四十四条　财务绩效定量评价工作具体包括提取评价基础数据、基础数据调整、评价计分、形成评价结果等内容。

（一）提取评价基础数据。以经社会中介机构或内部审计机构审计并经评价组织机构核实确认的企业年度财务会计报表为基础提取评价基础数据。

（二）基础数据调整。为客观、公正地评价企业经营绩效，根据本细则第五章的有关规定，对评价基础数据进行调整，其中，年度绩效评价基础数据以国资委审核确认的财务决算合并报表数据为准。

（三）评价计分。根据调整后的评价基础数据，对照相关年度的行业评价标准值，利用绩效评价软件或手工评价计分。

（四）形成评价结果。对任期财务绩效评价需要计算任期内平均财务绩效评价分数，并计算绩效改进度；对年度财务绩效评价除计算年度绩效改进度外，需要对定量评价得分深入分析，诊断企业经营管理存在的薄弱环节，并在财务决算批复中提示有关问题，同时进行所监管企业的分类排序分析，在一定范围内发布评价结果。

第四十五条　管理绩效定性评价工作具体包括收集整理管理绩效评价资料、聘请咨询专家、召开专家评议会、形成定性评价结论等内容。

（一）收集整理管理绩效评价资料。为了深入了解被评价企业的管理绩效状况，应当通过问卷调查、访谈等方式，充分收集并认真整理管理绩效评价的有关资料。

（二）聘请咨询专家。根据所评价企业的行业情况，聘请不少于7名的管理绩效评价咨询专家，组成专家咨询组，并将被评价企业的有关资料提前送达咨询专家。

（三）召开专家评议会。组织咨询专家对企业的管理绩效指标进行评议打分。

（四）形成定性评价结论。汇总管理绩效定性评价指标得分，形成定性评价结论。

第四十六条 管理绩效专家评议会一般按下列程序进行：

（一）阅读相关资料，了解企业管理绩效评价指标实际情况；

（二）听取评价实施机构关于财务绩效定量评价情况的介绍；

（三）参照管理绩效定性评价标准，分析企业管理绩效状况；

（四）对企业管理绩效定性评价指标实施独立评判打分；

（五）对企业管理绩效进行集体评议，并提出咨询意见，形成评议咨询报告；

（六）汇总评判打分结果。

第四十七条 根据财务绩效定量评价结果和管理绩效定性评价结果，按照规定的权重和计分方法，计算企业综合绩效评价总分，并根据规定的加分和扣分因素，得出企业综合绩效评价最后得分。

第七章 评价结果与评价报告

第四十八条 企业综合绩效评价结果以评价得分、评价类型和评价级别表示。

评价类型是根据评价分数对企业综合绩效所划分的水平档次，用文字和字母表示，分为优（A）、良（B）、中（C）、低（D）、差（E）五种类型。

评价级别是对每种类型再划分级次，以体现同一评价类型的不同差异，采用在字母后标注“+”、“－”号的方式表示。

第四十九条 企业综合绩效评价结果以85，70，50，40分作为类型判定的分数线。

（一）评价得分达到85分以上（含85分）的评价类型为优（A），在此基础上划分为三个级别，分别为：A＋＋≥95分；95分＞A＋≥90分；90分＞A≥85分。

（二）评价得分达到70分以上（含70分）不足85分的评价类型为良（B），在此基础上划分为三个级别，分别为：85分＞B＋≥80分；80分＞B≥75分；75分＞B－≥85分。

（三）评价得分达到50分以上（含50分）不足70分的评价类型为中（C），在此基础上划分为两个级别，分别为：70分＞C≥60分；60分＞C－≥50分。

（四）评价得分在40分以上（含40分）不足50分的评价类型为低（D）。

（五）评价得分在40分以下的评价类型为差（E）。

第五十条 企业综合绩效评价报告是根据评价结果编制、反映被评价企业综合绩效状况的文本文件，由报告正文和附件构成。

第五十一条 企业综合绩效评价报告正文应当包括：评价目的、评价依据与评价方法、评价过程、评价结果及评价结论、重要事项说明等内容。企业综合绩效评价报告的正文应当文字简洁、重点突出、层次清晰、易于理解。

第五十二条 企业综合绩效评价报告附件应当包括：企业经营绩效分析报告、评价结果计分表、问卷调查结果分析、专家咨询报告、评价基础数据及调整情况。其中：企业经营绩效分析报告是根据综合绩效评价结果对企业经营绩效状况进行深入分析的文件，应当包括评价对象概述、评价结果与主要绩效、存在的问题与不足、有关管理建议等。

第八章　附则

第五十三条　企业集团内部开展所属子企业的综合绩效评价工作，可参照本细则制定符合集团内部监管需要的实施细则。

第五十四条　各地区国有资产监督管理机构开展所监管企业的综合绩效评价工作，可参照本细则执行。

第五十五条　本细则由国资委负责解释。

第五十六条　本细则自2006年10月12日起施行。

附件：1. 企业财务绩效定量评价指标计算公式

2. 企业综合绩效评价指标及权重表

附件1

企业财务绩效定量评价指标计算公式

一、盈利能力状况

（一）基本指标

1. $净资产收益率=\frac{净利润}{平均净资产}\times 100\%$

$平均净资产=\frac{年初所有者权益+年末所有者权益}{2}$

2. $总资产报酬率=\frac{利润总额+利息支出}{平均资产总额}\times 100\%$

$平均资产总额=\frac{年初资产总额+年末资产总额}{2}$

（二）修正指标

1. $销售（营业）利润率=\frac{主营业务利润}{主营业务收入净额}\times 100\%$

2. $盈余现金保障倍数=\frac{经营现金净流量}{净利润+少数股东损益}$

3. $成本费用利润率=\frac{利润总额}{成本费用总额}\times 100\%$

成本费用总额＝主营业务成本＋主营业务税金及附加＋经营费用（营业费用）＋管理费用＋财务费用

4. $资本收益率=\frac{净利润}{平均资本}\times 100\%$

$$平均资本=\frac{\left(\begin{matrix}年初\\实收资本\end{matrix}+\begin{matrix}年初\\资本公积\end{matrix}\right)+\left(\begin{matrix}年末\\实收资本\end{matrix}+\begin{matrix}年末\\资本公积\end{matrix}\right)}{2}$$

二、资产质量状况

（一）基本指标

1\. $总资产周转率（次）=\frac{主营业务收入净额}{平均资产总额}$

2\. $应收账款周转率（次）=\frac{主营业务收入净额}{应收账款平均余额}$

$$应收账款平均余额=\frac{年初应收账款余额+年末应收账款余额}{2}$$

应收账款余额＝应收账款净额＋应收账款坏账准备

（二）修正指标

1\. $不良资产比率=\frac{\begin{matrix}资产减值\\准备余额\end{matrix}+\begin{matrix}应提未提和应摊\\未摊的潜亏挂账\end{matrix}+\begin{matrix}未处理\\资产损失\end{matrix}}{资产总额+资产减值准备余额}\times100\%$

2\. $资产现金回收率=\frac{经营现金净流量}{平均资产总额}\times100\%$

3\. $流动资产周转率（次）=\frac{主营业务收入净额}{平均流动资产总额}$

$$平均流动资产总额=\frac{年初流动资产总额+年末流动资产总额}{2}$$

三、债务风险状况

（一）基本指标

1\. $资产负债率=\frac{负债总额}{资产总额}\times100\%$

2\. $已获利息倍数=\frac{利润总额+利息支出}{利息支出}$

（二）修正指标

1\. $速动比率=\frac{速动资产}{流动负债}\times100\%$

速动资产＝流动资产－存货

2\. $现金流动负债比率=\frac{经营现金净流量}{流动负债}\times100\%$

3\. $带息负债比率=\frac{\begin{matrix}短期\\借款\end{matrix}+\begin{matrix}一年内到期\\的长期负债\end{matrix}+\begin{matrix}长期\\借款\end{matrix}+\begin{matrix}应付\\债券\end{matrix}+\begin{matrix}应付\\利息\end{matrix}}{负债总额}\times100\%$

4\. $或有负债比率=\frac{或有负债余额}{所有者权益+少数股东权益}\times100\%$

$$或有负债余额=\begin{matrix}已贴现\\承兑汇票\end{matrix}+\begin{matrix}担保\\余额\end{matrix}+\begin{matrix}贴现与担保外\\的被诉事项金额\end{matrix}+\begin{matrix}其他\\或有负债\end{matrix}$$

四、经营增长状况

（一）基本指标

1. $销售（营业）增长率=\frac{\text{本年主营业务收入总额}-\text{上年主营业务收入总额}}{\text{上年主营业务收入总额}}\times100\%$

2. $资本保值增值率=\frac{\text{扣除客观增减因素的年末国有资本及权益}}{\text{年初国有资本及权益}}\times100\%$

（二）修正指标

1. $销售（营业）利润增长率=\frac{\text{本年主营业务利润总额}-\text{上年主营业务利润总额}}{\text{上年主营业务利润总额}}\times100\%$

2. $总资产增长率=\frac{\text{年末资产总额}-\text{年初资产总额}}{\text{年初资产总额}}\times100\%$

3. $技术投入比率=\frac{\text{本年科技支出合计}}{\text{主营业务收入净额}}\times100\%$

附件2

企业综合绩效评价指标及权重表

<table>
<tr><th colspan="2" rowspan="2">评价内容与权数</th><th colspan="4">财务绩效（70%）</th><th colspan="2">管理绩效（30%）</th></tr>
<tr><th>基本指标</th><th>权数</th><th>修正指标</th><th>权数</th><th>评议指标</th><th>权数</th></tr>
<tr><td>盈利能力状况</td><td>34</td><td>净资产收益率
总资产报酬率</td><td>20
14</td><td>销售（营业）利润率
盈余现金保障倍数
成本费用利润率
资本收益率</td><td>10
9
8
7</td><td rowspan="4">战略管理
发展创新
经营决策
风险控制
基础管理
人力资源
行业影响
社会贡献</td><td rowspan="4">18
15
16
13
14
8
8
8</td></tr>
<tr><td>资产质量状况</td><td>22</td><td>总资产周转率
应收账款周转率</td><td>10
12</td><td>不良资产比率
流动资产周转率
资产现金回收率</td><td>9
7
6</td></tr>
<tr><td>债务风险状况</td><td>22</td><td>资产负债率
已获利息倍数</td><td>12
10</td><td>速动比率
现金流动负债比率
带息负债比率
或有负债比率</td><td>6
6
5
5</td></tr>
<tr><td>经营增长状况</td><td>22</td><td>销售（营业）增长率
资本保值增值率</td><td>12
10</td><td>销售（营业）利润增长率
总资产增长率
技术投入比率</td><td>10
7
5</td></tr>
</table>

资料来源：国资委统计评价局。

附录 2

中央企业负责人经营业绩考核暂行办法

2009 年 12 月 31 日国务院国有资产监督管理委员会令
第 22 号

（2003 年 10 月 21 日国务院国有资产监督管理委员会第 8 次委主任办公会议审议通过，2006 年 12 月 30 日国务院国有资产监督管理委员会第 46 次委主任办公会议修订，2009 年 12 月 28 日国务院国有资产监督管理委员会第 84 次委主任办公会议第二次修订。）

第一章　总则

第一条　为切实履行企业国有资产出资人职责，维护所有者权益，落实国有资产保值增值责任，建立有效的激励和约束机制，根据《中华人民共和国企业国有资产法》、《企业国有资产监督管理暂行条例》等有关法律法规，制定本办法。

第二条　本办法考核的中央企业负责人是指经国务院授权由国务院国有资产监督管理委员会（以下简称国资委）履行出资人职责的国家出资企业（以下简称企业）的下列人员：

（一）国有独资企业的总经理（总裁）、副总经理（副总裁）、总会计师；

（二）国有独资公司的董事长、副董事长、董事，列入国资委党委管理的总经理（总裁）、副总经理（副总裁）、总会计师；

（三）国有资本控股公司国有股权代表出任的董事长、副董事长、董事，列入国资委党委管理的总经理（总裁）、副总经理（副总裁）、总会计师。

第三条　企业负责人的经营业绩，实行年度考核与任期考核相结合、结果考核与过程评价相统一、考核结果与奖惩相挂钩的考核制度。

第四条　年度经营业绩考核和任期经营业绩考核采取由国资委主任或者其授权代表与企业负责人签订经营业绩责任书的方式进行。

第五条　企业负责人经营业绩考核工作应当遵循以下原则：

（一）按照国有资产保值增值和股东价值最大化以及可持续发展的要求，依法考核企业负责人经营业绩。

（二）按照企业所处的不同行业、资产经营的不同水平和主营业务等不同特点，实事求是，公开公正，实行科学的分类考核。

（三）按照权责利相统一的要求，建立企业负责人经营业绩同激励约束机制相结合的考核制度，即业绩上、薪酬上，业绩下、薪酬下，并作为职务任免的重要依据。建立健全科学合理、可追溯的资产经营责任制。

（四）按照科学发展观的要求，推动企业提高战略管理、价值创造、自主创新、资源节约、环境保护和安全发展水平，不断增强企业核心竞争能力和可持续发展能力。

（五）按照全面落实责任的要求，推动企业建立健全全员业绩考核体系，增强企业管控力和执行力，确保国有资产保值增值责任层层落实。

第二章 年度经营业绩考核

第六条 年度经营业绩考核以公历年为考核期。

第七条 年度经营业绩责任书包括下列内容：

（一）双方的单位名称、职务和姓名；

（二）考核内容及指标；

（三）考核与奖惩；

（四）责任书的变更、解除和终止；

（五）其他需要规定的事项。

第八条 年度经营业绩考核指标包括基本指标与分类指标。

（一）基本指标包括利润总额和经济增加值指标。

1. 利润总额是指经核定的企业合并报表利润总额。利润总额计算可以加上经核准的当期企业消化以前年度潜亏，并扣除通过变卖企业主业优质资产等取得的非经常性收益。

2. 经济增加值是指经核定的企业税后净营业利润减去资本成本后的余额（考核细则见附件 1）。

（二）分类指标由国资委根据企业所处行业特点，针对企业管理“短板”，综合考虑企业经营管理水平、技术创新投入及风险控制能力等因素确定，具体指标在责任书中明确。

第九条 确定军工企业和主要承担国家政策性业务等特殊企业的基本指标与分类指标，可优先考虑政策性业务完成情况，具体指标及其权重在责任书中确定。

第十条 确定科研类企业的基本指标与分类指标，突出考虑技术创新投入和产出等情况，具体指标及其权重在责任书中确定。

第十一条 年度经营业绩责任书按照下列程序签订：

（一）报送年度经营业绩考核目标建议值。每年第四季度，企业负责人按照国资委年度经营业绩考核要求和企业发展规划及经营状况，对照同行业国际国内先进水平，提出下一年度拟完成的经营业绩考核目标建议值，并将考核目标建议值和必要的说明材料报送国资委。考核目标建议值原则上不低于上年考核指标实际完成值或者前三年考核指标实际完成值的平均值。

（二）核定年度经营业绩考核目标值。国资委根据“同一行业、同一尺度”原则，结合宏观经济形势、企业所处行业发展周期、企业实际经营状况等，对企业负责人的年度经营业绩考核目标建议值进行审核，并就考核目标值及有关内容同企业沟通后加以确定。凡企业年度利润总额目标值低于上年目标值与实际完成值的平均值的，最终考核结果原则上不得进入 A 级（处于行业周期性下降阶段但与同行业其他企业相比仍处于领先水平的企业除外）。

（三）由国资委主任或者其授权代表同企业负责人签订年度经营业绩责任书。

第十二条 国资委对年度经营业绩责任书执行情况实施动态监控。

（一）年度经营业绩责任书签订后，企业负责人每半年必须将责任书执行情况报送国资委，同时抄送派驻本企业的监事会。国资委对责任书的执行情况进行动态跟踪。

（二）建立重大生产安全事故、环境污染事故和质量事故，重大经济损失，重大法律纠纷案件，重大投融资和资产重组等重要情况的报告制度。企业发生上述情况时，企业负责人应当立即向国资委报告，同时向派驻本企业监事会报告。

第十三条 年度经营业绩责任书完成情况按照下列程序进行考核：

（一）每年 4 月底前，企业负责人依据经审计的企业财务决算数据，对上年度经营业绩考核目标的完成情况进行总结分析，并将年度总结分析报告报送国资委，同时抄送派驻本企业的监事会。

（二）国资委依据经审计并经审核的企业财务决算报告和经审查的统计数据，结合企业负责人年度总结分析报告并听取监事会对企业负责人的年度评价意见，对企业负责人年度经营业绩考核目标的完成情况进行考核（计分细则见附件 2），形成企业负责人年度经营业绩考核与奖惩意见。

（三）国资委将最终确认的企业负责人年度经营业绩考核与奖惩意见反馈各企业负责人及其所在企业。企业负责人对考核与奖惩意见有异议的，可及时向国资委反映。

第三章　任期经营业绩考核

第十四条 任期经营业绩考核以三年为考核期。

第十五条 任期经营业绩责任书包括下列内容：

（一）双方的单位名称、职务和姓名；

（二）考核内容及指标；

（三）考核与奖惩；

（四）责任书的变更、解除和终止；

（五）其他需要规定的事项。

第十六条 任期经营业绩考核指标包括基本指标和分类指标。

（一）基本指标包括国有资本保值增值率和主营业务收入平均增长率。

1. 国有资本保值增值率是指企业考核期末扣除客观因素（由国资委核定）后的国有资本及权益同考核期初国有资本及权益的比率。计算方法为：任期内各年度国有资本保值增值率的乘积。企业年度国有资本保值增值率以国资委确认的结果为准。

2. 主营业务收入平均增长率是指企业任期内三年主营业务的平均增长情况。计算公式为：

（二）分类指标由国资委根据企业所处行业特点，综合考虑企业技术创新能力、资源节约和环境保护水平、可持续发展能力及核心竞争力等因素确定，具体指标在责任书中确定。

第十七条　确定军工企业和主要承担国家政策性业务等特殊企业的基本指标与分类指标，可优先考虑政策性业务完成情况，具体指标及其权重在责任书中确定。

第十八条　任期经营业绩责任书按照下列程序签订：

（一）报送任期经营业绩考核目标建议值。考核期初，企业负责人按照国资委任期经营业绩考核要求和企业发展规划及经营状况，对照同行业国际国内先进水平，提出任期经营业绩考核目标建议值，并将考核目标建议值和必要的说明材料报送国资委。考核目标建议值原则上不低于前一任期的考核指标实际完成值，或者不低于目标值与实际完成值的平均值。

（二）核定任期经营业绩考核目标值。国资委根据“同一行业、同一尺度”原则，结合宏观经济形势、企业所处行业发展周期及企业实际经营状况等，对企业负责人的任期经营业绩考核目标建议值进行审核，并就考核目标值及有关内容同企业沟通后加以确定。

（三）由国资委主任或者其授权代表同企业负责人签订任期经营业绩责任书。

第十九条　国资委对任期经营业绩责任书执行情况实施年度跟踪和动态监控。

第二十条　任期经营业绩责任书完成情况按照下列程序进行考核：

（一）考核期末，企业负责人对任期经营业绩考核目标的完成情况进行总结分析，并将总结分析报告报送国资委，同时抄送派驻本企业的监事会。

（二）国资委依据任期内经审计并经审核的企业财务决算报告和经审查的统计数据，结合企业负责人任期经营业绩总结分析报告并听取监事会对企业负责人的任期评价意见，对企业负责人任期经营业绩考核目标的完成情况进行综合考核（计分细则见附件3），形成企业负责人任期经营业绩考核与奖惩意见。

（三）国资委将最终确认的企业负责人任期经营业绩考核与奖惩意见反馈各企业负责人及其所在企业。企业负责人对考核与奖惩意见有异议的，可及时向国资委反映。

第四章　奖惩

第二十一条　根据企业负责人经营业绩考核得分，年度经营业绩考核和任期经营业绩考核最终结果分为 A、B、C、D、E 五个级别，完成全部考核目标值（经济增加值指标除外）为 C 级进级点。

第二十二条　国资委依据年度经营业绩考核结果和任期经营业绩考核结果对企业负责人实施奖惩，并把经营业绩考核结果作为企业负责人任免的重要依据。

第二十三条　对企业负责人的奖励分为年度绩效薪金奖励和任期激励或者中长期激励。

第二十四条　企业负责人年度薪酬分为基薪和绩效薪金两个部分。绩效薪金与年度考核结果挂钩。绩效薪金＝绩效薪金基数×绩效薪金倍数。具体计算公式为：

当考核结果为E级时，绩效薪金为0；

当考核结果为D级时，绩效薪金按照“绩效薪金基数×(考核分数－D级起点分数)/(C级起点分数－D级起点分数)”确定，绩效薪金在0～1倍绩效薪金基数之间；

当考核结果为C级时，绩效薪金按照“绩效薪金基数×[1＋0.5×(考核分数－C级起点分数)/(B级起点分数－C级起点分数)]”确定，绩效薪金在1倍绩效薪金基数到1.5倍绩效薪金基数之间；

当考核结果为B级时，绩效薪金按照“绩效薪金基数×[1.5＋0.5×(考核分数－B级起点分数)/(A级起点分数－B级起点分数)]”确定，绩效薪金在1.5倍绩效薪金基数到2倍绩效薪金基数之间；

当考核结果为A级时，绩效薪金按照“绩效薪金基数×[2＋（考核分数－A级起点分数)/(A级封顶分数－A级起点分数)]”确定，绩效薪金在2倍绩效薪金基数到3倍绩效薪金基数之间。

但对于利润总额低于上一年的企业，无论其考核结果处于哪个级别，其绩效薪金倍数应当低于上一年。

第二十五条　被考核人担任企业主要负责人的，其分配系数为1，其余被考核人的系数由企业根据各负责人的业绩考核结果，在0.6～0.9之间确定，报国资委备案后执行。

第二十六条　绩效薪金的60%在年度考核结束后当期兑现；其余40%根据任期考核结果等因素，延期到任期考核结束后兑现。对于离任的法定代表人，还应当根据经济责任审计结果，确定延期绩效薪金兑现方案。

第二十七条　对于任期经营业绩考核结果为A级、B级和C级的企业负责人，按期兑现延期绩效薪金。根据考核结果、经济增加值改善情况等，给予企业负责人相应的任期激励或者中长期激励。

第二十八条　对于任期经营业绩考核结果为D级和E级的企业负责人，根据考核分数扣减延期绩效薪金。

具体扣减绩效薪金的公式为：

$$\frac{\text{扣减延期}}{\text{绩效薪金}}=\frac{\text{任期内积累的}}{\text{延期绩效薪金}}\times(\text{C级起点分数}-\text{实得分数})/\text{C级起点分数}$$

第二十九条　未完成任期经营业绩考核目标或者连续两年未完成年度经营业绩考核目标，且无重大客观原因的，对企业负责人予以调整。

第三十条　对业绩优秀及在自主创新、管理增效、节能减排方面取得突出成绩的，给予任期特别奖（实施细则见附件4）。对承担国家重大结构性调整任务且取得突出成绩的，年度考核给予加分奖励。

第三十一条　实行企业负责人经营业绩考核谈话制度。对于年度考核结果为D级和E级、发生重大生产安全责任事故和重大环境污染责任事故、严重违规经营和存在重大经营风险等情形的企业，经国资委主任办公会议批准，由国资委业绩考核领导小组与企业主要负责人进行谈话，帮助企业分析问题、改进工作。

第三十二条　对于全员业绩考核工作开展不力的企业，扣减经营业绩考核得分（计分细则见附件 2）。

第三十三条　企业违反《中华人民共和国会计法》、《企业会计准则》等有关法律法规规章，虚报、瞒报财务状况的，国资委根据具体情节给予降级或者扣分处理，并相应扣发企业法定代表人及相关负责人的绩效薪金、任期激励或者中长期激励；情节严重的，给予纪律处分或者对企业负责人进行调整；涉嫌犯罪的，依法移送司法机关处理。

第三十四条　企业法定代表人及相关负责人违反国家法律法规和规定，导致重大决策失误、重大安全与质量责任事故、重大环境污染责任事故、重大违纪和法律纠纷案件，给企业造成重大不良影响或者造成国有资产流失的，国资委根据具体情节给予降级或者扣分处理，并相应扣发其绩效薪金、任期激励或者中长期激励；情节严重的，给予纪律处分或者对企业负责人进行调整；涉嫌犯罪的，依法移送司法机关处理。

第五章　附则

第三十五条　对于在考核期内企业发生清产核资、改制重组、主要负责人变动等情况的，国资委可以根据具体情况变更经营业绩责任书的相关内容。

第三十六条　国有独资企业、国有独资公司和国有资本控股公司党委（党组）书记、副书记、常委（党组成员）、纪委书记（纪检组长）的考核及其奖惩依照本办法执行。

第三十七条　国有资本参股公司、被兼并破产企业中由国资委党委管理的企业负责人，其经营业绩考核参照本办法执行。具体经营业绩考核事项在经营业绩责任书中确定。

第三十八条　对符合下列条件的国有独资公司，国资委授权董事会对高级管理人员的经营业绩进行考核：

（一）公司法人治理结构完善；

（二）经营业绩考核制度健全；

（三）外部董事人数超过董事会全体成员半数；

（四）薪酬与考核委员会成员全部由外部董事担任。

国资委依据有关规定和规范性文件，对董事会业绩考核工作进行指导和监督。

第三十九条　各省、自治区、直辖市国有资产监督管理机构，设区的市、自治州级国有资产监督管理机构对国家出资企业负责人的经营业绩考核，可参照本办法执行。

第四十条　本办法由国资委负责解释。

第四十一条　本办法自 2010 年 1 月 1 日起施行。

附件：1. 经济增加值考核细则

　　　2. 年度经营业绩考核计分细则

3. 任期经营业绩考核计分细则

4. 任期特别奖实施细则

附件1

经济增加值考核细则

一、经济增加值的定义及计算公式

经济增加值是指企业税后净营业利润减去资本成本后的余额。

计算公式：

$$经济增加值=税后净营业利润-资本成本$$

$$=税后净营业利润-调整后资本\times平均资本成本率$$

$$\begin{matrix}税后净\\营业利润\end{matrix}=净利润+\left(\begin{matrix}利息\\支出\end{matrix}+\begin{matrix}研究开发\\费用调整项\end{matrix}-\begin{matrix}非经常性\\收益调整项\end{matrix}\times 50\%\right)\times(1-25\%)$$

$$调整后资本=\begin{matrix}平均\\所有者权益\end{matrix}+\begin{matrix}平均\\负债合计\end{matrix}-\begin{matrix}平均无息\\流动负债\end{matrix}-\begin{matrix}平均\\在建工程\end{matrix}$$

二、会计调整项目说明

（一）利息支出是指企业财务报表中“财务费用”项下的“利息支出”。

（二）研究开发费用调整项是指企业财务报表中“管理费用”项下的“研究与开发费”和当期确认为无形资产的研究开发支出。对于为获取国家战略资源，勘探投入费用较大的企业，经国资委认定后，将其成本费用情况表中的“勘探费用”视同研究开发费用调整项按照一定比例（原则上不超过50%）予以加回。

（三）非经常性收益调整项包括：

1. 变卖主业优质资产收益：减持具有实质控制权的所属上市公司股权取得的收益（不包括在二级市场增持后又减持取得的收益）；企业集团（不含投资类企业集团）转让所属主业范围内且资产、收入或者利润占集团总体10%以上的非上市公司资产取得的收益。

2. 主业优质资产以外的非流动资产转让收益：企业集团（不含投资类企业集团）转让股权（产权）收益，资产（含土地）转让收益。

3. 其他非经常性收益：与主业发展无关的资产置换收益、与经常活动无关的补贴收入等。

（四）无息流动负债是指企业财务报表中“应付票据”、“应付账款”、“预收款项”、“应交税费”、“应付利息”、“其他应付款”和“其他流动负债”；对于因承担国家任务等原因造成“专项应付款”、“特种储备基金”余额较大的，可视同无息流动负债扣除。

（五）在建工程是指企业财务报表中的符合主业规定的“在建工程”。

三、资本成本率的确定

（一）中央企业资本成本率原则上定为 5.5%。

（二）承担国家政策性任务较重且资产通用性较差的企业，资本成本率定为 4.1%。

（三）资产负债率在 75%以上的工业企业和 80%以上的非工业企业，资本成本率上浮 0.5 个百分点。

（四）资本成本率确定后，三年保持不变。

四、其他重大调整事项

发生下列情形之一，对企业经济增加值考核产生重大影响的，国资委酌情予以调整：

（一）重大政策变化；

（二）严重自然灾害等不可抗力因素；

（三）企业重组、上市及会计准则调整等不可比因素；

（四）国资委认可的企业结构调整等其他事项。

附件 2

年度经营业绩考核计分细则

一、年度经营业绩考核综合计分

$$\text{年度经营业绩考核综合得分}=\left(\text{利润总额指标得分}+\text{经济增加值指标得分}+\text{分类指标得分}\right)\times\text{经营难度系数}+\text{奖励分}-\text{考核扣分}$$

上述年度经营业绩考核指标中，若某项指标（不含经济增加值指标）未达到基本分，则该项指标正常计分，其他指标只得基本分，所有考核指标得分不再乘经营难度系数。

二、年度经营业绩考核各指标计分

（一）利润总额指标计分。

利润总额指标的基本分为 30 分。企业负责人完成目标值时，得基本分 30 分。该指标计分以基准值为基础。基准值是指上年实际完成值和前三年实际完成值平均值中的较低值。

1. 利润总额考核目标值不低于基准值时，完成值每超过目标值 3%，加 1 分，最多加 6 分。完成值每低于目标值 3%，扣 1 分，最多扣 6 分。

2. 利润总额考核目标值低于基准值时，该指标按照以下规则计分：

（1）目标值比基准值低 20%（含）以内的，完成值每超过目标值 3%，加 1 分，最多加 5 分。完成值每低于目标值 3%，扣 1 分，最多扣 6 分。

（2）目标值比基准值低 20%～50%的，完成值每超过目标值 3%，加 1 分，最多加 4 分。完成值每低于目标值 3%，扣 1 分，最多扣 6 分。

(3) 目标值比基准值低 50%（含）以上的，完成值每超过目标值 3%，加 1 分，最多加 3 分。完成值每低于目标值 3%，扣 1 分，最多扣 6 分。

3. 利润总额考核目标值为负数，完成值减亏部分折半计算，盈利部分正常计算；超额完成考核目标，最多加 3 分；减亏但仍处于亏损状态，考核得分不超过 C 级最高限；扭亏为盈，考核得分不超过 B 级最高限。

（二）经济增加值指标计分。

经济增加值指标的基本分为 40 分。企业负责人完成目标值时，得基本分 40 分。该指标计分以基准值为基础。基准值是指上年实际完成值和前三年实际完成值平均值中的较低值。

1. 经济增加值考核目标值不低于基准值时，完成值每超过目标值（绝对值）2%，加 1 分，最多加 8 分。完成值每低于目标值（绝对值）3%，扣 1 分，最多扣 8 分。

2. 经济增加值考核目标值低于基准值时，完成值每超过目标值（绝对值）3%，加 1 分，最多加 8 分。完成值每低于目标值（绝对值）3%，扣 1 分，最多扣 8 分。

3. 经济增加值考核目标值在零附近的，计分给予特别处理。

（三）分类指标计分。

分类指标应当确定 2 个。分类指标加分与扣分的上限与下限为该项指标基本分的 20%。

（四）考核指标目标值达到行业优秀水平的，企业负责人完成目标值时，该项指标直接加满分。

三、奖惩计分

（一）奖励计分。

承担国家结构性调整任务且取得突出成绩的企业，国资委根据有关规定视任务完成情况加 0.5～2 分。

（二）考核扣分。

1. 企业发生重大资产损失、发生生产安全责任事故、环境污染责任事故等，国资委按照有关规定给予降级、扣分处理。

2. 企业发生违规违纪或者存在财务管理混乱等问题，国资委按照有关规定视情节轻重扣 0.5～2 分。

3. 企业全员业绩考核制度不健全，未对集团副职、职能部门负责人、下属企业负责人进行经营业绩考核的，视情况扣减 0.1～1 分。

4. 剔除重组和会计准则调整等客观因素影响，利润总额目标值与完成值差异超过 50%以上的，依据差异程度相应扣减 0.1～2 分。本条款不受其他条款限制。

四、经营难度系数

经营难度系数根据企业资产总额、营业收入、利润总额、净资产收益率、职工平均人数、经济增加值等因素加权计算，分类确定。

附件 3

任期经营业绩考核计分细则

一、任期经营业绩考核综合计分

$$\text{任期经营业绩考核综合得分}=\left(\text{国有资本保值增值率指标得分}+\text{主营业务收入平均增长率指标得分}+\text{分类指标得分}\right)\times\text{经营难度系数}+\text{任期内三年的年度经营业绩考核结果指标得分}-\text{考核扣分}$$

上述任期经营业绩考核指标中，若某项指标未达到基本分，则该项指标正常计分，其他指标只得基本分，所有考核指标得分不再乘经营难度系数。

二、任期经营业绩考核各指标计分

（一）国有资本保值增值率指标计分。

国有资本保值增值率指标的基本分为 40 分。企业负责人完成目标值时，得基本分 40 分。该指标计分以基准值为基础。基准值是指前一任期实际完成值和前一任期考核目标值与实际完成值平均值中的较低值。

1. 国有资本保值增值率考核目标值不低于基准值时，完成值每超过目标值 0.4 个百分点，加 1 分，最多加 8 分。完成值低于目标值但大于 100%，每低于目标值 0.4 个百分点，扣 0.5 分，最多扣 4 分；完成值低于 100%，每低于目标值 0.4 个百分点，扣 1 分，最多扣 8 分。该指标考核目标值达到行业优秀水平的，完成目标值时直接加满分。

2. 国有资本保值增值率考核目标值低于基准值时，该指标按照以下规则计分：

（1）目标值比基准值低 30%（含）以内的，完成值每超过目标值 0.4 个百分点，加 1 分，最多加 7 分。完成值低于目标值但高于 100%，每低于目标值 0.4 个百分点，扣 0.5 分，最多扣 4 分；完成值低于 100%，每低于目标值 0.4 个百分点，扣 1 分，最多扣 8 分。

（2）目标值比基准值低 30%～50%的，完成值每超过目标值 0.4 个百分点，加 1 分，最多加 6 分。完成值低于目标值但高于 100%，每低于目标值 0.4 个百分点，扣 0.5 分，最多扣 4 分；完成值低于 100%，每低于目标值 0.4 个百分点，扣 1 分，最多扣 8 分。

（3）目标值比基准值低 50%（含）以上的，完成值每超过目标值 0.4 个百分点，加 1 分，最多加 5 分。完成值低于目标值但高于 100%，每低于目标值 0.4 个百分点，扣 0.5 分，最多扣 4 分；完成值低于 100%，每低于目标值 0.4 个百分点，扣 1 分，最多扣 8 分。

（4）目标值低于基准值，但处于行业领先水平的，该指标加分上限可以调整为 8 分。

3. 国有资本保值增值率考核目标值低于100%的，完成值超过目标值，不予加分。完成值低于目标值，每低于0.4个百分点，扣1分，最多扣8分。

（二）主营业务收入平均增长率指标计分。

主营业务收入平均增长率指标基本分为20分。企业负责人完成目标值时，得基本分20分。该指标计分以基准值为基础。基准值是指前一任期实际完成值和前一任期考核目标值与实际完成值平均值中的较低值。

1. 主营业务收入平均增长率考核目标值不低于基准值时，完成值每超过目标值1个百分点，加1分，最多加4分。完成值每低于目标值1个百分点，扣1分，最多扣4分。该指标考核目标值达到行业优秀水平的，完成目标值时直接加满分。

2. 主营业务收入平均增长率考核目标值低于基准值时，该指标按照以下规则计分：

（1）目标值比基准值低30%（含）以内的，完成值每超过目标值1个百分点，加1分，最多加3分。完成值每低于目标值1个百分点，扣1分，最多扣4分。

（2）目标值比基准值低30%～50%的，完成值每超过目标值1个百分点，加1分，最多加2分。完成值每低于目标值1个百分点，扣1分，最多扣4分。

（3）目标值比基准值低50%（含）以上的，完成值每超过目标值1个百分点，加1分，最多加1分。完成值每低于目标值1个百分点，扣1分，最多扣4分。

（4）目标值低于基准值，但处于行业领先水平的，该指标加分上限可以调整为4分。

3. 主营业务收入平均增长率考核目标值为负数，完成值超过目标值，不予加分。完成值低于目标值，每低于1个百分点，扣1分，最多扣4分。

（三）分类指标计分。

分类指标应当确定2个。分类指标加分与扣分的上限与下限为该项指标基本分的20%。

分类指标考核目标值达到行业先进水平的，完成目标值时直接加满分。

（四）任期内三年的年度经营业绩考核结果指标计分。

任期内三年的年度经营业绩考核结果指标的基本分为20分。企业负责人三年内的年度经营业绩综合考核结果每得一次A级得8分；每得一次B级得7.335分；每得一次C级得6.667分；每得一次D级及以下得6分。

三、考核扣分

（一）未完成节能减排考核目标的，视情况扣减0.1～2分。

（二）剔除重组、结构调整和会计准则调整等因素的影响后，基本指标考核目标值与实际完成值差异超过8个百分点以上的，依据差异程度相应扣减0.1～2分。本款不受其他条款限制。

四、经营难度系数

经营难度系数根据企业任期内最后一年的资产总额、营业收入、利润总额、净资产收益率、职工平均人数、经济增加值等因素加权计算，分类确定。

附件 4

任期特别奖实施细则

一、奖项设立

国资委在任期考核中设立任期特别奖，包括“业绩优秀企业奖”、“科技创新企业奖”、“管理进步企业奖”和“节能减排优秀企业奖”。

二、获奖条件及评定办法

（一）对任期考核结果为 A 级且在该任期中年度考核获得三个 A 级或者两个 A 级、一个 B 级的企业，授予“业绩优秀企业奖”。

（二）符合以下条件之一的企业，授予“科技创新企业奖”：

1. 任期中获得国家科技进步或者技术发明一等奖以上，且为项目主要承担者的；

2. 在国际标准制订中取得重大突破的。

（三）资产负债率控制在合理范围内（工业企业 75%，非工业企业 80%），同时符合下列条件之一的企业，授予“管理进步企业奖”，奖励名额根据具体情况确定：

1. 效益大幅度增加。以任期中企业利润总额增长率排名为评选依据，计算方法为：任期内最后一年利润总额/任期前一年利润总额×100%。按照任期前一年利润总额为 5 亿元以上和 5 亿元以下（含）两个类别分别评定。

2. 盈利水平显著提高。以任期中企业净资产收益率增长幅度排名为评选依据，计算方法为：任期内最后一年末净资产收益率－任期前一年末净资产收益率。按照任期前一年末净资产规模为 80 亿元以上及 80 亿元以下（含）两个类别分别评定。

3. 价值创造能力优异。以任期中企业经济增加值增长率排名为评选依据，计算方法为：任期内最后一年经济增加值/任期前一年经济增加值。按照任期前一年末总资产规模为 100 亿元以上及 100 亿元以下（含）两个类别分别评定。

4. 扭亏增效成绩突出。对于任期前一年经营亏损的企业，以任期中扭亏增效幅度排名为评选依据，计算公式为：任期内最后一年利润总额－任期前一年利润总额。

（四）符合以下条件之一的企业，授予“节能减排优秀企业奖”：

1. 任期末，主要产品单位能耗、污染物排放水平达到国内同行业最好水平，接近或者达到国际同行业先进水平的；

2. 任期内，单位综合能耗降低率、主要污染物排放总量降低率在中央企业居于前列的；

3. 任期内，节能减排投入较大，在节能减排技术创新方面取得重大突破，在推动全行业、全社会节能减排方面做出突出贡献的。

三、奖励方式

每个任期结束时，国资委对上述奖项进行评定，并对获奖企业进行表彰。

教师教学服务说明

中国人民大学出版社工商管理分社以出版经典、高品质的工商管理、财务会计、统计、市场营销、人力资源管理、运营管理、物流管理、旅游管理等领域的各层次教材为宗旨。

为了更好地为一线教师服务，近年来工商管理分社着力建设了一批数字化、立体化的网络教学资源。教师可以通过以下方式获得免费下载教学资源的权限：

在“人大经管图书在线”（www.rdjg.com.cn）注册，下载“教师服务登记表”，或直接填写下面的“教师服务登记表”，加盖院系公章，然后邮寄或传真给我们。我们收到表格后将在一个工作日内为您开通相关资源的下载权限。

如您需要帮助，请随时与我们联络：

中国人民大学出版社工商管理分社

联系电话：010-62515735，62515987，62515782，82501048

传　　真：010-62515732，62514775　　　电子邮箱：rdcbsjg@crup.com.cn

通讯地址：北京市海淀区中关村大街甲59号文化大厦1501室（100872）

教师服务登记表

<table>
<tr><td>姓 名</td><td></td><td>□先生　□女士</td><td>职　　称</td><td colspan="2"></td></tr>
<tr><td>座机/手机</td><td colspan="2"></td><td>电子邮箱</td><td colspan="2"></td></tr>
<tr><td>通讯地址</td><td colspan="2"></td><td>邮　　编</td><td colspan="2"></td></tr>
<tr><td>任教学校</td><td colspan="2"></td><td>所在院系</td><td colspan="2"></td></tr>
<tr><td rowspan="3">所授课程</td><td>课程名称</td><td>现用教材名称</td><td>出版社</td><td>对象（本科生/研究生/MBA/其他）</td><td>学生人数</td></tr>
<tr><td></td><td></td><td></td><td></td><td></td></tr>
<tr><td></td><td></td><td></td><td></td><td></td></tr>
<tr><td colspan="2">需要哪本教材的配套资源</td><td colspan="4"></td></tr>
<tr><td colspan="2">人大经管图书在线用户名</td><td colspan="4"></td></tr>
<tr><td colspan="6">院/系领导（签字）：
院/系办公室盖章</td></tr>
</table>